문화대혁명 이후의 나날들

기억의 장례

Red Memory:
Living, Remembering
and Forgetting China's Cultural Revolution

문화대혁명 이후의 나날들

기억의 장례

타냐 브레니건 지음
박민희 옮김

마르코폴로

목차

나의 부모님 눙과 키스 브레니건에게,
크나큰 감사와 더 큰 사랑을 담아

문화대혁명은 (수십 년) 이전에 끝났다. 분명 우리가 지나간 시기의 원한과 옳고 그름에 대해 발언하는 것은 용납되지 않는다. 그러니 단지 그에 대한 그림 몇 장을 다시 살펴보자. 그 그림들에 대한 역사적 감각은 기억을 위한 것이기도 하고 망각을 위한 것이기도 하다.

- 베이징에서 구입한 '붉은 기억' 게임 카드의 상자에 쓰인 글

한 개인, 민족, 문화의 건전함을 위해, 비역사적인 것과 역사적인 것은 똑같이 중요하다.

- 프리드리히 니체

한 국가를 멸하려면, 반드시 먼저 그 역사를 없애야 한다(灭人之国, 必先去其史).

- 시진핑이 청대의 학자 궁쯔전(龔自珍)을 인용해서 한 말

이 두 가지 문제는 아직 끝나지 않았으며, 그 유산은 다음 세대에 계승되어야 한다. 어떻게 이것을 할 것인가. 평화롭게 하지 않는다면, 혼란 속에서.

－ 문화대혁명과 국민당의 대만 축출에 대해 마오쩌둥이 말년에 한 발언

서문

얼음이 도시 한가운데 호수들을 뒤덮고, 거리와 하늘은 색이 바랬고, 스모그는 구름 속으로 녹아들었다. 지평선은 추억 속에나 있는 것이 되어버렸다. 공원의 은행나무는 이제 윤곽선만 남았다. 오늘 아침 두툼한 점퍼를 입은 애완견들이 내가 알아챌 수 있을 만큼 단호한 의지로 쏜살같이 지나갔다. 나는 모직 옷을 겹겹이 껴입은 채 다시 실내로 들어갔지만, 추위는 계속 온몸을 파고들었다. 베이징 북부에 있는 이 산업용 건물들은 한때 무기 제조에 쓰였으며, 노출 콘크리트 벽과 높은 천장, 넓은 유리창 때문에 예술가들의 사랑을 받고 있었다. 이런 요소들은 스튜디오를 영안실처럼 차갑게 보이게 했다.

그림이 크다는 얘기는 듣고 왔지만, 이 정도일 줄은 몰랐다. 각각 높이가 2.5미터에 달하는 그림들이 벽에 걸려 있어 내가 왜소하게 느껴졌다. 감시받는 듯한 느낌마저 들었다. 너무나 크고 단색조에 미소조차 왠지 침울했다. 얼핏 보기에 이미지들은 거의 사진 같았다. 이 얼굴들은 실종된 어린이들의 사진처럼 운명적인 분위기를 띠고 있었다. 자신들에게 닥칠 일을 예상한 듯한 표정이었다. 한 걸음 더 다가가자, 선명해 보였던 선들은 수많은 붓 자국, 재와 숯의 얼룩덜룩한 점과 선 속으로 흩어졌다. 그 그림들은 압도적인 동시에 무언가를 회피하는 듯 보이기도 했다. 물감이 캔버스를 두껍게 뒤덮은 채 여기저기 털이 묻어 있다. 다시 뒤로 물러나 나를 뚫어지게 바라보는 얼굴들을 알아볼 수 있었다. 무거운 안경을 쓴 저명한 작가, 노려보고 있는 여배우, 공산주의 영웅들. 낯선 얼굴도 있었다. 유명인이든 악명 높든 또는 알려지지 않은 인물이든, 모두 정확히 같은 방식, 똑같이 거대한 크기로 그려져 있었다. 여기에는 비극이 있었고 악행도 있었지만 화가는 구분을 두지 않았다. "그들이 나쁜 사람이라도 여전히 인간이다"라고 그는 말했다.

그는 잘난 척하지 않는 사내였다. 두툼한 검은 비닐 재킷에 마멀레이드 색 스웨터 차림이었다. 그 나이의 절반쯤인 학생들이나 입을 법한 옷차림이지만, 그에게는 잘 어울렸다. 내가 요청한 것을 찾기 위해 그는 면장갑을 끼고 캔버스 더미를 뒤졌다. 그런 다음 액자 하나를 꺼내 이젤에 올린 다음 포장을 벗겼다. 얼굴 하나가 나타났다, 고집 세 보이지만 희미한 미소의 흔적도 보였다. 상냥함? 의기양양함? 마오 주석은 밖을 응시하고 있었고, 나는 그를 바라보았다. 수도의 중심에 있는 거대한 붉은 문인 톈안먼에 지금도 걸려 있는 대형 초상화 때문에, 사실 거대한 크기의 마오에게 익숙했다. 주위를 둘러보았을 때 다른 인물들이 그와 닮아 있는 것을 보고 놀랐다. 백 장이 넘는 그림이 있었는데 한 장이 빠져 있다고 쉬웨이신은 말했다. 어린아이였던 그가 처음으로 그린 바로 그 초상화였다. 그는 중국의 가장 북서쪽 지역에서 성장했다. 그는 온화한 교사였던 류 선생님을 좋아했기 때문에, 그 모든 일이 벌어지고 자신의 순진함에 대해 알게 되었을 때 충격과 수치심을 느꼈다. 그들은 그녀가 계급의 적, 지주의 딸이라고 그에게 경고했다. 알게 된 사실에 분개한 그는 마음을 굳게 먹고 올바른 일을 했다, 펜을 이용해 그 섬뜩한 그림을 칠판에 꽂았다. 그는 지금도 마치 그날 아침인 것처럼, 그녀가 들어와 그것을 보던 순간 얼굴에서 핏기가 가시던 모습을 여전히 기억하고 있었다. 그녀는 그것이 무엇을 의미하고, 무슨 일이 벌어질지를 벌써 이해했다. 그는 그때 너무 어렸지만 빠르게 성장했다. 곧 그는 그들이 그림을 불태우고 불상을 부수고 몽둥이와 쇠막대기로 사람들을 구타하는 것을 보게 될 터였다. 그는 비명 소리를 듣게 되고 그에 뒤이은 침묵도 느끼게 될 것이다.

그의 기억은 "아주 아주 생생했지만" 그는 자신의 이야기를 곱씹어 말하지는 않았으며, 대략의 줄거리만 효율적으로 이야기했다. "당신은 여덟 살이었지요…" 내가 이야기를 시작했다. 나는 구체적인 내용을 확인했을 뿐이지만, 그는 그것을 다른 식의 질문, 바로 자신의 죄에 대한 질문 또는 자신이 원치 않는 위로로 받아들였다.

"당연히 제 책임이죠. 단지 내 책임이 얼마나 큰가 작은가의 문제일 뿐입니다."

그 책임이 너무 컸던 나머지, 그는 이 모든 시간이 지난 뒤 이 거대한 그림들을 그리는 데 5년을 바쳤고, 헤어라인을 분명하게 묘사하고 눈썹을 그리기 위해 사다리에서 며칠씩 보냈다. 쉬웨이 신이 그린 인물들은 희생자 또는 가해자로서, 또는 종종 피해자인 동시에 가해자로서 이 광기 속에서 역할을 담당했다. 그들 가운데 일부는 분노와 증오를 선동했다. 다른 이들은 그 투쟁 속에서 죽었다. 그들을 그리는 것은 그가 책임을 지는 데 도움을 주었다고 그는 말했다. 그들은 그가 여전히 죄책감을 느끼는 그 첫 번째 그림과 연결되어 있었지만, 사람들이 어떻게 서로를 공격할 수 있었는지 이해하는 데도 도움이 되었다. 그는 다른 사람들도 자신의 그림을 보면서 그것을 이해하기 시작할 거라고 생각했다.

현대 중국은 톈안먼 광장에서 욕설의 의미로 가운뎃손가락을 들고 있거나, 마오가 돼지 등에 타고 있는 조각을 만드는 식으로 도발적인 발언을 좋아하는 거침없는 예술가들을 길러냈다. 쉬는 도발이나 발언에는 관심이 없었다. 그는 강제 철거를 풍자하거나 태아를 먹는 것을 자랑하거나 섹스를 흉내 내지 않았다. 그는 중국의 최고 명문대학 중 한 곳에서 좋은 지위에 있었다. 그의 매체인 유화는 보수적이었다. 어린 시절에 대한 이야기를 들었을 때도 초상화에 대한 그의 집념은 거의 기묘할 정도로 놀라웠다. 그는 언젠가는 이 초상화들이 박물관에 걸려서 관객들을 마주하게 되고, 그들이 각자의 과거와 직면하고 반성하게 됨으로써 국가가 앞으로 나아가는 데 도움이 되기를 희망했다. 하지만 그의 프로젝트의 어려움은 조심스럽게 중국 역사의 인물들이라고 했지만 많은 것을 이야기하는, '1966~1976'이 붙어 있는 그 제목에 함축되어 있었다. 이것은 문화대혁명이 벌어진 시기인데, 마오주의 광기의 10년 동안 200만 명에 달하는 사람들이 정치적 죄목으로 살해되었고, 또 다른 3,600만 명이 괴롭힘을 당했다. 그들은 사상적 범죄에 대해 유죄 판결을 받았는데, 이는 마오쩌둥이나 공산당 또는 그 정책에 대한 비판, 또는 그렇게 해석될 수 있는 발언을 했다는 의미였다. 쉬의 선생님처럼 혈연 때문에 유죄가 되기도 했는데, 불온한 부모를 두고 있다는 것은 비난을 받을 충분한 이유가 되었다. 그 광기와 폭력, 비참함이 현대 중국을 만들어냈지만, 요즘에는 이 운동이 거의 언급되지 않는다. 1989년 톈안먼 민주화 시위에 대한 유혈 진압처럼 완전한 금기는 아니다. 과거에는 완전히 자유롭게는 아니지만, 지금보다는 더 광범위하게 논의된 적도 있었다. 하지만 내가 2008년 중국에 갔을 때, 이 문제는 주변부로 밀려났고 그림자 속에 숨어 있었다. 두려움과 죄책감, 정부의 억압 때문에 이 주제는 가족 역사의 변두리, 기록을 모아둔 서가의 가장 먼지가 수북한 부분으로 추방되었다.

쉬웨이신은 몇 년 전에 딱 한 번 베이징에서 이 그림들을 모아서 전시할 수 있었는데, "으스스한 경험"이었다고 캐롤 초우는 회상했다. 그녀는 이 그림의 주인공 중 한 명의 딸이다. 그녀는 기억하지 못하는 아버지의 얼굴을 바라보며 서 있었다. 그녀의 아버지는 그 혼란 속에서 죽었고, 이제는 추억처럼 그려져 있었는데, 마치 시간 속에 동결된 듯했다. 그 모든 이야기를 듣고 난 뒤 나도 그가 보고 싶어졌다. 쉬는 내가 요청한 그림을 꺼냈다. 나는 가장자리에 털이 달린 재킷을 입고 있는, 호기심 가득한 눈빛에 자신감 넘치는, 아마도 자신감이 너무 강한 얼굴에 엷은 미소를 짓고 있는 잘생긴 젊은 남자를 바라보았다. 저우쓰멍은 대대로 저명한 학자를 배출한 가문 출신이었고, 언제나 탁월했으며 학창 시절 내내 1등을 놓치지 않았다. 수 세기 동안 중국에서 교육은 사회적 신분 상승의 열쇠였다. 문화대혁명 기간에는 교육이 파멸을 의미할 수 있었다. 두각을 나타내는 것은 유리하지 않았다. 마오의 젊은 정치적 자경단인 홍위병 무리는 그가 무심코 한 발언을 문제 삼아 그를 붙잡아 베이징에서 멀지 않은 농촌 마을에 감금했다. 그는 스물일곱 살이었고, 얼마 전 결혼해 막 아빠가 된 참이었지만, 아버지의 삶이 이미 어찌할 수 없는 상황에 도달했다고 그의 딸은 생각했다. "그는 먼저 자신을 포기해야 했고, 그리고 가족과 친구들을 버려야 했다. 그 지점까지 가게 되었을 때 그는 마음을 닫아버렸을 것이다." 그때 겨우 생후 몇 개월이었던 초우는 아버지를 다시는 볼 수 없었다. 아버지는 체포자들에게서 도망쳐 달려오는 기차에 몸을 던졌다. 30여 년이 지난 뒤 저우쓰멍의 어머니도 자살했다. 그 전날 밤 가족들은 그녀가 잠결에 이렇게 소리치는 것을 들었다. "쓰멍, 엄마가 간다."

나는 초우의 이야기 때문에 쉬웨이신의 스튜디오를 찾아가게 되었다. 그리고 투자자이자 예리한 정치 관찰자인 그녀의 남편으로부터 그 이야기를 들었다. 우리는 이탈리아 식당에서 점심으로 그릴 샌드위치를 먹으며 가십을 주고받았고 베이징의 최근 동향에 대해 이야기를 나눴다. 그리고 커피를 마시며 그는 몇 년 전에 부부가 함께 초우의 아버지가 감금되었던 마을에 갔던 일을 이야기했다. 그의 가족들이 갔을 때 농부들은 매우 친절했다. 그들은 오래전의 그 청년을 여전히 기억하고 있었다. 그들은 그날 아침 그가 얼마나 조용했는지 회상했다. 그들은 선로에서 시신을 수습해 가까운 곳에 묻었다고 이야기했다. 하지만 농민들은 그의 가족이 아버지의 시신을 수습하려는 생각을 터무니없다고 여겼고, 이해조차 하지 못했다. 그 시절의 뼈가 너무 많이 흙 속에 뒤섞여 있었다. 어떤 시신이 그의 것인지 구별해낼 수 있다고 누가 기대할 수 있겠는가?

이것은 잔혹한 이야기이지만, 그 시기에 대해 내가 들은 이야기 중에 가장 심한 것은 아니다. 아마도 그 때문에 그 이야기가 마음에서 떠나지 않았다. 마오쩌둥이 죽고 나서야 끝난 문화대혁명의 10년이 얼마나 야만적이고 무자비하며 극도로 파괴적이었는지는 잘 알고 있었다. 폭력과 증오가 국가를 공포에 떨게 했고, 중국 문화의 많은 부분을 말살했고, 주요한 지도자와 사상가들을 살해했다. 이 운동은 마오쩌둥이 당내 반대파들을 파괴하기 위해 지휘하고 실행한, 황제의 무자비한 권력 행사였다. 그러나 그것은 또한 마오쩌둥이 중국의 정치와 경제를 변화시킨 것처럼, 중국의 마음과 영혼을 새롭게 만들려 한 이데올로기적인 성전이기도 했다. 사람들은 개조되거나 제거되어야 했다. 마오가 불을 붙이자, 그에 못지않게 열렬한 대중 운동의 불길이 타올랐다.

이처럼 대조적이고 때로는 모순적인 측면 덕분에, 이 운동은 진정으로 보편적이었다. 희생자에는 마오의 두 후계자와 중국의 가장 존경받는 예술가와 학자들뿐 아니라 외딴 지방의 어린 학생들과 가난한 농부들도 포함되어 있었다. 어느 지역도 영향을 받지 않은 곳이 없었고, 상처를 입지 않은 사람도 없었다. 이 운동은 1949년 중국공산당이 권력을 장악한 이후 당을 오염시키고 당이 통치하는 국가를 더럽힌 부르주아적 오염을 지워, 정신적 순수성과 완벽한 공산주의 사회를 진정으로 실현하려 했다. 그것은 이상주의와 희망을 이용했다. 또한 진부한 원한과 개인적 야심에 의해 불타오르기도 했고, 사람들은 자신들의 이익을 위해 그 기회를 이용했다. 운동의 광풍은 사원과 유적들을 파괴하고, 학교와 대학을 폐쇄했다. 그것은 가족과 우정을 산산조각냈다.

하지만 그날의 점심식사 대화 전까지, 문화대혁명은 역사였다. 혼란스러운 공포와 부조리, 가학적인 폭력, 발레리나들이 총검을 들고 있는 정형화된 프로파간다 영화 같은 것이었다. 나는 그 사실들은 알고 있었지만, 이 모든 것이 얼마나 최근의 일이고 얼마나 가까이에 있는 일인지는 제대로 이해하지 못하고 있었다. 그 시대에 대한 기록을 읽었지만, 어떤 지역에서는 식인과 대량학살까지 벌어졌다는 끔찍한 극단적 사례는 다른 세상에 속한 이야기였다. 아무리 생생하게 잘 기록되었더라도, 그런 일들은 사실이라고 여기에는 너무 끔찍했다. 초우의 이야기는 나를 뒤흔들었다. 그것은 끔찍하면서도 평범했고, 팔을 뻗으면 닿을 수 있는 가까운 데 있었다. 기어다니기도 전에 아버지를 잃고 몇 장의 사진과 이야기를 통해서만 아버지를 알 수 있었던 그 여성은 나보다 몇 살 많지도 않았다. 그녀는 아버지의 부재를 의식하면서 하루하루 살았다. 이제는 엄마가 되었지만, 그 공허가 채워진다는 것이 무엇인지 상상도 할 수 없었다. 그녀는 그렇게 된다면 자신은 완전히 다른 사람이 될 것이라고 생각했다.

이것은 역사가 아니었다. 그것은 인생이었다.

문화대혁명을 이해하지 않고서는 오늘날 중국을 이해하는 것이 불가능하다. 마치 제국 없는 영국, 남북전쟁 없는 미국이나 마찬가지다. 불행한 것은 그 운동을 진정으로 이해하는 것 역시 불가능하다는 것이다. 마오쩌둥의 기묘한 성격, 전술의 변화, 의도적으로 비밀스러운 결정 즉 당 최상층부를 장악한 정치적 고위층의 정치적 음모, 운동의 모든 단계에 존재했던 충돌하는 이해관계와 동기들, 빠르게 변해갔던 운동의 여러 단계, 운동의 규모 그 자체, 이 각각을 해석하는 것은 어렵다. 그것들을 종합하면 여러 면에서 이해할 수 없게 되어버린다. 하나의 운동 속에 여러 운동이 있었던 것처럼 보인다. 어떤 부분에서 보면, 그것은 20세기의 끔찍한 대량학살(genocide)과 비슷해 보인다. 어떤 면에서는 스탈린주의 숙청을 연상시키지만, 여기에는 대중의 열광적 참여가 있었다. 중국의 학살을 독특하게 만드는 것은 사람들이 동족을 죽였다는 것, 피해자와 가해자 사이의 경계가 매 순간 바뀌었다는 점이다. 중국공산당 통치 아래서 벌어진 다른 비극과 달리 이것은 모든 분야, 모든 이들을 망라하면서 벌어졌다.

당에 대한 마오의 통제력은 위험할 정도로 빠른 공업화와 농업집산화를 추진한 대약진 운동으로 인해 약화된 상태였다. 이로 인해 재앙적인 기근이 발생해 약 4,500만 명의 목숨을 앗아갔고, 후계자로 내정되어 있던 류샤오치와 덩샤오핑(마오쩌둥이 사망한 뒤 중국 최고 지도자가 되어 급진적 개혁의 길로 이끌고, 시장의 힘을 풀어 오늘날의 중국을 만들었다)을 비롯한 당내 실용주의자들이 상황을 통제하게 되었다.

자신의 계획 실패와 그로 인해 나타난 당내 이견에 대한 마오쩌둥의 대응은, 그의 절대적 권위를 재확립하는 한편 대중을 활용해 이전까지 그가 의존해온 견고한 당의 구조를 전복하고 모든 반대파를 뿌리 뽑기 위해 대중을 동원해 중국의 영혼을 재창조하려는 이중적인 운동이었다. 그는 개인숭배의 주요 선동자 중 한 명인 국방부장(장관) 린뱌오, 두려움의 대상인 당의 공안 책임자였던 캉성, 이후 '4인방'으로 불리게 되는 소수의 급진적인 당 간부들과 네 번째 부인 장칭에게 의지했다. 장칭은 자신을 무시한 당 지도부를 결코 용서하지 않았으며 보복하려 했다. 하지만 주석이 동원한 지상군은 중국 인민 특히 중국 청년들이었다. 혁명의 첫 단계에서 당의 요직을 지냈던 이들의 자녀가 홍위병이 되었다. 이들 젊은 광신주의자 무리는 베이징 전역을 휩쓸고 그 이후에는 다른 도시들에서까지 악랄하고 때로는 살인적인 공격을 벌이며, 사람들에게 마오쩌둥에 대한 충성을 보이라고 강요하고 '오래된 문화'인 사원, 책, 전통 의상을 공격했다. 심지어 황제들의 옛 궁전이었던 베이징 중심부의 자금성이 이들의 공격을 모면한 것은 전적으로 저우언라이 총리가 개인적으로 개입한 덕분이었다. 파괴와 폭력은 빠르게 고조되어, 지주와 부농, 반혁명분자, 악질분자와 우파를 지칭하는 '흑오류(黑五類)'를 표적으로 삼았다. 베이징 외곽의 다싱구에서는 일가족이 모두 살해당했다.

　많은 고위 인사들은 이 운동이 얼마나 멀리 나아가게 될지도 알지 못한 채 간부들에 대한 초기의 공격을 선동했다. 하지만 곧 그들은 마오쩌둥의 불만과 더 급진적인 변화에 대한 열망의 먹잇감이 되었다. 간부 대표단들이 학교와 대학에 파견되어 때로는 청년들을 통제하고 때로는 선동한 후, '조반파'(造反派) 홍위병의 두 번째 물결이 형성되었다. 류사오치는 마오쩌둥이 한때 후계자로 선택했고 얼마 전까지 숙청을 주도했던 인물이었지만 이제는 축출 대상이 되었다. 홍위병으로 세를 과시하던 고위 지도자들의 자녀들은 힘을 잃고 박해받거나 구금당했다. 조반파 조직들이 이념 또는 다른 문제들에서 사소한 차이로 서로를 공격하면서 혼란은 더욱 심해졌다. 파벌들이 마오쩌둥에 대한 충성 경쟁에서 서로를 앞지르려 하면서 싸움은 일부 지역에서는 내전에 가까운 상황으로 폭발했다. 인민해방군 역시 정치적 격변에 굴복했다.

몇 년 뒤, 고위 지도자들에 대한 마오쩌둥의 절대적 권위가 다시 확립되었을 때, 자신이 원했던 것보다 혼란이 더 커지고 있다는 징후에 흔들린 마오쩌둥은 다시 질서로 복귀할 준비를 했다. 인민해방군이 상황을 주도하게 되었고, 홍위병 세대 수백만 명은 농촌으로 추방되었다. 혼란 대신 침체기가 찾아왔지만, 공포는 여전했고 혁명위원회가 인민들을 반역자, 스파이 또는 부패분자로 비난하면서 살인이 급증했다. 혁명위원회는 처음에는 중앙집권화된 당 관료기구를 대체하기 위해 세워진 정치적 기구였지만 실제로는 인민해방군과 장기집권한 간부들이 지배했다.

문화대혁명의 두 번째 부분은 표면적으로는 첫 번째 부분보다는 더 일상적이었다. 일상의 삶이 일부 회복되었다. 학교가 다시 문을 열었고 금서들이 비밀리에 유통되었다. 중국은 최대 적국인 미국과 화해하기 시작하면서 다시 외부세계로 눈을 돌린다는 신호를 보냈다. 하지만 어떤 면에서는 이 시기가 이전 단계보다 훨씬 더 혼란스럽고 격동으로 가득 차 있었다. 1971년, 마오쩌둥의 새로운 후계자였던 린뱌오의 실각과 의문스러운 죽음은 이 운동에 대한 많은 이들의 믿음을 산산이 부숴버렸다. 위대하고 현명한 주석은 린뱌오를 승진시킴으로써 치명적인 실수를 저질렀거나, 그게 아니라면 자신를 충성스럽게 섬겼던 사람을 무너뜨렸던 것이다. 린뱌오는 마오쩌둥에게 노예처럼 헌신하는 것으로 유명했다. 지금 선전하는 것처럼 린뱌오가 사악한 배신자라면 누구의 열정을 신뢰할 수 있을까? 린뱌오의 죽음은 또한 군부의 통제력이 약해졌음을 의미했다. 권력을 차지하기 위한 투쟁은 각계각층에서 격렬하게 벌어졌고, 마오쩌둥의 호의가 한 파벌에서 다른 파벌로 옮겨가면서 상상 속에서 만들어진 음모나 그와 비슷한 운동에 대한 공격으로서 투쟁이 산발적으로 벌어졌다. 마오쩌둥이 죽고 얼마 뒤 4인방이 축출된 이후에야 혼란이 막을 내릴 수 있었다.

중국의 이데올로기적 형제국들조차 이 혼란을 이해하는 데 어려움을 겪었다. 북한 관리들은 이 사태를 "문화나 혁명과 아무런 관련이 없는 광기"라고 비판했다. 문화대혁명은 그 무자비함 그리고 중국 문화를 변화시킬 수 있고 반드시 변화시켜야 한다는 신념을 가지고 있었다는 점에서 마오주의의 정점을 의미했다. 하지만 문화대혁명은 이전의 운동들보다 훨씬 광범위하고 혼란스럽고 다면적이었다. 중국은 엄청난 규모의 손실과 폭력으로 상처를 입었다. 19세기 태평천국의 난으로 2천만 명 이상이 사망했고 이것은 1차 세계대전으로 전 세계에서 숨진 이들의 수와 비슷하다. 1930년대 일본의 잔인한 점령으로 1,500만 명이 숨졌다. 1958년에는 대약진 운동으로 인한 기근으로 약 4천만 명이 사망했다. 문화대혁명으로 인한 사망자 수는 이러한 기괴한 기준으로 보자면 적지만, 중국 전체를 소진시켰다. 그 영향을 받지 않은 일터는 없었고, 어떤 가정도 무사히 넘어갈 수 없었다. '공모'는 이 상황을 표현하기에는 너무 보잘것없는 단어다. 동지는 동지를, 친구는 친구를, 남편은 아내를, 아이는 부모를 공격했다. 그런 배신으로 경력을 쌓을 수 있었던 사람도 또다시 흐름이 바뀌고 나면 과거의 피해자에게 공격을 받았다. 그런 친밀한 배신과 갑작스러운 반전은 중국 사회의 구조 자체, 가족의 순종에 대한 유교적 이상 그리고 동지애에 대한 공산주의의 새로운 약속을 파괴해 버렸다. 자신의 범죄마저도 마찬가지로 예측할 수 없었다. 60년대 후반에 음모로 지목된 사건의 '사악한' 측면은 핵심 구성원조차도 그 존재를 알지 못했다는 것이다. 특히 최고위층에 있는 사람들에겐 아첨도 보호막이 될 수 없었다. 마오쩌둥에 대한 헌신만이 출세의 유일한 수단이었는데, 이 정치적 무기를 효과적으로 휘두를수록 마오의 환심을 살 수도 있었지만 반대로 의심을 받을 수도 있었다.

마오주의는 고질병의 치료약이 될 것으로 기대를 모았다. 20세기 초 의학을 포기하고 문학을 통해 조국을 구하려 했던 루쉰은 그 질병을 진단했다. 그는 일본이 스파이로 참수하려는 동포를 둘러싸고 있는 중국인 군중의 사진을 보고 충격을 받았다. 그들은 그 구경거리를 즐기려고 거기에 와 있었다. 루쉰은 이렇게 썼다. "모두 육체적으로는 강인한 몸이지만, 무관심한 표정을 짓고 있다…. 무지하고 나약한 국가의 시민들은 아무리 건강하고 튼튼한 육체를 가지고 있어도 무의미한 대중적 전시의 구경거리가 되거나 구경꾼밖에 될 수 없다." 10여 년 뒤 사회학자 페이샤오퉁은 "중국의 이기주의 문제는 무지나 질병의 문제보다 훨씬 더 흔하다. 사회의 상층부터 하층까지 이 문제가 없는 사람은 없는 것 같다"고 다시 한번 진단했다.

하지만 마오주의는 21세기 중국에 더욱 큰 공허감을 남겼다. 마오주의는 결함은 있었지만 존재하고 있었던 도덕적 구조를 파괴해 버렸고 그것을 급조된 구조물(마오쩌둥에 대한 충성, 급진적 평등주의, 가족의 유대와 우정보다 공산주의에 대한 헌신을 우선시하는 것)으로 대체하려 했다가, 이후에는 그것마저 무너뜨려 완전히 없애버렸다.

어디에나 잔인하고 냉혹한 사람들은 있게 마련이고 14억 인구의 나라에 그런 사람들은 적지 않을 것이다. 중국에 있었던 7년 동안 나는 종종 관대함과 용기에 놀랐고, 때로는 무관심과 비인간성에 충격을 받으며 엄청난 개인적 대가를 치르기도 했다. 아마도 그곳에서 사라져버린 것은 가치와 행동의 구조, 옳은 일을 할 수 있게 만드는 기회일 것이다. 예를 들면 터무니없는 의료비 청구서를 받을 위험을 감수하지 않고 멈춰서 낯선 사람을 돕는 것, 스스로 도움을 요청하는 것, 절망에서 비롯되는 폭력과 원한을 예방하는 것 등이다. 하지만 다른 나라들의 무시에 언제나 민감한 국가는 자신을 판단하는 데는 훨씬 신속하고 가혹했다. 주변에서 나는 자기반성의 노래를 들었다, 다른 경우에는 노골적, 심지어 공격적으로 애국심에 불타는 사람들이 중국인들은 너무 저질이다, 군중은 끔찍하다, 중국인은 무감각하다, 개인적 양심이 없다, 핵심적인 신념이 없다, 아예 원칙조차 없다, 영혼의 질병밖에 없다고 말했다. 중국이 직면한 가장 절박한 위협을 물으면, 중국인들은 빈곤이나 범죄보다 '도덕적 타락'을 선택했다. 신뢰의 위기, 사회적 부패라는 진단을 매일 듣곤 했다. 한 생존자는 "우리 사회는 윤리적으로 텅 비었다"면서 "이 문제의 뿌리를 추적하면 문화대혁명으로 거슬러 오를 수 있을 것이다"라고 썼다.

*

문화대혁명을 일으킨 장본인은 여전히 톈안먼에서 이 나라를 살펴보고 있다. 마오쩌둥 사상은 중국 헌법에 명시되어 있다. 공산당 지도자들이 통제하는 국가가 질주하는 동안 권력의 중심은 영향을 받지 않고 그대로인 듯 보인다. 지도자들은 황제들이 그랬던 것처럼 붉은 벽 뒤에 살았다. 가까이에선 장엄한 정치 행사가 인민대회당에서 열렸다. 2012년 11월, 시진핑이 역사의 바통, 즉 중국의 통치권을 이어받았다고 연설할 때 나는 붉은 카펫이 깔린 연단 아래에 앉아 있었다. 그때 우리는 10년마다 한 번씩 권력이 교체된다고 생각했다. 마오쩌둥의 폭정과 변덕을 관료주의적 일정으로 대체하면서 당은 10년마다 합의에 의해 지도부를 선택하고 교체하기로 했다. 시진핑의 확신에 찬 태도는 그의 진지한 수사와는 대조적이었다. 그의 연설은 짧았지만 지나온 세월이 고스란히 담겨 있었다. 존경받는 혁명가의 아들인 시진핑은 물려받은 의무와 미래에 대한 무거운 사명에 대해 이야기했다. 그는 "태산보다 무거운" 사명이라고 했는데, 이 말은 마오가 고대의 역사서에서 인용해서 했던 말이다.

시진핑은 "역사는 인민이 만드는 것"이라고 덧붙였는데 이것도 마오의 말에서 가져온 것이다. 마오 주석이 문화대혁명을 일으켰을 때 시진핑은 열두 살이었다. 그의 아버지는 잔인하게 박해받았고, 시진핑 자신도 행진에 끌려나가 모욕을 당했다. 친구들은 그의 어머니가 그를 비난하도록 강요당했다고 말한다. 나중에 시진핑은 황량하고 빈곤한 시골로 장기간 추방당했다. 그의 이복 여동생은 수년간의 정치적 압박을 견디다 못해 자살한 것으로 알려져 있다. 이것이 인민이 만든 역사다. 그가 지금의 자리에 오르면서 언급할 수 없었던 사실들이다. 이후 그는 강력한 라이벌들을 숙청하고 이념적 순수성을 요구하며 민족의 비전에 대해 호소하면서 대중의 마음을 사로잡았다. 중국은 다시 한번 대담하게 전 세계적 패권을 추구하고 있다. 2022년에 시진핑은 물러나기는커녕, 통치를 더욱 굳건히 했다. 그의 임기는 이제 무기한이 되었고 아마도 종신집권일 것이다. 시진핑은 마오쩌둥에게 부여되었던 칭호인 조타수로 칭송되고 있다. 시진핑의 질서 추구는 마오쩌둥의 무정부주의적 행보와는 정반대이다. 그의 나라는 더 교육 수준이 높고, 정교하며 냉소적이다. 역사는 그대로 반복되지 않는다. 그러나 역사는 운율을 맞춘다고 한다.

2012년을 돌아보면 시진핑이 '중국몽'이라는 비전을 강조하면서 역사를 이야기했을 때 전문가들은 역사에 기록될 만한 부강함을 이루겠다는 것으로 이해했다. 우리는 그것을 더 문구 그대로 받아들였어야 했다. 시진핑은 마오쩌둥을 제외하고는 이전의 어떤 지도자보다도 역사의 장단점을 더욱 의식하고 있었다. 2021년 말, 규범을 깨고 세 번째 임기를 준비하면서 그는 당의 역사를 새로 써서 당의 100년 역사에 대한 새로운 설명을 발표했다. 하지만 그는 집권 6개월이 되기도 전에 당을 향해 "역사 허무주의"는 서구 민주주의와 마찬가지로 실존적 위협이라고 경고했다. 마치 세계에서 가장 인구가 많고 두 번째로 큰 경제를 가지고 있으며, 해외에서 어느 때보다 막강하고 국내에서는 거대한 공안 기구로 뒷받침되고 있는 국가에 대한 당의 통제가 유령과 그들의 이야기로 인해 위태로워지기라도 할 것처럼 말이다.

그의 말이 옳다면 어떻게 될까?

중국은 진정한 의미에서 돌진해 왔고, 무엇보다도 등 뒤에서 떠미는 힘에 의해 미래를 향해 급속도로 나아가게 되었다. 수억 명의 사람들이 어떤 논의도 해보지 못하고 그 결과(깨어진 가족과 상처 입은 마음, 생존을 위한 개인주의적 충동, 치열한 자본주의 경쟁, 깊은 냉소주의)

를 고스란히 겪어야 했다. 그 운동이 끝났을 때 태어났어야 할 많은 이들은 세상에 나오지도 못했다. 그 희생자들처럼, 대다수의 경우 이 운동은 없었던 일처럼 존재했고, 말해지지 않고 기록되지 않고 인식되지 않은 것에서 분명히 드러났다. 수많은 사람이 죽고 고통받았다. 온 나라가 범죄 현장이었고, 남은 것은 분필 자국과 거리를 두고 바라보는 구경꾼들뿐이었다. 그곳에 끌려 들어간 사람들조차, 자신의 의지에 반하는 일이었던 것처럼, 윤곽선을 따라 조심스럽게 걸음을 옮겼다.

*

중국이 진격하는 동안 너무나 많은 것이 모호함 속으로 빠져버렸다. 그 속도는 흥분되면서도 무자비했고, 그 에너지와 힘에 이끌린 나 같은 외부인에게는 넋이 나갈 듯 느껴졌으며, 내부자들에게는 짜릿한 동시에 저항할 수 없이 압도적이었다. 나는 베이징 올림픽이 개최된 해에 〈가디언〉 특파원으로 베이징에 도착했다. 취재하기에 이보다 더 좋은 곳은 없었다. 이 세계는 가능성으로 가득 차 있었다. 평범한 삶에도 사건은 무궁무진했고, 행동으로 떠밀렸다. 매주 내 노트북은 호화로운 재벌과 끈질긴 활동가들, 공장에서 일하는 소녀들과 농민들, 폭발사고와 부패 스캔들, 그리고 중국 최초의 동성애자 미인대회로 꽉 찼다. 모두가 유동하고 있었다. 새 건물 공사장, 박사 학위, 다단계 판매 등 앞날의 모든 것에 희망을 건 채, 농촌의 땅을 떠나 도시와 직장을 옮겨 다니고, 종교를 찾고, 오랜 친구를 잃고, 분투하고, 몸부림치고 있었다. 계속 앞으로 나아가라. 계속 위로 올라가기만 해라. 어깨 너머를 돌아볼 시간은 없었다. 일자리, 결혼, 집과 이웃은 순식간에 사라졌다. 내가 살던 아파트 근처에 있던 국수 가게와 저렴한 식료품 가게들이 비워지기 시작하더니, 어느 날 저녁 퇴근하고 집에 돌아와 보니 잔해만 남아 있었다. 길 건너편에는 황무지가 펼쳐져 있었는데 내가 나흘 동안 다른 곳에 갔다 돌아오니 공원으로 변해 있었다. 그즈음엔 사라지는 것에는 익숙해져 있었는데 이렇게 갑자기 무언가가 생겨난 것에 나는 충격을 받았고, 한동안 길을 잃었다고 생각했다. 오솔길과 벤치들, 높이 자란 나무, 잔디밭, 꽃으로 꾸며진 화단, 급하게 색칠된 풍경이었다. 잔디는 매끄럽고 밖에서 보기에 분명 푸르게 보였지만, 막상 들어가 보니 발밑의 덩어리들이 내가 기억하는 잔해들을 드러내고 있었다. 불도저가 베이징을 지워버리는 동안에도, 그들의 진격으로 거리 전체가 사라져버리는 동안에도 과거 또는 적어도 과거에 대한 생각의 일부는 계속 남았다. 수 마일의 뜰이 딸린 집들은 사라졌지만, 까다로운 석류나무는 잔해의 모퉁이에서 자라나 매년 여름 열매를 맺었다. 칼갈이하는 사람들은 자전거를 타고 버즈 커스터드(영국의 커스터드 가루 상표)색 람보르기니 차 앞을 지나가며 칼을 갈라고 외치고 있었다. 광고들은 '치아의 효도'를 보여야 한다는 고전적 느낌의 훈계를 곁들여, 중산층을 향해 아버지의 치과 심미 치료를 부추기고 있었다.

역사의 위대한 사건과 인물조차도 손이 닿을 듯 가까이에 있었고, 때로는 너무 가까워 초현실적으로 느껴질 정도였다. 한 생존자는 나에게 자신의 대장정 경험을 들려주기도 했다. 공산당이 위대한 적이자 라이벌이었던 장제스의 국민당에 맞선 전쟁에서 힘겹게 퇴각했던 이 사건은 마오쩌둥을 절대적인 위치에 올려놓았다. 당시 국민당은 분열되어 있던 중국의 명목상 정부였다. 한 팔순 노인은 당시 40대 초반이었던 중국 최고 지도자들과 춤추고 카드 게임을 했다며 모두가 농담하고 장난을 쳤다고 회상했다("마오쩌둥도 놀았지, 하지만 아무도 그를 때리지는 않았어"라고 그는 말했다). 한 여성 사진작가는 1949년 마오쩌둥이 중화인민공화국 건국을 선포하는 순간을 자신이 어떻게 포착했고, 저우언라이 총리가 그녀가 연단에서 떨어지는 것을 막으려고 셔츠를 잡았던 일을 이야기했다. 마오쩌둥의 비서의 딸은 마오가 아이들을 지프에 태워주던 친절한 "삼촌"이었다고 기억했다. 문화대혁명 막바지에 마오쩌둥의 아내 장칭을 변호하도록 임명되었던 변호사는 그녀가 얼마나 반항적이었고, 그 재판에 어떤 단점이 있었는지 회고했다. 이렇게 가까이에서 다가갈 수 있다는 점은 나에게 거의 환상적으로 느껴졌다. 그 이전에 취재했던 지도자들은 훨씬 멀리 있었다. 중국공산당은 때로 자신들의 신화를 빛내기 위해 외신기자가 유용하다고 판단했고, 마오쩌둥과 장칭은 자신들이 선택한 외국 기자들과 길게 이야기하기도 했다. 민주화 시위대에 대한 학살이 일어나기 이전 1980년대에는 최고 지도자들이 소규모 외신 기자단을 수시로 만났다. 하지만, 내가 중국에 간 2008년에는 그런 교류는 상상할 수도 없었다. 그 이전 3년 동안 나는 웨스트민스터에서 정치 담당 기자로 일했다. 나에게 그곳은 중국보다 훨씬 낯선 독특한 곳이었지만, 그곳에서는 장관과 다른 고위 관리들과 함께 점심식사를 하는 것이 일의 일부였다. 여기서 우리는 먼 테이블에서 들리는 뉴스의 부스러기라도 붙잡기 위해 애썼다. 한 부처의 대변인실에서 답변을 받아내는 것조차도 많은 노력이 필요했고, 종종 헛수고를 하기도 했다.

그것은 사소한 좌절이었다. 더 큰 좌절이 시작되고 있었다. 나는 이곳 중국의 뉴스가 다른 어느 곳의 뉴스보다 중요하고, 진실이 중요하며, 할 수 있는 한 가까이 다가가야 하지만, 그런 경우가 매우 드물다는 것을 알고 있었다. 하지만 이 사건 저 사건을 쫓아다니고 이야기가 쌓이면서 불만이 스며들었다. 나는 내가 진실을 이야기할 때, 중요한 다른 것들을 놓치고 있는 건 아닌지 의심하기 시작했다. 무엇보다도 우리는 그 순간과 그 순간으로 이어진 모든 것에 대해 썼다. 기자로서 우리는 긴 시간 동안 천천히 이어지는 시간의 축적이 아니라, 행위에 집중했다. 우리는 각각의 숙청이나 재난을 연쇄의 마지막 고리, 의도했든 예측하지 못했든 결정과 오류, 상황의 결과로 묘사했다. 하지만 진정으로 중요한 것은 다른 쪽에 있었다. 마치 세상이 뒤집어졌을 때 그것이 다시 바로잡힐 것이라고 상상하고, 1년, 10년, 반세기가 지난 뒤 계속되는 삶에서 그것이 진정으로 무엇을 의미하는지에 대해 주의를 기울이지 않는 것과 같다. 삶이 무너졌을 때, 벽돌 하나하나를 쌓아서 재건할 수 있을지도 모른다. 플라스틱으로 만들어진 레고 집처럼, 먼지를 털어내고 결국에는 상처를 입지 않은 채로 다시 시작할 준비를 하는 것이다.

*

아버지를 찾아 헤매는 초우의 부질없는 노력에 대한 이야기는 커져가고 있던 내 불안을 더 분명하게 만들었다. 나는 취재하는 거의 모든 것에서 문화대혁명을 느끼기 시작했고, 주변에 존재하는 모든 것을 이해하게 만드는 것은 오래전에 죽은 그 젊은 학자와 같은 침묵과 빈 공간이라는 것을 깨닫게 되었다. 그것은 현대 중국을 둘로 갈라놓은 10년이었다. 유토피아 사회주의와 광란의 자본주의 사이, 무자비한 획일주의와 냉혹한 개인주의 사이를 오간 것이다. 그 끝은 그것이 가져온 대가로 인해 철저히 불신받게 된 마오주의로부터 단호하게 멀어지는 것이었다. 그 급진주의는 틀림없이 1980년대 민주화 운동을 낳았고 또한 그 운동을 끝내버린 탄압에도 기여했다. 그것은 중국의 경제, 정치, 문화뿐 아니라 마음과 정신의 깊은 곳에도 새겨져 있다. 그것을 깨닫지 못하는 사람이 많을 정도로 깊숙이 새겨져 있었다. 그것은 어떤 재벌의 추진력, 어떤 영화감독의 조심스러움을 설명해준다. 그것은 불행한 가족, 낭만적인 사랑에 대한 기대, 돈에 대한 욕망, 그리고 비통함과 희망을 만들어냈다. 그것은 이 나라의 결정적 순간이었다.

　그 깊은 심연이 나를 불안하게 했다. 그것을 살짝 엿보기는 했지만, 제대로 눈에 들어오지 않았다. 생존자 상당수는 그 일에 대해 전혀 말하지 않았다. 가족들에게도 말하지 않았다. 그들은 여전히 스스로를 보호하고, 자녀들을 보호하려 했다. 하지만 침묵 속에서도, 또는 특히 침묵 속에서 트라우마는 여러 세대에 걸쳐 이어진다. 한마디도 하지 않지만, 부모는 그 고통과 두려움을 그들이 가장 사랑하는 이들에게 전달할지도 모른다. 이름 붙이지 못한 그 상실감은 여전히 그들의 삶을 규정하고, 그 자녀들의 삶을 형성할 수 있다. 심리학자 엘레나 체레파노프(Elena Cherepanov)는 세대를 넘어 이어지는 전체주의의 유산에 대한 연구에서, 트라우마의 역사는 "현재에 폭력적으로 침입해 비극은 반복되고 출구는 없다는 느낌을 만들어낸다"고 썼다. 피해자와 가해자는 자신이 겪은 일과 저지른 일과 함께 살기 위해 몸부림친다. 그것은 그들의 몸에 기록되어 있다, 그것은 마치 이 나라의 몸 안에 있는 것 같다. 어느 역사학자는 "중국과 문화대혁명의 관계는 뼈에 붙은 살과 같다"고 나에게 말했다.

　나는 문화대혁명이 중국에 어떤 영향을 미쳤는지뿐만 아니라, 여전히 어떻게 중국을 형성하고 있는지도 이해하고 싶었다. 이 주제는 지금 매우 민감한 주제이지만 이전에도 항상 그랬던 것은 아니다. 위험에도 불구하고 중국 내에서 놀랄 만큼 훌륭한 연구가 이뤄져 왔고, 그 시대에서 살아남은 생존자들이 종종 그런 연구를 했다. 독립 출판사들이 활발하게 활동했던 홍콩과 중국 외의 지역에서도 많은 책이 출판되었다. 하지만 내가 읽은 회고록과 역사책들은 많은 가르침을 주었지만 동시에 당혹스럽기도 했다. 그 책들은 내 질문에 완전한 답을 주지 못했다. 무슨 일이 일어났고 어떻게 그리고 왜 일어났는지가 아니라, 이 나라가 어떻게 그것과 함께 살았고, 지금 그것이 어떤 의미이며 왜 중요한지에 대한 질문 말이다.

어떤 면에서는 수억 명의 사람들이 자신들에게 심대한 영향을 미친, 삶의 10년을 무시하고 있는 것은 이해할 수 없는 일로 보였다. 어떤 이들은 이에 대해 논의하는 것도 허용되지 않은 상태로 살아왔다. 어떤 이들은 그 얘기를 꺼냈다가 실제로 불이익을 받을까 두려워했다. 어떤 이들은 단지 그 말을 하는 것도 견딜 수 없었다. 어떤 이들은 그 일이 저주라도 되는 양 입을 다물었다. 그 일이 너무 강력해서 그것을 언급하는 것만으로 지금의 평화와 번영을 어둡게 만들 것처럼 말이다. 이들 모두에게 그것은 말할 수 없는 일이었다. 당과 통치자들은 사람들을 기억상실로 몰아갔다. 10년의 세월이 사라졌다.

시간이 지나면서 나는 침묵보다는 그것을 깨려는 시도가 늘고 있는 것을 발견했다. 그것을 공개적으로 말하는 것은 문제를 일으켰다. 문화대혁명이 사람들에게 가르친 것이 있다면, 어떤 식으로든 두드러지거나 눈에 띄는 것을 피하기 위해 고개를 숙이고 있어야 한다는 것이다. 하지만 온라인이나 더욱 대담한 출판물에서 홍위병들이 자신들의 과거에 대해 말하기 시작했고, 가족들은 잃어버린 이들에 대해 이야기했다. 많은 이들은 그 혁명을 농촌 공동체가 문화와 생산에서 진정한 진전을 이뤘고, 노동자들이 존중받던 시절로 여기며 그리워했다. 다른 사람들은 수십 년 동안 숨겨왔던 비밀인 두려움, 죄책감, 책임감을 털어놓았다. 반향은 커졌다. 인터넷은 사람들이 하고 싶던 이야기를 공유할 새로운 공간을 제공했고, 어떤 이들은 다른 이들의 대화를 들으며 자신의 이야기를 하게 되기도 했다. 심지어 영어로 발행되는 관영 언론조차 점점 늘어나는 토론에 대해 신중하고 조심스럽게 기사를 쓰기도 했다.

나는 이런 힌트와 단서들을 추적하기 시작했지만, 책을 쓰려고 했던 것은 아니다. 중국을 '전문 분야'로 한다는 것은 터무니없다고 느꼈기 때문이다. 이 나라는 세계 인구의 5분의 1이 살고 있고, 어마어마한 사회, 문화, 민족적 다양성을 가지고 있고, 내 조국보다 거의 40배 넓은 영토에 걸쳐 있다. 매일매일 내가 아는 것이 얼마나 적고 발굴해야 할 것이 얼마나 많은지를 가르쳐 주는 곳이다. 이런 농담이 있다. 이곳에서 한 달을 지내면 이 나라에 대한 책을 쓸 수 있고(실제로 이런 책이 몇 권 있다), 일 년을 지낸 뒤에는 에세이를 쓸 수 있고, 5년 뒤에는 아마도 한 문장쯤 쓸 수 있다고.

그런데도 나는 그 주제에서 빠져나갈 수가 없었다. 나는 변호사들, 소설가들, 노동자들, 그 경험으로부터 상처받은 생존자들, 그리고 그 시대가 되돌아오기를 갈망하는 사람들을 인터뷰했다.

상실에 대한 매우 고통스러운 이야기, 행복한 추억, 난해한 정치적 갈등에 대한 매우 세밀한 분석을 들었다. 마침내 나는 메모와 책, 사진으로 가득 찬 여행 가방, 그리고 패배감과 함께 영국으로 돌아왔다. 작업을 시작했을 때 변화를 목격하고 있다고 생각했다. 그 힘겨운 풀뿌리 민중의 노력이 토론의 공간을 힘겹게 만들어가고 있는 것 같았다. 이제 그 공간이 오히려 줄어들고 있다는 것을 알았다.

내 글의 대상이 된 사람들의 삶은 나와는 완전히 달랐지만, 종종 몇 걸음만 가면 닿을 수 있을 듯 보였다. 내가 그 사람들이 될 수도 있었다. 내 외가는 중국계 타이인이고, 할머니는 십대 때 중국으로 도망쳐서 중국공산당에 가입하려고 했다. 하지만 제대로 학교 교육을 받지 못한 상태였고, 야망 있는 어린 소녀에게 여러 제약이 가해졌기 때문에 그 시도는 좌절했다(그녀는 실패했지만, 한 친구의 시도는 성공했다). 다른 나라에서 온 부모가 있다는 것은, 당신을 당연한 것으로 여기기 어렵다는 것, 우리가 가족과 문화에 의해 얼마나 깊은 영향을 받으며 형성되고, 우리가 얼마나 쉽게 다른 사람이 될 수도 있었는지를 알게 되는 것이다. 할머니가 타려던 배가 좀 더 늦게 왔거나, 삼촌이 더 친절했거나, 영어를 더 잘할 수 있었다면 당신은 이곳이 아니라 그곳에 있을지도 모른다. 그곳에는 더 운이 좋고, 더 현명하고, 더 대담하고 더 절박한 또 다른 당신이 있을 수도 있고, 당신이 아예 존재하지 않을 수도 있다.

그래서 초우 아버지의 미소가 나를 불안하게 했다. 나는 운이 좋은 삶을 살아왔다. 그도 그런 삶을 산 적이 있다. 그리고 나는 내 질문의 미신적인 측면, 내가 최악의 상황에 직면한다고 해도 그것이 등 뒤에서 나를 붙잡을 수는 없을 것이라는 희망을 가지고 있다는 것을 깨달았다. 문화대혁명은 도덕적 선택이 불가능했던 시대, 옳은 일을 할 수 없었던 시대였다. 할 수 있는 옳은 일이 없었기 때문이다. 더 나쁜 것은, 내가 그 안에서 젊은 청교도(1642~49년 영국 왕당파에 맞선 의회파 청교도)들이 가지고 있었던 순수함에 대한 갈망을 보았다는 점이다. 불확실성이 나에게 남아 있을 수는 있지만, 아마도 강직함은 남지 않을 것이다. 어떤 이들이 그만둘 때 어떤 사람들은 왜 굳세게 일어서는 것일까? 거짓말이 더 안전한데도 왜 진실을 말할까? 무엇이 우리가 용서할 수 있게 만들까? 다른 장소, 다른 시간에 우리는 무엇을 하게 될까, 우리는 어떤 사람이 될까? 이것은 부분적으로만 중국과 중국 역사의 극단적 부분에 관한 책이다, 외부인에게는 관음증에 가까울 수 있고, 좀 더 국제적이고 훌륭한 사람이라면 소름 끼치는 진짜 범죄와 대결하게 될 프로젝트다. 이 책이 더욱 많이 다루는 것은 우리가 최악의 상황에서 어떻게 살아가는지이며, 그리고 더 어려운 부분은 우리가 어떻게 우리 자신으로 살 수 있는지, 우리가 어떤 사람이 되어버리는지에 대해서이다.

국가와 그것을 구성하는 사람들에게 정체성은 기억이다, 그것은 사건들과 우리가 그 사건들에 대해 말하는 이야기들의 부분적 축적이다. 하지만 기억은 물론 계속 진행 중인 작업이다. "우리에게 현재 필요한 것은 우리가 과거를 읽는 것에 의해 선택적으로 구성된다"고 페이샤오퉁은 썼다. 우리는 이러한 사실과 본능을 일종의 일관성으로 만들어내고, 우리가 무엇을 기억하고, 언제 그리고 왜, 그리고 누가 결정할지에 대한 필연적인 질문들과 싸운다. 지금 일어나는 일은 우리의 과거와 미래에도 파장을 일으킨다. 종종 그렇듯, 과거에 일어난 일에 대한 이해를 바꾸는 것은 우리 자신을 변화시키는 일이다.

*

그래서 이 책은 우리가 간직하고 있는 비밀과 공유하고 싶은 충동에 관한 책이기도 하다. 정치인들이 국가의 이야기를 조작할 수 있는 방법뿐만 아니라 우리 모두가 담당하는 역할에 대해서도 이야기한다, 우리가 어떻게 집단적으로 내러티브를 선택하고, 무엇을 포함시키고 버리는지, 의식적으로 그리고 또는 무의식적으로, 우리가 무엇을 강조하고 생략하는지에 대해서 말이다. 그것은 우리가 자신과 타인에게 전달하는 판단에 대한 것이다. 우리가 사실과 그것에 부여하는 의미를 둘러싸고 벌이는 싸움에 대한 이야기이기도 하다. 처음 시작하던 그 시절에는 시진핑의 통치 아래서 역사가 중국의 미래에 얼마나 중요한 역할을 하게 될지 알지 못했다. 시진핑은 국가박물관을 공식 방문하면서 통치를 시작했고, 몇 달 뒤에는 '역사적 허무주의'를 공격했다. 이 책을 시작할 때만 해도, 나는 역사가 순식간에 물신화되고 위협받게 될 줄은 몰랐다. 기억이 어떻게 발굴되고, 되살아나고, 길러지는지 또는 감시받고, 착취당하고, 억압되는지 예상하지 못했다.

하지만 나는 내 조국에서 장관들이 전문가를 모욕하고, 정치가들이 조작된 문화 전쟁과 상식과 정서로 가장한 하향식 조작을 벌이고, 신문들이 판사를 국민의 적이라 공격하고, 문화부 장관이 역사가들에게 "국가의 과거를 모욕하지 마라"(이전에는 같은 글에서 "전체주의적인 도덕적 확실성"을 비난했었다)라고 명령하는 일이 벌어질 것이라고도 예상하지 못했다. 서구가 이렇게 사실에서 동떨어져, 광신에 빠지기 쉽고, 분열되고, 음모론에 사로잡히게 될 줄은 예상하지 못했다. 세계 최고의 민주주의 국가라고 자부해 온 나라에서 선동가가 평화로운 권력 이양을 막기 위해 폭도들에게 의지하게 될 줄은 전혀 예상하지 못했다. 다른 지역 출신의 부모님 밑에서 성장하는 것처럼, 다른 땅에서 생활하는 것은 당신이 보편성에 의지할 수 있는 것이 얼마나 적은지, 그리고 당신이 실제로는 당신의 고국 또는 이웃들에 대해 얼마나 적게 알고 있는지에 대해 가르침을 얻는 데 도움이 된다.

문화대혁명은 자세히 파헤칠수록 더욱 기묘하고 기괴해 보이지만, 또 다른 측면들이 드러난다. 우리는 문화대혁명으로부터 장소와 시간에서 멀리 떨어져 있다. 일부 사람들이 해온 것처럼, 서구의 좌익 학생들과 홍위병을 비교하고 선을 긋는 것은 어리석을 뿐 아니라 모욕적이다. 그들의 운동 동력은 이보다 더 다를 수 없다(비유해야 한다면, 트럼프와 우익, 그가 조장한 극단주의에 비유해야 한다). 디플랫포밍(deplatforming, 정보와 생각의 공유에 사용되는 플랫폼을 제거해 특정한 집단 또는 개인을 보이콧하는 것)과 살인의 차이는 단지 정도의 문제가 아니다. 하지만 우리는 결코 우리 생각만큼 안전하지도 대단하지도 않다. 오늘날 우리도 충분히 곤경에 빠질 수 있다. 사람들은 여전히 민주주의에 대해 완전체처럼 이야기한다, 마치 약간의 민주주의 같은 것은 존재하지 않는 것처럼 생각하면서, 민주주의냐 아니냐 둘 중 하나로 판단한다, 조직적이고 체계적인 공격과 휘청거림, 본능적인 교활함, 우리 자신의 무관심이나 게으름으로 인해 민주주의가 조금씩 무너지거나 폭파되고 있는 것을 보면서도 말이다. 중요한 것은 서류에 적힌 규칙이나 오랫동안 확립된 관습들이 아니다, 우리 자신의 약속들, 우리 자신의 본능과 관습, 우리가 기꺼이 받아들이는 것, 그리고 우리가 기꺼이 하려는 일이 더 중요하다.

나는 내 나라에 대해, 상상했던 것보다 더 많은 것을 중국으로부터 배웠다. 몇 년 전 그 점심식사를 했을 때는, 이 진실들을 추적하는 것이 내 관점을 얼마나 날카롭게 만들게 될지, 또는 내가 이 진실들을 계속 뒤쫓게 될지조차 알지 못했다. 그것은 단지 커피를 마시며 들은 이야기일 뿐이었다. 초우의 남편이 쉬웨이신의 초상화에 대해 기사를 써보라고 권유했을 때만 해도 그 문제에 대해 오래 고민할 계획이 없었다. 나는 스튜디오를 찾아갔고, 그가 그린 인물들과 그 가족들을 인터뷰하고는 그냥 넘어갈 생각이었다. 쉬가 그린 인물들은 시간과 장소를 초월해 존재했고, 자신들의 세계에 멈춰 있었다. 그곳에 머물 의도는 없었다. 나는 새로운 것에 대해 썼다. 하지만 쉬가 내게 준 작품집, 무거운 화강암색 판이 마음에 맴돌았다. 한 장의 이미지가 계속 나를 끌어당겼다, 그것은 매우 큰데도 다른 그림보다 더 친밀했다. 막 사춘기가 되려는 아이를 그린 그림이었다. 그녀는 여학생 단발머리를 하고 앞니 사이가 살짝 벌어져 있었는데, 얼굴에 희미한 기대감이 나타나 있었다. 그녀의 고개는 살짝 기울어져 있었는데, 아마도 목소리를 들으려는 것 같았다. 막 말을 하려던 참이거나, 무슨 말을 할지 숙고하고 있는 듯했다. 그녀는 열세 살이었고 이름은 위샹젠이었다.

대담하게 생각하고, 대담하게 말하고, 대담하게 실천하라
(敢想、敢说、敢干)

- 홍위병 슬로건

1장

나는 한눈에 그녀를 알아보았다. 거의 60살이 되었지만, 위샹젠은 나를 매료시켰던 그 초상화 속 학생 시절과 같은 단발머리와 앳된 얼굴의 가냘픈 모습이었다. 그녀는 깔끔한 옷차림이었고, 그녀의 꼿꼿한 자세는 우리가 지금 만나고 있는, 사무직 여성들이 하이힐을 신은 채 흩어져 로비를 걸어 다니는 현대적 빌딩들이 늘어선 거리의 스타벅스가 아닌 어딘가 교실에 있는 것이 더 어울릴 것이란 인상을 주었다. 그녀의 두 눈은, 안경 뒤에서 불안에 차 있었고, 그녀를 그린 그림에서 내가 보았던 열정은 사라져 있었다.

그 그림을 그린 화가는 연작의 소재가 될 인물을 찾다가 온라인에서 그녀를 우연히 발견했다고 한다. 그는 배우나 정치가의 인상을 주는 일반 시민을 찾고 있었다. 국영 언론에서 은퇴한 이후, 위샹젠은 그들이 절대 출판해 주지 않았을, 어린 시절 홍위병으로 지냈던 기억들을 연대기처럼 써 블로그에 올리기 시작했다. 그녀는 처음에는 자신만을 위해 쓰는 것처럼 머뭇거리며 인터넷에 글을 쓰기 시작했고, 이 글을 다른 이들이 읽을 것으로 예상하지도 않았다. 하지만 그녀의 에세이는 화가를 매료시켰고, 그들이 만난 뒤에는 그의 초상화가 위샹젠이 계속 글을 쓰도록 원동력이 되어 주었으며 마치 "바람이 잔잔하던 강에 물결을 일으키듯" 파도의 밀물과 썰물처럼 그녀의 기억을 불러일으켰다. 닿을 수 없는 곳 저 멀리 반쯤 잠긴 채 있던 과거가 떠올라, 무언가 비틀리고 방출되고 다시 떠오르고 마침내 분명해졌지만, 여전히 손에 잡히지는 않았다. 위는 이런 순간들에 다다를 때마다 이 열정, 폭력 그리고 공포의 조각들을 붙잡아 엉킨 것을 풀어내려 했지만, 그녀의 어머니와 아들은 그녀에 대해 불안해했다. 은퇴한 관료인 오빠는 그녀에게 전화를 걸어 그녀가 문제를 일으키고 있고, 그들 모두를 위험에 빠트릴 것이라고 경고했다. 그녀는 이 경고를 듣고 불안해지기보다는 호기심을 느꼈지만, 항상 그녀의 마음속에 있던 생각이 쓰는 내용을 조금 누그러뜨렸다. 반세기가 지난 뒤에도 여전히 말할 수 없는 어떤 일들이 있고, 넘어서는 안 되는 특정한 선이 존재한다. 그녀가 무언가 잘못했을 때, 그녀의 글은 거의 올리자마자 사라져버렸다.

"과거 동급생이나 동료들처럼 아주 가까운 사람들끼리 만나면, 그들 사이에서는 가끔 그것에 대해 이야기하기도 해요." 그녀는 말했다. 하지만 그녀의 과거 동급생들은, 다른 대부분의 나라에서 그렇듯이 현재에 더 집중하고 싶어 했고, 손주나 자신이 한 여행을 서로 비교하며 이야기하기를 좋아했다. 과거는 고통스러웠고 부끄러운 것이며, 지금처럼 안정되고 부유한 시대에 조금도 어울리는 이야기가 아니다. 농지가 거대한 공장으로 탈바꿈하고 도시의 골목길들이 고층빌딩으로 바뀌는 폭력으로 땅이 요동치면서 중국의 여러 곳은 이전의 모습을 알아볼 수 없게 되었다. 그 땅을 휩쓸었던 파도에 대해 숙고하는 것은 이상하고 불필요한 것이었으며 심지어 잘못된 것이었다. 모두 계속 앞으로만 나아갔다. 하지만 왜 위샹젠은 그러지 못했을까?

우리는 머그잔을 들고 조용한 구석 자리로 갔다. 나는 이미 그녀가 온라인에 올린 글 중 일부를 읽었기에 그녀에게서 이야기를 이끌어낼 필요는 거의 없었다. 가끔씩 요점을 확인했지만, 그녀의 이야기는 분명하고 논리적이었다. 그녀는 그 일의 처음부터 이야기하기 시작했다. 그녀는 자신이 생일이 12월 26일이라고 했는데,

이는 마오쩌둥의 생일과 같은 날짜이다. 그녀의 가족은 공산당 엘리트의 주변부에서 살았고, 소학교에서 그녀는 공산당 중앙정치국 위원들의 자녀들 옆에 앉았다. 수백만 명이 살았던 도시 베이징은 그녀의 이야기 속에서는 좀 더 축소되어 있었다. 그녀의 이웃은 마오쩌둥이 장칭에게 구애하던 시절에 장칭과 함께 살았던 룸메이트였는데, 40년도 더 지난 뒤에 열린 장칭의 재판에서 장칭이 문화대혁명에서 어떤 역할을 했는지 증언하기 위해 법정에 앉았을 때 장칭의 머리가 여전히 새까만 것을 보고 놀랐다는, 이미 지나가 버리고 거의 잊힌 세밀한 이야기들이었다. 이런 이야기는 특별한 것도 아니었다. 위의 할아버지는 공산당 초기에 당세가 아주 작고 가장 큰 위험에 처해 있던 시절에 입당했는데, 얼마 뒤 국민당이 벌인 학살에서 많은 친구를 잃었다. 그의 딸은 11살 때 팔로군에 가입해 일본 침략군과 싸웠으며 이후에는 국민당과 싸웠다. 위샹젠의 아버지 역시 나중에 결혼하게 될 그녀와 크게 다르지 않은 삶을 살았다. 그 둘은 1949년 공산당이 중국을 해방했을 때 환희에 차 있었다.

위샹젠은 그로부터 3년 뒤에 태어났고, 그녀의 부모님이 그랬던 것처럼 인민을 위해 복무하는 것을 꿈꿨다. 미래는 약속으로 빛나고 있었다. 그녀의 어머니와 아버지는 더 밝은 운명을 위해 모든 것을 걸었다. 마오쩌둥의 마르크스 해석에 따르면 모든 것이 가능해졌다. 진실하게 믿는 이들은 순수한 결정으로 세계를 변화시킬 수 있다는 것이다. "중국은 그 자체로 텅 빈 종이와 같고, 가장 신선하고 가장 아름다운 그림들이 그려질 수 있는 종이"라고 마오쩌둥은 주장했다. 상황이 발전할 때까지 기다릴 필요가 없다, 옳은 생각을 하면 옳은 행동을 할 것이고 그에 따라 옳은 질서를 만들어 낼 것이라고 했다. 1949년에 그것은 많은 사람에게 이상하리만치 설득력 있게 보였다. 공산당의 승리와 이 분열된 국가를 아울러 통제하게 된 것은 수십 년에 걸친 침략과 내전에 이은 기적과도 같은 일로 보였다. 장제스의 국민당 정부 역시 공산당과 마찬가지로 군벌들과 일본 점령에 맞서 싸웠다. 하지만 국민당은 미국의 대규모 원조를 받았다. 그런데도 그들은 소련의 군사 지원을 받기는 했지만, 면이나 풀을 꼬아 만든 조잡한 샌들을 신고 행군한 열악한 마오의 군대에 패배했다.

몇억 명의 인민들에게, 중화인민공화국의 초기 시절은 환영할 일이었고, 놀라움의 연속이었다. 전쟁보다 평화를 바라기 위해 꼭 공산당원이 될 필요는 없었다. 규칙은 지나치게 엄격했고, 빈곤은 만연했지만, 혁명은 정의와 존엄을 의미했다. 탄압받던 가난한 농민들은 지주로부터 빌려 경작하던 땅을 가지게 되었고 여자아이들은 강제 결혼에서 벗어날 수 있었다. 글을 읽을 수 있는 사람이 늘어나고 평균 수명이 길어졌다. 노동자들은 국가에 대한 공헌에 큰 자부심을 느꼈고 노동 조건과 임금은 개선되었으며, 광산과 공장에서 노동하는 이들은 연민이 아닌 존경을 받았다. 토지 몰수 과정에서 지주들이 살해되었지만, 농민들의 목숨은 언제나 가치가 별로 없었다. 반우파 운동은 지식인들을 강제로 노동 수용소로 보냈지만, 당의 반대자들도 똑같이 무자비했다. 장제스는 공산당만이 독재를 독점한 것은 아님을 증명했다. 1927년 장제스는 공산당원들을 숙청하고 학살했다. 그로부터 20년 뒤 국민당은 민중 봉기를 진압하면서 최소 1만 8천 명의 대만인을 살해했다.

1958년에 마오쩌둥은 대약진운동을 시작했는데, 이는 중국을 농업 국가에서 선진 경제 국가로 탈바꿈시키려는 기묘한 계획이었다. 그는 산업 생산에서 영국을 뛰어넘으려 했고, 국제 공산주의의 우두머리 자리를 차지하고자 했다. 토지집산화가 추진되었고, 가정들은 대규모 인민공사에 가입하도록 강요받았다. 풍요에 대한 그의 원대한 계획은 진정한 열정을 자아냈지만, 그것은 광기에 이르는 오만한 계획일 뿐이었다. 광신 또는 공포 때문에, 관료들은 수확에 대해 크게 과장된 보고를 했고, 그 상관들은 그 보고에 따라 징발했기 때문에, 여러 곳에서 실제 수확된 곡물보다 더 많은 곡물을 징발당했다. 사실을 알리려 했던 사람들은 고문당하거나 살해당했다. 그해 말이 되어서야 대다수 사람이 균열을 보게 되었다. 도시에서 사람들은 굶주리고, 얼굴은 수척해졌다. 농촌에서 사람들의 배는 조롱하듯 부풀어 올랐다. 사람들은 나무껍질, 풀, 옥수수 껍질을 먹었고 마지막에는 죽은 이들의 시체까지 먹고 말았다. 하지만 재앙이 명백해졌는데도, 마오쩌둥은 후퇴하길 거부했다.

"농민들이 굶주림으로 죽어가는데도 그들은 살기 위해 어떤 것도 할 수 없었다"고 위는 말했다. 그녀의 증조할아버지와 다른 친척들도 이때 희생되었다. 누구도 이 재난의 정확한 규모를 알지 못했고(최대 4500만 명이 사망했다) 프로파간다는 이에 대한 책임을 홍수와 가뭄과 중국에 부채 상환을 강요한 소련에 돌렸다. 오늘날까지도 중국은 이에 대해 이야기해야 할 때, 역사 속에서 인간이 초래한 가장 큰 재난 중 하나인 이 시기를 '3년 재난'으로 언급한다.

존경받던 혁명가인 펑더화이는 이 재난에 대해 경고했다가 숙청당했다. 하지만 지도부는 국가가 영원히 굶주리도록 놔둘 수는 없었다. 국가주석이자 후계자로 내정되어 있던 류샤오치는 덩샤오핑을 비롯한 다른 실용주의자들과 함께 최악의 상황은 막아냈다. 마오쩌둥의 권력 장악은 마침내 흔들리기 시작했다. 마오는 자신의 권력에 대해 우려했는데, 스탈린 사후 후계자였던 후루쇼프에 의해 스탈린 격하 운동이 벌어진 것은 마오의 편집증을 부채질했고, 중소 갈등을 악화시켰다. 누가 그의 유산을 이어가 줄 것인가? 수정주의자들은 "우리의 후임자로 훈련되어… 여전히 우리의 옆에 자리잡고 있다"고 마오쩌둥은 1966년에 문화대혁명을 정당화하기 위해 발표한 '5.16 통지'로 알려져 있는 문서에서 경고했다. 규율과 통제에 대한 그의 집착은 언제나 격변에 대한 그의 욕망에 종속되었다. 그해에 장칭에게 쓴 글에서 마오쩌둥은 자신을 호랑이와 원숭이 양쪽에 비유했지만 "호랑이의 기운이 더 우세해지고 있다"고 말했다.

변화에 굶주린 것은 마오쩌둥만이 아니었다. 불만은 수면 아래서 계속해서 자라나고 있었다. "통제가 너무 엄격해서 사람들은 철로 된 양동이 안에 사는 것 같았다"고 위샹젠은 회상했다. 장시간 노동과 계속되는 배고픔은 사람들을 지치게 했고 심지어 불평하는 능력조차 약화시켰다. "만약 시도라도 한다면, 그는 반혁명 분자로 낙인찍혀 감금당하거나 노동수용소로 보내졌다. 그 누구도 감히 생각하려 하거나 발언하려 하지 않았다." 공산당의 부상을 환영했던 그 희망은 점점 더 옅어지기 시작했다. 대중들은 관료들이 자신들의 생활에 무관심한 것에 대해 점점 좌절하고 있었다. 마오는 대약진 운동으로 인해 산산조각난 꿈을 대체할 새로운 계획을 찾았고, 게으르고 부정부패한 간부들을 박살내 주겠다는 그의 약속은 진짜로 인기가 있었다. 그는 일반 인민들이 관료들에 도전할 수 있고, 관료들이 진정으로 인민에게 복무할 수 있게 강요할 위대한 민주주의를 약속했다. 공산주의자들이 그렇게 오랫동안 제창했던 이상이 마침내 실현될 것만 같았다.

마오쩌둥은 자신 혼자만으로는 내부의 비판자들을 쫓아낼 수 없다는 것을 알고 있었다. 대신, 그는 군중을 동원하기로 했다. 위샹젠 같은 학생들은 그의 전위대였다. 그들은 이해할 수 없는 전쟁에 동원된 순진한 사람들이었다. 주석은 그들의 마음속에 있는 붉은 태양이었다. 그들은 그의 빛을 받으며 자라고 번성했다. 매년 그는 중국의 하늘에서 더 높아지고 위대해지고, 너그러워지고, 더욱 숭배받았다.

그리고 1966년 봄, 위샹젠은 용기를 내 주석에게 편지를 써서, 홍위병의 일원이 되어 혁명의 횃불을 높이 들겠다고 맹세했다. 강렬한 단어들이 그녀가 구할 수 있는 가장 좋은 편지지 위에 조심스러운 글씨로 씌어졌고, 그녀는 그것을 갈색 봉투에 담아 4센트짜리 우표를 붙이고 마오 주석(본인에게)이라고 써넣었다. 그에 대한 답장이 공산당 중앙위원회 중앙판공실의 붉은 소인이 찍힌 채 도착했다. 이는 그녀가 다니던 학교 전체를 열광시켰고, 모든 아이가 주석에게 편지를 보냈다! 그들은 그녀의 편지를 전달하겠다고 약속했다! 하지만 거기 담긴 내용은 냉철했고, 실망스럽기까지 했다. 그 내용은 그녀가 미래에 조국에 봉사하기 위해, 선생님들을 존경하고 공부에 집중하라는 것이었다. 그 열광적이고 흥분에 가득한 혁명 시기는 끝났다. 이제 당은 정부 안에 있었다.

관료들이 마오의 이름으로 하던 이야기와 별개로, 마오는 다른 계획을 품고 있었다. 그는 이미 주기적인 숙청의 새로운 단계를 시작했다. 몇 주 뒤 그는 당내에 숨어서 은밀하게 부르주아의 지배를 계획하며 "붉은 깃발을 흔들고 있는" 적들에게 경고하기 위해 고위 지도자들을 호출했다. 그들을 뿌리 뽑는 것은 생사가 걸린 투쟁이 될 것이라고 그는 경고했다.

문화대혁명의 불을 붙이자! 베이징대학 지도부를 비난하는 대자보에 이런 문구가 등장했다. 눈길을 끄는, 손으로 쓴 시위 문구였다. 몇 시간 뒤, 마오의 지시에 따라, 같은 내용이 라디오에서 낭독되었다. 그리고 마오의 격려라는 열기 속에서, 그것은 순식간에 생명력을 얻어, 중고등 학교와 대학교 캠퍼스의 벽들에는 휘갈겨 쓴 하얀 선언문들이 나부꼈다. 강의와 수업은 취소되고, 학생들은 해방되었다. 안팎의 적을 경계하라는 이야기를 들으며 자랐기 때문에, 위샹젠은 재빨리 교사들을 규탄하기 시작했다. 그녀의 학우들은 행동에 나서는 쪽을 택했다. 그들이 교원들을 무릎 꿇리고, 질책하고, 구타하고, 머리채를 잡고 빈 접착제 통을 뒤집어씌우는 모습을 그녀는 오랫동안 쳐다보고 있기가 힘들었다. 하지만 그녀는 혁명의 아이답게, 홍위병의 초기 지원자 중 한 명이었다.

그녀의 자부심은 두려움으로 물들었다. 아무도 이것이 용인될 수 있을지 알 수 없었다. 당의 레닌주의 규범은 그것에 더욱 힘을 실어 주었다. 라이벌이 될 권력의 원천을 말살하는 데는 무자비했다. 하지만 마오에게 있어서, 1949년의 해방은 그가 구상한 변혁의 단지 절반에 지나지 않았으며, 어쩌면 가장 쉬운 절반이었다. 관료적 관성이 그의 혁명을 짓밟고 있었다. 겉으로 보이는 것의 뒤에서 봉건적 사고가 번성하고 있었다. 새로운 세대의 압제자들이 지주의 자리를 대신했다. 공산주의자 간부들이 똑같은 특권을 가지고, 같은 착취를 하고 있었다. 문화대혁명은 마오 개인의 통제력을 재확립하는 것이었다. 하지만 이는 무정부주의적인 격변이기도 했다. 위샹젠과 그녀의 친구들은 마오가 거느린 공포의 군대였다. 어느 단조로운 여름밤 늦게, 그들은 연락을 받았다.

8월 18일 새벽 3시, 소집 통지가 내려온 지 겨우 몇 시간 만에, 20명의 무리가 학교 밖에 모였다. 그들은 대학 캠퍼스에서 톈안먼 광장까지 밤새 줄을 맞춰 행진했는데, 창안가(長安街)를 지나면서 행렬은 점점 커졌다. 새벽이 오자, 백만 명의 학생들이 거대한 광장을 가득 매웠다. 홍위병들은 관중석에서 영광스러운 자리를 차지한 채 지도자들의 연설을 기다렸다. 주석의 초상화가 그 위풍당당한 문 위에서 그들을 내려다보았다. 그리고 그때 고위 지도자들만이 아니라, 마오 주석이! 마오 주석 본인이 나타났다! 그는 그들 앞에서 천천히 앞뒤로 걸으며, 그들에게 직접 연설하지는 않았지만 손을 들어 그들의 환호에 화답했다. "마오 주석, 만세! 마오 주석, 만세, 만세!" 위샹젠은 자기보다 몇 살 많은 소녀가 단상에 올라가 홍위병 완장을 전달하는 모습을 지켜보았다. 이것은 문화대혁명의 탄생을 영원히 상징하게 될 순간이었다. 이 사진과 이야기는 관영 언론들을 통해 퍼져나갔고, 그날 그 광장에 있지 않았던 수백만 명의 기억 속에도 남게 되었다. 그 집회는 끝없이 이어졌고, 6시간 동안 연설과 구호와 훈계가 계속되었지만, 폭염과 배고픔 따위는 상관없었다. 이것은 역사였다. 마오는 젊은이들을 아침의 태양이라고 불렀고, 그들은 이 새벽에 빛났다. 그들은 너무나 자랑스럽고 진심으로 행복했고, 아주 조금이라도 모습을 더 보려 앞으로 밀고 나갔으며, 그 순간의 위대함에 사로잡혔고, 마오 주석의 어록인 소홍서(小紅書)들이 허공으로 치솟았다. "마오 주석 만세, 마오 주석 만세, 만세!"를 외쳐댄 탓에 그들의 목소리는 쉬어 있었다.

마오는 손을 흔들며 그 모습을 지켜보았다. 그의 시는 뛰어났다. 그는 거리의 언어에 능통했다. 그의 발아래서 흔들리는 그 책들에 쓰여 있는 그의 격언들은 함축적이고 간결했다. "모든 반동분자는 종이호랑이다", "권력은 총구에서 나온다" 같은 말들이다. 하지만 그는 침묵과 여백 역시 나름의 힘을 가지고 있다는 것을 알고 있었다. 여기, 이 군중 위에서, 그는 그런 침묵을 지켰다. 학생들이 울부짖을수록 그가 말을 할 필요는 더욱 적어졌다. 그가 선택한 군복이, 군중 위에서 무표정한 그의 존재가, 그가 감독한 연설들이, 그가 받아든 진홍색 완장이 그 대신 말을 해주었다.

"그 이후로, 우리의 모든 행동은 마오의 명령을 받아서 하는 것 같았다. 홍위병이 되는 것은 마치 세상의 정점에 서는 것 같은 느낌을 주었다." 위샹젠은 이렇게 말했는데, 그때를 회상할 때 그녀는 거의 빛나는 것 같았다. "학교에서 우리가 듣고, 생각하고, 공부한 모든 것은 마오 주석의 좋은 자녀가 되라는 것이었다. 그는 마치 신과 같았고 우리 삶의 유일한 임무는 혁명의 일부가 되는 것이었다." 마오 주석을 숭배하는 것은 선택이 아니라 필수였다.

마오 사상은 "영혼의 원자폭탄"이었다. 그는 세계의 파괴자였고 이 학생들은 그를 섬기기 위해 존재했다. 국방부장이자 최고의 아첨꾼이었고 곧 마오의 후계자로 내정된 린뱌오(林彪)는 그들이 어떻게 해야 할지 이야기했다. 그는 그들이 사구(四舊)를 타파해야 한다고 요구했다. 그것은 사상, 문화, 전통 그리고 착취 계급의 습관들을 의미했다. 그날 이후, 위샹젠이 아는 모든 이는 스스로 홍위병이라고 선언했다. 그들은 진홍색 완장에 글자를 찍었다. 꽃무늬 면 블라우스를 벗어 던지고 자신이 가지고 있는 가장 칙칙한 옷을 꺼내 왔다. 그들의 숫자는 폭발적으로 늘었고, 단체는 몇 배로 늘어났다. 이제 이것은 더 이상 엘리트의 일이 아니라, 군중의 임무가 되었기 때문이다.

"그래서 홍위병들은 사구(四舊)를 공격하고 사람들의 재산을 몰수하기 시작했죠." 위샹젠은 말했다. "8월 19일이었던가 아니면 20일에 우리는 거리로 나섰습니다. 모든 상점을 확인하고, 우리가 발견한 모든 것, 예를 들면 문에 붙은 부처나 부적을 볼 때마다, 우리는 가게 주인들에게 그것을 떼어버리라고 명령했습니다. 나는 매우 적극적으로 역할을 했습니다."

그들의 표적은 물건만이 아니었고, 사람들도 겨냥했다. 한 무리의 청소년들이 먹잇감을 에워싸고, 기다란 머리카락을 가위로 잘라 프롤레타리아화시켰고, 몸에 딱 붙는 바지를 찢어버리고, 앞코가 뾰족한 구두의 앞부분을 잘라버렸다. 희생자들은 너무나 겁에 질려 저항하거나 불평하지 못했다. 위샹젠은 한 무리의 행인들이 홍위병들에게 환호하는 모습을 지켜보았다. 그녀는 그것이 확실히 잘못되었다고 생각하지는 않았지만, 그 모습을 보고 싶지는 않았다. 그래서 그녀는 친구들에게 지나가는 버스에 올라타자고 했고, 그들은 승객들에게 마오쩌둥 어록인 소홍서(小紅書)에 나오는 구절을 읽어 주었다. "그들은 우리에게 자리를 양보해 주고 우리를 칭찬했죠." 그녀는 쓴웃음을 지었다. "누가 감히 우리를 지지하지 않을 수 있겠어요?"

소녀들은 다음 한 주 동안 마오쩌둥 어록의 구절들을 낭송하며, '동방홍' 거리나 '반수정주의' 거리로 이름이 바뀐 베이징의 주요 도로들을 이곳저곳 돌아다녔다. 홍위병 무리는 외국 서적, 족보, 외국에서 온 편지들과 부르주아적인 옷들을 산더미처럼 쌓아 거리를 매운 채 그것들을 불태웠다. 그들은 진귀한 도자기와 몰수한 보석들을 박살냈다. 도시는 이미 이전과는 다른 모습이 되어 있었다. 사람들의 옷은 어두워졌고, 가게와 도로 표지판은 부서져 있었고, 아이들이 지나가면 어른들은 서둘러 시선을 내리깔거나 칭찬한다는 표시로 미소를 지었다.

"사람들은 어떤 이유도 없이 박해받을 수 있었다"고 위샹젠은 말했다. "홍위병들은 그냥 사람들의 집에 마음대로 들어가 그들을 두들겨 패고 물건을 마음껏 뺏을 수 있었죠."

일부 지역의 경찰들은 홍위병 그룹에게 그 지역의 우파 명단을 넘겨주었고, 그들이 사람들의 집을 수색하고 재산을 몰수하는 것을 도와주거나, 혹은 유도했다. 어떤 면에선 즉흥적인 반란으로 보였던 일들은 위로부터 부추겨졌을 뿐 아니라, 어떤 면에서는 지도를 받기도 했다. 아이들이 이 일을 수행하도록 동원된 것은, 우선 어른들은 이 일을 하기에는 비위가 너무 약했기 때문이다.

어느 날 밤 그들 무리의 지도자가 그들을 불러 모았다. 증원 병력이 당장 필요하다고 했다. 한 자본주의자가 자신의 집을 수색하던 홍위병들을 공격했다. 위샹젠은 겁이 났지만, 주어진 임무가 무엇인지 알았고 그 남자의 집을 포위하고 있던 군중을 보고 안심했다. 그 집은 매우 거대했고 그녀는 그 남자의 남동생 집이 있는 길 건너편으로 보내졌다. "하지만 사람들이 그 가족을 폭행하는 모습과 그들의 피를 보았을 때, 우리는 너무 무서워서 다른 방에 있던 커다란 커튼 뒤에 숨었어요. 우리보다 약간 나이가 많은 두 소녀가 들어왔는데, 둘 다 홍위병 제복을 입고 있었어요. 그들이 손에 무언가를 들고 있는 것을 똑똑히 봤어요. 그리고 둘은 자신들의 전리품을 나누기 시작했습니다. 그것은 옥팔찌와 금으로 된 장신구들이었어요. 그들이 그것을 자신들의 주머니에 조심스럽게 집어넣는 모습, 그리고 그들이 우리를 발견했을 때 보였던 불쾌한 표정을 보고서 그들이 그 물건들을 자신들의 소유로 챙기고 있다고 느꼈어요."

위샹젠은 비꼰다기보다는 정확성을 기하면서 이야기했다. 그녀의 차분하고 꼼꼼한 설명이 계속 이어졌다. "그들은 우리를 보자, 우리를 그들이 사람들을 폭행하고 있던 방으로 데려갔고, 우리에게도 가담하도록 요구했습니다. 그들은 우리에게 금속 버클이 달린 벨트를 주면서 함께 하자고 했습니다. 그런데 그 사람들이 두들겨 맞을 짓을 했다고는 생각하지 않았습니다. 나는 매우 상냥한 할머니의 손에서 자랐고, 할머니는 누군가를 때리기는커녕 혼내는 것조차 잘못된 것이라고 나에게 가르쳤거든요."

그녀의 어조는 긴장되어 심지어 화해를 청하는 것 같기도 했고, 마치 내가 자신의 잘못을 꾸짖어 주기를 바라는 것 같았다. 나는 상당히 많은 문혁 회고록을 읽었는데, 대부분 변명들로 가득했다. 나는 그녀가 저지르지 않은 일에 대해 이야기하리라고는 생각지도 못했다. "너무 겁이 났고, 우리는 도망쳐 학교로 돌아왔어요. 그들은 내가 용기가 부족하다며 혼냈습니다. 분명 나는 용기가 부족했죠. 그것은 체면이 깎이는 일이었어요. 이 얘기를 누구에게도 하고 싶지 않았어요."

그녀는 다시 한번 한숨을 쉬었다. "그건 나의 한계를 넘어서는 일이었습니다. 나는 도저히 그걸 할 수 없었고, 그래서 도망칠 수밖에 없었어요. 이 일들은 당시에는 나를 혼란스럽게 했지만, 그것은 매우 특별한 일들이었죠. 나는 옳은 일과 잘못된 일을 구별할 기본적 능력이 없었어요. 그래서인지 그들에게 맞서 싸우지 않았어요. 감히 그렇게 하지 못했죠. 나는 다른 사람들의 물결에 휩쓸렸고 우리가 하고 있는 일이 옳은지 아닌지에 대해 제대로 생각하지 않았어요. 그때도 여전히 그것이 옳다고 생각했는데, 왜냐면 우리는 새로운 세상을 만들기 위해 낡은 세계를 부수어야 한다는 이야기만 들었기 때문이죠."

그때 공격 대상이 되었던 사람들은 얼마 뒤 반혁명분자로 몰려 처형되었다. 그들을 구타했던 홍위병들은 마오쩌둥의 다음번 집회에서 마오의 옆에 서 있었다.

"붉은 8월(紅八月, 1966년 8월 베이징의 홍위병들이 '계급의 적'으로 몰린 이들에게 저지른 학살과 파괴)의 공포는 머리카락이 쭈뼛쭈뼛 솟을 정도였죠. 그것은 극도로 잔혹했습니다." 위샹젠은 혁명이 만찬 연회가 아니라는 것은 알고 있었다. 마오가 경고한 것처럼 "혁명은 수필을 쓰거나 그림을 그리거나 자수를 놓는 것이 아니기 때문에 세련되고 여유롭고 온화하며 절제되고 친절하고 예의바르고 절제되고 관대할 수 없다." 그러나 학교 캠퍼스에서 고문당하는 죄수들의 비명이 기숙사 안까지 뚫고 들어와 그녀의 꿈속으로 파고들어 왔다.

"그래서 홍위병 부사령관에게 잠을 잘 수 없다고 불평했더니, 그는 문혁에 참여하도록 사람들을 동원하기 위해 순회공연에 나가지 않겠냐고 물었습니다. 그렇게 해서 8월 31일에 나는 상하이에 갔어요. 끔찍한 일이 벌어졌습니다."

그녀는 잠시 말을 멈췄다. "우리는 무슨 일이 있어도 당과 마오의 말을 들어야 한다고 배웠어요. 사람들이 마오에 반대한다면, 우리에겐 그들을 비난해야 할 이유가 충분했습니다…."

그녀는 스스로를 다잡았다. "8월 31일에 나는 다른 홍위병 열두 명과 함께 상하이에 갔습니다. 우리는 '붉은 공포 만세'라는 전단지를 인쇄했습니다." 그녀의 말은 점점 빨라지고 목소리는 점점 더 커졌다. "우리는 베이징 기차역으로 우리를 태워다 줄 차를 찾고 있었는데, 내가 막내라는 이유로 그들은 전단지를 지키고 있으라고 했습니다. 그리고 나는 내가 살아있는 한 결코 잊을 수 없을 끔찍한 것을 보았습니다…."

위샹젠은 비명을 지르고 있었다. 처음 이야기를 시작할 때만 해도 그토록 부드러웠던 그녀의 목소리가 주변의 웅성거리는 대화, 접시 부딪치는 소리, 커피 머신 소리를 뚫고 나왔다. "날은 어두웠고, 나는 길가에 서 있었어요. 누군가 물을 달라고 속삭이는 소리를 들었고, 저쪽 편에 있는 농구 코트에서 한 남자가 나를 향해 기어오는 걸 봤어요. 그는 온몸이 피투성이였고, 머리에 묻은 피는 이미 딱딱하게 굳어 있었어요. 나는 공포에 질렸어요. 그리고 나는 농구 코트를 보았는데, 그곳은 수많은 시체로 덮여 있었어요. 모두 맞아 죽었죠."

그녀는 기억을 회상하고 있는 것이 아니었다. 그녀는 다시, 1966년 그곳에 있었다. 어른이 되어 일하고, 결혼하고, 어머니가 되고, 나이가 들고 상실을 경험한 위샹젠은 어디론가 사라졌다. 내가 보고 있는 이는 어린 여학생이었다. 나는 기다렸다. 밖은 어느새 어두워졌고, 사람들이 타워 문을 통해 들어오고 나갈 때마다 추위가 스며들었다. 나는 코트를 더 단단히 여몄다. 내가 알려주지 않았지만, 그녀는 이야기하고 있던 그 지점으로 돌아갔다. "누군가 차를 발견해서 우리는 기차역으로 갔어요."

*

그 모든 일에도 불구하고 그해 가을은 황금빛이었다. 그 가을은 해방이었다. 수업과 규칙, 일상으로부터의 자유였다. 그것은 도시에서 도시로 이동하는 기차의 삐-하는 소리와 덜컹덜컹 소리였다. "그들은 혁명 사업을 받아들이려면 나라를 보아야 한다고 했습니다." 홍위병들은 공짜로 여행했다. 침대와 음식이 기다리고 있었다. 그들은 어떤 목적지도 없이 모든 곳으로 향하고 있었다. 세계가 이동하고 있었다. 악취와 혼돈, 소음과 몸들이 가득했고, 사람들은 짐칸에 앉거나 좌석 밑에 누워 있어서 그들의 다리들이 위 샹젠의 발아래로 제멋대로 뻗어 나왔다. 스피커를 통해 선전 소리 가 시끄럽게 울려 퍼졌다. 그녀의 동지들은 서로를 향해 마오 주 석의 어록을 외쳤다. 땀과 오줌의 시큼한 냄새를 내보내려고 창문 은 열려 있었고, 밤이 되자 모두가 마침내 입을 다물었고, 그녀는 딱딱한 나무 의자 위에서 졸 때마다 선로에 부딪히는 바퀴 소리가 계속 그녀를 깨웠다. 수백 마일, 그리고 또 수백 마일 기차는 역들 을 뚫고 지나가며 흔들리며 앞으로 나아갔다. 그들은 들판과 소 들을 지나쳐 갔고, 허름한 마을. 바구니를 든 농부들이 쟁기를 잡 은 채 흔들렸다. 소년 중 한 명이 그들에게 욕설을 가르쳤다. 저주 는 홍색이고, 거리의 언어였다. 개자식 반혁명세력. 그녀는 뒤처질 까 봐, 이전에 학교에서 공부했던 것처럼 열심히 연습했다.

이것이 혁명이었다. 그들이 읽었던 모든 책과 보았던 영화들, 그들이 존경했던 모든 영웅, 고난의 행군 동안 고통을 겪으면서도 싸우고 인내했고, 일본을 물리치고 부패하고 악취 나는 국민당을 물리쳤던 영웅들. 이것은 그 깃발을 높이 들 기회였다. 이것은 마 오 주석의 업적이었다. 이것은 흥분이었다. 위샹젠의 부모는 그녀 의 오빠에게는 가지 말라고 간청했지만. 딸인 그녀를 말릴 생각 은 전혀 하지 않았다. 그래서 오빠가 베이징에서 투덜대는 동안 그 녀는 마음대로 돌아다녔다. 그것은 탐험의 계절이었다, 때로는 환 희도 있었고, 임무를 실행하려는 거대한 모험이 지탱한 비난 집회 나 다른 잔혹한 행위들로 여기저기에 흔적을 남겼지만, 위샹젠은 그런 일들을 잘 받아들이지는 못했다. 그것은 운동이자 휴가이기도 했다. 기차는 그들을 상하이로, 광저우로, 대나무와 바나나 나무가 있는 쿤밍으로 데려다주었다. 안개로 둘러싸인 언덕들이 있는 충칭으로, 우한으로, 고대의 수도인 시안으로도 향했다. 중국 공산당이 번성했던 옌안의 황토 먼지까지, 그리고 저인망 어선들이 그물을 가득 채운 다롄까지 가기도 했다. 그녀가 열세 살이라는 것도, 여자아이라는 것도 문제가 되지 않았다. 그들은 무리였고 패거리였고, 여기저기를 습격하는 새떼였다.

"계획도 없고, 목적지도 없었습니다. 우리는 나라의 절반을 보았습니다. 나중에는 그냥 여가가 되었습니다, 한번은 기차가 멈춰 섰고, 우리는 여기가 어디냐고 물었습니다. 그곳은 구이린이었습니다. 우리는 그곳이 매우 아름답다고 들은 적이 있어서, 바로 기차에서 뛰어내려 그곳에서 사흘간 머물면서 명소들을 다 가봤어요. 우리는 행복했어요."

그녀는 자신의 생각에 놀란 듯 눈을 깜빡이며 그 말을 반복했다. "나는 단지 무척 행복했습니다. 우리에게 문화대혁명은 즐거운 일이었습니다. 학교에 갈 필요도 없었고 선생님을 비판할 수도 있었죠. 어디든 갈 수 있었습니다."

하지만 전국을 돌아다니는 수백만 명의 홍위병 때문에 중국의 철도와 경제가 마비되었고, 당 중앙은 이것을 멈춰야 했다. "그래서 12월 25일, 내 생일이자 마오 주석의 생일인 날을 하루 앞두고 우리는 베이징으로 돌아왔습니다."

그녀의 이야기에는 곳곳에 날짜가 박혀 있고, 진흙탕 같은 흐름 속에서 사실의 작은 돌멩이들이 박혀 있었다. 중국인들은 종종 집에서 누군가가 "어느 주말" 또는 "그해 8월"이라고 한 것을 그대로 기억해 이야기했다. 위샹젠은 특히 그런 점들에 의존하는 듯 보였다. 정확한 시간의 기록이 일종의 구조, 그녀가 방향을 잡는 방법을 만들어냈다. 그것이 설명을 대신하는 것은 아니지만, 시간만이 유일한 진실이었고, 그것을 발판으로 삼는다면 머리를 물 위에 올려놓을 수 있다. 그 외의 나머지 것들을 이해할 수 있는 방법은 없었고, 위샹젠은 노력했지만 그것이 부질없다는 것을 깨달은 듯했다. 마오주의는 생각보다 행동, 논리보다 열정, 현실보다 신념을 중시했다. 문화대혁명의 열정, 규모, 모순, 그 과정에서 벌어진 전환, 그 안에서 벌어진 완전한 공포는 해석은 고사하고, 통계를 내기에도 벅찼다. 문화대혁명을 이해하려 해도, 그것은 이해를 거부했다.

"모든 일에는 긍정적인 면과 부정적인 면이 모두 있다고 믿고 싶지만 문화대혁명은 예외입니다. 그것은 모두 나빴습니다." 그녀는 말했다.

오랜 세월이 흐른 후, 일과 엄마의 삶을 살다가 무엇이 그녀를 다시 그 시절로 소환했고, 그녀가 계속 글을 쓰고 질문을 하게 만들었을까? 그녀는 자신의 집착이 괴상한 것으로 여겨진다는 것을 이해했다. 옛 학교 친구들을 다시 만났을 때, 그녀는 항상 그 시절 이야기를 꺼낸 사람이었다. 그 이야기는 친구들에게는 이성적인 범위 안에서 용납될 만했고, 다른 이들에게는 성가시거나 도발적이었다. 요즘 그녀가 피하는 사람들이 있는데, 그녀의 솔직함을 그들이 알았듯이, 그들의 침묵이 그녀를 당황스럽게 했다.

"현실에서 저처럼 생각하는 사람은 아무도 없어요." 그녀는 말했다.

온라인에서는 또 다른 이야기였다. 공격적인 검열에도 불구하고 인터넷은 신문에서 다뤄지기 힘들고 텔레비전에서는 결코 다루지 않을 민감한 주제를 토론할 포럼을 만들어냈다. 내가 듣는 법을 배우자, 그 속삭임이 크게 들리기 시작했다. 위샹젠 같은 이들은 자신들의 이야기를 나눌 새로운 공간을 발견했다. 어떤 이들은 처음으로 용기를 내어 말하기 시작했다. 다른 사람들은 갑자기 이야기를 시작했는데, 그 시기가 멀어질수록, 그것이 더욱 가깝게 보였기 때문이다. 우리의 가장 강렬한 기억은 어린 시절에 집중되어 있다. 수십 년이 흘러도 사람들은 사춘기의 사소한 잔인함과 특별할 것 없는 기쁨을 생생하게 기억한다. 위샹젠과 친구들은 상상할 수 없는 일을 겪었고, 나이가 들어간다는 사실이 과거를 굴절시켰다. 이제 그들은 고통이 무엇인지 친절은 무엇인지 이해하게 되었다. 처음으로 그들은 발에 차여 비틀거리며 바닥에 쓰러져, 품위를 잃고 낑낑대며 두려움에 떠는 노인에게서 자신들의 모습을 볼 수 있었다. 또는 그들은 마침내 모든 것을 바로잡고 싶어졌고, 기록이나 경고를 남기길 원했다. 그들은 자신의 자녀들에게 이야기해야만 한다고 생각하기 시작했다. 그 자녀들도 더 이상 어린아이가 아니고 누군가의 부모가 되었으며, 어머니와 아버지에 대해, 인생이란 정말로 무엇인지에 대해 알 필요가 있었다. 또는 그들은 이 성급한 시대의 과잉을 바라보며 몸서리쳤고, 그들이 한 때 믿음을 가졌던 때를 기억하면서 국가가 제정신을 차리고 마침 내 마오주의로 돌아가기를 희망했지만, 또 다른 이들은 그런 전망 에 대해 두려움을 느꼈다. 그들은 나에게 이렇게 말하곤 했다. 그 것은 증오나 홍위병이 얼마나 사악했는지에 관한 것이 아니며, 그 런 일들이 똑같은 방식은 아니더라도 새로운 형태로 또다시 일어 나는 것을 어떻게 방지할지에 대한 것이다…. 마오쩌둥의 죽음, 사 인방의 몰락은 단지 일시적 현상일 뿐이다. 진실을 말한다면, 그 일이 아직 끝나지 않았다고 생각한다고.

"대다수 지식인 사이에 이루어진 합의는 그것이 나쁜 일이었 다는 것입니다." 위샹젠은 말했다. "하지만 다른 계층, 즉 노동자 와 농민 사이에는 향수가 있습니다. 그들은 그때가 그들의 삶에서 최고의 시기였다고 생각합니다. 만 명의 홍위병이 있다면 그중 절 반도 안 되는, 어쩌면 10분의 1도 안 되는 소수의 사람만이 자신 들이 저지른 일에 대해 반성할 겁니다. 사과는 극히 드물고 그 모 든 잘못은 대가를 치르지 않았습니다. 문화대혁명의 영향을 지우 기 위해 무언가를 해야 할 책임을 지지 않는다면 우리가 어떻게 편안하게 살 수 있을까요? 어떻게 사람들을 때리고 유물을 파괴 했던 잘못을 뉘우치지 않도록 그냥 놔둘 수 있습니까? 그들이 죄 책감을 느끼지 않는 것 같아서 몇 명에게 물어보기도 했어요." 그녀는 계속 말했다. 그녀가 진지하고 침착하게 질문하는 모습을 상상하는 것은 어렵지 않았다. "그들은 자신들이 구타당하지 않고, 남을 때릴 수 있었기 때문에 운이 좋았다고 느끼는 것 같아요. 죄책감은 전혀 없었어요. 우리가 그들을 비난해야 한다고 생각하지는 않습니다. 온 나라에 반성하는 분위기가 없어요, 아주 잔인했던 사람들은 저와 동갑이거나 약간 나이가 많았어요. 그들은 어떻게 그런 짓을 할 수 있었을까요? 우리가 모일 때마다 나는 그들을 찾아 이유를 묻습니다."

그들은 의심을 피하고 싶었던 것이다. 자신들의 배경이 엄청난 문제가 될 수 있다는 것을 알 수 있었기 때문이다. 그들은 인민의 적들로부터 진실을 지키려는 결의에 가득 찬 진정한 신자들이었다. 또는 처음에는 소심했고 주저했지만, 아드레날린이 분출하자 맹렬한 기쁨이 공포와 의혹을 압도했고, 자신들이 정의롭다고 여기면서 적을 쳐부순다는 만족감이 고조되었다.

위샹젠은 결국 믿고 있었다. 나는 열세 살 때의 나를 떠올렸고, 내가 알았던 모든 열세 살 소녀들에 대해 생각했다. 제대로 준비되지 않았었다. 그 나이에 얼마나 자신감이 없고, 확신에 굶주릴 수 있는지, 어른들의 세계에 대해 얼마나 질투를 느끼고 의심이 많은지, 얼마나 기뻐하기 어려운지, 그러면서도 얼마나 손쉽게 마음을 빼앗길 수 있는지, 얼마나 쉽게 상처받으며 또 얼마나 다른 이들에게 깊은 상처를 줄 수 있는지, 얼마나 이해가 느린지. 나는 갑작스럽게 닥쳐오는 불균형, 불안, 대담함, 망설임에 대해 생각했다. 위샹젠과 그녀 친구들의 모습을 그려보았다, 그들은 분명 그 나이 때의 나보다 더 자립적이었다. 하지만 거의 전적으로 순진하기도 했다. 정교함이 부족했을 뿐 아니라 그렇게 하려는 열망조차 모자랐다. 그리고 양심의 가책. 나는 한 훌륭한 소녀를 알았다. 그녀는 유머와 예리한 분석력을 가지고 있으면서도, 여전히 무언가 순수함이 있었다. 그녀는 종종 망설였지만 흔들리지 않았다. 그녀는 어떤 일에 대해서는 말하지 않는 것이 낫다는 것을 이해할 만큼 경험이 많았지만, 무엇이 진실에 어긋났는지를 마음으로부터 알 수 있을 만큼 정직했다. 그녀는 자신이 한 일과 하지 않은 일에 대해 정확하게 설명했고, 자신이 한 역할과 비난받고 책임져야 할 일에 대해 공정하고 엄격하게 이야기했다. 결국 문화대혁명이 어떻게 일어날 수 있었는지에 대한 거대하고 불가능한 수수께끼는 훨씬 작고, 친밀하며, 더 이상 대답할 수 없는 질문으로 바뀌었다. *나는 누구인가?*

"인류 역사상 이보다 더 나쁜 시기는 없었을 겁니다. 나는 비상식적인 혼란의 시대를 겪었지만 박해받지는 않았어요." 그녀는 말을 잠시 멈추고 생각을 정리하려 했다. "어떤 면에서는 내가 그것을 목격한 것은 운이 좋았다고 느껴요."

나는 처음 시작했을 때보다도 더 많은 질문을 품게 되었지만, 우리는 이미 여러 시간 동안 이야기를 나눴다. 위샹젠은 태워주겠다는 내 제안을 거절했다. 그녀는 얼음처럼 추운 밤의 어둠을 뚫고 자전거를 타고 집으로 돌아가겠다고 했다. 나는 그녀의 패딩 코트가 추위로부터 그녀를 보호할 수 있을지 궁금했다. 그녀는 매우 가냘팠다. 그리고 갑자기 피곤해 보였다.

"나는 곧 예순이 돼요." 그녀가 내게 말했다. "시간이 얼마 남지 않았어요."

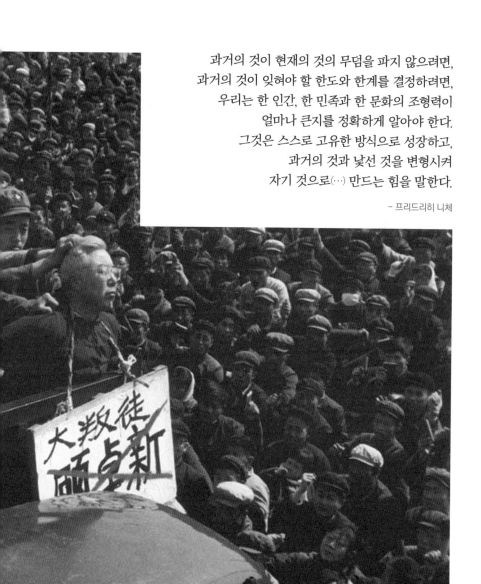

과거의 것이 현재의 것의 무덤을 파지 않으려면,
과거의 것이 잊혀야 할 한도와 한계를 결정하려면,
우리는 한 인간, 한 민족과 한 문화의 조형력이
얼마나 큰지를 정확하게 알아야 한다.
그것은 스스로 고유한 방식으로 성장하고,
과거의 것과 낯선 것을 변형시켜
자기 것으로(…) 만드는 힘을 말한다.

– 프리드리히 니체

2장

모두가 서두르고 있었다. 외부인들에게는 이상하게 들릴지 모르지만, 중국의 모든 엄격한 제약에도 불구하고 다른 곳에서는 발견하지 못한 기묘한 자유의 감각이 있었다. 젊은이들과 중년의 사람들이 너 나 할 것 없이 펑크 에너지 같은 순간을 붙잡고 있었다. 운이 좋은 소수는 그들의 삶을 변화시켰고, 수백만 명의 사람들도 언젠가는 그렇게 할 수 있다고 믿고 있었다. 나는 매우 궁핍한 가정에서 성장해 거물이 된 인물과 사다리를 오르고 있는 야심만만한 관리, 시골을 떠난 지 불과 몇 주 만에 밭이나 그들이 새로 일하게 된 공장보다는 남자 아이돌 그룹에 더 어울릴 복장을 한 젊은이들을 만났다. 그러나 내가 만난 누구도 한 팔순의 작곡가보다 더 무언가를 갈망하고 서두르지는 않았다. 왕시린은 키가 크고 어깨가 넓으며 여전히 날씬했다. 청회색 머리카락이 그의 잘생긴 얼굴 위로 곡선을 그리고 있었는데, 그는 나를 보자 미소를 지었다. 그는 콘서트홀의 빨간 처마 밑에서 기다리고 있었는데, 친구들과 악수를 하면서 그들에게 안으로 들어오라고 했다. 베이징중앙음악원은 베이징 서부의 고층빌딩들과 혼잡한 도로 속에서 오아시스를 간직하고 있었다. 새로 설치된 거대한 블록이 낮은 건물들을 보호해주고 있어서, 건물 뒤 공기조차도 더 부드럽고 조용하게 느껴졌다. 버드나무 솜털이 산들바람에 떠다녔고, 분홍색 장미가 담장에서 자라고 있었다. 머리 위로는 칼새가 날아다니고 있었다. 사람들도 더 천천히 걸었다. 장소와 시간에서 벗어나, 수도가 아닌 작은 마을에 있는 듯한 기분이었다.

왕시린의 사중주단은 그 부드러운 봄날 저녁을 칼로 베듯 돌진했다. 황량하고 모난 연주였다. 첼로 연주는 어둠 속으로 휘몰아쳤고, 거의 영화 장면을 보는 것 같았으며, 흥분되고 무자비하다가, 점점 더 숨 막힐 듯 강력해졌다. 박수가 터져 나오기 전에 객

석에는 잠시 머뭇거림의 순간이 있었다. 프로그램 해설은 음악에 대해서는 거의 언급하지 않았고, 작곡가의 생애에 초점을 맞춰 그가 1962년 상하이음악원에서 공부하기까지의 경력을 보여주고 있었다. 다음 문단은 거의 우스꽝스러울 정도로 무언가를 회피했다. "문화대혁명이 끝난 뒤, 43세의 왕시린은 1978년 초 베이징으로 돌아왔다⋯." 그 공백은 적절하게 느껴졌다. 문화대혁명의 거대한 파괴는 무엇보다도 문화 영역에 큰 피해를 입혔다. 당 내부로 숨어든 반혁명 세력을 제거해야 한다고 경고한 5.16 통지가 보통 문화대혁명의 출발점으로 여겨지지만, 그것이 정확한 진실은 아니다. 여러 해 동안 계속된 대규모 살인과 탄압의 기원은 5.16 통지가 나오기 몇 달 전 상하이 출판사에서 간행된 연극 평론으로 거슬러 올라간다. 마오쩌둥은 이 글이 발표되기 전 개인적으로 그리고 비밀스럽게 글을 세 차례 수정했다.

〈해서파관〉(하이루이 파면海瑞罷官)이라는 역사극은 백성들에게 재앙을 가져온 황제의 실정을 비판했다가 사형 판결을 받은 명대 관리의 이야기다. 마오와 몇몇 사람들은 그 역사극이 정치적 비유이며, 대약진에 문제를 제기했다가 숙청된 펑더화이를 찬양하는 내용이라고 생각했다. 이 주장은 구실이었다. 권력과 영향력의 흔적을 따라, 후원자를 하나하나 쫓아, 고위 간부였던 극작가로부터 재빨리 국가주석이자 마오쩌둥의 후계자였던 류샤오치가 공격의 대상이 되었다. 류샤오치는 대약진을 되돌렸기 때문에 이미 마오의 감시 대상이었다. 그런데 이 희곡이 마오가 행동에 나서도록

박차를 가했다. 5.16 통지는 고위 지도자들(나중에 류샤오치와 덩샤오
핑의 이름이 언급되었다)을 공격했다. 그들이 프롤레타리아트의 지도를
거부하고, "괴짜와 괴물"들에게 "출판, 라디오, 잡지, 책, 교과서,
플랫폼, 문학 작품, 영화, 드라마, 발라드와 이야기, 미술, 음악, 춤
등"을 마음대로 통제할 수 있는 권한을 주었다는 것이 이유였다.

그 뒤 몇 년 동안 중국의 가장 위대한 작가, 예술가, 음악가들
은 굴욕을 당하거나 파괴되었다. 그중 한 명인 라오셔(老舍)는 중국
의 가장 탁월한 작가였는데, 홍위병들이 그의 집을 습격해 그를
괴롭힌 뒤, 익사체로 발견되었다. 뛰어나고 저명한 젊은 피아니스
트였던 구성잉은 가스를 마시고 자살했다. 왕시린의 스승이자 상
하이교향악단의 지휘자였던 루훙젠은 처형되었다. 1966년 초 상
하이에는 35개의 전문 극장이 있었다. 그해 12월에는 한 곳만 남
았다. 개인들이 소장한 그림과 유물들은 홍위병에 의해 불타거나
부서졌다. 외국책 그리고 반동적 책들은 불타거나 펄프로 만들어
졌다. 류샤오치를 기념하는 그림들은 문화대혁명 초기에 주요 공
격 대상이었다. 내용뿐 아니라 형식도 정치적이었다. 스타일과 이
야기 모두 예술가의 반혁명 충동을 배신했다. 작품을 판단하기 위
해 그것을 읽을 필요는 없었다. 작품을 쓴 사람이 누구인지를 판
단하는 것이 더 중요했다. 출신이 가장 중요했다. 만약 프랑스 소
설이거나 미국 교과서라면, 만약 어떤 사람이 지주의 아들이거나
국민당 관리의 부인이라면, 그들은 역사의 잘못된 편에 있었다.

왕시린은 그들 중 한 명이었다.

문화를 읽고 통제하려는 강박은 공산당에 새겨져 있었다. 그 뿌리는 중국에서 학문에 대한 숭배와 나란히 존재했던 오래된 권위주의 요소에 있었다. 진시황은 책을 불태우고 학자들을 파묻었다. 마오는 "진시황은 단지 460명을 산 채로 묻었지만, 우리는 46,000명을 묻었다"고 자랑했다. 마오는 공산당이 권력을 잡기 훨씬 전에, 1942년 옌안의 공산주의 근거지에서 한 예술과 문학에 대한 강연에서 자신의 비전을 제시했다. 옌안 시기는 고통스러운 대장정 이후, 그리고 중국공산당이 권력을 잡은 뒤 타락하기 이전의 평온한 시기로 여겨지곤 한다. 열심히 일하고, 진심으로 신뢰할 수 있는 우애의 시기였다는 것이다. 지도자들은 동굴집에서 보통 사람들과 이웃해 살았고, 폭격을 견뎌내고, 기운 옷을 입고, 주말 파티에서는 춤을 추고 카드놀이를 했다. 하지만 마오쩌둥은 그 시간을 당의 첫 번째 이념적 대중 운동에 활용했다. 그 운동을 통해 그는 자신의 최고 권력을 강화했고, 소련의 영향력과 소련의 지원을 받는 경쟁자들의 뿌리를 제거했다. 그것은 이후에 벌어질 일들의 모델이 되었다. 즉 마오쩌둥이 도전에 직면했을 때 보여줄 교활함과 무자비함, 공산당에 충성하는 이들이 동지들에 의해 고문받고 죽임을 당하는 것, 사상 개혁을 통해 인간을 개조할 수 있다는 결심, 투쟁회의(고발집회), 자아비판, 조직적 숙청, 마녀사냥 등이다. 그것은 적대세력을 영원히 추방하거나 그들이 다시 감사하도록 만들고 더 큰 단체의 일원으로 흡수하기 전에, 그들을 부수고 재창조하려는 대중적 압력, 고립, 배척의 활용법을 가다듬었다. 가족 구성원들은 친지들과 관계를 단절하거나 자백을 강요하도록 요구받았다. 마지막 단계에서, 간부 수천 명이 해고되고, 당이 스파이와 반역자들로 가득 차 있다는 주장 속에서 처형당하는 이들도 나오면서, 열렬한 편집증이 사람들을 사로잡았다. 여러 해 동안 연마된 이런 기술과 특성들은 20여 년 뒤 문화대혁명에서 정점에 도달하게 되었다.

마오쩌둥의 강의는 옌안 운동의 근본적 부분이었는데, 지식인들이 어떻게 당을 위해 봉사하고 군중의 의식을 형성해야 하는지를 상세히 설명했다. 위계질서가 강하게 남아 있고, 교육 받은 인구가 극소수였던 사회에서, 예술이 인민에게 이야기해야 한다는 그의 요구는 강렬했다. 그는 창작자들이 민속문화를 존중하고 활용해 혁신하도록 요구했다. 그러나 문화는 선물이 아닌 무기다. 적을 물리치려면 우선 군대와 무기에 의존해야 한다고 그는 강조했다. "그러나 그것만으로는 충분하지 않다. 동시에 필요한 것은 '문화 군대'인데, 단결을 이루고 적을 격파하는 데 '절대적으로 필요하다'."

문학과 예술은 혁명 기계의 부품이었다. 예술은 탐구하는 것이 아니라 올바른 길을 가도록 보장해야 한다. 당의 임무는 창작자들의 계급적 입장의 문제와 그들의 관점, 관중, 그들이 만든 작품의 문제를 찾아내고 해결하는 것이었다. 그는 많은 동지가 너무 자주 올바른 입장에서 벗어난다고 암울하게 말했다. 무엇보다도 그는 "사실 예술을 위한 예술 같은 것은 없다. 계급 위에 서 있는 예술, 정치로부터 분리되거나 독립된 예술은 없다"고 경고했다. 그 말은 창작의 자유를 향한 종말의 신호였다. 하지만 그들은 또한 새로운 종류의 예술을 탄생시켰다. 완벽하게 복종하도록 훈련된 문화 군인들은 대중을 위해 새로운 작품을 만들 것이다.

왕시린도 그들 중 하나였다.

*

콘서트 며칠 뒤 내가 그의 집을 방문했을 때 그는 재빨리 차를 따르고, 양쪽 귀에 보청기를 끼고 의자를 가까이 당겨 앉으며 이야기를 했다. "Cultural Revolution. Beat(문화대혁명. 구타)" 그는 한쪽 귀를 손짓으로 가리키며 영어로 설명하고 웃었다.

그는 유쾌하고, 활기차고, 심지어 자신의 인생에서 가장 큰 상처가 된 광기에 대해서도 당황스러울 정도로 웃었다. 나는 그 유머가 일반적인 방어 기제라는 것을 이미 깨달았다. 그 안으로 들어가려면 이런 일들은 가볍게 다루는 것이 더 안전하다. 누구도 원한에 대해 당신을 비난할 수 없다면 더 안전했고, 그들이 한 일에 대해 너무 열심히 생각하지 않는 것이 더 안전했다. 그러나 왕시린은 이야기의 부조리함에 대해 진정한 흥미를 보여주었다.

그는 베이징에서 수천 마일 떨어진 간쑤성 북서부의 농업 정착지에서 자랐다. 그 정착지는 란저우에서 시안으로 가는 도로를 따라 건설되었다. 이곳에 오는 유일한 방문객은 더 나은 지역으로 이주하고 있는 사람들이었다. 눈에 띄는 건물은 거의 없었는데, 작은 가톨릭 병원, 왕시린이 서양 찬송가를 공부하고 노래했던 개신교 계통 초등학교와 나무로 된 허름한 극장 정도였다. 유령이 나오는 오페라의 의상과 달그락거리는 소리가 그를 매료시켰는데, 그는 시간이 훨씬 지난 뒤에 그것의 중요한 부분이 고통이었다는 것을 깨달았다. 선함은 언제나 부당한 고통을 받았다.

그의 아버지는 국민당 관리였고 어머니는 전족을 하고 교육을 거의 받지 못한 채 전통적으로 성장한 여성이었다. 1948년 왕시린이 10살이었을 때, 아버지가 돌아가셨고 가족은 무일푼으로 몰락했다. 이제 오페라를 보러 갈 돈도 없었다. 그들은 굶주림을 면하려고 가구를 팔았다. 1년 뒤 공산당이 해방을 기념했고, 공산당의 문화예술부대가 왕시린의 마을을 지나갔다. 그들의 활기찬 공연이 학교에 있던 그를 유혹했다. 그의 어머니가 무슨 일이 일어났는지 알게 되었을 때, 그는 이미 수백 마일 떨어진 란저우로 가 군대를 위한 공연을 하고 있었다. 그의 머리는 안 된다고 말하고 있었지만, 발과 배가 좋다고 하고 있었다. 그는 군복과 먹을 음식을 받았다. 매우 소박한 것들이었다.

왕은 곧 그의 새로운 가족과 그렇게 배우게 된 음악을 사랑하게 되었다. 교습은 엉성하기만 했기에 그는 주로 독학했다. 그는 두 줄로 된 중국 전통 현악기인 얼후와 트롬본과 아코디언을 빠르게 숙달했고 나중에는 트럼펫, 튜바와 드럼도 익혔다. 1955년에 18살이 된 그는 재능 덕분에 베이징에 있는 군사음악대학에 가게 되었다. 여기서는 정기적으로 콘서트가 열렸는데, 헝가리와 폴란드 음악가들, 홍기(紅旗) 무용단 등이 공연했다. 그는 처음으로 '백조의 호수'를 들었고, 베토벤, 비발디, 브람스, 드뷔시와 쇼스타코비치도 들었다. 2년 뒤, 그는 상하이음악원에서 작곡을 배우게 되었다. 하지만 그곳에서는 공부를 거의 하지 않았다. 대신 그는 끝없는 정치 운동에 몸을 던졌다. 논에서 농부들과 함께 일하고 도랑을 파고 물을 퍼올렸다. 곧 그는 공산주의청년단의 지도자가 되었는데, 큰 키에 군대 셔츠를 입고 캠퍼스를 성큼성큼 걸어 다니는 늠름한 인물이었다. 그는 당과 인민해방군을 사랑했고, 음악만 생각하는 이들을 경멸했다. 지식인과 간부들을 겨냥한 반우파 투쟁이 벌어졌을 때 그는 정치적으로 뒤처진 사람들에게 경멸을 퍼부었다. 또 다른 정치 운동이 교사들을 겨냥했을 때, 그는 대자보를 써서 그들을 비판했다. 그는 서양음악을 사랑했지만, 자본주의가 캠퍼스에 만연할까 봐 두려워했다.

그러나 그의 마음 한구석에는 저항이 꿈틀거렸다. 동급생 친구들이 그를 앞질러 새로운 악기를 익히고 상들을 타자, 그의 부르주아적인 개인적 야망과 본능이 다시 움직였다. 아름답고 재능 있는 피아니스트로부터 거절받았을 때, 그는 밤새 빗속을 걸으며 울었다. 그때의 어리석음을 회상하면서 이제 그는 미소를 지었다. 그때 그는 음악에 전념하겠다고 맹세했다. 그는 3개월 동안 작업했고, 졸업할 무렵 그의 첫 번째 교향곡을 완성했다. 그것은 그 이후 37년 동안 연주되지 않았다.

그는 말을 멈추고, 일어나, 뒷방으로 사라졌다. 한동안 나는 그가 나를 잊어버린 것은 아닌지 궁금해지기 시작했다. 그런데 그는 2인치 두께의 누런 종이 더미를 가지고 돌아왔다. 그의 자필악보였다. 각 부분별로 완성된 날짜가 표지에 연필로 조심스럽게 표시되어 있었다. 제본은 너덜너덜했지만, 내용물은 온전했다. 문화대혁명 시기 동안 그를 동정했던 용감한 지인이 이 악보를 쌀통 바닥에 숨겨두었다.

왕시린이 청력을 잃었고 열정적이었기 때문에 모든 대화는 갑자기 놀랄 만큼 높이 치솟는 고함소리로 이뤄졌다. 그가 화가 났는지 아니면 단지 활기차게 이야기하고 있는 것인지 판단하기 어려울 수 있다. 내가 정확히 무엇 때문에 그 교향곡이 문제가 되었는지, 음악 스타일 때문인지 그의 계급적 문제 때문인지를 물었을 때는, 의심의 여지가 없었다. 그가 언성을 높였고, 그의 얼굴빛은 어두워졌다. "그들이 집들을 수색하고 있었어요! 당신은 이해하나요? 그들은 모든 것을 압수했어요! 내 친구들이 악보를 숨겨주는 것은 위험한 일이었습니다! 그들은 그것이 무엇인지 알지도 못했다고요! 이해가 안 돼요? 당신은 어린애군요!" 그는 호통쳤다. 그러고 나서 그는 갑자기 웃으며 사과했다. "자, 마음껏 물어보세요. 당신의 모든 질문에 대답할게요."

왜 문화대혁명 전후로 그 교향곡은 연주되지 않았을까?

"그 교향곡은 상당히 비극적인 스타일이어서, 그들의 요구에 맞지 않았어요." 그는 설명했다. "내 음악은 낙관적이지 않았어요.

공산당이 원하는 것은 그들을 찬양하는 행복한 음악이었어요. 나는 슬픈 음악을 좋아했어요. 그들은 항상 낙관적이고 칭찬하는 음악을 요구했고요. 찬양가를 원했죠. 지금도 마찬가지입니다. 공산당의 역사를 아시나요? 그들은 대장정을 강조합니다. 그 사건이 얼마나 빛나고 경이로웠는지를요. 나에게는 그 와중에 많은 사람이 죽었기 때문에 대장정은 매우 슬픈 일입니다. 하지만 그렇게 말하는 것은 금지되어 있어요. 모든 것이 좋아야만 합니다."

그는 졸업과 동시에 중앙 방송국의 오케스트라에 들어갔지만, 그곳은 그가 예상했던 안식처는 아니었다. 그곳에는 더 많은 정치가 있었다. 하급 병사를 기계의 부품처럼 작동하는 이타적인 공산주의자의 모델로 홍보하는 "레이펑으로부터 배우다"와 같은 끝없는 정치 운동이 이어졌다. 마오는 1963년 사회주의 교육 운동을 시작했을 때, 부하들이 지도자들을 깨끗이 하기 위해 그들에게 "뜨거운 물"을 부으라고 촉구했다. 왕은 그 제안을 받아들였다. 만약 지도자들의 태도가 좋다면, 그들은 따뜻하고 편안한 목욕을 할 것이고, 그들의 태도가 나쁘면, 그들은 몸이 탈 듯한 뜨거운 목욕을 할 것이다. "이제 나는 그것이 마오 주석이 류샤오치에 대항해서 한 일이었다는 것을 압니다." 왕은 덧붙였다.

왕은 최신 지침을 공부하려고 밤을 새웠다. 하지만 문화를 민주화하라는 지시는 우스꽝스럽다는 생각이 들었다. 완벽하게 기교를 익혀야 하는 교향악단이 어떻게 군중들에게 가까울 수 있습니까? 만약 당신이 이미 대중을 위한 라디오 방송에서 일하고 있다면, 더 이상 무엇을 해야 할까? 음악가가 예술적 능력보다 정치를 더 중시해야 할까? 다음날 모임에서 그는 경멸의 감정을 분출하면서 두 시간 동안 발언했다. 그는 지도자들이 정치에만 신경 쓰면서, 연주 연습도 제대로 하지 않고 일에 대해서는 생각도 하지 않고, 다음 정치 운동에만 초점을 맞추고 있다고 공격했다. 그의 정치적 기록과 군대 경력이 말해주고 있었기에 그는 두렵지 않았다.

백 명 넘는 직원이 방 안에 있었다. 다른 사람은 아무도 발언하지 않았다. "단 한 명도요! 그들은 이전에 정치 운동을 경험했기에 상황을 알고 있었죠. 나는 몰랐고요. 나는 너무 순진했어요."

*

정풍운동은 옌안에서 시작되었지만, 마오가 국가를 통치하게 되자 중국 문화를 정화하겠다는 그의 결의가 강해졌다. "백 가지 꽃이 피게 하고, 백 가지 사상이 경쟁하게 하라(百花齊放, 百家爭鳴)"고 마오는 1950년대 후반에 선언했다. 그러나 그에 따라 토론이 꽃피었을 때 마오는 온화하지 않은 것으로 드러났다. 꽃들은 짓밟혀 으스러졌다. 반대 의견이 너무나 광범위한 데 그가 진정으로 충격을 받았든, 아니면 그가 항상 비판자들이 밖으로 나오도록 유혹할 목적을 가지고 그런 말을 했기 때문이든, 그는 당 조직 전체와 그 너머까지 파장을 일으킨 악랄한 반우파투쟁을 일으켰다. 대표적인 사상가들과 예술가들은 괴롭힘을 당하고, 망신을 당하고, 일자리와 집에서 쫓겨났다. 저명한 시인 아이칭은 북서부 신장의 사막에 있는 노동수용소로 보내져 몇 년 동안 화장실 청소를 했고, 가족도 그와 함께 추방되었다. 그의 아들인 예술가 아이웨이웨이는 어린 시절 땅을 파서 움막처럼 만든 방에서 살았다고 회상했다. 왕도 이 모든 일을 피하기 어려웠다. 그의 누나는 간쑤성의 하급 간부였는데 숙청을 당하고 너무 잔인하게 비판을 받아서 미쳐버렸다. 거기에는 분명 여러 이유가 있었다. 그의 형은 왕시린이 열정적으로 참여했던 대약진 운동에서 수천만 명의 희생자 중 한 명이 되어, 재교육 수용소에서 굶어 죽었다. 하지만 중국에서 기근은 3년의 재난으로 알려져 있었고(지금도 여전히 그렇다) 왕시린은 그 재난이 인재였다는 것은 꿈에도 생각하지 못했다. 또한 그는 자신에게 그토록 잘 대해준 군대가 그를 공격할 수 있다는 것도 상상하지 못했다.

"내 누나가 겪은 문제들이 저와 관계가 있다고는 결코 생각하지 못했어요. 그래서 나는 대담하게 관리들을 비판했습니다." 그는 회상했다. "일주일 뒤, 사람들이 내 연설이 반당 행위라고 말할 때까지 나는 그 결과에 대해 생각하지 않았어요. 그때가 되자 나는 두려웠어요. 반당 행위는 큰 범죄였으니까요."

사회주의 교육 운동은 문화대혁명의 전조였다. 마오는 인민을 개조함으로써 세계를 개조하려 했다. 권력 구조뿐만 아니라 인식과 행동을 변화시키려 했다. 예술은 그런 급진적 변화의 대상이자 매개체였다. 옌안에서 마오는 문학과 예술이 사람들을 결집하고, 그들의 의식을 고양하고, 적을 부수는 "무기" 역할을 해야 한다고 지시했다. 혁명적 문화는 혁명을 향한 길을 준비했을 뿐 아니라, 혁명이 시작될 경우 핵심적이고 중요한 전장이 되었다. 이 거친 마르크스주의자들의 세계에서 부르주아 예술은 잘못이며 위험하기도 했다. 새로운 유토피아를 건설하기 위해, 대중은 오래된 습관과 특권을 파괴해야 했을 뿐 아니라 취향과 흥미도 부숴야 했다.

왕시린은 자신의 진정한 충동을 드러냈으니 이제 그는 개조되어야 했다. 처음에는 친절한 경고가 왔다. 그는 물론 우파들의 편에 서 있었지만, 젊었다. 그는 좀 더 숙고해야 하지 않았을까? 군대와 당의 인자함에 대해서는 무엇을 생각했나? 그를 지지하기 위해 애쓴 삼천 명의 농민들에 대해서는? 자신의 이기심에 대해 깊이 반성하면서 왕시린은 부끄러움의 눈물을 흘렸다. 그는 자신의 실수와 자신이 기회를 얻은 데 대한 감사함을 주제로 긴 에세이를 썼다. 연습실에 있는 탁구대에 앉아 그것을 큰 소리로 읽는데 두 시간이 꼬박 걸렸다. 그가 자신이 저지른 잘못의 목록을 마무리하려는 순간, 동료들이 일어났고 함성이 울려 퍼졌다. "왕시린을 비판하라! 왕의 자아비판은 공산당에 대항하는 투쟁의 외침이다. 왕시린을 처단하라!"

"나는 투쟁의 바다에 떨어졌습니다. 그것은 재난이었죠" 그는 말했다. 그것은 앞으로 이어질 열 번의 비판 집회 중 첫 번째였다.

매번 그는 100명의 사람 앞에 섰고, 그를 맹렬하게 비난하는 목소리가 계속해서 이어졌다. 집회 밖에서의 삶은 더욱 힘들었다. 누구도 그에게 말을 걸지 않았다. 심지어 비판 집회에 나오라는 통지를 전달하는 사람들도 메모로만 그와 소통했다. 때로는 지도자들이 부드럽게, 심지어 안심시키면서 말을 하기도 했다. 그들은 그에게 누가 그의 잘못된 생각을 공유하고 있는지 말하도록 설득했다. 결국은 처벌이 아니라, 그들의 생각을 바로잡는 것이 중요하다고 했다. 7번의 비판 집회 끝에 왕은 3~4명의 이름을 적어 냈다. 이들은 즉시 왕시린 주변의 "반혁명 집단"으로 비판당했다. 이제 동료들은 그와 연루되었다는 낙인이 찍힐까 봐 두려워했을 뿐 아니라, 그가 친구들을 배신했다며 경멸했다.

마지막 모임은 고위 관리가 주재했고, 그의 나지막한 목소리를 들으려고 모두가 숨을 죽였다. 그는 왕의 출신 성분을 검토했다. 아버지는 국민당 정부에서 일했고, 누나는 반혁명분자였다. 왕은 반혁명 계급의 집안에서 태어났다. 왕시린이 8년간 군에서 복무한 것은 그것을 은폐하려는 것이었다. 그는 혁명의 방해자였다. 왕시린은 부서졌다. 자신을 구하려 했던 그의 노력은 아무 소용이 없었다. 집회와 자아비판의 정교한 과정은 한 걸음씩 한 걸음씩 그에게 망신을 주었다. 그것은 고기를 가는 기계 같아서, 한번 그 안에 들어가면 빠져나올 방법이 없었다. 그들은 그를 점점 더 잘게 다졌다.

그는 공산주의청년단에서 쫓겨나 산시성으로 가도록 명령받았다. 그가 동조자로 지목했던 이들은 한 명을 빼고는 다른 곳으로 보내졌다. 그 한 명은 1940년대에 과속하는 미국 지프 차량에 어머니를 잃었기 때문에 관대한 처분을 받았다. 왕시린의 운은 뒤집혔다. "문화대혁명이 시작되었을 때, 나는 이런 역사가 있었기 때문에 가장 먼저 비판 대상이 되었다."

*

비판자들과 강등된 이들을 추방하는 것은 중국에서 봉건시대까지 거슬러 올라가는 전통이었고, 중국공산당이 기꺼이 제국의 관습으로부터 빌려온 또 다른 일면이었다. 수천 년에 걸쳐, 관리들을 분노하게 한 뒤 목숨을 부지한 이들은 제국의 멀고 먼, 가장 어둡고 구석진 곳으로 보내졌다. 그들 중 일부는 후대에 명예를 회복했다는 사실도 왕시린의 고통을 전혀 덜어주지 못했다.

다퉁(大同)은 풍부한 불교 유적을 가진 곳이지만, 왕시린이 그곳에 갔던 1964년에는 지저분한 광산 도시였다. 몽골에서 불어온 매서운 바람이 단조로운 건물들을 때렸다. 우파들은 적어도 함께 훨씬 더 먼 서쪽으로 보내졌다. 왕은 혼자였다. 한때는 열정적이었던 젊은이는 용서를 받을 수 있는 길을 찾기 위해 할 수 있는 모든 일을 했다. 그는 가장 힘든 육체노동을 하면서 노예처럼 일했다. 화장실 비우기, 물 나르기, 무거운 화물 운반하기에 자원했다. 그는 음악의 가장 기초 단계에서 서툰 초보자들을 연습시키면서, 단조로운 수업을 반복하고 반복했다. 그는 지방 간부들을 찬양하는 합창곡을 작곡했지만, 지도자들은 전혀 감동하지 않았다.

그는 미래의 희망을 전혀 찾을 수 없었다. 그는 점점 더 초조해졌다. 1966년 초 그는 정신병원에 입원했다. 6개월 뒤 그들은 그를 퇴원시켰다. 그의 증상은 전혀 나아지지 않았지만, 그들은 그가 필요해졌다. 문화대혁명은 바깥세상을 뒤흔들었다. 사람들은 이념적 열정, 개인적 원한 또는 순수한 실용적 이유로, 동료와 이웃들을 공격했다. 정치적인 적대세력을 뿌리 뽑기 위한 의지를 보여줘야 했다. 왕시린의 이름에는 이미 검은 표시가 되어 있었기 때문에, 그를 지목하는 것은 합리적이었다. 그가 병원에서 내보내졌을 때, 그를 비난하는 대자보가 붙어 있었다. 그는 바로 감옥으로 끌려갔다.

다음날 아침 한 친구가 그가 첫 투쟁 집회에 가는 길에 동행하려고 온 것을 보고, 그는 친구의 위험을 무릅쓴 행동에 감동했다. 그리고 그들이 경기장에 도착했을 때, 그의 친구는 그를 혼란 속으로 밀어 넣었다. 왕은 과거에 그에게 잘 대해주던 이들이 이제는, 그와 거리를 두려고 하고 있고, 가장 가혹하다는 것을 알게 되었다. 그는 베이징에서 6개월 동안 비판 집회를 경험했지만 이번 일에는 준비가 되어 있지 않았다. 베이징에서의 비판은 정제되어 있었고, 공격의 도구는 언어였다. 이제는 매일 육체적 학대가 이어졌다. "사람을 때리는 것은 매우 인기가 있었어요." 그는 이렇게 말하더니 영어로 "Very modern!(매우 현대적이었죠)"라고 말하고 코웃음을 쳤다.

비판 집회는 그 자체로 공연이었다. 높은 고깔모자의 의상과 비난의 합창, 굴욕적으로 연출된 행진, 기묘한 자세로 왜곡된 신체로 공들여 연출된 무대였다. 희생자들은 강제로 '비행기' 자세를 취해야 했는데, 머리와 몸은 앞으로 내밀고 팔은 뒤로 고통스럽게 끌어당겨졌다. 학대자들은 끝없이 창의적이었다, 종이 모자 안에 꽃병을 넣어 무겁게 짓눌렀고, 철사로 무거운 나무 플래카드를 목 주위에 걸어 점점 더 피부 깊숙이 파고들도록 했다. 여자들은 낡은 신발로 만든 목걸이를 걸어야 했다. 난잡한 여자는 "닳아빠진 신발"이라는 뜻이었다. 구타의 절정에는 극적이고 오싹하기까지 한 의식이 있었다. 왕은 다른 희생자들과 나란히 길고 높고 좁은 의자 위에 서서 어떻게 강제로 비행기 자세를 하고 있는지 보여주기 위해 등을 구부리고 있었다. 그들의 머리와 얼굴은 침으로 젖어 있었고, 군중들은 그들에게 물건을 던지고 구타했다. 그의 흔들리는 몸이 더 이상 압박을 견딜 수 없게 되자, 그는 땅에 쓰러졌고, 그들은 그를 더욱 거세게 때렸다. 그의 머리는 타박상을 입었고, 그의 솜옷은 발길질과 구타로 찢어졌다. 그는 최악의 상황, 고통과 수치심보다도 더 잔인한 것을 예감하고 있었다. 몇 시간 동안 앉아 그들이 다음 희생자를 발표하기를 기다리는데, 자신의 이름이 불리는 것이다. 매번 그것을 들을 때마다, 공포 때문에 펄쩍 뛰었다. "심지어 지금도 누군가가 거리에서 '왕시린!'하고 부르면, 같은 반응을 하게 됩니다."

그는 한때 그 비판 집회가 카타르시스를 일으킨다고 생각했다.

그는 잘못된 길로 들어선 이들이 잘못을 바로잡도록 돕고, 다른 사람들을 단결시키라는 마오 주석의 권고를 믿었지만 비판 집회는 단결을 이뤄내고 사상을 정화하지 않았다. "나는 전혀 그들을 돕고 있지 않았고, 그들은 우리를 죽도록 구타하기만 원했다."

그를 박해한 자들은 모든 것을 빼앗아갔다. 심지어 그가 당을 찬양하는 찬가조차도 그의 유죄의 증거가 되었다. 그가 생산대대의 고된 노동을 작품에 담았을 때, 그는 활기차고 부지런한 노동을 무거운 리듬으로 음울하게 들리게 만들었다. 그는 그들의 수고를 축하하는 것이 아니라 당이 그들을 지치게 만든다고 비난했다는 것이다.

왕의 인생에서 가장 혹독한 시기는 그 첫 번째 투쟁 집회에서 시작되었다. 자신을 비난하는 대자보를 올려다보면서, 그는 엄청난 압도적 공포에 사로잡혔다. 하지만 그 순간 특별한 일이 일어났다. "그 강렬한 환경에서 주위를 둘러보니 정신적인 문제가 갑자기 사라지는 것을 느꼈습니다." 그는 말했다. 심지어 절망도 지속될 수 없었다. 그때부터는 생존이 전부였다.

1968년이 되자 운동은 더욱 격렬해졌다. 그는 다른 수감자 7명과 함께 오두막으로 옮겨졌다. 사람들은 그곳을 검은 유령의 방이라고 불렀다. 그들도 자신들을 인간 비슷한 것 정도로만 여기기 시작했다. 그들은 부러진 못으로 뒤덮인 마루바닥을 기어다녔고, 사람들은 그들에게 욕설을 퍼붓고 구타했다. 투쟁 집회가 끝나자마자 그는 다시 노동을 하도록 보내졌다. 그는 구타당한 몸을 힘겹게 끌면서, 물을 담은 양동이를 고통스럽게 지고, 얼어붙은 언덕을 올라갔다.

어느 매섭게 추운 밤, 그는 창고에서 끌려나갔다. 눈이 가려지고 재갈을 물린 채, 들판으로 끌려갔다. 그곳에서 가해자들은 그가 쓰러질 때까지 빙글빙글 돌도록 강요했다. 그들은 그를 깊은 구덩이에 던져 넣고 목까지 묻었다. 그들은 그를 다시 꺼내서 피가 날 때까지 때렸다. 그는 그때 자신이 다퉁에서 죽게 될 것임을 알았다. 많은 사람이 그렇게 죽었다. "그들은 스스로 목숨을 끊었거나 '자살을 당했습니다'." 왕은 말했다. 정치적으로 적으로 몰린 사람의 죽음을 누가 신경이나 쓸 것인가? 오직 연약하고, 흔들리는 사람들, 진짜로 믿지 않는 사람들뿐. 하지만 왕시린은 자살하고 싶지 않았다. 그는 명예를 회복하지 못할 것이다. 그는 또 한 명의 죽은 범죄자가 될 뿐이다. 게다가 그는 살고 싶었다.

그는 묶인 채 이 마을에서 저 마을로 행진을 하면서, 구타를 당하고 욕을 먹었다. 겨울에는 기온이 영하 20도까지 떨어졌다. 배고픔이 으르렁거렸다. 그는 탈출을 계획했지만 매번 포기했다. 그는 도망자에 대한 사형 통지를 보았다. 그는 붙잡혀서 되돌아오게 될 것임을 알았다. 그 뒤, 그는 상어와 익사의 위험을 무릅쓰고 광저우에서 홍콩까지 헤엄쳐간 사람들의 이야기를 들으며 그들을 부러워했다. 그는 내륙 깊숙한 산시성에 있어서 도망칠 곳이 없었다. 그토록 많은 이들이 부서졌는데, 그가 어떻게, 그리고 왜 견디는지 몰랐다. 하지만 그는 언젠가는 자신이 겪은 고통에 대해 이야기하게 될 것이라는 것은 알았다. 그는 자신의 이야기를 담은 교향곡을 쓰게 될 것임을 알았다.

*

왕시린은 더 많은 투쟁 집회에 서도록 시골로 보내질 트럭 위에 태워졌다. 그때 그들이 그를 찾으러 왔다. 다른 현의 야심만만한 공무원이 모범 가극을 무대에 올리고 싶어했다. 그는 관련 경험이 있는 사람을 찾기 위해 그 지역을 샅샅이 뒤졌고, 왕을 데려가 자신의 일을 돕도록 했다. 왕과 함께 트럭에 타고 있었던 사람 중 한 명은 얼마 뒤 총살당했다. 다른 한 명은 한국전쟁 참전자였는데, 누구보다도 굳세고 강인하고 용감했던 그는 우물에 뛰어들었다. 왕은 살아남지 못했을 수도 있었다. 나중에 다퉁의 사람들이 그에게 말했다. 살아남지 못할 확률은 80%였다고. 그들이 말하기를 그가 운이 좋았다면 미쳐버렸을 거라고 했다.

아무도 박해를 멈출 수 없었다. 왕은 멀리 떨어져서, 학대를 지켜보았지만 가담하지는 않은 이들이 좋은 사람들이었고, 피해자로부터 거리를 두고 있는 것이 가장 큰 자선 행위였다고 생각했다. 그 세월 동안 그는 딱 한 번의 선량함만 기억했다. 그는 비행기 자세로 세 시간을 견뎌냈다. 그의 몸이 저항하면서 부들부들 떨리고 땀을 흘렸고, 머리는 침으로 젖었고, 목은 바짝 말랐다. 마침내 투쟁 집회가 끝났을 때 한 노파가 조용해진 틈을 타 그에게 물 한 그릇을 건넸다. 그것은 미지근하고 더러웠지만, 그 작은 행동은 그에게 잠시나마 안도감을 주었다. 그것이 선이었다. 이제 그에게 일종의 두 번째 기회가 주어졌지만 그는 감사를 느끼지 않았다. "나는 사회의 어두움과 사악함을 보았습니다. 그들은 내 목숨을 구하기 위해서가 아니라, 그들이 음악을 만들기 원했기 때문에 나를 구했습니다."

마오쩌둥에게 문화대혁명의 파괴는 서막이었다. 그는 박멸에 대해서와 마찬가지로 창조에 대해서도 진지했다. 세상을 개조하고 인간을 개조하려면, 새로운 작품이 필요했다. 중국 전통 공연의 귀족과 시인, 우아한 처녀들은 영웅적인 당 서기들과 혁명 전사들에게 자리를 내주었다. 혼란과 폭력이 온 나라를 뒤덮는 와중에도 저우언라이 총리는 발레에 대한 원칙을 세웠고 마오쩌둥은 모범 가극 제목을 놓고 요란하게 이야기했다. 그의 아내 장칭은 한때는 상하이에서 적당히 재능 있는 영화배우였는데, 자신을 무시무시한 혁명가로 재탄생시켰고, 자신의 "예술 병사"들에 대해 이야기했다. 그녀는 폭풍처럼 뚫고 들어와 안무부터 메이크업과 디자인까지 모든 것에 간섭했고, 한밤중에 작가들에게 전화를 걸어 대사 한 줄을 바꾸라고 명령했다. 장칭이 여성 주인공의 빨간 스카프 색깔이 마음에 들지 않는다고 하자, 가극 한 편을 완전히 다시 촬영했다고 한다.

"이 시대에는 8억 명이 8편의 모범 가극을 보았다"는 농담이 있었다. 저명한 작가인 바진(巴金)은 더욱 통렬했다. "중국 예술의 정원에는 고독한 꽃 한 송이만이 피었는데, 그것마저 플라스틱으로 만들어졌다." 조롱거리는 많았다. 옌안 이야기는 문학과 예술이 "더 높은 비행기 위에서, 더 강렬하고 더 집중적이며, 더 전형적이고, 이상에 더욱 가깝고, 일상보다는 더욱 보편적인 것이어야 한다"고 요구하면서, 예술의 본보기를 규정했다. 영웅은 매우 과도하게 영웅적이었고, 악당은 극도로 사악했다. 혁명적 연대는 어떤 장애물보다도 강력했다. 시각 예술에서 그 규칙들은 주제를 규정할 뿐 아니라 형식과 구도도 결정했다. 회화에서 빛은 "우리 마음의 붉은 태양"인 마오에게서 나오는 것처럼 보였다. 예술, 특히 마오쩌둥의 이미지는 "붉고 밝고 빛나는" 것이어야 했다.

미디어는 종종 이 메시지와 매우 어울리지 않는 것처럼 보였다. 현대의 관찰자가 보기에, '판결을 뒤집는 것은 대중적 지지를 받지 못한다'는 제목이 붙은 무용 작품에서 사람들이 어떤 교훈을 얻었는지는 상상하기 어려울 것이다. 돌이켜 보면 그 괴리가 더욱 기묘하게 보일 수 있다. 나는 '홍색낭자군'(紅色娘子軍)을 재연한 공연에서 발레리나들이 소총을 들고 아라베스크를 추는 것을 본 적이 있다. 그것은 당황스럽고, 살짝 우스꽝스러운 경험이었는데, 아마도 내 주위에서 향수에 젖은 관객들의 따뜻한 반응 때문에 더욱 기묘하게 느껴졌다. 하지만 병사들이 줄지어 서서 칼날 같은 쥬떼(jeté) 동작으로 무대를 가로지르는 것을 보면서, 나는 진정한 매력을 엿보기도 했다. 가장 좋은 부분에서는 잠시나마 이 작품들은 진정한 힘과 독창성을 보여주었다. 그들은 전통적인 엘리트

형식과 대중 예술과 새로운 무대 형식을 융합해 인상적이고 접근하기 쉬운 작품을 만들어냈다. 민속 음악 같은 대중 예술은 유명했고, 마을들은 자체적으로 공연을 하면서, 새로운 공공 공간을 만들어냈다. 어떤 면에서 가극은 대중문화의 선구였다. 광범위한 대중에게 즉각적으로 호소할 수 있고, 끝없이 재생산할 수 있었기 때문이다. 장칭은 여성이 사랑에 빠진 처녀나 두려움에 떠는 어머니가 아닌 열렬한 혁명 투사이자 강력한 주연으로서 반드시 무대의 중심에 등장해야 한다고 주장했다.

왕시린을 비롯해 이런 작품들을 만든 사람들은 이런 제안을 진지하게 받아들였다. 그의 새로운 집은 산시성의 남쪽에 있는 창즈였다. 거의 교육을 받지 못한 농민들이 예술과 문화에 대해서는 전혀 모른 채 살고 있는 척박한 곳이었다. 다퉁은 적어도 도시였다. 하지만 이 지역의 정치위원은 이곳에도 인상적인 모범 가극이 필요하다고 판단했다. 그는 "장칭은 마오의 여인"이라고 말했다. 그의 계획은 야심만만하고 사치스럽기까지 했다. 그는 이 지역을 샅샅이 뒤져 음악가와 연기자들, 훈련받지 않은 주민의 지원까지 받는 악단을 구성했다. 이를 모두 더하면 새 극단원은 120명이었다. 이 작업은 지역 농부들에게는 완전히 낯설었다. 발레는 전혀 알려지지 않았다. 정치위원이 왕시린을 찾아내기 전까지, 이 악단의 누구도 악보를 읽을 수 없었다.

"발끝으로 춤을 출 수 있는 사람들을 보는 것, 바이올린과 같은 서양 악기, 오케스트라를 보는 것은 그들에게 새로운 경험이었습니다, 강요하는 정치 권력이 없었다면, 이런 낙후된 지역에서는 결코 이런 모습을 볼 수 없었을 겁니다" 왕시린은 말했다. "그것은 일종의 진보였습니다. 이것이 없었다면 그들은 차이콥스키나 '백조의 호수'를 결코 이해하지 못했을 겁니다."

10대 단원들은 새 상사가 너무 엄격하다고 싫어했다. 그는 그들을 반복해서 훈련시켰다. 그들은 간신히 발끝으로 서 있었다. 그들이 서투르게 비틀거리며 버티는 동안 왕시링은 메트로놈을 구해서 그들이 시간을 지키도록 강요했다. 그는 중앙에서 내려온 모범 가극의 가사와 이 지역에 더 알맞은 산시 가극의 곡조, 그가 배운 클래식 기법을 약간 융합시켰다. 이 작품은 관심을 끌기 시작했고, 이 지역 밖에서도 순회공연을 했고, 더 많은 재능있는 음악가들을 발굴해 그들에게 또 다른 기회를 주었다. 악몽은 여전히 왕을 괴롭혔지만, 그는 덜 두려워하게 되었다. 산시 가극은 풍부한 영감의 원천임이 증명되었다. 그는 자신이 원하는 음악을 작곡하지는 못했지만, 어쨌든 다시 창작을 하고 있었다.

이상하게도 왕은 인생의 다음 무대에서도 장칭의 덕을 보았다. 문화대혁명이 한창이던 시기에 장칭은 "검은 요소"로 낙인찍힌 베테랑 공산주의자 리더룬을 예기치 않게 발탁했다. 그는 그녀를 위해 혁명적인 작품을 작곡해 자신과 중앙교향악단을 구해냈다. 혼란이 끝나고 장칭이 투옥되자 리더룬은 클래식 음악의 재건을 위해 헌신했다. 1977년 중앙교향악단의 베토벤 교향곡 5번 연주는 새롭고 자유로운 시대의 상징적 새벽이 되었다. 리더룬은 새로운 인재를 발굴하는 데에도 열정적이었다. 왕시린에 대한 소식을 듣고 리더룬은 왕을 찾으러 창즈로 향했고, 왕을 베이징으로 데리고 돌아왔다.

왕의 피아노에는 딸과 부모님의 사진 액자가 놓여 있었는데, 가장 강렬한 이미지는 왕시린이 추방에서 돌아온 해에 찍은 사진이었다. 왠지 그는 지금보다도 더 늙어 보였고 더 거칠어 보였다. 어둡고 불안한 눈빛을 지니고, 머리카락은 바람에 흐트러지고 얼굴 전체에 거친 주름이 있는 히스클리프 같았다. 그의 아파트는 전형적인 베이징 지식인의 집이었다. 구식 저층 건물 단지에 있는 작고 허름한 집이었다. 하지만 그곳은 환하고 깨끗하고 평화로웠고, 이런 아파트에서 흔히 볼 수 있는 오래된 약병, 자물쇠 없는 열쇠들, 조화, 생존자들이 미래의 재난에 대비해서 주워 모은 잡동사니들이 전혀 없었다. 흰색으로 칠해진 벽과 발코니의 식물들, 공작 깃털이 꽂힌 꽃병이 있는 그의 집은 차분하고 매력적이었다. 반쯤 쓰다만 악보가 테이블 위에 펼쳐져 있었고, 옆의 유리병에는 뾰족하게 깎은 똑같은 연필 수십 자루가 꽂혀 있었다. 욕실에는 작은 플라스틱 머그잔에 그의 틀니가 들어 있었는데, 그가 당한 구타를 증언하는 또 다른 기념품이다. 돌아온 뒤 그는 음악학교에서 일자리를 찾았고, 결혼하고 이혼하고 딸을 키웠지만, 대부분의 시간에는 공부하고 작업을 했다.

삶과 예술, 지적 자극에 대한 그의 굶주림은 수백만 명과 마찬가지였다. 문화대혁명 시기에 광범위한 청중을 향한 제한된 예술이 제공되기는 했지만, 많은 이들은 그들이 과거에 즐겼던 작품에 대한 굶주림을 느꼈다. 학생들은 오래된 유럽 소설의 지하 복사본을 바꿔 보거나, 손으로 직접 베껴 쓴 책들을 몰래 돌려 읽었다. 그 여파로 모두가 모든 것을 경험하고 싶어 했다. 고등 교육을 받기 위한 경쟁은 항상 치열했지만, 이제는 과열 상태가 되었다. 중앙음악원이 다시 문을 열었을 때, 100명 정원에 1만 8천명이 지원했다. 마오주의 시대에 깊게 얼어붙었던 문화가 베이징의 봄에 다시 해빙되기 시작했다. 금서들이 사람들의 손에 다시 등장했다. 누드화 전시회에는 수많은 인파가 몰렸다. 왕은 서양음악의 강렬함에 흥분과 전율을 느꼈다. 그가 오래전에 좋아했던 베토벤과 차이콥스키, 프로코피예프, 쇼스타코비치뿐 아니라, 아주 오래전부터 금지되어 있어서 이전에는 알지 못했던 예술가들에 대해서도 매료되었다. "그들은 정말로 스트라빈스키를 두려워했습니다."

아방가르드 예술이 쏟아져 나왔다. 대담한 아이디어도 쏟아졌다. 학생들과 교사들은 자유주의와 민주주의에 대해 토론하기 시작했다. 외국인 방문자들이 전국을 돌아다니며, 새로운 소리와 생각을 가져왔다. 두려움을 느낀 당 원로들은 이런 흐름을 억제하기 위한 운동을 종종 일으켜, 긴 머리와 청바지 같은 서구의 기표(signifier)들을 표적으로 삼는 정신 오염 타파 운동을 벌였지만, 참신함에 대한 갈증은 막을 수 없는 듯 보였다. "잘못된 것을 바로잡으려면 적당한 한계를 넘어서야 한다. 그렇지 않으면 잘못은 바로잡을 수 없다"고 잡지 '예술'의 편집자인 가오밍루는 유명한 에세이에서 썼다.

왕은 따라잡기에는 너무 늦어버린 것은 아닌지 두려웠다. 문화대혁명은 그의 젊음을 파묻어버렸기 때문이다. "공부를 하면 할수록 그들이 더 미워졌어요…. 내 안에는 분노가 있었고 나는 그것을 표현할 기술을 배우고 싶었습니다." 그는 말했다.

그는 본격적으로 공부를 시작했다. 처음에는 버르토크와 스트라빈스키를 살펴보고, 그 뒤에는 쇤베르크, 베베른, 베르크 등 신 빈악파의 12음 기법을 탐구하고 마침내 펜데레츠키를 비롯한 공산주의 진영 작곡가들의 작품을 발견했다. 심지어 훈련하는 과정에서 그는 놀라움과 마주쳤다. 미니멀리즘은 왕시린이 처음 비난을 당했을 무렵에 미국에서 등장했는데, 80년대 후반까지 그는 이에 대해 알지 못하고 있었다. 그는 때와 장소를 가리지 않고 미니멀리즘을 들었고, 자신의 음악에 사용했다. 미니멀리즘은 그의 재료가 아니라, 바로 그 자신인 것처럼 들렸다. 하이든이 에스테르하지 궁정에서의 삶에 대해 "세상과 단절된 채 고유한 것이 되기를 강요받았다"고 말했던 것과 비슷하다고, 왕시린을 존경하는 한 미국인이 말했다.

단절은 창의성이 꽃피도록 강요했다. 사람들은 거의 20년 동안 금지되어 있었던 영화, 미술, 음악에 열광했다. 더 이상 당은 문학과 예술이 군중을 위해 봉사해야 한다고 선언하지 않았다. 이제 문학과 예술은 현대화를 위해 봉사했다. 5세대 감독으로 불리는 장이머우, 천카이거 등 탁월한 감독들이 등장했다. 시각 예술의 '85 뉴웨이브'는 센세이션을 일으켰다. 베이징의 음악원에서는 왕시린의 제자 가운데 최건(崔健, 조선족이다)이라는 청년이 있었는데, 그는 곧 중국 "록의 대부"가 되었다. 그리고 새로 발견한 쇤베르크와 다른 음악가들의 불협화음에서 왕은 자신의 고통을 표현할 언어를 찾았다. 그의 음악은 더 날카롭고, 더 어둡고, 더 강렬해졌다. 교향곡 3번과 4번의 어두운 시작 부분, 클라이맥스에 도달하면서 쌓아가는 소리들은 그가 발견한 폴란드 작곡가들을 떠올리게 한다. 하지만 왕은 자신이 원하는 것을 가져와 자신이 산시에서 들은 가곡들의 음정들, 그리고 그곳에서 배운 모든 것, 어둠, 위선, 그리고 사악함과 뒤섞었다.

그를 둘러싼 정치적 논쟁이 점점 더 커졌으나, 그는 더 자신만만해졌다. 왕은 어렵게 배운 신중함을 버리고 마오주의를 비판하는 두 편의 에세이를 썼다. 두 번째 에세이는 학생들의 물결이 톈안먼 광장을 점거하고 있을 때 썼다. 그의 제자였던 추이젠의 '일무소유(一無所有)'는 그 학생운동을 대표하는 노래가 되었다.

왕시린은 당이 민주화 시위를 유혈 진압해 수백 또는 수천 명의 목숨을 앗아간 그해에 대해서는 이야기하지 않았다. 이 학살은 정치적 희망을 짓밟았고 성장하고 있던 문화적 발전을 좌절시켰다. 통제가 강화되었다. 관방의 목소리는 뉴웨이브 예술에 대한 반동을 예고했다. 중국은 스스로에게 등을 돌리고 있었다. 그해에 왕시린이 작곡한 교향곡은 그의 다른 작품들과 마찬가지로 번호로만 알려져 있다. 문화대혁명 동안 이름 없는 작품들은 큰 의심을 받았고, 부르주아의 가식적이고 제멋대로 하는 행동으로 여겨졌다. 좋은 작품은 그 의미를 대중에게 설명해야 했다. 요즘은 제목을 빼는 것이 더 안전할 수도 있다.

우리가 대화하는 동안 왕시린은 짜증을 내는 것 같았는데, 아마도 그 시대의 민감함 때문이었을 것이다. 그는 내 질문을 잘라 버리고 그의 새천년 교향곡에 대해 이야기하려 했다. 그가 그 이야기를 꺼낸 것은 두 번째였기 때문에 나는 그가 지난번에 이야기했던 것을 잊은 것은 아닐까 걱정했다. 하지만 우리가 이미 그 이야기를 했다고 내가 부드럽게 말하려 하자, 그는 흥분하기 시작했다. 나는 몸을 약간 뒤로 움직였다.

그러자 그는 진정하며 "지난번에 모든 것을 다 말하지 않았어요"라고 말했다.

1999년, 왕시린은 다시 정부의 호의를 받고 있었다. 톈안먼 사건 이후의 어둠이 걷히고 중국은 자유 시장을 받아들였다. 공무원들은 개방성과 혁신을 보여주려고 서둘렀다. 중국 중앙 정부는 두 명의 작곡가에게 새천년을 기념할 새 작품을 의뢰했고, 왕이 그중 한 명이었다. 왕시린이 중국 전통과 서양 현대 음악을 융합하는 것은 더 이상 위험할 정도로 급진적이지 않으면서도 인상적일 정도로 현대적이었다. 그는 자신이 낭비한 세월과 배우고 성장할 기회를 잃은 것을 생각하면 마음이 아팠다. 하지만 그는 안정된 직장, 베이징의 아파트, 장성한 딸이 있었다. 마침내 그는 거의 매일 밤, 몇 시간이나마 몸부림치지 않고 잠을 잘 수 있게 되었다.

이제 당국은 100만 위안(약 5만 파운드)을 들였고, 그는 그가 작곡한 작품 중 최고의 작품을 발표해야 했다. 11월의 이른 아침, 그는 리허설 연주실에 서 있었다. 그 앞에는 베이징 교향악단이 준비를 마치고 있었다. 지휘자는 그에게 교향곡 4번에 대해 몇 마디 해달라고 요청했다. "나는 그것이 진실을 말할 수 있는 좋은 기회라고 생각했습니다." 왕은 말했다.

그는 잠시 생각을 정리한 뒤, 우렁찬 목소리로 말하기 시작했다. "지난 세기 동안 많은 중요한 사건이 일어났습니다. 두 차례의 세계대전과 기술의 발전이 있었죠, 하지만 제게는 그런 것들은 가장 중요하지 않습니다. 20세기는 공산주의의 세기였습니다. 많은 사람이 그것을 추구했고, 그러고 나서는 포기했습니다."

박수가 터져 나왔다. 하지만 이후 리허설에서 그가 이 발언을 반복했을 때 누군가가 무언가를 준비해 왔다. 이번에는 그들은 자백이 필요하지 않았다. 모든 것이 테이프에 담겨 있었다. 그들은 콘서트를 취소했다. 그들은 지휘자가 아프다고 말했다.

"아무도 나에게 오지 않았어요. 아무도 나를 콘서트에 초대하지 않았어요. 내 작품 공연은 없어졌어요. 나는 기피 인물이 되었어요." 그는 말했다. "그들은 나를 무시해버렸습니다. 그들은 나를 얼어붙게 만들었어요. 나는 매우 불안했고 우울했어요. 음악원에서 일할 수도 없었고, 무엇이든 출판할 수도 없었습니다. 그래서 분노했습니다. 하지만 분노를 표현할 수 없었습니다." 방법은 달랐고, 처벌은 비교할 수 없을 정도로 가벼웠지만, 왕이 보기에 그 추

진력은 동일했다. 그는 문화대혁명의 경험에서 그것을 즉시 알아
차렸다.

　새로운 문화 영역은, 고급이든 저급이든, 단숨에 변모했고 익
숙해졌다. 나는 왕시린의 책장에 꽂혀 있던 엽서 한 장을 발견
했다. 〈백만 달러의 사랑〉(How to Steal a Million)에서 오드리 헵
번이 흰색 쿠레주(Courrèges) 헬멧과 선글라스를 쓰고 있는 장면
이었다. 이 영화는 1966년에 개봉했는데 마오주의가 새롭게 최
고조로 치솟던 때였다. 우주 저편의 서구에서는 트위기와 영화
'블로우 업', '리볼버'(비틀즈의 앨범), 펫 사운드와 '블론드 온 블론
드(Blonde on Blonde-밥 딜런의 앨범)', 앤디 워홀과 하이트 애쉬버리
(Haight-Ashbury, 히피 문화를 상징하는 샌프란시스코의 한 지역)의 해였다.
중국에서는 마오쩌둥이 사망한 지 3년이 지난 후에도 한 잡지가
리처드 체임벌린이 '신데렐라' 영화에서 주연 배우와 담백하게 키
스하는 사진을 인쇄했다가 전국적으로 논란을 일으켰다. 한 기
자는 "퇴폐적이고 자본주의적이며 우리 젊은이들을 중독시키려
는 행위"라고 분노했다. 이후 수십 년 동안 이 세계들은 충돌하
고 부분적으로 융합했다. 이제 영화관에서는 누가 자신을 임신시
켰는지 알아내려고 애쓰는 어느 여성이 등장하는 매끈한 오락영
화를 상영할 수 있다. 중국 현대 미술의 치솟는 가격, 그리고 많
은 작품의 공허하고 반복적인 특성은 만연한 상업화가 정치적 제
약만큼이나 큰 위협이 될 수 있음을 보여주었다. 신랄한 소설들은
성 노동과 중독을 거리낌없이 다뤘다. 무장 경찰대는 허접한 여름

철 유행 음악에 맞춰 대열을 이루고 춤추는 모습을 촬영했다. 한 때 마오쩌둥의 칭송을 받은, 지칠 줄 모르는 관리였지만 간암과 과로로 사망한 자오위루를 기리는 30부작 드라마가 제작되었다. 당은 아주 사소한 수준에서 간섭했다. 한 감독은 나에게 자기 영화의 해적판을 사라고 했다. 공식 개봉을 위해서는 4백 곳을 수정해야 했기 때문이다. 외국 영화 제작자들은 중국의 가난이 아닌 고층 빌딩을 보여주라는 명령을 받았다.

국내 드라마는 시간 여행이라는 주제를 피하라는 지시를 받았는데, 그것이 역사에 대한 "경솔한" 접근 방식이라는 게 이유였다. 드라마에서 간통은 다룰 수 있었지만, 여주인공이 행복해 보이도록 묘사하는 것은 금지였다. 이 칙령은 정치적 결정이면서, 일종의 근육에 새겨지는 기억이었다. 권선징악이 예술의 의미였다. 그러나 그 명령은 더욱 확산되고 있었다. 텔레비전 방송국들은 국경절을 앞둔 두 달 동안 황금 시간대를 "애국적"이고 "반파시스트적" 인 콘텐츠에 할애하라는 지시를 받았다. 혁명을 주제로 한 프로그램들은 아군과 적군 사이에 분명한 선을 그으라는 경고를 받았다. 조금씩 조금씩, 창작 공간의 경계는 무너지고 있었다.

연주되지 못했던 왕시린의 교향곡은 결국 대만에서 초연되었다. 내가 본 사중주단의 연주는 중앙음악원이 그의 작품을 처음으로 연주한 공연이었는데, 그가 비난을 받은 지 13년이 흐른 뒤였다. 그의 음악은 로마, 로테르담, 도쿄, 제네바 등 전 세계에서 연주되었지만, 중국에서는 거의 들을 수 없었다.

대부분의 문화대혁명 생존자들은 그 시대의 의지에 굴복하는 법을 배웠다. 지시받은 대로 해야 할 뿐 아니라, 그렇게 하는 것이 그들 자신의 생각이라는 암시를 배웠다. 침묵하거나 거짓말하는 것이 더 낫고 안전했다. 왕은 그런데도 크고 작은 문제에서 여전히 진실을 고집했다. 어느 날 나는 새로 생긴 프랑스 제과점에서 딸기 타르트를 사 가지고 갔다. 그의 코스모폴리탄적인 면에 호소할 수 있을 것이라고 생각하면서 말이다. "당신이 이런 걸 가져다주지만 난 그런 건 먹기 싫어요"라고 그는 불친절하지 않게 말했다. 그의 정직함은 정신이라기보다는 본능처럼 보였다. 그렇게 하기로 결정하는 것이 아니라, 강박이었다.

그날 늦은 오후, 그의 딸이 문 앞에 나타났다. 그녀도 작곡가였고, 여러 수상 경력이 있다고 왕시린이 이미 상세히 설명한 적이 있다. 그녀는 독일에 살고 있었고, 오드리 헵번 엽서도 그녀가 보낸 것이다. 그녀는 왕시린처럼 따뜻했지만, 조금 더 내성적이었다. 아버지가 방에서 나갔을 때 그녀는 나를 잠시 바라보았다. 그녀는 내 또래였다. 우리는 부모님으로부터 수천 마일 떨어진 곳에서 살면서 부모님을 걱정했다. 그리고 아마도 이 모든 것 때문에 나는 그녀가 말하기를 기다렸다. 마침내 그녀가 말했다. "나는 당신이… 아버지가 말한 내용에 대해서 주의해줬으면 좋겠어요."

하지만, 그것은 그녀의 이야기도 아니고, 내 이야기도 아니었다.

그날 아침 나는 한 고위 관리가 지시한 새 경고를 읽었다. 문화는 사회주의 가치를 옹호할 뿐만 아니라 청중에게 "건설적이고 긍정적인 메시지를 전달해야 한다"는 내용이었다. 공산주의는 유토피아, 미래를 위한 투표이고 사물을 어둡게 보는 것은 체제에 도전하는 것이다. 마오쩌둥 비전의 평등주의적 혼돈은 시진핑의 중국몽(中國夢), 즉 안정된 물질적 번영과 광범위한 민족적 자부심으로 대체되었다. 하지만 이 꿈은 앞을 보고, 결코 뒤를 보지 않으며, 그늘이 아닌 햇빛에 집중하는 것이었다, 중국의 예술은 여전히 붉고 밝고 빛나야 한다. 왕시린의 예술은 그렇지 않았고 그럴 수도 없었다. 그것은 그를 만든 시대의 그림자 속에서 살았다. "아무도 내게 그렇게 하라고 요구하거나 요청하지 않았지만, 나는 진실을 말해야만 합니다. 이 주제는 아직 끝나지 않았어요."

하지만 왕시린은 스스로 앞으로 나아갔다. 그가 화났을 때 또는 즐거울 때면 그 감정이 그의 표정에 확 나타났다가 곧이어 또 다른 감정이 떠올랐다. 그는 항상 다음 아이디어와 모험, 배우거나 탐구할 무언가를 찾고 있었다. 그는 새로운 음악과 영화를 원했다. 그는 영어 교과서에서 모은 최신 구절을 분명하게 발음했다. 그는 여자 친구를 원한다고 말했다. 하지만 정치에 대해서는 교훈을 배울 수 없었고, 배우지도 않을 것이다. 그의 협주곡과 교향곡이 연주되는 것을 듣고, 평론가들이 그의 작품을 토론하고, 다음 세대에게 가르치고 싶은 욕망은 진정한 의미를 표현하려는 그의 욕망 때문에 어그러졌다. 그가 원하는 모든 것을 말하면서도 원하는 청중을 얻을 수 있는 방법은 없었다. 그는 목소리를 찾았지만 실제로 그것을 사용할 수는 없었다. 그는 여전히 동경했던 곳에서 작곡자로서 명성을 누릴 수 있었지만, 그가 진정으로 원하는 음악을 만들었다면, 아마도 그러지 못했을 것이고, 그가 정말로 하고 싶은 말을 했다면 분명 그러지 못했을 것이다. 그는 분개했고, 아마도 약간 혼란스러웠을 것이다. 왜 그가 좋은데 그것이 들리게 할 수는 없는 것일까? 하지만 엄밀하게 말하면 그는 놀라지는 않았다.

우리가 마지막으로 만났을 때 그는 특별하게 활기차 보였다. 그를 본 것은 오랜만이었다. 그와 그의 딸은 유럽에서 오스트리아와 폴란드 일대를 여행하고 돌아왔다. 아마도 음악 여행이었을 것이라고 나는 짐작했다. 그는 무엇을 보았을까?

"아우슈비츠!" 그는 아주 활짝 웃으며 외쳤다. 나는 놀라서 아무 말도 하지 않았다. 하지만 작별 인사를 한 뒤, 그의 아파트 철제문을 밀고 빛이 어두운 복도로 쏟아져 들어올 때 이런 생각이 들었다. 모든 것을 기억한다는 것은 얼마나 믿을 수 없을 만큼 놀라운 것인가.

기억할 권리가 없다면, 망각할 자유도 가질 수 없다.

– 창핑

3장

스모그가 시산(西山) 너머로 물러가고 도시 전체가 맑게 개면서 드물게 파란 하늘이 펼쳐진 날, 나는 국가박물관의 계단을 올라갔다. 머리 위 높은 곳에서 붉은 깃발이 햇빛에 눈부시게 빛났다. 박물관은 톈안먼 광장에 있는데, 대규모 정치 행사가 열리는 인민대회당의 바로 맞은편이고, 길 건너편에는 마오쩌둥의 초상화가 걸려 있다.

마오의 초상화는 가로 4.5미터, 세로 6미터에 무게가 1.5톤에 달하는 것으로 알려져 있다. 마오쩌둥의 후계자들이 붉은 벽으로 둘러싸인 주거단지를 나와 창안가를 따라 차를 타고 갈 때, 그들은 마오의 주시하는 눈 아래를 지나간다. 마오는 대규모로 모인 홍위병들을 내려다보았던 것처럼, 지금도 군인들, 셀카를 찍는 관광객들을 위에서 바라보고 있다. 마오의 초상화는 그의 시신이 크리스털 관 안에 누워 있는 기념관 쪽을 향하고 있다.

이 그림은 문화대혁명이 최고조일 때 마오쩌둥이 최종 견본을 승인하기 전까지 몇 차례의 변형을 거쳤다. 지금은 매년 10월 국경절 행사 직전에 동일한 버전으로 교체된다. 그림이 손상될 경우에 대비해 한 개 이상의 여분이 보관되어 있다. 1989년 반체제 인사들이 달걀을 던진 일도 있었다(그리고 그들은 수년간의 투옥으로 대가를 치렀다). 무슨 일이 있어도 마오쩌둥은 후계자들과 그의 나라를 계속 감시하고 있다. 대다수 사람은 당이 권력을 유지하는 한 그 그림은 거기 계속 걸려 있을 것이라고 생각한다. 그 그림은 너무나 상징적이어서 지도부가 그것을 감히 제거하지는 못할 것이다. 한 친구는 그림이 매번 새로 교체될 때마다 1인치 정도씩 줄어들고 있다고 주장하기도 했다. 교체할 때마다 마오쩌둥은 서서히 줄어들어 언젠가는 성벽에 우표 크기 정도로만 남게 될 것이라는 그의 확신에 나는 매료되었다. 그것은 거의 불가능해 보였다. 나는 그

앞을 지날 때마다, 그 거대한 이미지에 새삼 놀라곤 했다.

여러 세기 동안 이 도시의 이 구역은 국가의 정치적 중심이었다. 황제들이 살던 자금성 앞에 펼쳐진 광장은 베이징을 남북으로 가르는 중심축 위에 있다. 마오쩌둥은 이 위치를 점령하고 변화시켰다. 황제가 다스리던 시대에는 광장은 제한된 공간이었지만, 이제는 공공의 무대가 되어, 권력을 상징적으로 보여준다. 광장의 규모는 400,000㎡로, 이전의 4배로 확대되어 세계 최대의 도시 광장이 되었다. 하지만 마오쩌둥에게는 이것조차 실망스러울 정도로 보잘것없었다. 그는 애초 당시 중국 인구보다도 훨씬 많은 10억 명을 수용할 수 있는 규모를 제안했다. 인민대회당과 당시 쌍둥이 건물로 지어진 중국혁명박물관과 중국역사박물관은 공산당 집권 10년을 기념하는 기념비적 건축 프로그램의 일환으로 1959년에 모두 완공되었다. 중국공산당은 그들의 통치가 더 나은 미래에 대한 약속뿐 아니라 과거의 비참함과 대비되는 그들의 약속에 의지하고 있다는 것을 이미 분명히 했다. 그래서 웅장한 박물관이 세워졌고, 노동자와 농민들은 "과거의 쓰라린 기억을 떠올리고 현재의 행복을 소중히 여기는" 오래전의 부정의를 깊이 생각하도록 장려되었다. 사람들은 여전히 정치의식을 발전시키고 있었다. 때때로 그들은 얼마 전에 겪은 끔찍한 대기근을 비참함의 목록 속에 포함하기도 했는데, 관리들은 재빨리 이것을 바로잡으면서 과거의 고통은 공산당이 권력을 잡기 이전의 세월을 의미한다고 상기시켰다.

박물관의 거대한 기둥들은 하늘을 향해 치솟아 있다. 중국은 2000년대 후반에 이 박물관을 재건축하면서, 건축가들에게 세계 어느 박물관보다 더 크게 만들라는 지시를 내렸다. 거의 200,000㎡에 달하는 이 박물관은 에르미타주를 능가하는 규모이고, 수장고 공간을 포함하면 루브르 박물관 바닥 면적의 거의 4배 규모를 자랑한다. 박물관은 근엄하고 위압적인 건물로, 건축가의 우월함과 방문객의 왜소함을 강조해 보여준다. 현대 베이징의 많은 부분이 이런 규모이다. 6차선 도로가 거대하고 특징 없는 건물 단지를 감싸고 있는데, 가짜 중국 처마가 꼭대기에 있는 그 건물들은 인정사정없고 조화롭지 않게 보인다. 박물관의 어떤 것도 사람 크기에 맞지 않는다. 천장이 너무 높고 공간이 너무 넓어서, 주말의 인파는 마치 실제 역에 모인 모형 철도 승객처럼 보인다.

중국인들에게 톈안먼 광장은 그들의 역사다. 그 광장은 1919년 민족주의자 학생들의 5.4운동, 그로부터 30년 뒤 마오의 건국 선언, 홍위병의 대규모 집회를 지켜보았다. 외국인들은 주로 1989년 부패에 항의하고, 개혁과 심지어 민주주의를 요구하며 일어난 시위에 대한 유혈 진압을 이 광장과 연관짓는다. 중국군이 광장에서 학생들을 몰아내기 위한 마지막 진압 작전을 벌였을 때, 군인 수백 명이 박물관 건물 뒤편에서 광장으로 쏟아져 들어갔다. 시민을 향해 총을 겨눈 것은 공산당의 정당성, 인민을 위해 봉사한다는 그들의 주장을 최종적으로 부숴버렸다. 그것은 이미 문화대혁명으로 치명적인 손상을 입은 상태였다. 이제 중국공산당의 통치는 경제적 풍요에 대한 약속과 민족적 자부심의 회복에 의존한다. 중국의 두 자릿수 성장률 시대가 끝나가고 탐욕스러운 자본주의의 영향이 분명하게 드러나면서, 경제적 풍요에 문제가 생기고 불확실해질수록 민족적 자부심의 회복이 더욱 필수 과제가 되었다. 1989년 이후 중국공산당은 애국 교육에 대한 투자를 두 배로 늘렸고, 외세의 침략에 대한 공산당의 승리를 묘사했다. 교과서를 다시 썼고, 수많은 홍색 역사 유적들을 열었다. 공무원과 학생들은 버스를 타고 마오쩌둥의 생가가 있는 샤오산과 옌안의 옛 혁명기지 같은 곳들을 방문하는데, 이런 '홍색관광'이 지역 경제를 활성화하고 경제는 공산당과 함께 발전해 나간다는 국가적 이야기를 발전시켰다. 나는 그런 명소들을 감식하는 전문가가 되었다. 그런 곳들은 감동적이고 영웅적으로 무미건조하고, 명백히 기괴하며, 진정한 역사 드라마와 슬로건, 마오 기념품과 '행복의 수로'(幸福渠 또는 紅旗渠, 1960년대 허난성에 건설한 농업용 인공수로로 중국공산당이 중요한 업적으로 내세운다) 같은 것이 뒤섞여 있다.

혁명의 자손인 시진핑은 당의 유산을 포용했다. 시진핑의 집권 1기에 최고지도부인 정치국 상무위원회는 시와 마찬가지로 유명한 혁명 지도자들의 자손들인 '태자당'(太子黨)들이 주도했다. 그들의 지배는 초기 홍위병들이 주장한 '혈통론'(血統論)을 반영했다. 혈통론은 혁명으로 중국을 세운 지도자들의 아이들이 부모들의 유산을 지킬 특별한 위치에 있다는 것이다. "아버지가 영웅이면 아들도 용감하다…."

시진핑이 집권한 뒤 첫 번째 공식 일정은 정치국 상무위원들을 대동하고 국가박물관의 대표적인 전시인 '부흥의 길'(復興之路)을 관람한 것이다. 이 전시회는 그보다 몇 년 전에 구상되었지만, 원래 장소로 예정되었던 좀 더 소박한 군사박물관에서 국가박물관으로 격이 높아졌다. 관영 언론들이 대대적으로 보도한 사진은, 시진핑이 "중화민족과 그 현재에 대한 축하, 그 미래에 대한 선언을 담고 있는 회고전"을 높이 평가할 때, 상무위원 7명이 그들을 드러내 보일 수 있는 절묘하게 어색한 포즈를 짓고 있는 모습을 담고 있다. 이 내러티브의 핵심은 외세의 괴롭힘 때문에 중국이 겪은 치욕의 백년으로부터 중국공산당이 중국을 해방했다는 것이다. 그것은 아편전쟁과 그 뒤 이어진 제국주의 침략으로 중국이 어떻게 고통을 겪고 강제로 무릎을 꿇게 되었는지, 중국공산당원들의 영웅적 희생을 통해 그 족쇄를 끊고 다시 영광으로 돌아오게 되었는지에 대한 이야기이다. 이것이 시진핑 통치의 주제를 정했다, 바로 부강한 중국의 꿈(중국몽)이다. 마지막 전시실은 우주비행사들이 생활하는 스페이스 캡슐부터 휴대전화 진열대까지 현대 중국의 영광과 안락함을 보여준다. 이것은 중국 특색의 사회주의가 제공한 보상이다. 마오쩌둥의 후계자들은 중국 특색 사회주의라는 근사한 완곡 표현을 만들어냈는데, 실제로는 레닌주의 새장 안의 자본주의라고 불릴 수도 있었을 것이다.

"역사는 중국공산당이 없었다면 중화인민공화국은 결코 없었을 것이고, 중국 특유의 사회주의도 실현되지 못했을 것임을 증명하고 있다." 전시는 이런 결론으로 끝맺는다. "사회주의는 중국을 구하는 유일한 방법이고, 개혁개방은 중국의 사회주의를 발전시키고 마르크스주의를 발전시킬 유일한 방법이다." 공산주의만이 이런 소비자들의 안락함을 가져다줄 수 있는 것처럼 보였다. 지난 60년의 역사는 흐릿해져서 하나의 광범위한 진보로 수렴되었다. 수많은 이들을 죽음으로 내몬 정치적 충돌은 공산당의 훌륭한 지도 아래 역사적 필연성에 대한 행복한 이야기로 재구성되었다. 그것은 프롤레타리아트가 승리하는 마르크스의 역사적 필연론이 아니고, 마오이즘이 중화민족을 다시 위대하게 만들었다는 식이다. 중국혁명박물관과 중국역사박물관이 국가박물관으로 합쳐진 것은 우연이 아니었다. 나는 전시실들을 하나씩 보면서 지나갔다. 제국주의 열강의 중국 침략, 중국 인민의 투쟁과 각성, 중국 혁명의 새 길을 찾아서 등의 전시가 있었다. 한 어머니가 왜 중국이 일본과 제대로 싸우지 못했는지에 대해 강의하는 동안, 나들이옷을 입은 어린 소녀는 빈 주스 병을 만지작거리고 있었다. 엄마는 말했다. "왜 실패했을까? 국민당 때문이란다…."

전시는 4개의 거대한 홀에서 열리고 있었고, 아주 작은 홀이 하나 더 있었는데 거기에 내가 특히 보고 싶은 내용이 있었다. '사회주의 건설의 탐색 과정에서의 좌절과 진전'이었다. 전시는 중국 인민들이 공산당의 지도 아래 어떻게 "고난을 극복했는지"에 대해 조심스럽게 질문을 던지고 있었는데, 물론 그 고난이 무엇인지는 자세히 밝히지 않았고, 그 원인에 대해서는 더욱 언급하지 않앗다. 전시는 교육하는 것이 아니라, 신중하게, 매우 제한된 정도로 확신시키고 있었다. 이미 역사를 알고 있는 경우에만, 그것이 무엇을 인정하는 척하고 있는지를 알 수 있었다. 한 유리 진열장에는 1961년에 작성된 세 개의 문서가 들어 있었는데, 그중 하나는 '후난성 창사와 닝샤에서 조사하는 동안 열린 회의에서 쓴 메모'라는 제목이 붙어 있었다. 이것은 류사오치가 대기근에 대해 조사한 내용의 일부이고, 이 조사는 그 재난을 끝내는 데 도움이 되었지만, 그에 대한 마오쩌둥의 복수심 때문에 문화대혁명 시기에 류사오치가 죽음에 이르게 된 원인이 되었다.

이 두 번째 대재난에 대해서는 더 이상 언급이 거의 없었다. 다른 종류의 휴대전화 20여 개를 위한 공간을 만들어둔 한 전시에서 문화대혁명의 어두운 구석을 찾을 수 있을 뿐이었다. 그것은 그 재난 자체는 감히 보여주지 못했고, 그 여파만을 보여주고 있었다. 벽 위 높은 곳에 마오쩌둥의 후계자인 화궈펑과 다른 지도자들, 환호하는 청년들이 4인방의 몰락 이후 숙청을 축하하려고 광장에 모여 있는 사진이 걸려 있었다.

그 누적된 망각은 맑은 정신으로 살펴봐야 할 유물이 되었다. 하지만 이것이 새롭게 쓰여지는 것을 지켜보는 것은 엄청난 일이다. 때때로 그것은 공식적 발표의 가장자리에서 일어나고, 깜빡하는 사이에 놓치게 된다. 또 다른 경우에는 삭제되고 재구성되는 부분을 무시할 수 없다. 때때로 그것들은 정말 충격적이었다. 내가 중국에 도착한 지 얼마 되지 않아 끔찍한 지진이 서남부의 쓰찬성을 강타했다. 9만 명이 죽었다. 그들 중 너무나 많은 이가 학교에 있다가 매몰된 아이들이었다. 내가 찾아간 첫 번째 마을에서, 나는 그 죽음들을 특별한 비극으로 받아들였다. 순진한 태도였다. 그렇게 죽은 이들은 어디에나 있었다. 학생들은 운동장의 콘크리트 탁구대 위에, 또는 거리에 눕혀 있었고, 부모들은 아이들의 주검을 조심스럽게 옮겨 시체 가방에 넣었다. 한 학교에서는 땅 위에 주검들이 가득했는데, 그들의 얼굴은 먼지로 뒤덮여 있었다. 한 소년의 손은 잔해 위에 높이 올려져 있었는데, 마치 질문을 하려고 손을 들고 있는 것 같았다. 지진의 힘이 그 마을을 뿌리 뽑아버렸다, 하지만 다른 마을에서는 학교들은 무너졌지만, 주변의 건물들, 경찰서, 공산당의 건물들은 굳건하게 서 있었다. 쓰촨 성에서 7천 곳의 학교가 무너졌다. 부패하고 태만한 지역 공무원들이 절차와 원칙을 무시해서 아이들을 죽게 한 사형집행 영장에 서명한 것이나 마찬가지라고 부모들은 믿었다. 그들의 고통스런 질문은 중국 곳곳에서 반향을 일으켰고, 심지어 관영 신문들에도 실렸다. 전문가들이 나서서 부실 공사를 비난했다. 부당한 상황이 너무나 분명했기 때문에, 정부는 드물게 관련 조사를 약속하는 조치를 취했다.

하지만 몇 주 만에, 검열 당국은 언론에 이 문제를 보도하지 말라고 명령했다. 한 달 만에 경찰은 시위 현장에서 부모들을 끌고 갔고 관리들은 조사할 것이 아무것도 남지 않도록 불도저로 잔해를 밀어버렸다. 1년도 지나기 전에 유가족들을 도우려 했던 적어도 3명의 활동가가 구금되거나 투옥되었고, 사망자 명단을 작성하려 했던 예술가 아이웨이웨이는 경찰의 주먹에 머리를 맞아 응급 뇌수술을 받았다. 그때까지 그와 협력한 조사원들은 계속되는 경찰에 구금되면서도, 5,200명이 넘는 사망자 명단을 집계했다. 하지만 내가 한 마을을 다시 찾아갔을 때, 이전에는 그토록 그들의 이야기를 들려주고 싶어 했던 부모들은 이제 너무 겁에 질려 있었다. 사복 경찰이 현장과 집을 감시하고 있었다. 이야기하겠다고 동의한 사람들은 비밀리에 나와 만났다.

지진에 대한 허용된 유일한 기억은 영웅주의였다. 나는 소방관들이 목숨을 걸고 무너지는 건물에서 사람들을 구하는 것을 보았다. 위험한 계곡으로 진군하는 군인들을 보았고, 어지럽고 배고픈 생존자들이 음식을 거절하면서 지진 지역의 더 깊은 곳에 있는 사람들이 이것을 더 필요로 할 것이라고 했다는 이야기를 들었다. 하지만 절망 속에서 끊임없이 영광을 외치는 국영 텔레비전의 보도에서는 역겹고 거의 히스테리에 가까운 무언가가 느껴졌다. 이마에 흐르는 땀을 닦는 구조대원들, 무대 위에서 임금을 기부하는 공무원들의 그럴듯한 이미지의 끝없는 행진. 이 모든 것이 반복해서 등장하면서 그 땅에 가득한 고통을 부정하고 있었다.

아이들을 잃은 부모를 대하는 잔인함은 노골적이었다. 나중에 나는 순수하게 헌신적인 관료들의 노력을 보면서 충격을 받았다. 힘들고 단조로운 일이었다. 그들은 트라우마로 고통받은 나머지 너무나 무감각해지고 절망에 빠져 있어서 어떤 문제도 일으킬 수 없는 유가족들을 감시하는 데 몇 달씩 보냈다. 검열은 침묵하는 발언마저도 짓밟아버렸다. 미래에는 이런 비극이 되풀이되지 않도록 할 조사에 쓰여야 할 노력이 토론을 지우는 데 들어갔다. 당국이 원하지 않는다면 기억하는 것마저 힘든 일이 되었다. 기억하려면 배짱과 끈기가 필요했다. 하지만 망각도 힘든 일이었는데, 망각해야 할 일들이 너무 많았기 때문이다. 매년 목록은 길어졌다. 중국공산당의 표어는 안정 유지였고, 대중에게서 대체로 상당한 지지를 받고 있다고 해도 경계를 늦추지 않았다. 인민들의 분위기를 계속 평가하고 그들이 원하거나 필요로 하는 것 중 일부를 제공했다. 인민들이 요구하는 것을 합법적으로 인정하지는 않으면서, 비록 늦기는 했지만 마을에 전기를, 도시에 깨끗한 공기를 공급했다. 시장 경제를 채택할 때처럼 예상치 못하게 유연할 수도 있었다. 그러나 정치적으로는 완전하게 경직된 태도를 유지했다. 변화를 용인할 수 있다고 판단할 때도 그것을 인민들에게 시혜로 주는 것임을 분명히 했고, 무해해 보이는 많은 일을 자신들이 그어놓은 마지노선을 위협하는 것으로 간주했다.

억압과 선전 너머에도 다양한 레퍼토리가 있었지만, 당은 억압과 선전에 의존했다. 망각은 기반이었고 그것을 유지하려면 노력과 철저함, 규율이 필요했다. 수천만 명이 기근으로 아사했다면, 기록보관소를 수십 년 동안 닫았다. 스마트한 신형 열차가 추락하면 기자들에게 경고했다. 반체제 인사를 감옥에 가두면 그의 아내를 압박해서 입을 열지 못하게 했고, 이런 상황을 고발한 친척들을 괴롭혔다. 웹페이지를 삭제하고, 외국 방송을 차단했다. 매일, 매시간, 매분 계속 감시했다. 한 사람, 한 가족, 한 마을에 대해 이런 일을 했다. 그리고 1989년과 마찬가지로, 수백만 명에게 그 일을 해야 했다. 온 도시, 온 나라의 기억을 지웠다. 단순히 떠도는 생각, 개인들의 관점과 기억뿐 아니라, 집단적 경험과도 싸워야 했다. 고립시키고, 울타리를 치고, 점점 줄여나가면서, 근절하고, 대체해야 했다. 대다수의 경우 효과가 있었다. 변두리 중의 변두리에서만, 친구들 사이에서만 1989년과 학살에 대해 토론했다. 하지만 결코 안심할 수 없었다. 톈안먼 시위대에 동조했다는 이유로 투옥된 최고위 관리였던 바오퉁은 지금도 집을 나설 때마다 잠복경찰 6명이 미행한다고 나에게 말했다. "두 명은 걸어서, 두 명은 차에 타죠. 또 남은 두 명은 내가 택시를 타는 경우에 교통 신호에 걸리지 않도록 오토바이를 타고 미행합니다." 이때 그는 팔순이 넘었고, 공산당 지도부에서는 자유주의적 본능의 흔적까지도 박멸된 지 오래였다. 하지만 그들은 어떤 위험도 감수할 수 없었다. 기념일이 다가오면 노력을 몇 배로 강화해야 했다. 경찰은 연금 수급자들이 공공장소에서 자녀를 애도하지 못하도록 그들을 멀리 데려갔다. 보안 요원들은 사적인 저녁 식사를 방해하고 학교의 문을 닫았다. 검열관이 웹사이트나 소셜미디어에서 민감한 단어를 삭제하고 차단했다. '탱크', '학살', '혼란', '애도', '촛불', '기억', 심지어 '민감 단어', 그리고 '사람', 그리고 마지막으로 '어제', '오늘', '내일', 그들은 마지막까지 구멍만 남을 때까지 가위질해서 마침내 구멍이 사람과 시간, 그리고 "잊지 말자"는 그 말마저 삼켜버린다. 그것은 인민들에게 이 모든 것이 그들의 잘못이고, 그들이 스스로 한 일이며, 여기에는 볼 만한 것이 없다고 설득하는 것이었다. 그것은 공백을 메울 다른 무언가를 찾는 것을 의미했다. 이 모든 일을 계속 반복하는 것을 의미했다. 영원히 경계하기 위해 대가로 치러야 하는 것은 자유만이 아니다.

*

중국에서 역사는 때때로 전쟁처럼 느껴진다. 역사를 활용하는 것은 문화와 긴밀하게 얽혀 있다. 각 왕조는 자신들이 무너뜨린 왕조의 역사를 기록했다. 이 연대기들은 단순한 기록을 넘어 도덕적 입문서 역할을 했다. 11세기에 학자이자 관료인 사마광은 황제의 명을 받아 편찬한 중국 역사서에 〈자치통감〉(資治通鑑, 통치에 도움이 되는, 역사를 관통하는 거울)이라는 제목을 붙였다. 지식인 후펑은 "중국인에게 역사는 종교"라며 "우리는 옳고 그름, 선과 악에 대한 초자연적인 기준이 없기 때문에 역사를 궁극적인 심판자로 여깁니다"라고 주장했다.

중국공산당은 이 전통을 교묘하게 이용해왔다. 역사를 기록으로 보지 않고, 토론의 대상으로 여기는 것도 아니며, 도구로 여긴다. 역사는 필요에 따라 조정될 수 있지만, 굳건하고 변하지 않는 것처럼 보인다. 오늘날의 명령은 돌에 새겨진 것처럼 굳건해 보이고, 오늘날의 사실은 논리적이고 바뀔 수 없는 과정의 결과로 보인다. 인생은 애초의 의미대로 존재한다. 중국의 5천 년 문명이 우리를 여기, 당의 영도 아래 번영하는 나라로 이끌었고, 세계 속에서 정당한 위치를 재확인하게 했다. 국가박물관 지하에 있는 청동 그릇이 그 몇 층 위에 전시되어 있는 공산주의 팸플릿과 깃발, 그리고 바깥세상에 있는 아우디와 아이패드로 나아가는 길을 닦았다. 실제 과거에 있었던 비상사태들과 모순들은 무의미하다. 진실은 당이 말하는 것, 당이 기억하기로 선택한 것이고, 논문이 덜 그럴듯할수록, 당의 전능함을 더욱 분명하게 주장한다. 뻔뻔함은 그 보상이다(공산당이 이것을 처음으로 깨달은 것은 아니다. 기원전 1세기의 위대한 역사가의 기록은 진(秦)나라의 야심만만한 환관이 사슴을 보여주고 말이라고 부르면서[指鹿爲馬], 어떤 관리가 의문을 제기하기 않고 복종하는지 알아보려 했던 일을 묘사하고 있다. 몇몇은 그의 말에 재빨리 동의했지만, 다른 사람들은 처형되었다). 중국이 2022년 동계 올림픽 유치에 나섰을 때 만리장성에서 영감을 받은 개막식을 개최하겠다며 만리장성에 대해 "중국의 다양한 문화가 만나 통합되는 곳…. 중국인이 평화를 추구하는 상징"이라고 묘사했다. 오랑캐를 막기 위해 건설된, 세계에서 가장 길고 유명한 방어 구조물을 국제 우호의 상징으로 재창조하는 데 일말의 부끄러움이 없었다. 이렇게 역사는 중국을 올림픽의 정당한 개최지로 만들었고, 올림픽 개최는 시민들에게 세계에서 존경받는 영광스러운 국가를 보여주면서 이 역사를 빛나게 할 것이다.

외부인이 보기에 거의 신경증적으로 끝없이 반복되는, 5천 년 중국 역사는 그 파열음과 불연속성을 배신할 뿐이다('천하의 대세는 분열된 지 오래면 반드시 통일된다. 통일된 지 오래면 반드시 분열된다[天下大勢 分久 必合, 合久必分]'는 가장 위대한 소설 중 하나인 〈삼국지연의〉의 첫 부분에 나온다). 그러나 당은 마오쩌둥이 국가에 일으킨 재앙을 지우고, 외국인들이 초래한 재앙을 강조했다. 2012년 동중국해의 섬에 대한 영유권 분쟁을 둘러싸고 일본대사관 밖에서 시위가 일어났을 때, 경찰은 시위대를 체포하지 않고 통제만 했다. 이전에도 민족주의 소요가 일어날 때마다 경찰이 채택한 전술이었다. 나는 버스를 타고 현장에 도착한 행진 참가자들이 건물 주변을 한 바퀴 또는 두 바퀴 돌고 다시 차에 탑승하는 모습을 보았다. 일부는 마오쩌둥 플래카드를 흔들었다. 곧 매일 전쟁 시기의 잔학 행위에 대한 뉴스나 기사가 쏟아졌고, 자료보관소(당안관)은 수천 건의 문서를 공개했고, 관영 언론들은 생존자들을 다시 인터뷰했다. 시진핑은 난징대학살 추모일을 제정해 난징에 대한 잔혹한 침략으로 사망한 수십만 명의 민간인을 추모했다. 반일 감정이 진짜라는 것은 의심할 여지가 없었다. 그것은 끔찍한 전쟁 범죄에 근거를 두고 있었고, 일본 우익 정치인의 호전성과 역사 부정, 일본 민족주의자들의 회피와 도발로 촉발되었다. 하지만 중국 당국은 그 감정을 부추겼다. 비평가들은 더욱 많은 죽음을 초래한 중국 국내의 재앙은 무시하면서, 외국의 범죄는 과장하는 위선을 지적한다. 중국공산당에는 분명 편리한 일이었다. 하지만 인민들도, 그들의 트라우마가 항상 인정되지는 않더라도, 트라우마를 가지는 것이 필요했을 것이다. 어떤 의미에서 외부에서 부과된 이러한 재난과 굴욕은 또한 더 깊은 수치심을 표현한다.

자신들의 과거를 정직하게 직시하는 나라는 없으며, 중국의 일부 사람들은 왜 서구는 자신들의 노예 서사에는 관심이 없는 듯 보이면서, 〈대륙의 딸〉(중국 출신 작가 장융張戎 Jung Chang의 소설 Wild Swans)에 기록된 마오주의 트라우마에 사로잡혔냐고 질문하기도 했다. 미국이 민주주의의 등대라는 자기 이미지는 독재자들과 친밀하고, 선출된 지도자를 축출하거나 죽이려는 음모를 꾸미고, 살인적인 반공산주의 숙청을 지원했는데도 희미해지지 않았다. "언덕 위의 빛나는 도시"는 현대의 부와 자유의 근간을 살펴보지 않는 것을 선호했다. 바로 아메리카 원주민을 학살하고 아프리카인을 노예로 삼은 것 말이다. 다수의 영국인은 제국을 수치보다는 자부심의 원천으로 여기며, 우리 자신을 부유하게 하려고 총구를 겨눈 것이 아니라 철도, 크리켓, 셰익스피어를 세계 구석구석까지 전파하려 했던 자비로운 제도였다고 생각한다. 학교에서 여러 해 동안 교육을 받았고 많은 것을 배웠지만, 현대 중국을 만든 힘, 마약 판매 권리를 둘러싸고 중국에 대해 벌인 아편전쟁이 초래한 큰 피해를 비롯해 우리 섬나라의 파괴적인 영향에 대해서는 배우지 못했다. 어린 시절 우리는 우리가 주도했던 노예무역보다 노예제 폐지에 대해 더 많이 배웠고, 노예 소유자에게 막대한 보상을 주었다는 것은 전혀 배우지 않았다. 그때까지, 우리는 우리나라의 부가 노예들의 뼈 위에 세워졌다는 말을 듣지 못했다. 런던의 넓은 석조 외벽들과 유리로 된 고층 빌딩들과 비싼 레스토랑들을 볼 때, 우리는 이 도시가 제국 위에, 피 위에, 결정권을 가지지 못했던 다른 나라들에 대한 착취 위에서 세워졌다는 것을 보지 않았다.

서구는 중국처럼 의식적으로 숨기지는 않았지만, 오만함에 빠진 나머지 잊어야 할 것이 있다는 것도 제대로 알아차리지 못했다. 우리는 종종 우리의 가장 큰 사디즘을 수출하고, 우리가 의문을 제기하거나 인식하지 않은 방법으로 다른 이들이 우리를 부유하게 만들도록 하는 것을 선호했다. 우리 대부분은 잔혹한 행위에 가담하지 않았고, 그럴 필요도 없었다. 그것은 중국인들이 결코 누릴 수 없었던 사치였다. 문화대혁명은 다른 곳이 아니라 이곳에서 일어났다. 희생자들은 머나먼 땅의 낯선 사람들이 아니라 바로 눈앞에서 죽어간 친구들이었다. 우리는 보지 않기로 선택했지만 중국인들은 보지 않은 척해야 했고, 이는 훨씬 더 어려운 일이었다. 영국에서는 편의성, 암묵적 편견, 권력 차이가 왜곡을 만들고 기억을 지우기에 충분했다. 중국에서는 명백한 명령과 자기 검열이 작동했다. 영국에서는 제국주의의 불평등을 해부하는 사람도 대학과 국영방송에서 일할 수 있을 것이다. 중국에서는 당-국가의 해석에 도전하는 것만으로도 경력이나 자유가 끝날 수 있다.

1989년의 강경 진압에 대한 토론은 완전히 금지되었지만, 문화대혁명은 완전히 금지된 주제는 아니었다. 사람들은 시간을 선택하고 스포트라이트를 피하고, 규정을 우회하고, 적절한 인맥을 활용해 활동할 수 있는 공간을 찾았다. 국영 언론에서 은퇴한 80

대 원로들이 〈옌황춘추〉(炎黃春秋)라는 기묘하고 고풍스러운 제목의 잡지를 창간해 중국의 가장 민감한 사건들을 공들여 조사했다. 금지와 허용 사이의 모호한 경계는 중국의 크기와 여러 층위의 관료주의가 낳은 부산물이기도 했다. 하지만 그것은 의도적인 것이기도 했다, 일부는 회색 지대를 능숙하게 이용했지만, 대부분은 움츠러들면서 더 뒤로 물러섰다. 사람들이 스스로 검열하게 만드는 것이 더 쉽고 효율적이었다. 시간이 지나면 사람들은 그들이 스스로 검열하고 있다는 것을 잊어버렸다. "외국인들이 생각하는 것과 달라요. 우리는 무엇이든 이야기할 수 있습니다"라고 젊은이들은 나를 확신시키곤 했다. 만약 그들에게 그 말이 정말인지, 라디오에서 1989년의 강경 진압에 대해 이야기할 수 있는지, 태자당의 부패에 대한 기사를 신문에 실을 수 있는지, 텔레비전 쇼에서 마오쩌둥을 비판할 수 있는지 물어보면 그들은 왜 그렇게 어리석은 말을 하느냐는 표정으로 빤히 바라보았다. 분명 그것에 대해서는 이야기할 수 없었다.

경계를 흐릿하게 하면 변화를 인정하지 않고도 그것을 움직일 수도 있었다. 어떤 면에서 문화대혁명은 덜 위험한 영역이 되었다. 온라인 토론이 확산되었다. 한 교수는 '문화대혁명'이라는 제목으로 강좌를 개설하는 것은 금지되었지만, 제목을 '중국 문화, 1966~1976'로 바꿔 승인받았다. 하지만 대다수의 경우 문화대혁명에 대해 이야기하는 것은 더욱 어려워졌다. 문화대혁명에 대한 망각은 생각보다 최근의 일이다. 문화대혁명이 끝난 직후에는 많은 회고록과 소설이 홍수처럼 쏟아져 나와 트라우마와 억압을 드러냈고, 당이 마오쩌둥에서 덩샤오핑으로 전환한 것이 얼마나 현명했는지를 쉽게 확인시켰다. 그리고 나서 1980년대 초, 부르주아 자유주의에 반대하는 운동이 '상흔 문학' 등을 표적으로 삼기 시작했다. 1988년에 나온 규정은 "지금부터 장기간에 걸쳐, 출판사들은 '문화대혁명'에 대한 사전이나 다른 핸드북의 출판을 계획해서는 안 된다'고 경고했다. 1996년에 연구자들은 문화대혁명 기념일을 맞아 심포지엄을 열었지만, 10년이 지난 뒤에는 경고를 받았다. 2000년, 참회한 홍위병 출신 역사가 쑹융이는 미국 시민권자임에도 불구하고, 그의 연구가 문제가 되어 5개월 이상 구금되었다. 그리고 2013년 시진핑은 "역사 허무주의"에 대해 경고했다.

"역사가 인민에 의해 결정된다는 것은 얼마나 행운인가." 홍위병들이 아내와 그를 영원히 갈라놓았을 때, 류샤오치는 아내에게 이렇게 말했다. (4년 뒤, 부부의 자녀들이 마침내 부모를 만날 수 있는지 감히 물었을 때, 마오쩌둥은 "너희 아버지는 죽었다. 어머니는 만날 수 있다"고 대답했다. 류샤오치는 감방에서 폐렴을 치료받지 못해 비참하게 죽었다.) 사실 인민은 발언권을 가진 적이 없었다, 마오쩌둥과 류샤오치가 죽은 뒤 몇 년이 지나서야 당은 류샤오치를 복권했다. 나중에 시진핑은 그를 "높은 도덕성"의 "영광스러운 모델"로 칭송했다. 중화인민공화국처럼, 이것은 보통 사람들(the people)의 역사가 아니라 인민(The People)의 역사다. 이것은 중국 통치자들의 부정직함이나 기만이 아니다. 당과 인민은 정신적 통합 속에서 존재해야 한다. 당은 인민의, 인민을 위한 것이다. 당의 의무는 인민이 국가가 어떻게 운영되어야 하는지, 과거를 어떻게 이해해야 하는지에 대해 정확한 이해를 하도록 이끄는 것이다. 인민을 위해 봉사하려면 먼저 인민을 형성해야 한다.

*

문화대혁명에 대한 당의 공식 입장은 그것이 재앙이었다는 것인데, 이것은 놀라운 일이 아니다. 그런 입장이 공식화될 때는 덩샤오핑이 실권을 잡고 있었고, 문화대혁명이 공식화될 당시 그는 화궈펑을 대신해 총서기를 맡고 있었다. 이에 앞서 화궈펑은 마오의 아내인 장칭과 그녀의 좌파 측근들인 사인방을 축출했다. 덩샤오핑은 한 번이 아니라 두 차례 숙청을 당했다. 그의 아들은 홍위병에게 감금된 상태에서 3층 창문에서 "추락"한 이후 휠체어에 의지해 생활하고 있었다. 하지만 덩은 과거에 일어난 일에 얽매이길 원하지 않았다. 그는 그것을 과거에 묻어두려 했다. 당의 결론은 국가박물관의 전시회에는 포함되지 않았고, 교과서에도 나오지 않는다. 이것은 단지 최악의 상황이 끝났다는 것을 보여주기 위한 것이 아니었고, 그 주제 아래에 영원히 선을 그으려 한 것이다. "과거를 정리하는 목적은 사람들이 단결해 앞으로 나아가도록 이끌려는 것"이라고 덩샤오핑은 결의문 초안을 작성하는 사람들에게 지시했다. 정확하게 기억해야 그것을 잊을 수 있다.

그 판결은 여러 번 수정되었고 그 과정에서 아주 많이 수위를 낮췄는데, 공산당 지도 아래서 중국이 거둔 위대한 승리에 대한 훨씬 더 긴 이야기에서 작은 구절에 불과했다. 이 보고서는 문화대혁명이 인민공화국 수립 이후 당과 국가, 인민이 겪은 가장 심각한 좌절과 가장 큰 손실이었다고 인정했다. 마오쩌둥이 그것을 주도했지만 문화대혁명의 원칙은, 지금도 국가를 이끌고 있는 마오쩌둥 사상과 "분명하게 어긋났다." 그것은 한 지도자가 오해로 인해 벌인 일로 시작되었고, 반혁명 파벌에 의해 이용되었다. 그리고 그것은 실수였다. 마오가 실수한 것은 인정했지만, 그것을 너무 오래 심사숙고할 수는 없었다. 통념에 따르면 중국공산당은 이 상황을 타개할 다른 방법이 없었다. 마오쩌둥은 레닌이자 스탈린이었기 때문이다. 중국 공산주의의 승리와 재앙은 분리될 수 없다. 마오쩌둥은 두 가지 모두를 상징하며 여전히 많은 사람의 사랑과 존경을 받고 있다. 마오쩌둥을 잘라내는 것은 당의 권력을 지탱하는 뿌리를 뽑아내는 것이고, 마오쩌둥을 막지 못한 다른 지도자들에 대해 위험한 의문을 제기하게 한다.

　마오쩌둥의 아우라로 당을 감싸는 것은 당의 과거를 은근히 거부하고 한때 당이 파괴하려 했던 것들을 받아들이는 것이다. 공산당이 시장(market)으로 돌아섰다는 것을 인정하는 대신 당은 마치 아무 일도 없었던 것처럼 앞으로 나아갔다. 덩샤오핑은 자신의 개혁이 마오쩌둥 사상을 지지한다며, 마오쩌둥의 말인 '실사구시(實事求是)'를 빌려왔다. 그러나 덩샤오핑이 그 격언을 사용한 것은 외부인에게는 별것 아닌 것 같지만 영웅적일 만큼 비(非) 마오주의적이었다. 그것은 실용주의의 약속이었다. 이념이 세상을 바꿀 수 있다는 생각에 대한 거부였다. 중국공산당은 마오쩌둥이 경멸했을 시스템에서 유통되는 지폐에 마오쩌둥의 모습을 넣고, 톈안먼에 마오의 초상화를 남길 때도 비슷한 속임수를 썼다. 마오쩌둥에서 멀어질수록, 또는 마오에게서 멀어지는 것을 가능하게 만들고자 공산당은 마오쩌둥을 꼭 붙잡는 듯 보였다. 처음에는 마오의 손에 고통받았던 수많은 이들 중 한 명인 덩샤오핑에 의해, 그리고 이제는 그 희생자의 아이들 가운데 가장 눈에 띄는 시진핑에 의해 마오는 그 자리에 머무르게 되었다. 마오쩌둥을 심리적으로 그리고 심지어 육체적으로도 보존하는 것은 당의 과거에 비춰 보면 이해할 수 있었는데, 이는 레닌과 스탈린의 딜레마다. 하지만 그 보존은 더 큰 문제도 해결했다. 사람들이 자신의 역사를 판단할 수 있도록 허용하는 것은 사람들이 사물을 전반적으로 판단할 수 있는 권리를 인정하는 것이다. 마오쩌둥을 부인할 수 있도록 허용한다면, 그들은 당신도 부인할 수 있게 된다. 그들이 역사를 쓰도록 허용하면 그들은 가장 잘 아는 이야기를 쓸 것이다. 바로 그들 자신의 이야기다.

*

국가박물관에 갔던 때로부터 몇 달 뒤, 남부 광둥성의 한산한 항구인 산터우의 이른 아침, 나는 택시를 잡아타고 더욱 한적한 지역인 청하이를 향해 출발했다. 그곳은 도시의 아주 외곽에 있어, 거의 한 시간이나 걸렸고, 광고판이 즐비한 거리를 지나 넓은 강을 건너고, 파이프, 파이프들을 연결하는 조인트, 드릴이 뒤엉킨 상점가의 혼돈을 지나야 했다. 택시가 주요 도로를 벗어나자 차들이 별로 없었다. 창고들이 즐비한 곳을 지나, 뒤섞인 곳을 지나 타위안, 즉 파고다 공원으로 향했다. 목적지가 언덕 꼭대기에 있다는 것을 알고 있었지만 입구에 있는 지도에는 제대로 표시되어 있지 않았다. 나는 코트 단추를 채우고 이슬비를 맞으며 구불구불한 길을 따라 가파른 오르막을 오르기 시작했다. 야자수와 윤기나는 바나나 나무들을 지났다. 나팔꽃이 덤불과 얽혀 있는 계곡에서 새들이 피리를 불듯 지저귀고 있었다. 언덕 위 어딘가에서 목이 쉰 듯한 수탉 울음소리가 들렸다. 재건된 오래된 사원에서 승려들의 염불 소리 위로, 한 남자가 휴대전화로 큰 소리로 수다를 떨고 있었다. 공원의 나머지 부분에는 사람의 흔적이 없었다. 호수에 떠 있는 오리배는 쇠사슬로 묶여 있었고, 식당과 오락 시설은 문을 닫았다. 한 사격 부스에서는 장난감들이 축 늘어진 비닐봉지 안에서 질식해 있었다. 마침내 흰색 플라스틱으로 된 식당 간판에 일부가 가려진 기념비를 발견했다. 세 개의 가느다란 돌기둥에 이렇게 적혀 있었다.

> 타위안이 이 긴 유골들을 이곳에 묻어 후손들에게 무자비한 역사에 대해 영감을 주고 가르칠 수 있는 것은 행운이다.
> 혼란스러운 시기에 영웅들은 이곳에서 눈물과 피를 흘리며 고통받았다.

그 피가 이곳을 붉게 물들였다.

그 근처에는 몇 개의 비석이 튀어나와 있었는데 꼭대기에는 주홍색 별들이 있었다. 또 다른 수십 개의 비석이 산비탈에 흩어져 있었는데, 몇 개는 거의 완전히 잡초에 덮여 있었다. 하지만 누군가는 기억하고 있었다. 비를 맞아 납작해진 꽃다발이 한 비석 앞에 놓여 있었다. 또 다른 비석 앞에는 앙상해진 향이 담긴 녹슨 깡통이 놓여 있었다. 이 집단 무덤에는 파벌 싸움의 희생자들이 묻혀 있었고, 펑치안도 여기에 묻혔어야 했다. 관리였던 펑치안은 자신도 알 수 없는 이유로 사망자 명단에 올랐다가 지금까지도 불분명한 이유로 목숨을 구했다. 친구들은 죽었고, 형은 살해당했다. 몇 년 뒤, 타산(파고다 산)을 걷다가 땅 밑에 묻힌 시체들에 두려움을 느낀 그는 스스로에게 물었다. 또 다른 재난을 막기 위해 무엇을 할 수 있고, 무엇을 해야 할까.

산산이 부서졌던 나라 곳곳에서 이 질문은 생존자들을 괴롭혔다. 작가 바진(巴金)은 1980년대에 문화대혁명 박물관을 건립하자고 호소한 첫 번째 인물이었다. 그는 수년간 박해를 당했고, 아내는 홍위병에게 구타를 당했다. 아내의 목숨을 구할 수 있었을 암 치료도 거부당했다. 그는 박물관이 모든 사람이 기억하게 하고, 자신의 행동을 직시하게 하고, 양심을 찾게 할 것이라고 믿었다. 그는 박물관을 짓는 것은 "어느 특정한 한 사람의 일이 아니다"라고 말했다. "그것은 우리 모두의 책임이다. 우리 후손들이 세대를 이어가며 지난 10년의 고통스러운 교훈을 배우게 하는 것은 우리 모두의 책임이다. '역사가 반복되지 않도록 하자'는 말은 공허한 문구가 되어서는 안 된다."

다른 사람들도 곧 그의 요구에 공감했다. 이 요구는 문자 그대로일 뿐 아니라 상징적이기도 했다. 당국이 이를 따를 가능성은 결코 없었다. 인민들은 그 주제를 힐끗 볼 수는 있었지만, 집중해서는 안 되었다. 일단 공식적 판결이 내려진 뒤에는 거의 바뀌지 않는다. 중국의 많은 대담한 이니셔티브와 마찬가지로, 산터우 박물관도 체제 안에서 오랜 세월에 걸쳐 형성된 인맥, 권력 내부에서 일부의 동정, 그리고 행운이 필요했다.

1980년대 후반, 펑치안은 산터우시의 부시장으로 승진했고, 자신의 계획을 지지하는 과거의 용사들을 찾아냈다. 광둥성은 비교적 개방적인 태도로 유명했다. 이곳은 덩샤오핑이 경제 개혁을 시작한 곳이기도 했다. 하지만 박물관을 지으려는 펑의 야망은 처음부터 문제에 부딪혔다. 지역 정부는 그의 제안을 거부했다, 시와 성 정부는 지지하는 것도 거부하는 것도 조심스러워하며 멈춰서 있었다. 결국 성 정부의 전직 최고위 지도자가 펑치안을 암묵적으로 지지했다. 산터우 시장은 일부 자금을 지원했다. 기부자 중에는 중국 중앙 정부와 밀접한 관계를 맺고 있는 홍콩 재벌 리카싱도 있었다. 재난이 발생한 지 거의 40년이 지난 뒤, 펑치안은 마침내 그의 박물관을 열었다. 수도이자 문화대혁명의 발상지였던 베이징이 바진이 요구했던 기관을 설립하기에 분명 적합한 장소였을 것이다. 하지만 양말과 환관, 수돗물, 금붕어에 대한 박물관까지 있는 베이징에, 문화대혁명 박물관을 지을 공간은 없었다. 그곳에서 1,000킬로미터 떨어진, 사람들의 관심도 없고 지나가는 차량도 없는 곳에 문화대혁명 박물관이 뿌리를 내릴 수 있었다.

박물관 자체는 펑치안의 추모 공원의 일부에 불과했다. 동상과 석판이 무덤 곳곳에 흩어져 있었다. 명판에는 반혁명 범죄들이 열거되어 있었는데 대부분은 잘못된 마르크스주의 같은 사상범이었고, 희생자 수천 명의 이름이 적혀 있었다.

언덕을 절반쯤 오르니, 땅이 평평해져 거대한 광장으로 변해 있었다. 내 앞에 있는 긴 벽에는 붓글씨로 쓰인 글자들이 적혀 있었다. 역사를 거울삼아 다시는 문화대혁명의 비극이 일어나지 않도록 하자. 그 아래에는 덩샤오핑과 마오쩌둥의 모습이 그 10년의 세월에 대한 공식 결의문 옆에 붙어 있었다. 역사는 분명하게 판결했다. 문화대혁명은 지도자들에 의해 일어난 실수였으며, 반혁명 세력들이 그들의 이익을 위해 이를 이용해서, 당과 국가와 인민에게 심각한 재난을 가져온 혼란을 일으켰다. 양쪽 끝에는 페르시아 고양이가 공을 가지고 노는 작은 동상이 서 있었는데, 하나는 검은색, 하나는 흰색이었다. 돌로 만든 사자가 문을 지키고 있었는지도 모른다. 이것은 덩샤오핑이 말했다고 종종 언급되는 격언을 놀랄 만큼 장난스럽게 언급하고 있었다. 검은 고양이든 흰고양이든 쥐만 잘 잡으면 된다.

나는 더 이상 그 벽을 살펴볼 시간이 없었다. 내가 광장을 가로질러 가는데, 한 남자가 스낵 매점 옆 의자에서 벌떡 일어나 휴대폰을 집어 들었다. 나는 속도를 높여 곧장 언덕으로 올라가는 길로 향했지만, 계단이 너무 많았다. 숨을 헐떡이며 박물관에 도착했을 때, 스크린도어는 잠겨 있었고 문밖에는 안전을 위한 보수공사를 위해 문을 닫았다는 사과문이 붙어 있었다. 3선 도시의 건설 현장을 지나거나 지방 도로를 운전할 때, 이런 우려에 대한 중국의 대처는 대수롭지 않게 보일 것이다. 하지만 활동가를 방문하거나 민감한 사건이나 장소에 대해 취재하려 하고 있다면, 안전에 대한 걱정 때문에 기가 죽었다.

너무 어두워서 창문 너머로 많은 것을 볼 수는 없었지만, 검은 화강암에 새겨진 몇 가지 이미지, 환호하는 군중과 고개를 숙인 절망적인 희생자들의 모습을 볼 수 있었다. 박물관에는 수집품이 많지 않았지만, 박물관의 존재 자체가 중요했다. 내가 건물을 돌아보는 동안 폴로 셔츠를 입은 두 남성이 나타났다. 중국의 잠복 경찰들은 종종 골프 코스에나 어울리는 옷차림으로 나타났는데, 이 사람들은 그것을 숨기려는 시도조차 하지 않고 나를 촬영하기 시작했다. 내가 언덕을 내려가자 그들은 내 뒤에서 재촉하면서, 내가 동상이나 명판을 살펴보려고 멈춰설 때마다 그들도 멈춰섰다. 나는 추모비들의 사진을 찍었다. 그들은 나를 촬영했다. 나는 미소를 지으며 똑같이 보답하려고 휴대폰을 들었고, 내가 더 잘 찍었다고 생각했다. 나는 계속 무덤들을 찍고 싶었다. 그들은 얼굴을 찡그리며 계속 사진을 찍었다.

마침내 내가 발걸음을 돌려 입구에 있는 주차장에 도착했을 때, 나는 매표소 옆에 더 많은 남자들이 모여 있는 것을 발견했다. 그들은 내가 택시에 오르는 모습을 지켜봤고, 우리가 차를 타고 가려고 하자, 그중 한 명은 차에 몸을 기대고 경적을 울리며 언덕 위의 동료들을 향해 나를 내쫓은 것을 알렸다. 경쾌한 리듬이었고 악의는 없었지만 그는 나를 향해 씩 웃었다. 정정당당한 싸움에서 승리를 거둔 의기양양한 기쁨의 표정이었다.

*

내가 박물관을 방문하지 못한 것은 놀랄 일이 아니었다. 오늘의 "보수 공사"는 급하게 예정되었다. 내가 도착했을 때 바깥 문은 여전히 열려 있었다. 하지만 박물관에 관람객이 거의 없는데도, 당국이 24시간 내내 감시하고 있을 가능성은 충분했다. 중국 달력에서 민감한 날들, 중요한 연례 정치 회의나 환영받지 못하는 사건들의 기념일에는 종종 문을 닫는다는 것을 알고 있었다. 매년 8월 박물관에서 열리는 추모식에는 생존자, 애도하는 이들, 동정하는 이들과 함께 사복 경찰로 가득 찼다.

당은 모든 도전을 몰아내 왔다. 당은 사람들을 회유하거나 강압해 대다수가 최소한 당의 통치를 용인하고 종종 적극적으로 지지하도록 만들었다. 사람들은 정말로 선거가 허용된다면 공산당이 압승할 것이라고 농담했다. 하지만 그 편집증은 놀라웠다. 공산당이 1989년에서 얻은 교훈은 어떤 문제의 조짐이든 뿌리째 뽑

아내거나, 더 좋은 방법으로는 사전에 완전히 예방해야 한다는 것이었다. 산터우에 있는 박물관이 2005년에 처음 문을 열었을 때 매일 약 천명이 이곳을 찾아와서 과거를 알고 싶어 하는 대중들의 욕구를 보여줬다. 중국 언론들은 이에 대한 보도를 중단하라는 명령을 받았다. 방문객들이 서서히 줄었다. 이제 박물관은 표지판도 없고, 알려지지도 않고, 사랑받지도 않지만, 그들은 여전히 조심스러울 수밖에 없었다.

과거에 설립자 펑치안은 모든 제약에도 굴하지 않는 듯 보였다. 그는 한 기자에게 자신이 처벌받더라도 신경 쓸 필요가 없다고 말했다. 그의 말은 사형 선고를 받고도 40년을 더 산 사람의 허세처럼 들리지는 않았다. 하지만 내가 찾아갔을 때, 박물관에 대한 감시는 점점 더 심해지고 있었다. 나는 그를 소개받으려 했지만 마지막 순간에 무산되었고, 내가 전화를 걸어 인터뷰를 요청하자 그는 거절했다. 나는 직접 그를 만나 보려고 호우를 뚫고 찾아갔다. 내가 넘쳐흐르는 도랑을 건너 그의 아파트를 찾아갔을 때 내 신발은 물에 흠뻑 젖었다. 펑은 집에 있었지만 나와 이야기하는 것을 거부했다. 나이든 부인이 내 요청을 전해주고, 그의 거절을 전달하며 우리 사이를 오갔다. 마침내 문이 닫혔다. 내가 앞서 그에게 전화를 걸었기 때문에, 공안 요원들이 나의 박물관 방문을 경계하게 되었는지도 모른다, 아니면 내가 박물관에 간 일 때문에 그가 취재를 거절하게 되었을 수도 있다. 그는 조심해야 할 이유가 있었다. 몇몇 자원봉사자들이 충고한 것처럼, 박물관이 유명해진다면 분명 폐쇄될 것이다. 하지만, 아무도 박물관에 대해 알지 못한다면 그것의 존재는 무의미하다. 그가 할 수 있는 일이란 몇 년 또는 몇십 년이 지난 뒤에는 분위기가 다시 느슨해질 것이라고 희망하는 것뿐이었다.

하지만 시진핑이 국가박물관을 방문한 뒤 몇 달 뒤 새로운 내부 문건의 내용이 유출되었다. 9호 문건은 간부들에게 당을 "심각하게 약화시키는" 7가지 위험을 경계하도록 촉구했다. 이 내용은 비공식적으로 "논해서는 안 되는 7가지(七不講)"라고 알려지게 되었다. 정책에 번호를 붙여 열거하는 것은 중국 역사에서 오랜 기원을 가지고 있지만, 공산당은 이 관행에 특별한 애착을 가지고 있는 것처럼 보였다. 숫자는 결론이 과학적 정확성을 가지고 있다는 느낌을 주었고, 당의 노선이 좌우로 갈팡질팡 변해온 것을 연속성, 심지어는 정확성이 있는 것처럼 가려주었다. 개인적으로 제일 좋아하는 양개범시론(兩個凡是論: 마오쩌둥의 후계자였던 화궈펑이 내세운, 마오가 결정한 사항이나 지시는 모두 옳으니 따라야 한다는 것), 3개 대표론(三個代表論: 장쩌민이 제기한 이론으로 중국공산당이 노동자, 농민 외에 자본가도 대표해야 한다는 것), 4개의 전면(四个全面: 소강사회 건설, 전면심화개혁, 의법치국, 엄격한 당 관리), 8가지 영광과 8가지 치욕(八榮八恥: 후진타오 시대에 시민들에게 권고한 도덕적 의무와 경계 항목) 등이다. "논해서는 안 되는 7가지"의 많은 내용은 예측할 수 있는 것들이다. 시민사회, 입헌주의, 서구 사상의 언론 홍보 등과 같은 공산당의 오래된 적들이다. 가장 특이한 것은 '역사 허무주의'를 강조한 것이다. '역사 허무주의'는 당이 톈안먼 시위를 짓밟은 뒤 애용하게 된 문구이지만, 시진핑이 그것을 채택하기 전까지는 드물게 사용되었다.

"역사 허무주의는 공산당의 역사적 목적을 근본적으로 훼손하려 하며, 중국공산당의 장기적 통치의 정당성을 부정하게 된다"고 내부 문건은 경고했다. 예를 들면, 허무주의는 중국이 사회주의의 길을 채택할 필요가 없었음을 암시하거나, 사건들에 대해 "인정된 결론"과 과거에 내놓은 수치들을 거부하는 것이다. 더 놀라운 것은, 그것이 개혁개방 이전과 이후가 다른지에 대한 반박을 포함하고 있다는 것이다. 마오이즘과 전체주의, 그리고 개인주와 시장 체제 사이에 차이는 없었다. 실수는 없었고, 방향 전환도, 불화도 없었으며, 미래를 향한 매끄러운 진보만 있었다고 했다. 중국은 5천 년 역사의 과시에 집착하는 동시에 그 근원적인 불안을 부정했다. 그토록 큰 상처들을 겪은 나라가 불안이 너무 컸던 탓인지 그런 변화가 전혀 없었다고 주장했다.

당은 결코 자만하지 않았다. 당은 승리할 가능성이 희박했기 때문에 언제나 라이벌들을 경계하며 감시해 왔다. 베를린 장벽의 붕괴와 뒤이은 소련의 붕괴는 톈안먼 시위가 당-국가를 핵심까지 뒤흔든 지 불과 몇 달 뒤에 일어났다. 중국공산당은 자신들의 후원자와 형제의 죽음에 대해 숙고하면서 여러 해를 보냈다. 증상과 치료법을 둘 다 찾아내려 애쓰는 전염병학자 같았다. 그들은 이념적 해빙이 치명적 결과를 가져왔다는 결론을 내렸다. 그러나 이제 시진핑은 마오쩌둥과, 더 나아가 흐루쇼프의 스탈린 격하 운동에 분노했던 마오쩌둥과 비슷한 모습을 보인다. 역사 허무주의는 레닌뿐 아니라 스탈린과 그 밖의 모든 것, 소련의 역사를 부정하는 것을 의미한다고 그 문건은 유용하게 언급했다. 그것은 "우리의 생각을 혼란스럽게 하고 당의 조직을 모든 층위에서 약화한다."

얼마 뒤, 연구자들은 기록보관소(당안관)들이 새롭게 접근을 제한하고 대부분의 구역을 폐쇄하고 있음을 알아차렸다. 1~2년 뒤, 백 개가 넘는 소셜미디어 계정이 왜곡된 역사관을 확산시켰다는 이유로 한꺼번에 폐쇄되었다. 당의 공식 기관지인 인민일보에 실린 논평은 "역사적 사실들을 엉뚱하게 모으거나 일방적이거나 편파적인 방법으로 보여주는 것의 위험… 또는 시간이 지나면서, 거짓이 진실이 되는" 심각한 결과에 대해 경고했다. 당의 기율 감시자들은 당의 역사 담당 부서가 허무주의를 배격함에 있어서 "책임감이 약하다"고 비판했다.

산터우에서 펑치안은 추모식을 취소했다. 몇 달 뒤, 내가 전화를 걸어 다시 인터뷰를 요청했을 때, 그는 정중했지만 단호하게 거절했다. 내가 타산(파고다산)을 방문하는 것은 환영하지만 요즘 그는 그곳에 거의 가지 않는다고 했다. 그는 너무 나이가 들었고 문화대혁명에 대해 토론하는 데 더 이상은 관심이 없다고 했다. 나는 그곳에 너무 늦게 갔던 것이다.

그래서 우리의 기억은 그들에게 남은 유일한 도움이다…. 만약 모든 죽은 자들이 살아있는 이들에 의해 살해당한 이들과 마찬가지라면, 그것은 그들이 반드시 구했어야 할 목숨과도 같다. 비록 그 노력이 살아남을 수 있을지 알 수 없더라도.

– 테오도르 아도르노

4장

바진(巴金)이 박물관을 구상하기 훨씬 전에 왕징야오는 박물관을 준비했다. 그는 모든 것을 모았다. 아내의 피 묻은 옷은 접어서 여행 가방에 넣어 침대 아래 감춰두었다. 관리들에게 도움을 애원했던 그녀의 덧없는 청원서는 벽돌 뒤 구멍에 감춰두었다. 그는 언젠가는 그녀가 무죄 판결을 받고 이것들이 전시되고, 대중들이 이 증거를 보게 되기를 희망했다. 다른 사람들이 모두 잊으려 바쁠 때 왕은 고집스럽게 기억했다, 비밀리에, 조심스럽게, 완강하게.

위샹젠은 나에게 왕징야오에 대해 이야기한 적이 있었다. 내가 십대 시절의 그녀를 그린 그림에 대해 묻기 전에 그 화가의 전시회에 대해 이야기했을 때, 위샹젠은 "첫 번째 그림은 왕징야오와 비엔중원의 그림이었습니다. 당신이 들어서면 보이는 그림입니다. 바로 당신 앞에요. 사실을 말하면, 그 전시회는 나에게 충격을 주었어요. 특히 내가 그 초상화를 보았을 때요. 비엔 선생님의 죽음은 역사의 표지입니다. 우리 세대의 잔인함을 보여주는 표지죠."

비엔 선생님은 베이징의 첫 희생자였는데, 붉은 8월의 초기에 자신이 가르치던 학생들에게 맞아 죽었다. 그녀의 남편인 왕징야오는 역사가였다. 그는 그녀의 죽음에 대해 항의할 수는 없었지만, 그것을 기록했다. 그는 아내가 죽은 다음날 아침 카메라 한 대를 샀다. 검은색과 알루미늄으로 되어 있는, 작은 상하이202 모델이었다. 여기 가족사진이 있다. 네 명의 아이는 스튜디오에라도 있는 듯 총명한 표정으로 얼굴을 문질러 씻고 큰아이들은 머리를 딿은 모습이었다. 아버지는 사진 촬영을 위해 그들을 배치했다. 그들을 먹이고 달래던, 지금은 맞아 죽은 여성의 뒤에 아이들은 폰 트랍 가족 스타일(《사운드 오브 뮤직》에 나오는 가족)로 키에 맞춰 줄을 섰다. 여기 비엔의 딸들이 있다. 대야를 들고 엄마의 시체를 씻기고 있다. 부풀어 오른 얼굴과 멍과 손톱에 찢긴 구멍들을. 여기 교

실들 주변에 붙어 있던, 비엔을 괴롭히던 대자보들이 있다. 홍위
병들이 그녀를 살해하기 며칠 전에 쳐들어와 그 장소를 샅샅이 뒤
지고 심지어 마룻바닥까지 뜯어내고, 책들을 태우고 가족의 물건
들을 부쉈다. 그들은 그 장소를 증오로 채웠다, 왕은 온갖 비방을
다 받아냈다. 비엔을 땀 흘리는 무서운 돼지로 묘사한 캐리커처가
있었다. 성난 대자보는 그녀를 악마와 창녀로 공격하고, 이미 그녀
에게 강요된 고통을 떠벌렸다.

얌전히 굴어! 안 그러면 우리가 그것을 가르칠 거야!

**투쟁 집회에서 너는 나뭇잎처럼 떨었고, 물에 젖었고, 입안에
진흙이 쑤셔넣어졌다….**

**노동자들에게 폭압적인 행동을 계속하면 우리는 너의 개가죽
에 채찍질하고, 너의 개 심장을 찢고, 너의 개 머리를 잘라낼 거야.**

왕의 분노는 타오르지 않았다. 오히려 그의 분노는 다이아몬
드처럼 단단했고 엄격했다. 그는 모든 것을 포착했다. 그는 화장
장 굴뚝에서 나오는 연기를 사진에 담았다. 그는 그녀의 재를 묻
을 비밀 사당을 세웠다. 닫혀있으면, 평범한 책장처럼 보였다. 그
와 아이들만 있을 때, 그는 사당을 열어 그녀를 지켜보았다.

그녀는 이 모든 일이 닥쳐오는 것을 보았다. 폭력은 한순간 폭
발한 것이 아니라, 집을 짓듯 만들어졌다. 폭력은 첫 번째 대자보
가 쓰여지고 마오의 명령으로 방송되면서 시작되었다. 다음날 베
이징사범대학 부속인 그 여학교 학생들이 교직원들에 대한 공격
을 휘갈겨 썼다. 이 명문 학교는 고위 지도자들의 자녀들로 가득

했다. 비엔은 부교장으로서 규율을 담당했는데, 강인하고 막강하기까지 한 인물이었다. 그녀는 베테랑 공산당원이었지만, 그녀의 지위, 명성, 은행가의 딸이라는 배경 때문에 표적이 되었다. 그녀에게 적대적이었던 지인들이 순식간에 불길을 부채질했다. 그녀는 "당의 수업 노선에 반대했다"(그녀는 입학 기준에 맞지 않는 지도자의 딸을 거부했다). 그녀는 "마오 주석에게 반대했다"(한 학생이 긴급 상황에서 학교에서 도망치기 전에 마오의 초상화를 구해야 하는지 물었는데, 그녀는 신중하게 직접적으로 답변하지는 않았지만, 신속하게 대피해야 한다고 답했다)는 비난을 받았다. 그녀는 터무니없게도 베이징시 당위원회의 쿠데타 기도에 연루되었다는 비난도 당했다. 소녀들은 그녀에게 족쇄를 채워 무대로 끌고 올라가 무릎을 꿇게 하고 발로 차고 때리고, 쇠로 된 띠가 둘러진 구멍을 뚫는 용도인 나무 소총으로 그녀를 구타했다. 그녀가 넘어지면 머리카락을 잡고 들어 올려 다시 시작했다. 그들은 그녀를 엉망으로 짓밟은 뒤, 대자보로 그녀를 덮었다. "자유롭게 집으로 가는 것은 꿈도 꾸지 마!" 관리들은 도움을 청하는 비엔의 호소를 무시했고, 왕은 탈출구가 없다는 것, 도망갈 곳도 없고, 간청할 사람도 없다는 것을 이해하기 시작했다. "나 같은 사람을 때려죽이는 것은 개를 죽이는 것과 같을 뿐이에요." 비엔은 그에게 말했다. 어느 날 아침, 그녀는 평소보다 일찍 일어났다. 그녀는 왕과 악수했다. 마치 둘이 서로에게 낯선 사람인 것처럼. 그리고 나서 그녀는 일하러 갔다.

연습은 학대 의식을 완벽하게 만들었다. 학교의 여학생들은 희생자들에게 먹물을 뿌리고, 행진하면서 구호를 외치도록 강요했다. "나는 자본주의자들의 앞잡이다! 나는 반혁명 수정주의자다! 두들겨 맞아도 싸다! 나는 죽어도 싸다!" 그들은 피해자들의 목소리가 작아지거나 끊어지면, 그들을 때렸다. 그들은 피해자들을 운동장 한가운데로 몰아넣었다. 그들을 작열하는 태양 아래 희생자들을 무릎 꿇리고 흙을 가득 담은 바구니를 나르게 강요했다. 비엔이 쓰러지자 그들은 무거운 군홧발로 그녀를 짓밟았다. 누군가 곤봉을 달라고 소리쳤다. 그들은 한 교사의 골반이 골절될 때까지 때렸다. 그들은 다른 교사의 셔츠가 피범벅이 될 때까지 때렸다. 그들은 비엔에 대해 그걸로 그치지 않았다. 그녀는 비엔을 끌고 가 화장실 청소를 시켰다. 한 직원은 그녀가 얼룩투성이로 몸을 가누지 못하면서, 벽에 기대려 애쓰다가 바닥으로 미끄러지는 것을 보았다.

"가짜로 죽은 척하는 거지! 너는 이전에도 그랬어!" 한 소녀가 소리질렀다. 그녀의 동료들은 비엔에게 더러운 대걸레의 물을 마시게 하려고 했다. 그들은 웃고 있었다. 그들은 화장실에서 나오는 한 남성에게 비엔을 바깥에 있는 쓰레기차에 실으라고 명령했다. 그녀는 피와 먼지로 뒤덮힌 채, 입에는 거품을 흘린 채 누워 있었다. 열기는 견디기 힘들 정도로 강렬해서 계속 있기가 어려웠다. 십대들은 멀리 흩어졌다. 불안의 알맹이들이 생겨났거나, 아마도 단지 지루해졌기 때문일 수도 있다. 그들 중 몇 명은 아이스바를 사러 갔다.

병원은 몇 미터 떨어져 있었지만, 학생들과 교사들이 비엔을 데리고 길을 건너가기까지는 몇 시간이 걸렸다. 의사는 너무 겁에 질려서 반혁명분자를 도우려 하지 않았다. 치료가 시작되었을 때는 너무 늦었다. 왕은 더욱 늦게 도착했다. 아마도 충격이 그의 비탄과 분노를 태워버렸을 것이다. 그는 그녀의 붓고 피범벅된 얼굴과 못 박힌 몽둥이에 맞아 구멍 뚫린 상처들을 보았다. 비엔이 더럽혀졌다는 것을 깨달았을 때 그는 결국 통제력을 잃었다.

다음날 학교에서 14살의 학생 왕유친은 학생 지도자가 확성기로 비엔의 죽음을 발표하는 것을 들었다. "그녀는 죽었다. 그 일은 끝났다." 교실에는 잠시 침묵이 흘렀고 누군가 화제를 바꿨다. "마치 비엔은 꿈이었고, 그녀가 맞아 죽은 사건은 아무 일도 아니었고, 논의할 만한 가치도 없는 것처럼."

*

왕유친은 누군가 말하기를 기다렸다. 며칠, 그리고 나서는 몇 달, 그리고 나서는 몇 년 동안. 그녀는 일기를 썼고, 그리고 나서는 그것을 불태웠다. 그들이 발견할까봐 두려웠기 때문이다. 문화대혁명이 끝났을 때 그녀는 그 모든 것을 다시 썼다. 그녀는 그 무리가 교사들이 무릎을 꿇도록 강요하는 것을 본 적이 있었다. 그녀는 한 사람이 다른 사람에게 곤봉을 가져오라고 소리치는 것을 들은 적이 있었다. 그녀는 얼룩과 피 묻은 손자국을 본 적이 있다. "내가 할 일은 내 이야기를 하는 것이라고 생각했어요. 내가 본 것을요. 나는 다른 사람들이 그 나머지를 쓸 것이라고 생각했어요. 중국은 이렇게 긴 역사 중의 역사를 가지고 있어요. 우리는 연대기를 가지고 있어요. 나는 확신이 강한 사람은 아니에요. 그렇게 많은 총명하고, 잘 교육 받은 사람들이 있는데, 왜 내가? 하지만 이미 20년이 지난 1986년에도 그들은 기록하지 않았어요."

문화대혁명이 끝났을 때 일부는 자신들이 저지른 살인과 폭력 때문에 감옥에 갇혔다. 하지만 초기 홍위병들은 비엔 선생님의 죽음 같은 사건에 대해 한 번도 재판을 받지 않았다. 아마도 고위층들과의 연줄 때문이었을 것이다. 왕징야오와 다른 목격자들의 도움을 받으며, 왕유친은 사건의 조각들을 모으기 시작했다. 그녀의 타이밍은 좋기도 했고 나쁘기도 했다. 그녀는 문화대혁명 직후 '상흔문학'의 홍수 속에서 연구를 시작했다. 하지만 그녀가 연구를 끝마쳤을 때, 그 실험은 끝나 있었다. 그녀의 책은 홍콩에서만 출판될 수 있었다. 그녀는 공부를 하려고 미국으로 갔다. "나는 글을 쓰기 시작했지만, 내가 그 정도 규모로 무언가를 하게 되리라고는 생각도 못했습니다. 나는 그것을 끝내려 했는데, 아직도 하고 있네요."

그녀는 더 많은 명단을 모으고, 더 많은 살인과 더 많은 자살을 모았다. 2000년에 '중국인 추모관'(Chinese Memorial)이라는 웹사이트를 개설해 죽은 이들의 이름을 기록했다. 중국에서 이 인터넷에 접속하는 이는 매우 적었지만, 며칠마다 또 다른 희생자의 사연이 자세히 적힌 항공우편이 도착했다. 당국은 그녀의 사이트를 차단했지만, 여전히 애도하는 사람들과 증언하려는 이들에게서 이름이 계속 도착했다. 그 명단은 수십 명으로, 그리고 수백 명으로 늘어났다. 공식적 수치로는 붉은 8월에만 베이징에서 1,770명 이상이 숨졌다. 실제 희생자는 훨씬 많을 것이다.

"희생자가 없었다면 문화대혁명은 1968년 프랑스처럼 급진적이고 이상주의적인 젊은이들의 운동으로 그쳤을 겁니다." 그녀는 말했다. 희생자들이 없었다면 마오의 결정은 단지 실수였고, 범죄는 아니었을 것이다.

왕유친은 이제 62살이고 절반은 아줌마이지만, 절반은 면으로 된 드레스를 입고 종이와 분노의 영원한 소동 속에서 살고 있는 십대였다. 그녀는 문장이 끝나기 전에 내 관심을 잃을 거라고 생각하는 것처럼 빠르게 말했다. 그녀는 인쇄되거나 볼펜으로 쓴 작은 주석이 달린 표지로 덮여 있는 구겨진 대형 종이 뭉치를 뒤적이며, 공유할 수 있는 정보와 숫자들을 찾았다. 종종 진심 어린 환대를 표하면서, 그녀는 나에게 커피와 투어를 권했다. 그녀는 그 무렵 어학 선생님으로, 미국 대학의 여름 강좌에서 가르치고 있었다. 그곳은 반짝이는 새 고층 건물의 높은 층에 있었고, 유리문에는 얼룩이 없었고 카펫에도 티 하나 없었다. 우리는 아래쪽의 분주한 도로를 내려다보았는데 희미하고 희부옇게 보였다. 우리는 그녀가 자란 베이징에서 아주 멀리 떨어진 곳에 있었다.

우리는 그녀의 사무실로 돌아가 앉았다. 그녀는 문화대혁명이 아니었다면 엔지니어가 되었을 것이라고 했다. 그녀는 애석한 듯 방정식에 대해 이야기했다. "수학은 너무나 아름답습니다. 너무나 논리적이고, 너무나 합리적이고, 너무나 대단합니다." 하지만 그 모든 일이 일어난 후에, 그녀는 무엇을 배웠어야 했는지 생각했고, 인문학을 선택했다. "여전히 사실이 우선입니다. 어쩌면 우리는 아주 복잡한 이론이 필요하지 않을지도 모릅니다."

그 사실들. 우선 학교의 다른 죽음들이 있었다. 세 명의 교사들이 쫓기다 건물에서 뛰어내렸고, 다른 교사는 힘든 노동을 강요당했다. 그는 쓰러져 다시는 일어나지 못했다. 근처 식당에서 일하던 십대 여종업원은 기둥에 묶여 죽도로 구타를 당했다. 아마도 성적으로 문란하다는 의심 때문이었을 것이다. "그들은 그 소녀를 죽였어요! 겨우 열여덟 살이었어요! 노동계급 가정 출신이었어요! 의료진이 그 소녀의 눈을 확인하고 '그녀가 죽었다'고 말했습니다. 그리고 나서야 그들은 밧줄을 풀었어요."

난징, 상하이, 뤄양 같은 다른 도시들에 있던 사람도 있었다. "이 여성은 초등학교 교장 선생님이었습니다. 정부가 그녀 가족에게 준 것은 모두 합쳐서 420위안(7만 8천원)이었습니다. …이 죽은 남자에게는 여섯 아이가 있었습니다. 그들은 그의 아들에게 시체를 가져가라고 편지를 보냈습니다. 하지만 그날 밤 홍위병들이 두 명을 죽여서, 그는 감히 아버지의 시체를 가지러 갈 수 없었습니다. 이 사람은 정신병이 있었고, 아마도 흐루쇼프가 옳았을 거라고 말했어요. 아마 그는 자신을 통제할 수 없었을 겁니다. 그들은 그를 구치소로 보냈고 2년 뒤에 사형을 선고했습니다….”

그녀는 신문과 서류들을 찾아다녔다. 더 어려운 것은 사람들에게 말을 하도록 설득하는 것이었다. 그녀는 처음에는 이해하지 못했다. 그녀는 특별하지 않았다. 위협도 없다. 몇 명은 괴롭힘을 당할까 두렵다고, 또는 승진하지 못할까 두렵다고 인정했다. 부인을 잃은 한 남편은 자신은 말할 뜻이 없으니 그의 상사에게 전화하라고 말했다. 또 한 명은 왕유친처럼 미국에 살고 있는데도, 누군가가 그들의 전화 통화를 엿들을 거라고 확신하면서 빨리 전화를 끊지 못했다.

“사람들이 그렇게 싫어할 줄은 몰랐습니다. 나는 오래된 공책을 찾았는데, 거기에는 ‘나쁜 일들이 너무 많고, 나는 그것을 바꿀 수 없다. 하지만 적어도 나는 그것을 기록할 수 있다’고 써 있었습니다.” 하지만 이제는 무엇인가를 기록한다는 것이 여전히 큰일이라는 것을 깨달았습니다! 이렇게 오래 지난 뒤에요! 나는 이것을 할 기회가 있었으니 운이 좋습니다. 나는 정말 자유롭습니다. 이것은 내 직업이 아닙니다. 연구비 지원도 받지 않습니다. 나는 언어를 가르치며 생계를 해결합니다. 나는 가족이 없습니다. 돈 문제를 고려할 필요가 없습니다. 내가 할 일은 진실을 따라가는 것뿐입니다. 비엔중원은 살해당했다는 것은 명백한 진실입니다. 그러니 진실을 인정해야 한다는 것은 내 순진한 생각이었어요. 하지만 이제 그들이 당신을 믿지 않는다는 것을 압니다. 사람들은 수용소에 대한 이야기도 믿지 않았어요.”

하지만 시간이 지나면서, 그녀 학교의 다른 학생들이 비엔 선생님에 대해 이야기하기 시작했다. 그들은 선생님의 동상을 세우려고 돈을 모았다. 그들은 동상의 팻말에 무슨 내용을 담을지에 대해 논쟁을 벌였다. 어떤 사람들은 그녀가 문화대혁명의 폭력으로 죽었다고 말하기를 원했다. 다른 사람들은 아무것도 쓸 것이 없다고 주장했다. 결국 절충안으로 그녀의 생몰연대만 '1916년부터 1966년 8월 5일까지'라고 적었다.

"왕징야오는 정말 미친 듯 분노했습니다"라고 유친은 말했다. "적어도 그들은 그녀가 죽은 날짜는 적었습니다."

왕징야오의 슬픔은 개인적인 것이었고, 선택한 것이 아니라 강요된 것이었다. 유친과 그의 이야기에 대해 훌륭한 영화를 만든 독립 다큐멘터리 제작자인 후제가 없었다면, 그 상태가 계속되었을 것이다. 왕은 만나기로 동의했지만, 우리가 만나기로 한 날 갑자기 자신이 너무 바빠서 며칠 뒤에 만나야 한다고, 날짜를 다시 정하기 위해 전화하겠다고 말했다. 그는 전화하지 않았다. 다음에 다시 연락했을 때, 그는 말하기를 원치 않는다고 했다. 그의 두 번째 부인은 집의 인테리어를 하는 중이라고 말했다. 우리의 만남이 불편하다고 했다. "다음에 다시 시도해 봅시다"라고 그녀는 말했다. 나는 다음 기회는 없을 것이라고 생각했지만, 다시 시도해 보았다. 그들은 공손하게 변명했다. 그리고 그의 딸이 전화했다. 왕징야오는 이제 90대이고 건강이 좋지 않다고 했다. 그들은 그가 감정적 소모를 피하는 게 최선이라고 판단했다고 했다. 아니, 그녀는 어머니에 대해 말하기를 원치 않는다고 했다. 수화기를 내려놓기 직전에, 어쨌든 아버지가 점점 나이 들면서 정신 상태도 좋지 않다고 말했다. 그가 인터뷰에서 말한다고 해도 그에 대해 책임질 수 없다고 강조했다.

그들은 그를 보호하려 했다. 하지만 단지 그 때문만일까? 만약 그렇지 않다면 무엇 때문에? 누구 때문에?

*

문화대혁명은 중국 교과서에서 매우 간략하게 다뤄진다. 고통과 죽음에 대한 언급은 없다. 확실히 희생자들, 교사와 예술과, 그리고 노동자와 농민들에 대해서도 언급하지 않는다. 당신이 그것을 배운다면 고통과 고문에 대해 알지 못할 것이다. 부모와 잘 알려지지 않은 역사로부터 좀 더 많은 사실을 알게 되더라도 스스로 목을 맨 학자들, 창문에서 뛰어내린 오래된 당원들에 대해서는 듣지 못할 것이다. 많은 가족의 목숨을 빼앗은 민병대, 산채로 매장되거나 절벽 꼭대기에서 던져진 아이들, 광시(廣西) 농촌의 외딴곳에서 계급의 적을 죽이고 의식을 벌여 죽은 이들의 간을 먹는 등 식인을 저지른 사람들에 대해서는 분명 알지 못할 것이다. 비엔 선생님에 대해서도 아무런 언급이 없다.

하지만 그 시대를 살아남은 사람들에게, 비엔 선생님의 제자 쑹빈빈은 유명하거나 익명이 높다. 학교가 90주년을 맞이했을 때 회고록에 비엔 선생님의 사진도 실렸지만, 바깥의 현수막에는 쑹빈빈의 사진이 담겼다. 그녀는 당이 정권을 잡은 해에 태어났다. 그녀의 아버지는 장군이었다. 그녀는 교사들을 공격하는 첫 대자보를 썼다. 비엔 선생님이 죽던 날 쑹빈빈은 학교에 있었다. 그로부터 2주도 지나지 않아, 마오쩌둥이 8월 중순에 열광적인 100만 명의 홍위병을 불러모았을 때, 마오에게 그녀의 완장을 증정하기 위해 연단에 올라간 학생이 쑹빈빈이었다. 학교의 명성과 그녀 아버지의 인맥 덕분이었다.

마오는 그녀의 이름을 물었다. "문질빈빈(文質彬彬, 형식과 내용이 조화를 이룬다는 뜻. 〈논어〉에 나오는 표현)의 빈빈(彬彬)입니다." 그러자 마오가 그녀에게 말했다. "要武嗎!(야오우마, 싸울 것인가?)"

무력으로 싸우라!

프로파간다 영상이 그 만남을 보여주고 있다, 그것은 이 시대를 상징하는 이미지였다. 조심스럽게 그녀는 붉은 완장을 주석의 팔에 둘러준다. 이 서커스 주모자는 거의 무표정하다. 그가 그녀에게 말할 때 아주 희미한 미소를 짓는다. 너무 가까이서 찍어서인지, 여러 해가 지나면서, 마오는 빛나는 아이콘이 아니라 통통하고 조금 지친 듯 보이는 나이든 남자로 보인다. 6피트 가까운 그의 키에도 불구하고, 헐렁한 옷을 입은 그는 축 처진 듯 보인다.

쑹빈빈도 군복을 입고 있다. 허리띠는 볼품없는 모양새를 가려주는 것이 아니라 오히려 두드러지게 한다. 그녀는 머리를 두 갈래로 따고 있다. 10대 후반이지만 아직 어린아이처럼 보인다. 곧 여성이 된다는 흔적은 전혀 없다. 그녀의 눈은 안경 뒤로 흐릿하게 보이지만, 그녀가 얼마나 흥분했는지 알 수 있다. 그녀가 마오의 손을 꼭 잡고 흔들 때 치아를 모두 드러낸 채 웃고 있다. 그가 그녀에게 말할 때 그녀는 뛰어오른다. 그들이 만나는 모습을 찍은 사진은 전국의 신문 1면에 실렸다. 그 옆에는 글도 실렸는데, "쑹야오우(쑹빈빈은 이날 만남을 계기로 마오의 말에 따라 쑹야오우宋要武라는 이름을 썼다)"라는 이름으로, "나는 마오 주석에게 붉은 완장을 채워드렸다." 그 자랑 아래에는 위대한 프롤레타리아 문화대혁명을 끝까지 계속하겠다는 맹세와 나란히 "폭력은 진리다"라는 말이 실려 있었다.

감탄하는 편지들이 쏟아졌다. 전국의 학교들은 야오우학교로 이름을 바꿨다. 과거에 교사들의 말에 순종했던 학생들은 마오의 지시에 따랐다. 구타 그리고 죽음은 흔한 일이 되었다. 그들의 처형은 점점 기괴해졌다. 학생들은 끓는 물을 교사들에게 부었고, 배설물을 삼키게 하거나 불 위를 기어다니고 서로 구타하도록 강요했다. 운동은 학교를 벗어나 거리로 확산되었다.

"이것은 베이징의 역사에서 3천 년 동안 한 번도 없었던 일이었습니다!" 유친은 말했다. "물론 사람들이 이곳에서 살해된 적은 있습니다. 하지만 군인이나 군대나 범죄자들에 의해서였죠! 십대들과 학생들이 그런 일을 저지른 적은 결코 없었습니다! 나는 마오 주석이 왜 학교에서 문화대혁명을 시작했는지 이해합니다. '당신들이 선생님들을 죽이고, 학교를 파괴한다, 당신들은 훨씬 더 많은 것을 파괴할 수 있다. 전통, 사상, 가치들. 학교를 파괴하라 그리고 문명을 파괴하라.'"

학자들과 지주의 가족들은 폭도들에게 두들겨 맞거나 돌팔매를 당했다. 폭력은 온 땅에 파문을 일으켰다. 며칠 뒤에는, 수천 마일 떨어진 라싸의 사원에서 나온 보물들이 불탔다. 그러는 동안, 쑹빈빈 아버지의 친구인 공안부장(장관)은 공안들이 홍위병을 비난하지 않도록 했다. "그들이 나쁜 이들을 구타하는 것이 잘못이라고 하지 말아라. 그들이 분노로 누군가를 때려죽인다면 그대로 나둬라." 9월 초에 지방 관리들은, 계급의 적들이 봉기할 계획이라는 가짜 주장에 근거해, 베이징 바로 외곽의 다싱구에서 모든 "악질분자"를 박멸하도록 명령했다. 당의 활동가들과 지방 민병대는 325명의 어른과 아이들을 흉기로 찌르고 몽둥이로 구타하고 목을 졸랐다. 가장 어린 희생자는 생후 한 달 된 아기였다. 복수할 누구도 남겨두지 않았다.

그 집회가 있기 전에 베이징에서 두 명이 숨졌다. 그 뒤 며칠 동안 수백 명이 숨졌다.

"마오가 완장을 차고 있던 것은 그 역시 홍위병의 일원이었다는 의미였습니다" 그 시대를 연구하는 역사가인 우디(吳迪)는 말했다. "신문에서는 마오쩌둥을 홍위병의 붉은 사령관이라고 불렀고, 그것은 홍위병이 저지르는 모든 일은 훌륭하고 당과 정부의 지지를 받는다는 뜻이었죠 그런 의미에서 그 완장의 중요성은 아무리 강조해도 지나치지 않습니다."

그 천 조각에서 사구타파(四舊打破: 낡은 사상·문화·풍속·관습의 파괴)

와 수도를 휩쓸고 또 중국 전역을 뒤덮은 살인에 대한 윤곽을 그릴 수 있었다. 유친이 말한 것처럼 한 학교의 이야기는 문화대혁명의 잘못에 대한 모든 것을 반영하고 있었다. 쑹빈빈이라는 이름이 홍위병과 폭력의 대명사가 되었다. 비엔중윈의 죽음에 대한 자세한 이야기가 퍼져나가자, 자연히 쑹빈빈에 대한 수군거림이 커졌다. 그녀가 선생님을 구타했다는 증거는 없었다. 하지만 많은 이들은 그녀가 비엔과 다른 사람들을 죽였다고 잘못 믿거나 추측했다. 톈안먼 광장에서 그녀가 과시한 승리의 순간은 폭력을 부추기는 것이자, 폭력에 대한 보상으로 보였다.

수십 년 동안 쑹빈빈은 거의 침묵을 지켰다. 그런데 왕징야오가 우리 인터뷰 약속을 취소한 지 얼마 뒤, 한 뉴스가 인터넷에서 퍼지기 시작했다. 그녀가 사과했다.

*

쑹빈빈은 왕유친처럼 미국으로 유학을 떠나 그곳에 정착했고, 중국계 미국인과 결혼했다. 그녀는 은퇴하고 남편이 죽은 뒤 베이징으로 돌아왔지만 눈에 띄지 않게 지냈다. 사람들은 그녀에게 과거에 대해 논하지 말라고 충고했다. 홍위병들 가운데 과거에 대해 이야기하는 이는 거의 없었다. 그러나 세월이 흐르면서 교사들을 박해하고 심지어 경쟁파벌의 사람들을 죽였다고 자백하는 사람들이 나타났다. 그들의 사과는 약간의 동정신을 불러일으켰고, 베이징에서 역사가 우디는 이러한 현상에 대해 큰 관심을 가지게 되었다. 그는 유친과 동갑이었고, 그 세대의 많은 이들처럼, 당이 홍위병들을 도시에서 추방한 1968년에 시골로 하방되었다. 얼마 뒤 그는 네이멍구에 도착했고 그곳에서 체포되어 감옥에 갇혀, 그 시대의 최악의 잔혹 행위를 가까이에서 목격했다. 2만 2천 명이 비밀리에 네이멍구 인민당을 결성하려 했다는 이유로 살해되었는데, 나중에 관리들은 그 당이 실제로는 존재하지 않았다고 인정했다. 우디는 같이 감옥에 갇혀 있던 이들에게 언젠가 그들의 이야기를 쓰겠다고 약속했다. 석방된 뒤 그는 그 약속을 지켰지만, 유친의 작품처럼 너무 민감해서 중국 본토에서는 출판되지 못했다. 시간이 흐른 뒤 그는 자신의 디지털 잡지 〈기억〉(記憶)을 창간했다. 각 호는 200명도 안 되는 사람들에게 이메일로 보내졌는데, 그것은 어떤 모호한 규칙 아래, 관리들이 그것을 검열이 필요한 출판물이 아닌 개인적 메시지로 분류했다는 의미였다. 그는 이메일을 받은 사람들이 다른 이들에게 전달하는 것은 막을 수 없었다. 그는 그 범위를 넓히려 하지 않았다.

그는 〈기억〉의 몇 호를 비엔 선생님의 죽음에 할애했고 쑹빈빈이 사과하라고 촉구했다. 그때까지 그녀가 한 것은 자신은 주저했다는 말뿐이었기에 그녀에 대한 의심을 더욱 증폭시켰다. 2002년에 그녀는 비엔의 죽음에 자신이 주도적 역할을 했다고 주장한 책(이 책의 일부는 유친의 작업에서 인용했다)을 고소하겠다고 위협해 사과를 받았다. 얼마 뒤 그녀는 다큐멘터리인 〈아침의 태양〉에 실루엣으로 등장해 자신은 항상 폭력을 피했다고 주장했다. 그 다큐멘터리에서 그녀의 한 동급생이 교사의 죽음에 대해 얘기했지만, 쑹빈빈은 비엔의 죽음에 대한 질문은 받지 않았다. 몇 년 뒤에 그녀는 학교 90주년 축하 행사에 참석했는데, 그곳에서 그녀와 마오쩌둥의 만남은 찬사를 받았다. 2012년, 우디는 그녀에게 비엔 선생님이 죽은 날 무슨 일이 있었는지 쓰라고 설득했다. 이제 그는 그녀에게 살아남은 교사들에게 사과하도록 압박했다. 한 여성의 평판보다 훨씬 많은 것들이 걸린 일이다. 한때 쑹빈빈의 이미지는 대재난에 불을 붙였지만, 이제는 타오르는 분노의 불을 끄고 더 많은 이들이 숙고하게 했다. 언젠가는, 멀고 먼 훗날이겠지만, 화해로 나아가게 할지도 모른다.

바로 그 생각이 다른 학교들에서도 비슷한 행사를 계획하도록 영감을 줄 만큼 강력했다. 2014년 1월, 음력 설(춘제)이 다가왔다. 집을 청소해 복이 들어올 공간을 만들고, 빚을 청산하고 아직 마무리하지 못한 일들을 해결하는 시기였다. 20명의 살아남은 교사들이 참석했다. 유명한 시인의 딸이 시를 읽었다. 쑹빈빈과 그녀의 동급생들이 교사들과 함께 학교에 세워진 비엔의 흉상에 머리를 숙였다. 비엔 선생님은 이제 그들보다 젊었고, 영원한 50대였다. 쑹은 흰머리의 60대가 되었다. 그녀가 성명문을 읽을 때 그녀의 안경 뒤에서 눈물이 반짝였다. 학교의 지도자들을 보호하지 못해 인생 내내 고통과 회한이 컸다고 그녀는 말했다. 한 국가가 어떻게 미래를 마주할지는 대부분 어떻게 과거를 직면하는지에 따라 결정된다. 그녀는 문화대혁명에서 잘못을 저지른 사람들이 "스스로와 직면하고, 문화대혁명에 대해 반성하고, 용서를 구하고 화해를 이루기를 희망하며…, 그 반성은 나 자신에서 시작되어야 한다"고 말했다.

*

나는 쑹빈빈과 그 친구들이 나와 대화하려 하지 않을 것임을 알았다. 그들은 직설적으로 거절했다. 그래도 편지를 보냈다. 편안한 일은 아니었다. 그들은 다시 숙고했다. 그들은 질문지를 보내라고 요구했다. 며칠 뒤 전화가 울렸다, 내가 2시간 안에 올 수 있다면 나와 이야기를 하겠다고 했다. 5분도 안 되어서 나는 택시를 타고, 얼어붙은 도시를 가로질러 서쪽으로 향했다. 여름이면 마오주의 산업화와 탐욕스러운 자본주의 발전의 질주에도 불구하고, 도시는 예상치 못한 생명력을 보여주었다. 황혼이 지면 박쥐들이 내가 사는 고층 아파트 창문 밖으로 푸드덕거리며 날아갔다. 에메랄드색 잠자리들이 호수 위를 맴돌고, 푸른 날개의 까치들이 잔디밭 위로 휙 내려왔다. 때로는 후퉁(베이징의 전통 골목)에 사는 족제비들이 골목을 헤집고 다니는 것도 볼 수 있었다. 하지만 겨울은 베이징에서 색을 훔쳐갔다. 나뭇가지들, 희미해진 새 울음소리, 창백한 하늘, 거리들마저 각박해졌다. 우리 차가 빠르게 지나가는 동안, 벌거벗은 나무들의 잔가지들을 보며 놀랐다. 어떻게 이런 황량한 곳에 살 수 있을까?

택시는 나를 베이징사범대학 정문에 내려주었는데, 이곳은 그 사건이 일어난 장소와 매우 가까웠다. 그들은 그곳에 방을 예약했고 우리는 나무로 만들었지만 플라스틱 같은 광택이 나는 긴 회의용 탁자를 사이에 두고 마주 앉았다. 형광등과 석고보드로 된 벽이 있는, 어디서나 볼 수 있는 흔한 방이었다. 창백한 태양이 힘겹게 창문으로 들어왔다. 모임은 초현실적일 정도로 공식 행사처럼 느껴졌다. 그 길고, 뜨거운 핏빛 여름을 보낸 소녀들은 이제 나이든 숙녀들이었다. 피아노 교사는 깔끔하고 정확했으며, 친절하면서 조심스러운 태도를 보였다. 이 여성이 어린 시절부터 쑹빈빈의 가까운 친구였던 류진이다. 펑징란, 리훙윈과 뤄즈도 왔다. 쑹빈빈은 없었다.

"우리는 이것에 대해 오랫동안 이야기해왔지만, 과거에는 우리가 공개적으로 말할 수 있는 환경이 아니었어요. 우리는 긴 추억을 간직했습니다." 류진이 이야기를 시작했다.

그들 중 또 다른 한 명이 말했다. "이번 사과문에는 쑹빈빈이 포함되어 있었기 때문에 많은 관심을 끌었습니다. 그녀는 문화대혁명의 상징으로 여겨집니다."

그것이 그녀에게 부담이었을까요?

"네, 아주 많이."

그들은 그 사과에 교직원들이 깊은 감동을 받았다고 단언했다. 교사들은 학생들을 어린이로 여기면서, 심지어 "매우 극단적인" 행동에 대해서도 학생들을 비난한 적이 없었다. 그들은 앞에 놓인 두꺼운 보고서를 이따금 언급하면서, 그 문제를 체계적으로 이야기했다. 8년 동안의 연구와 100명 넘는 인터뷰를 통해 그들은 흩어진 기억들을 모았다, "물론, 때로는 기억이 절대적으로 정확한 것은 아니었고" 피와 죽음을 종이 위의 잉크로 바꿔놓았다. 그것은 일종의 마법이었다. 혼란을 억제하는 방법이었다. 거꾸로 뒤집힌 세상을 바로잡는 방법이었다. 그것은 결국 내가 하려는 일이기도 했다. 진실이 될 수도 없고, 진실이 되어서도 안 되는 이야기 속에서 일관성을 찾는 일이었다.

그해 여름을 이야기할 때 외국인들은 때때로 〈파리 대왕〉을 언급한다. 이 폭력과 증오의 카니발은 너무나 날것 그대로였고, 너무나 잔혹했고 현실이라고 하기엔 너무나 잘못되어 있었다. 소녀들은 무자비하게 돼지들을 쫓아다니며 괴롭혔다. 하지만 그해 여름은 소설보다도 더 나빴다. 비행기 추락도, 무인도도 필요하지 않았다. 이것은 학자들, 연장자들, 권위에 대한 존경 위에서 세워진 문명의 한가운데서 일어났다. 그리고 어른들의 선동으로 벌어졌다. 비엔중원 선생님을 죽인 십대들은 야생적이었던 것이 아니라 훈련되었다. 당은 인민의 적을 두렵게 만들기 위해 이 세대를 길러냈다. 1966년에는 위협이 잠식해오고 있다는 감각이 더욱 강해졌다.

"우리는 우리 붉은 국가의 색깔이 바뀔 상황에 있다고 느꼈어요. 우리는 나라가 위협을 받고 있다고 느꼈습니다." 류진이 말했다. 그래서 그녀와 쑹빈빈 그리고 다른 학급 친구가 첫 번째 대자보를 붙였다. 그 대자보는 학생들이 행동에 나서고 운동에 참여하도록 촉구하면서, 학생들에게 학습에 집중하라고 권하는 교사들을 공격하는 내용이었다. 역설적이게도, 쑹빈빈의 출신 배경을 생각해보면 왜 그렇게 많은 학생이 지도자들의 자녀들이었고, 노동자나 농민 가정 출신들은 거의 없었는지에 대한 질문을 던지게 된다.

"그 대자보는 실제로는 누가 표적인지에 대해서는 언급하지 않았습니다." 류는 말했다. 그러나 그 대자보가 학교의 대혼란에 불을 붙였다는 것은 인정했다. 정부는 학교에 공작조를 파견했는데, 비엔 선생님처럼 "반당, 반사회주의" 인물을 비난하기 위해서이자, 한편으로는 분위기를 진정시키려는 목적도 있었다. 마오는 "인민을 믿으라"며 "학생들이 스스로를 해방시키도록 허용하라"고 말했다. 마오는 공작조들을 철수시키고, 대학과 학교들을 혼란 속에 남겨두었다.

"장칭도 인민들을 격려했어요." 류진은 말했다.

마오의 아내는 7월 하순에 폭풍 속으로 개입해 들어왔고, 홍위병들에게 말했다. "나쁜 사람이 좋은 사람을 때리면, 좋은 사람이 영광을 얻는다. 좋은 사람이 좋은 사람을 때리면, 그것은 오해다. 구타가 없으면 알게 될 수 없다. 그리고 나서는 더 이상 그들을 구타할 필요가 없다."

친구들 가운데 다른 한 명이 이야기를 이어나갔다. "비엔 선생님은 오래 고문을 당했어요. 대다수 학생은 혼란스러웠고, 8월 5

일 사건에서 무슨 일이 일어났는지 또는 그들이 무슨 일을 했는지 제대로 몰랐습니다. 사람들은 비엔 선생님이 심장마비나 고혈압으로 죽었다고 말했어요. 우리는 사실을 밝혀내고 명확히 하기를 원했어요."

쑹빈빈과 류진은 누군가 교실로 달려와 더 나이 어린 소녀들이 교사들을 구타하고 있다고 말했을 때 무슨 일이 벌어졌는지를 알게 되었다고 말한 적이 있다. 그들은 군중을 해산시켰고 그들에게 사람들을 구타하지 말라고 말했지만, 얼마 뒤 폭력이 다시 시작되었다는 말을 듣고 운동장으로 다시 달려갔다고 했다. 쑹빈빈은 소녀들에게 멈추라고 다시 말하고 실내로 되돌아갔다. 쑹빈빈과 류진은 선생님이 밖에 쓰러져 거의 죽어가고 있다고 들었을 때, 그녀를 급히 병원으로 데려가는 것을 도왔다고 했다. 쑹은 겁이 나서 더 단호하게 개입하지는 못했다고 말했다. 그녀는 사람들이 떠나면 괜찮아질 거라고 생각했다. 그녀는 "실수를 저지른 이들을 따라 했기 때문에" 비엔의 죽음에 책임이 있었다.

"쑹빈빈과 나는 학생들을 멈추려고 내려갔지만, 더 열심히 상황을 통제하지 않았던 것에 깊은 후회를 느낍니다." 류진은 그때 나에게 말했다.

그녀의 친구가 끼어들었다. "나는 쑹빈빈과 류진이 상황을 통제하거나 누구를 막을 능력이 없었다고 생각해요. 그 혁명의 힘은 너무나 강했어요."

그녀가 우리 중 누구를 향해 그 말을 했는지는 분명하지 않았다.

그날 밤, 소녀들은 쑹빈빈의 아버지와 친한 고위 지도자에게 선생님의 죽음을 알렸다. 류진은 그가 침묵에 잠겼다가 천천히 "이런 큰 운동에서는 무슨 일이든 일어날 수 있다. 이런 문제가 나타나는 것은 피할 수 없다. 그녀는 이미 죽었다. 그것은 과거다…, 걱정하거나 무서워하지 마라. 학교로 돌아가라. 비밀을 지켜 이 일의 여파가 확산되지 않게 하라"고 대답했다고 회상했다.

다음날 아침, 류진은 스피커를 책임지고 있었기 때문에, 왕유친이 충격을 받았다고 회상했던 그 발표를 했다. 그는 지시를 충실하게 따랐다. 비엔의 죽음은 이미 과거라는 내용이었다. "나는 내가 왜 그날 그 방에 머물러 있었는지에 대해 많이 생각했어요. 나는 두 번 아래로 내려갔지만, 왜 그녀를 구하러 다시 내려가지 않았을까요?" 그녀는 이제 나에게 말했다. 그녀의 내면 어딘가에는 또 다른 세계가 있었다, 그녀가 세 번째로 아래로 내려갔던 세계, 실제로 다르게 행동했던 세계, 비엔 선생님이 죽지 않은 세계.

"나는 정말로 이 역사를 기록하고 싶어요. 비록 그날의 기록이 출판되지는 못하더라도." 그녀는 덧붙였다. "나는 여전히 그것을 기록하고 싶어요. 미래에 사람들이 사실을 알도록요."

이미 사실은 넘치도록 많았다. 보고서들은 사실로 가득 차 있었다. 그 모든 것이 언제 일어났는가? 구타들이 홍위병 그룹에 의해 벌어졌는가, 아니면 다른 학생들에 의해 벌어졌는가? 그런데 보고서들은 가장 뻔한 질문에 답하지 않는다.

누군가 고개를 끄덕였다. "많은 사람이 알고 싶어 했어요. 누가 살인자였나? 우선 나는 말하고 싶어요. 그것은 살인이 아니었다고요." 그들 중 한 명이 말했다.

나는 하고 싶은 말을 참았다. 그녀가 계속 말하기를 기다렸다.

"이것은 문화대혁명의 환경 속에서 일어난 군중 사건이었어요. 그 과정에서 몇몇 사람들이 그녀를 밀치고 발로 차고 막대기로 때렸어요. 그리고 그들은 그녀에게 한곳에서 다른 한곳으로 반복해서 흙을 나르도록 노동을 강요했어요. 그녀는 건강이 좋지 않았어요."

"그건 고문이었어." 다른 사람이 끼어들었다. 아마 내가 참고 있던 말이 표정에 드러나 있었을 것이다.

"가장 뜨거운 날이었고, 그녀는 두들겨 맞고 고문당했지." 첫 번째로 말했던 사람이 동의했다. "그리고 그녀는 아래층으로 쓰러졌어, 힘이 없었으니까, 그리고 기절했지. 아무도 감히 그녀를 병원에 보내는 결정을 내리지 못했어. 누가 그녀를 때렸지? 누가 발로 찼지? 그녀를 구하는 것을 누가 미뤘고? 이 모든 디테일이 그녀가 죽을 위험을 만들어냈어요. 누가 그녀를 죽게 만든 치명적 타격을 가했는지는 확인할 수 없어요. 하지만 우리는 그 모든 과정이 인간의 악의로 가득 차 있었다는 것은 압니다. 모든 고문은 비난받아야 합니다. 지금까지 누구도 나설 만한 용기가 없었어요. 우리는 사람들이 각자 스스로 구할 수 있기를 바랍니다."

그들은 만족감은 주지만 부적절한 비난에 빠져들지 않으려 했다. 살인자들은 어린아이였고, 아무도 그 길을 가도록 이끌지 않앉으며, 어른들이 이 모든 것을 유도했다. 그것은 사실이었다. 하지만 8년 동안 조사를 하면서 이름도 밝혀내지 않았다면, 남는 것은 무엇일까? 그녀는 "죽도록 맞았다" 또는 "그녀는 맞았고, 그리고 죽었다". 건강이 좋지 않았던 중년 여성이, 어느 날 오후 죽었다. 10대 소녀가 못 박힌 몽둥이로 그녀를 쓰러뜨린 것에 대해서는 생각할 필요가 없었다.

"우리 목적은 역사를 직시하고, 망각을 거부하고, 사실을 회복하는 것입니다. 새로운 문제나 갈등을 만들려는 것이 아니고, 관용과 타협을 하려는 거예요."

그렇다면 비엔 선생님의 가족들은?

"지금 우리는 쑹빈빈의 명예를 회복하고 그녀에 대한 모든 중상모략을 없애려고 노력하고 있어요. 그녀가 7~8명을 죽였고, 사람을 때리는 경쟁에 관여했고, 비엔 선생님의 죽음에 연루되었다는 중상모략이 있어요." 또 다른 사람이 대답했다. "하지만 그 이상으로, 우리는 문화대혁명의 역사에 대해 사람들이 더 잘 반성하게 하려는 목적도 있어요. 사람들이 서로 화해하고 용서할 수 있으려면, 진상과 사실을 복원하는 기초가 있어야 하니까요. 그 안에는 쑹빈빈의 명예를 회복하는 것도 포함돼요. 시간이 많이 흘렀고, 교사와 학생들은 쑹빈빈이 어떤 사람인지 아니까 그녀의 명예를 씻어주려고 노력하고 있어요. 그런데 왜 그런 소문이 많은지 우리는 이해할 수 없어요. 그녀의 친구들은 그녀를 돕길 원해요. 하지만 그것은 우리가 하려는 일 가운데 하나일 뿐입니다. 우리는 역사와 사실을 복원하고 거짓이 계속되지 않기를 원합니다. 우리의 목표는 온 나라가 문화대혁명을 반성하는 것입니다. 우리로서는, 8월 5일 사건을 경험한 사람들로서 우리가 스스로 그것을 하기를 희망합니다. 우리는 일어서서 진실을 말할 책임이 있어요."

그 말이 다시 나왔다, '8월 5일 사건'. 그 단어는 그들이 비엔 선생님의 가족에 대해 말하기를 꺼리는 것만큼이나 귀에 거슬렸다(비엔 선생님의 남편은 이전에 류진이 했던 사과를 거부했다). '사건'은 중국에서 심각하고 심지어 비극적인 일들에 대해 자주 사용되는 용어다. 아마도 그들에게 그것은 그녀의 죽음을 진정으로 평가하고, 개인적 비극이 아니라 역사적 중요성을 가진 문제, 국가를 형성한 사건으로 보는 엄숙한 용어였을 것이다. 그러나 '사건'은 또한 거리를 두고, 흐릿하게 만들고 회피하는 용어다. 그것은 무언가 중요한 일이 일어났음을 말해주지만, 그것이 무엇이고, 어떻게, 왜 일어났는지는 말해주지 않는다.

나는 왕유친이 쉬지 않고 희생자들을 찾고 있는 것에 대해 생각했다. "우리가 그들의 죽음을 존중하지 않는다면, 그들의 삶도 존중하지 않는 겁니다." 그녀는 나에게 이렇게 말한 적이 있다. "문제는 사람들이 거짓말을 하는 게 아니라 사람들이 전체적인 진실을 말하지 않는 것입니다. 그들은 진실의 일부만 말합니다."

하지만 "전체적인 진실"은 종종 관점에 달려있다. 쑹빈빈의 예를 들어보자. 물론 사람들은 말한다. 그녀가 비엔 선생님을 구타한 것은 아니라고. 하지만 그녀는 처음부터 나쁜 감정을 의도적으로 자극했고, 마지막까지 공격을 막지도, 선생님을 돕지도 않았다. 다른 사람들은 그녀가 나서서 회한을 표하는 데 왜 그렇게 오래 걸렸는지 묻는다. 하지만 무엇을 했는지, 무엇을 하지 않았는지는 중요하지 않을지도 모른다. 그녀의 첫 번째 글에 나타난 불만이 나를 불안하게 했다. 〈기억〉에 실린 에세이는 고백이라기보다는 형량을 낮추려는 사법거래(플리바게닝)처럼 읽힌다. 그것은 오랫동안 그녀가 느낀 압박에 대해서는 그토록 길게 얘기하면서도, 비엔 선생님에 대해서는 거의 말하지 않았다. 그녀는 어떻게 그 완장을 채워주게 되었는지, 자신이 바라지 않았는데도 왜 유명해졌는지를 설명하고, 폭력을 칭송한 옛 글은 자신이 쓴 것이 전혀 아니라고 했다. 각각에 대해 책임감을 밝혔지만, 그것은 그녀를 그 일들과 더욱 거리를 두게 만들었다.

서로 연결된 대답에는 일관성과 리듬이 있었고, 내가 필요로 할 디테일이 곳곳에 있었으며, 위샹젠이 붉은 8월을 회상할 때 자신의 잘못을 알고 있었던 세심함과는 상당히 다른 조심스러움이 있었다. 아마도 때로는 기억하는 것은 또한 기억하지 않는 것에 대한 것이기도 하다. 그들은 당국이 환영하지 않지만 많은 이들이 알고 있는 이야기, 말을 하는 데 용기가 필요하며, 다른 이야기로 대체하기 어려운 이야기를 하고 있었다. 모든 기억은 창조되는 것이지 복구되는 것이 아니며, 우리는 의도적이든 우연이든 부분적으로만 기억한다. 특히 트라우마는 우리가 기억하는 것을 산산이 부수고 왜곡하며 뒤섞어버린다. 쑹빈빈은 기억을 회복하기 위해 조사가 필요했고, 학급 친구들이 일어난 일들뿐 아니라 그녀의 마음 상태를 기억하는 데도 도움을 주었다고 썼다. 우리는 우리 자신이 가장 양심적이라고 믿을 때조차도 스스로를 속일 수 있다. 연구에 따르면, 우리가 기억할 때마다 우리는 점점 더 우리 자신을 이야기의 중심에 놓고, 무의식적으로 사건을 재구성한다. 문화대혁명은 아마도 반대 효과를 가진 것으로 보인다. 사람들은 그림의 가장자리로 움직였다. 회고록에서는 누군가 다른 사람들이 선동자였다. 작가는 최대한 적게 말하고 적게 행동한 것이 된다. 그들은 아예 거기에 전혀 없기도 했다.

이 여성들은 자신들도 문화대혁명에서 고통을 받았다고 했다. 마오가 당 내부로 공격 목표를 바꿨을 때, 쑹빈빈의 아버지도 마오의 신임을 잃고 노동수용소에 유배되었다. 쑹빈빈과 어머니도 구금되었다. 오빠는 야만적으로 구타당했다. 억압하는 자와 억압받는 자 사이에는 뚜렷한 경계가 없었다. 마오만이 진정으로 안전했다. 하지만 고통에도 정도의 차이가 있었고, 유사성을 강조하는 것은 그것이 드러내는 것만큼 무언가를 은폐했다. 쑹빈빈은 살아남았지만, 그녀의 선생님은 그렇지 않았다. 그리고 그녀가 성장하자, 인맥은 그녀에게 도움이 되었다. 그녀의 아버지는 최고지도부로 복귀했다. 그리고 시진핑의 아버지처럼 당의 8대 원로가 되었다. 살아남은 당의 창건자들인 이들은 당을 80년대와 90년대로 나아가게 했다.

그녀의 친구들은 나에게 사과가 용서보다 더 중요하다고 말했다. 스스로를 드러내고 거절당할 위험을 감수하는 것은 용기가 필요하다는 것이다. 하지만 사과하는 것은 타인의 관대함을 요청하는 것이고, 그들은 당연히 그 빚을 어깨에 지고 있는 것에 지친 것으로 보였다. 그들은 진실과 화해를 이야기했지만, 정의에 대해서는 한 번도 말하지 않았다. 그들의 모든 발언은 종결을 향한 것이었고, 책임을 지려는 것이 아니었다.

*

"어떻게 그들은 여전히 사람들의 기억을 통제할 수 있을 정도로 강력할까요?" 왕유친은 쌀과 야채가 담긴 스티로폼 상자를 젓가락으로 찔렀다. 일요일이었고, 나는 이야기를 하자며 그녀를 식당에 초대했다. 그녀는 자신의 사무실에서 식사하면 시간을 절약할 수 있다고 말했다.

"그것은 문화대혁명의 라쇼몽입니다. 모두가 그저 자신을 위해서만 무언가를 말하고 있어요. 몇 년 전에는 그들은 아무것도 말하려 하지 않았습니다. 이제 그들은 공세적으로 변해서 나를 비난합니다. 사과는 좋은 것입니다. 우리는 뭐가 잘못되었는지 알아야 합니다. 하지만 쑹빈빈이 시작했을 때, 나는 그녀의 사과가 진지하지 않다고 느꼈어요. 그녀는 정말로 그 분위기를 망쳤어요. 48년이 지났는데도 우리는 왜 여전히 논쟁하고 있을까요?"

쑹빈빈의 사과는 너무 늦었고, 너무 적었으며, 너무 작위적이었고, 너무 피상적이어서 비판자들을 분노하게 했다. 그것은 당 엘리트의 자녀들에게 면죄부를 주려는 시도였다. 온라인에서 유행한 만평은 홍위병 유니폼을 입고 눈물을 흘리는 악어를 묘사했다. 잡지 〈기억〉도 쑹의 편을 들었다는 비난과 함께 맹렬한 공격을 받았다. 사과를 계획했던 다른 학교들은 황급히 취소했다. 역사학자 우디의 말처럼, 누가 감히 그 뒤를 이어 사과하려고 할까?

그는 이렇게 주장했다. "그 주제가 여전히 금기라는 점을 고려하면, 어떤 사과도 좋은 시작입니다. 그것이 그 주제를 지나치려는 시도라고 해도요. 그것이 철저하든, 얕든, 심지어는 갈피를 못 잡는 것이든, 그들이 문화대혁명, 홍위병의 구타와 그들의 후회에 대해 언급한다면, 충분히 좋은 일입니다." 그 8월에 베이징에서 수백 명을 살해한 사람 중 단 한 명도 자백하지 않았다. 그들은 우디와 같은 또래였다. 그들은 여전히 살아있을 것이다. 아무도 그에 대한 책임을 지거나 처벌받지 않았다. 하지만 비난의 홍수는 용기를 내고 나서서 미안하다고 말한 사람을 향했다. 쑹빈빈은 가장 쉬운 표적이었다. 가해자들은 그녀가 비난을 받고, 도덕적, 심리적 압박을 지도록 할 필요가 있었다. 지식인들은 상징이 필요하다. 너무 많은 잔혹 행위들이 저질러졌고 누군가는 비난을 받아야 한다.

쑹빈빈 자신은 16살 이후에는 아무런 관련이 없었음을 나는 깨달았다. 그녀는 한 여성이 아니라 추상적 존재였고, 모두가 문화대혁명에 대해 알고 있다고 생각하는 것을 상징했다. 그녀가 덧없이 보였고, 그림자가 되기를 선호한 것은 적절하게 느껴졌다. 젊은 시절에도, 그녀 주변에서 여전히 혼란이 벌어졌고, "쑹야오우(쑹빈빈)이 살인, 방화, 강간과 악행만을 저질렀다는 이야기가 있었다"고 그녀는 글에서 썼다. 모든 거짓말과 소문에도 불구하고, 그녀는 무슨 일이 벌어지지 않았는지를 명확히 하지 않고는 무슨 일이 일어났는지에 대해 말할 수 없었다. 하지만 그것을 명확히 하는 것은 그녀가 변명하려 하고, 자신이 하지 않은 일에 초점을 맞추고, 자신이 한 일은 회피하려 한다는 암시가 된다. 늦고 부적절했지만 그녀가 비엔 선생님을 병원에 데려간 것도 도우려 했던 행위가 아니라 유죄의 증거로 해석되었다. "내가 무슨 말을 해도 오해를 받았습니다"라고 그녀는 썼다.

그녀가 좀 더 설득력 있는 사과를 했다면, 그녀의 두려움을 더 분명하게 인정했을 것이고 자기가 그곳에 없었더라도 구타가 계속되었을지 그녀가 궁금해하고 있다는 것도 드러냈을 것이다. 그것은 십대에게 맡겨진 권력에 대한 무분별한 감각, 완전히 사라진 제약, 마오쩌둥과 만나고 세상의 중심에 서게 되었다는 흥분도 털어놓았을 것이다. 하지만 그런 얘기는 심하게 무감각하고, 그녀가 여전히 우월감에 도취되어 있다는 것을 암시하는 것으로 받아들여질 것이다. 누군가는 그녀가 어떻게 그런 잔인한 운동의 일부에서 즐거움을 얻을 수 있는지 질문할 수밖에 없을 것이다. 사람들을 만족시키기 위해 그녀가 말할 수 있는 것은 아무것도 없었고 방법도 없었다. 그녀 자신이 무슨 일을 저질렀든, 그녀가 무엇을 말해도 필요한 말은 아닐 것이다, 어떤 말도, 어떤 죄책감도, 어떤 후회도 벌어진 일의 공포에는 미치지 못하기 때문이다.

"문화대혁명에서는 서로 다른 파벌들이 싸웠습니다. 그들 모두 마오를 위해 싸운다고 주장했지만요." 우디는 말했다. "그들은 모두 진리를 위해 싸우고 있다고 생각했지만, 단지 개인의 이익을 위해 싸웠을 뿐이죠. 이 논쟁에서 많은 지식인은 비슷한 사고방식으로 향하고 있어요. 내가 반대파를 이길 수만 있다면 몇몇 사실을 조작하는 것은 개의치 않는다. 사람들이 문화대혁명을 비난하게 만들 수 있다면 몇몇 진실을 왜곡하는 것도 상관없다. 어떤 사람들은 자유, 민주주의, 자유주의를 옹호하는 것처럼 보이지만, 그들은 여전히 문화대혁명의 영향에서 벗어나지 못했습니다."

왕유친은 투쟁 집회가 시작되는 것을 보았다. 하지만 그녀는 가해자들을 밝혀내지 않았다고, 우디는 말했다(왕유친 자신도 이 점을 언급한 적이 있는데, 그녀는 피해자가 중요하다고 말했다). 그는 그녀의 작업이 허술하다고 생각했다. "그리고 그녀는 수정을 잘 하지 않았어요." 그는 엄격한 연구보다 감정과 주관적 경험이 앞서고 있다고 우려했다. 하지만 경험은 사실과 통계가 말할 수 없는 것을 말해준다. 유친은 자신이 선생님들을 비난하지 않았고 폭력을 미화하지 않았기 때문에, 사람들에겐 선택권이 있다는 것을 알았다. 그녀는 아무도 그것에 대해 말하려 하지 않을 때 그 주제를 연구하는 데 오랜 세월을 보냈다. 그녀는 트라우마를 남긴 사건들의 역사에 자신을 깊이 넣었고, 비난과 약간의 위험도 감수했다. 그녀는 왜 뒤늦게 나타나서 그렇게 마지못한 칭찬을 받는지 이해하지 못했다.

하지만 그녀의 정의는 연민, 또는 심지어 이해의 여지도 남기지 않았다. 내가 보기엔 둘 다 부분적으로 맞는 것 같았고, 내가 논쟁의 정신에 충실하다면 둘 다 틀렸다. 이제 유친이 내가 어떤 역사가들을 만났는지, 그들이 나에게 무슨 이야기를 했는지, 그들이 자기들이 다닌 학교에서 벌어진 폭력에 대해 이야기했는지 질문했던 것을 기억한다. 내가 완전하게 이해하지 못했던 질문들이었다.

그녀는 "물론 사람들이 나를 싫어하는 이유가 있습니다. 왜냐하면 나는 1986년부터 이 사실들을 말하려고 노력해왔으니까요"라고 말했다. 나는 "사람들"이 홍위병 또는 아마도 당국을 의미한다고 추측했다. 중국의 공안 기구는 이런 작업에 깊은 관심을 보였고, 유친의 미국 시민권이 도움은 되었지만 그녀의 안전을 보장하지는 않았다. 하지만 대신 그녀는 다른 연구자들과 함께 나란히 대열을 이뤄 발언했다. 어떤 사람은 유친이 미혼이고 아이도 없기 때문에 문제가 있다고 최근 말한 적이 있다. 나는 놀랐다. 왜냐하면 그 학자를 몇 번 만난 적이 있었고, 그가 마음에 들었기 때문이다. 그는 점잖은 사람처럼 보였다. 나는 놀라지 않기로 했다. 그것이 여기서 매우 자주 들었던 흔한 여성혐오(misogyny)의 일종이었고, 이 주제가 모든 사람, 심지어 현명하고 친절한 사람까지도 어리석고 불친절하게 몰아갈 수 있다는 것을 깨닫기 시작했기 때문이다. 민감한 일에 집중하는 것은 좋게 말해서 이상한 일이고, 본질적으로 비합리적이었다.

"그는 내가 그를 죽이려 한다고 모든 사람에게 말하고 있었어요." 유친이 덧붙였다.

"그를 죽인다고요?" 아마도 비유였을 것이다.

"네! 그가 한 말에 불평하려고 전화를 걸었어요! 그때 그는 내가 그를 죽이려 한다고, 왜냐면 폭풍우 와중에 그의 휴대폰으로 전화를 했기 때문이라고 말했어요! 그는 모두에게 말했어요!"

나는 이전까지는 이 사람들이 같은 편이라고 생각했다. 나는 기억과 망각이라는 두 편이 있다고 생각했다. 만약 그것을 경고로 내보이는 사람들과 그것을 더 공정하고 평등했던 시대로 미화하는 사람들로 구분짓는다면, 최대로 세 편이 있을 수 있다. 하지만 균열은 끝이 없이 점점 더 늘어났다. 최악의 상황을 기억하려고 가장 신경 쓰는 사람들이 서로 대립했다. 너무 많은 편이 있었고 전혀 편이 없기도 했는데, 단지 끝없이 추하게 형태를 바꾸고 있었다. 악의 본성은 무엇이었고 그것은 어디서 비롯되었는가? 그리고 누구의 탓이었을까? 14살짜리가 책임을 질 수 있을까? 아니면 마오 주석만 책임을 질 수 있을까? 정의 없는 용서가 가능한가? 누가 판단할 권리가 있을까?

중국 지도부의 주문은 "조화"였다. 다양한 목소리들이 하나로 짜이는 것이 아니라, 모든 사람이 하나의 음을 노래하고, 그 멜로디에서 결코 벗어나지 않는 것이다. (블로거들은 검열관들이 그들의 글을 지울 때, 농담으로 "조화되었다"고 말했다.) 문화대혁명에 대한 탐구는 그 반대인 불협화음이었다. 모두가 소리치고 있었지만, 아무도 듣지 않았다. 당신이 다른 사람의 말에 귀 기울이게 놔두지도 않는다.

이것들은 학문적 논쟁이 아니었다. 마치 인생에서 인간으로서 기본적 가치에 영향을 미치지 않는 것은 아무것도 있을 수 없는 듯이, 쓰리고 격렬하고 인신공격적인 논쟁이었다. 실수는 할 수 없다. 잘못일 수밖에 없다. 사상가로서도, 인간으로도 잘못된 것이다. 이 생존자들은 마오주의의 정치적 바람으로부터, 자아 그 자체가 부르주아적 올가미라는 생각으로부터 오랫동안 자신들을 지켜왔다. 그들이 누구인지, 누가 될 수 있는지에 대해 왜 다른 사람의 생각을 고려해야 할까?

*

화해를 이루기는커녕, 쑹빈빈의 사과는 가장 큰 피해를 겪은 이들을 동요하게 했고, 기억과 죄책감과 후회에 대한 증오에 가득 찬 논쟁을 일으켰다. 폭풍이 거세지자, 검열관들이 개입했다. 프로파간다 담당 관리들은 더 이상의 보도를 금지했다. 온라인 검열관들은 그 분쟁을 거론한 게시물들을 삭제했다.

"우리는 사람들이 반성하기를 원하지만, 그 과정은 그리 쉽지 않고 우여곡절이 많았습니다." 쑹빈빈의 친구 하나가 말했다.

그녀는 잠시 머뭇거리다가 말을 이었다. "국가는 우리가 이것에 대해 숙고할 시간을 주지 않습니다. 1981년 11차 당대회에서 그들은 문화대혁명을 역사적 재난으로 규정했습니다. 하지만 누가 책임져야 하는가의 문제, 우리가 이 경험에서 무엇을 배웠고, 어떻게 그것이 다시 일어나지 않게 할 것인가에 대해 그들은 사실 결론을 내리지 않았습니다."

그 공포를 인정한다면 당의 자애로운 통치를 정당화하기는 더 어려워질 것이다. 희생자의 가족들은 살인자가 처벌받는 것을 볼 가능성이 없다는 것을 알고 있다. 이 시스템의 다른 모든 부분처럼, 법은 당의 도구이다. 그 과오의 일부를 엘리트들이 저질렀다는 점은 지도자들이 더욱 주저하게 만들었다. 그즈음 결론을 내리지 못한 데는 많은 이유가 있다는 것을 알기 시작했다. 4인방을 탓하고 마오의 오류를 인정하는 가장 큰 붓질들은 더욱 험악하고 까다로운 그림을 가리고 있었다. 과거에 대한 정직함은 당과 국가기구에만 위험한 것이 아니었다. 그것은 온 나라에도 위험했다. 쑹빈빈의 친구들은 남아프리카공화국의 '진실과 화해 위원회'를 소중하지만 불가능한 열망이라고 이야기했다. 나는 그들이 얼마나 고통스러웠는지, 자신들의 아들과 어머니를 죽인 살인자들이 사면을 받아 자유롭게 걸어다니는 것을 보는 가족들이 무엇을 느꼈는지를 그들이 이해하고 있는지 궁금했다. 사람들은 진실과 정의와 화해에 대해, 그것들이 거의 동의어인 것처럼 각각을 다음과 뒤섞어서 애매하게 말한다. 그러나 가까이에서 보면 그것은 꽤 다른 것들이고 모순적이기도 하다. 정의는 날카로운 도구이다. 정확히 구별해야 한다. 화해는 공통점을 발견하는 데 달려 있다. 약간의 애매함이 필요할 수도 있을 것이다. 사람들이 학대와 고문과 살인에 대해 온건하고 이성적인 토론을 하려고 마주 앉는 시간은 결코 없었다. 심리학적인 상처는 너무 깊었고, 그 사건들은 너무 공포스러웠다. 그래서 지도자들은 최악을 숨기려 노력해 왔다. 하지만 깊은 상처들이 더러운 채로 남겨져 곪아 왔다.

왕징야오의 이름으로 된 분노에 가득한 성명문이 중국 웹사이트에 등장했다. 그것은 정확했을까? 그는 분노 때문에 전화를 받았다. "나는 그들의 사과를 믿지 않습니다. 왜냐하면 그들을 믿을 수 없기 때문입니다. 그들은 약속을 지키지 않습니다. 홍위병은 믿을 수 없어요," 그는 침을 뱉었다.

쑹빈빈은 비엔 선생님의 남편을 화나게 할까 두려워, 자신이 사과하는 것을 지켜보도록 그를 초대하지 않았다고 말한 적이 다. 아마 그것은 사실이었을 것이다. 하지만 왕징야오는 최악의 상황을 믿었는데, 왜 그렇지 않을까? 그의 아내는 배신당했고, 그 거짓말들이 그녀를 죽였다. 그녀를 살해한 것은 사고로 치부되었다. 그는 마치 부끄러운 짓을 한 사람처럼 사실을 숨기고, 그녀의 유골을 화장한 재를 감추고, 남몰래 그녀를 기억해야 했다. 속임수와 속임수가 거듭되었고, 유일한 진실은 사실상 폭력뿐이었다. 망각하려 했던 다른 사람들은 이제 기억하길 원하는데, 기억하는 데 반평생을 보낸 왕징야오는 너무 늙고 피곤했다. 문화대혁명은 후퇴하고 있는 것인가, 아니면 다가오고 있는 것인가?

이것이 너무 좌파적이 아니냐, 문화대혁명으로 돌아가는 것은 아니냐고 묻는 이들이 있다. 명백히 그들은 이해하지 못하고 있다. 당신이 직접 경험할 수 있다면, 그렇지 않다는 것을 알게 될 것이다.

– 보시라이

5장

키가 작고 땅딸막한 한 남자가, 우리를 향해 터벅터벅 걸어왔다. 일흔 살은 되지 않은 듯 보였다. 양손에는 각각 남색 천으로 감싼 원통을 흔들고 있었다. 그는 비탈길 꼭대기 근처의 나무 옆에 멈춰 서서 나뭇가지에 하나를 매달려고 손을 뻗었다. 그가 두꺼운 천을 벗겨내니 나뭇가지를 엮어서 만든 새장이 드러났다. 다음 것도 매달아 덮개를 벗겼다. 안에 있던 새들은 빛에 놀라 급하게 움직였고, 곧 그들의 노래가 안개 속으로 퍼졌다.

나는 베이징에서부터 그 의식을 잘 알고 있었다. 노인 몇 명이 매일 아침 일찍 내가 사는 아파트 단지 입구로 와서, 종달새와 개똥지빠귀들을 붐비는 도로 옆 키 큰 나무에 걸어 바람을 쐬게 했다. 고대 중국의 흔적인 이 매력과 새를 키우는 배려에는 잔인함의 그늘이 드리워 있었다. 사람들은 새가 벽 안에 갇힌 채 다른 새들과 함께 있지 못하면, 침묵에 빠지고 털이 빠지고, 고독해지고,

황폐해지기 시작한다고 말했다. 새들은 밖에서, 다른 새들과 나란히 매달려 지저귀고 깡충 뛰며, 부리로 깃털을 다듬었다. 새 주인들은 더 넓고 자유롭고 다가갈 수 없는 세상을 보여줘서 그들을 감질나게 하는 데 무슨 잘못이 있는지 알지 못했다. 그리고 고층 건물의 그늘에서 이러한 광경을 보고 느낀 슬픔은, 호수의 가장자리가 안개와 만나 뿌옇게 보이고, 야생의 새가 나무꼭대기와 구름까지 날아오르는, 이 제멋대로 뻗어나간 공원에서 더욱 가혹하게 느껴졌다. 종달새들이 얻은 것은 공간이 자기네를 거부하고 있는 것을 보는 것이었다.

나의 일행은 돌 위에 담배를 비벼 끄면서, 새 주인에게 고개를 끄덕였다. "그는 내 나이 또래야. 아마 그도 관련이 있었을 거야." 그는 말했다. 한핑자오는 그가 가리킨 남자의 아들이었을 수도 있다. 그는 윤기 있는 머리카락을 짧게 잘랐고, 관자놀이 부분에만 희미한 선으로 흰머리가 드러나 있었는데, 청바지 위에 팀버랜드 셔츠를 입고 끈으로 묶는 가죽 부츠를 신고 있었다. 그는 이미 관영언론에서 은퇴했고, 지금은 당이 회피하고 싶어하는 주제, 이 도시와 한핑자오 자신마저 소진해 버린 그 운동을 연구했다.

내가 남자들이 깨진 찻잔을 홀짝이고 여성들이 떼쓰는 손주들을 달래는 것을 보고 있을 때, 그는 지난 며칠 동안 맴돌던 생각을 말했다. 나는 내가 보고 있는 것과 내가 아는 것, 즉 그들 중에 급우들과 동료들을 구타한 전사들이 있었다는 사실을 연결할 수 없었다. 충칭에서는 그 시대의 가장 격렬한 싸움이 벌어졌고, 홍위병들 사이의 다툼이 전투로 이어졌다. 국민당은 일본 점령군과 싸우는 동안 이곳을 수도로 삼았고, 이곳에는 많은 군수품 공장이 있어서, 1967년 무장투쟁이 일어났을 때 군대는 한쪽 편을 지지하면서 전사들이 필요한 것을 확보하도록 도왔다. 파벌들은 수류탄, 기관총, 네이팜탄, 탱크, 강 위의 배 등 비행기를 제외한 모든 것을 가지고 싸웠다고 한 주민은 회상했다. 그들은 냉혹한 처형도 했다. 부상자도, 임신부도 처형했다. 수만 명이 도시에서 도망쳤고, 적어도 1,200명이 죽었는데, 아마 실제 사망자는 훨씬 많을 것이다. 길거리에서 놀다가 뛰어나온 총탄에 맞아 숨진 8살 아이처럼, 일부는 우연히 폭력에 휘말렸다. 다른 희생자들도 그 아이보다 별로 나이가 많지도 않았고, 그들이 스스로 군인이라고 여겼다고 해도, 운을 탓할 수도 있었다. 그들은 싸움이 이렇게 심각하리라고는 결코 생각하지 못했다. 사람이 죽을 것이고, 그것도 아주 많은 사람이 죽을 것이라고도 생각하지 못했다. 그때 그들은 긴 시간 동안 전투를 벌였고, 친구들이 쓰러지는 것을 보았다. 그들은 망연자실했고, 이 모든 것들이 불가능한 일처럼 보였다. 그것이 정말로 일어나기는 한 것일까?

샤핑바 공원은 그 증거를 간직하고 있다. 대부분 10대였던 500명이 넘는 희생자가 이곳, 가로수 길 뒷편의 가장자리에 숨겨져 있는 홍위병 묘지에 묻혔다. 관리들은 이곳을 불도저로 밀어버리길 원했으며, 다른 곳에 있는 홍위병 묘지들은 이미 파괴해 버렸다. 그들은 케이블카와 전 세계 유명 건축물의 복제품이 있는 테마파크를 계획했다. 초라한 규모의 러시모어산 모형은 그 헛된 야망의 증거로 서 있다. 그 계획이 실패한 뒤에 사핑바는 중국에서 국가유산으로 인정된 유일한 문화대혁명 유적이 되었다. 하지만 이끼 낀 벽이 그곳을 둘러싸고 있었고, 이제는 더 이상 대중의 입장이 허용되지 않았다. 나는 이전에 이곳에 온 적이 있었고, 쇠사슬로 잠긴 문을 통해 안을 들여다보았다. 이 묘지는 반세기밖에 되지 않았지만, 미국 남부에서 찾아갔던 무너지고 풀이 무성하게 자란 남북전쟁 묘지를 생각나게 했다. 울창한 초록색이, 거대하고 한때는 새하얬지만 이제는 이끼 낀 회색빛으로 변한 대리석 기념비 위를 기어 올라갔다. 돌로 만든 횃불이 거대한 기둥과 오벨리스크 위에 있고, 붉은 별들과 마오주의자들의 구호, 815라는 숫자가 조각되어 있었다. 그것은 죽은 이들이 속했던 조반파의 파벌이었고, 1966년에 그 파벌이 창설된 중요한 날짜를 따서 이름이 붙

여겼다.

한핑자오는 한때는 815의 일원이었는데, 거기서 분리해 나간 '끝까지 반란한다'는 의미의 판다오디(反到底)에 들어가 815에 맞서 싸웠다. 그는 815와 판다오디가 어떻게 분열되었는지를 회상했는데, 나는 그의 증언을 듣고도 진짜 이유를 이해하기 힘들었다. 이 도시에 도착한 이후 그의 동료들에게서 들은 장황한 이야기들보다 나을 것이 없었다. 그는 동정심을 가지고 있었다. 세부사항은 그렇게 중요하지 않다. 대다수의 경우 상황이 중요하고, 옳고 그름을 알거나 그렇게 보이는 사람에게 희망을 걸게 된다. 그 당시에는 그것이 얼마나 분명하게 보였든, 지금 당신이 그것을 어떻게 설명하든, 당신이 결국 어느 편을 들었는지는 이념적 논쟁, 사회적 지위, 개인적 원한, 오래된 우정, 잘못 이해된 신호, 행운과 불운이 마구 뒤섞인 결과였다. 그는 내게 누구라도 이해할 수 있을 만큼 얽히고설킨 문제들과 묘지의 역사를 설명해주었다. 그 초창기에 대해 더 잘 알려면 한핑자오의 적이자 동지였던 인물과 이야기를 할 필요가 있었다. 그는 도시에서 화학기업을 운영하고 있었다. 과거 그 시절에 그는 학생이었고, 사람들은 그를 시체 전문가라고 불렀다.

"1967년 7월 1일에 사람들이 죽기 시작했습니다. 10일에 나는 시체들을 처리하는 일에 투입되었습니다." 정즈성이 회상했다. 그는 아직도 제조사 스티커가 붙어 있는 두꺼운 갈색 얼룩무늬 테의 안경 너머로 쳐다보고 있었다. 먼지투성이의 다른 안경 두 개가,

책들, 신문들, 큰 돋보기와 뚜껑이 있는 도자기 컵 두 개와 뒤섞여 책상 위에 놓여 있었다.

그는 사진 한 장을 찾으려고 뒤적였다. "이것은 1967년 10월이 었어요. 27명, 27구의 시체…" 대부분 얼굴을 카메라로부터 돌리고 있었다. 한 시체는 입을 너무 크게 벌리고 있어서, 그것을 보는 사람을 삼킬 수 있을 것 같았다.

"나는 어렸을 때 시체를 본 적이 있습니다. 하지만 내가 시체를 다룰 필요는 전혀 없었어요. 나는 모범 학생이었는데 파벌 지도자는 내가 도움이 되고, 힘든 일을 두려워하지 않는다고 생각했습니다." 그는 잠시 생각한 뒤, 덧붙였다. "나는 처음에는 반대했습니다. 그런데 지도자는 내가 책임을 지도록 했어요. 그래서 어쩔 수 없이 그 일을 하게 되었습니다. 나는 각각의 시체에 염을 하고, 완장을 채우고 마오 배지를 달았습니다. 처음에는 그 더러운 일이 두려웠습니다. 나는 죽은 자들을 씻겨야 했는데, 그런 후에는 항상 비누로 손을 빡빡 닦았어요. 나중에는 그런 것에 신경 쓰지 않게 되었습니다. 두 번째는 냄새였어요. 죽은 사람들의 몸에서 나는 악취 때문에 토하고 싶었습니다. 세 번째는 귀신이었습니다. 나는 귀신이 무서웠습니다. 나는 무신론자였지만 중국에는 이런 전통적인 미신이 있었으니까요."

그는 한 뭉치의 사진을 더 뒤져서 나에게 단발머리의, 포동포동한 어린 소녀를 보여줬다. "그녀는 내가 처음으로 처리한 시체였어요. 우리는 포름알데히드를 사용했어요. 그녀는 전쟁터에서 다친 사람을 도우러 갔고, 서 있다가 총에 맞아 죽었어요. 그녀는 16살이었습니다." 그는 또 다른 사진을 찾았다. " 이것은 대학에서 찍은 겁니다. 사람들은 거기에도 묻혔는데, 나중에 기념비는 파괴되었습니다. 지금은 모두 꽃밭이 되었습니다." 그는 난장판 속에서 다른 사진을 찾았다.

"나는 그들이 순교자라고 느꼈고, 그들이 그렇게 젊은 나이에 죽은 것이 아까웠어요. 우리 파벌 사람들이 죽은 뒤에 우리는 다른 사람들을 적으로 여겼고 증오했어요. 그래서 우리가 그들을 붙잡았을 때, 그들 중 일부는 정신을 잃을 때까지 돌팔매를 당했어요. 우리는 그들을 병원으로 보냈어요. 그 뒤에 그들을 또 다른 병원으로 옮겼지만, 그것은 핑계였을 뿐이에요. 그 도중에 우리는 그들을 때려죽였으니까요. 그 때문에 우리는 결국 감옥에 갇히게 되었어요. 그때는 판다오디 파벌을 증오했지만, 이제는 두 파벌 모두 속은 거죠. 그들은 모두 순진했어요. 우리 모두 희생자였어요."

판다오디파 포로들은 이미 부상당한 상태였지만 소총 개머리판으로 구타당했다. 그도 구타했을까? "아닙니다. 아니에요." 그는 고개를 저었다. "다른 두 사람이었죠."

당신이 그들에게 명령을 내렸다고 들었는데요?

"맞습니다." 그는 퉁명스럽지는 않았지만, 간결하게 말했다. "나는 어떤 슬픔도 느끼지 않았어요, 복수하고 싶었을 뿐이죠. 다른 파벌이 우리 순교자들을 죽였어요. 나는 그들을 알지 못했어요. 파벌 사이의 일이었죠."

정즈성과 다른 사람들은 무장투쟁에서 한 역할 때문에 여러 해 동안 감옥에 있었다. 석방된 후에 그들은 희생자의 가족들을 찾아 보상하려는 노력을 시도했다. 하지만 누군가 그에게 부모들이 고소할 수 있다고 경고했고, 그는 마침내 그 생각을 포기했다. "그것은 평생 계속되는 악몽입니다. 트라우마가 매우 심합니다. 나는 아직도 감옥에 있는 악몽을 꿉니다…그 후에 열심히 일하고, 내가 저지른 일과 나 자신을 화해시키려고 노력했습니다. 나는 좋은 일을 하려고 노력했고, 넘어지면 일어나서 계속 노력했어요. 나는 여러 번 울었습니다."

그러나 그가 배운 교훈은 매우 소중했다고 그는 주장했다. 하지만 그것이 무엇인지는 정의하지 못했다. 그는 살짝 한숨을 내쉬었는데, 마치 내가 그 주제를 포기하기를 바라는 것 같았다. "그것은 몇 단어로 설명할 수가 없어요. 외국인들은 문화대혁명을 보는 것이 어려운 책을 읽는 것 같겠죠. 그것을 이해하는 것은 정말 어렵습니다. 심지어 젊은이들은 아예 관심이 없습니다."

그는 사람들이 과거를 직시하지 않는다면 무슨 일이 일어날지, 이후의 세대가 그가 저지른 잘못을 되풀이할지 모른다고 두려워했다. 그가 두려워했던 문화대혁명 자체가 반복되는 것이 아니었다. 역사는 발전해 왔다고 그는 말했다. 그런데 그것은 무엇이었을까?

"혼란…." 그는 거기서 멈추고 생각에 잠겼다.

"예를 들면, 톈안먼 광장의 사건과 관련해서, 저는 실제로 아들에게 편지를 썼습니다. 그 애가 대학에 다니고 있었으니까요. 제가 그런 혼란을 과거에 경험했기 때문에, 그 애가 거기 가담하도록 놔두지 않았습니다. 학생들은 애국적이었습니다. 그들은 부패에 맞서 싸우기를 원했습니다. 그렇지만 나쁜 사람들에게 이용당하고 있었어요." 그 말을 이해하는 데 시간이 걸렸다. 그는 구체적으로 이름을 거론했다. "그들은 서구식 대 민주주의를 추구하던 팡리즈, 우얼카이시, 왕단 같은 사람들에 의해 조종되고 있었어요. 우리는 오직 공산당의 지도에 따를 수밖에 없습니다. 우리는 미국인들처럼 대 민주주의를 가질 수 없어요. 그것은 소란과 혼란을 일으킬 뿐이에요. 우리는 2천 년 넘게 봉건주의에서 살아왔어요. 미국은 양당과 민주주의로 시작했고요. 외국인들은 중국을 이해할 수 없어요. 그들은 중국의 과거를 이해하지 못합니다. 부패는 일당통치 때문에 일어나는 것이 아니라, 지도부를 견제하는 사람들 때문에 일어납니다. 우리는 공산당의 통치를 제거할 수 없어요. 불가능합니다. 우리는 소란과 혼란이 필요하지 않습니다."

그것은 중국에서, 심지어 상대적으로 진보적인 이들 사이에서도 흔한 견해였다. 중국은 자유로워질 준비가 되어 있지 않다는 것이다. 하지만 왜 상황이 그렇게 되었는지 또는 왜 정치적 진화가 허용되지 않는지는 결코 설명되지 않는다. 정즈성이 보기에는, 개인의 변덕과 불복종, 자만과 이기심이 이 재난을 만들어냈다. 안정과 공동선이 중요하다.

정즈성은 운동이 끝났을 때 처벌받았다. 한핑자오는 운동이 한창일 때 표적이 되었는데, 실체가 없는 가상의 '5.16 음모' 적발을 명분으로 처벌된 수백만 명의 희생자 중 한 명이었다. 소규모 학생 그룹이 저우언라이 총리가 보수주의자라며 공격한 뒤 신속하게 진압당했다. 하지만 군과 당의 관리들은 이를 기회로 삼아 홍위병을 억압하려 했고, 자신들이 원하는 거의 모든 것을 그 음모의 일부로 낙인찍었다. 50명도 안 되는 학생들로 시작된 사건은 수십만 명이 사망한 것으로 추정되는 상황을 초래했다. 그것은 문화대혁명의 가장 터무니없고 격렬한 편집증이었다. 한핑자오는 몇 달 동안 비밀감옥에 갇혀 저지르지도 않은 죄에 대해 끝없는 자백서를 쓰도록 강요받았다. 오늘날 역사가들이 그 운동에 대해 곤혹스러워하는 것처럼, 그도 그것을 이해할 수 없었다. 하지만 매일 밤 어둠 속에 누워서, 그를 괴롭힌 것은 다른 질문이었다. 지금 그는 억압을 당하고 있는데, 왜 한때 그는 그토록 조급하게 다른 사람들을 억압했을까? 일 년 전쯤 제지공장에서 일하면서 위험한 책들을 파괴하는 일을 하던 한 친구가 몰래 책들을 밖으로 빼돌리기 시작했다. 그중의 한 권은 성경이었는데, 번역이 너무 서툴러서 한핑자오는 거의 이해할 수 없었다. 이제 그 어색한 구절들이 다시 떠올랐고, 그는 성경과 자신의 경험을 이해하려고 다시 읽기 시작했다. 마침내 석방되었을 때 그는 복수를 포기하고 신약성서의 "너의 원수를 사랑하라"는 명령을 받아들였다. 나의 어린 시절에는 온화하고 거의 진부하게 들렸던 그 구절이 한핑자오에게는 급진적인 선택이었음을 나는 깨달았다. 그것은 마오주의에 대한 반대였다.

"'사랑'은 매우 단순합니다."라고 그는 덧붙였다. "죄를 인정하는 것, 그것이 어렵습니다. 하나님은 정의와 정직함입니다. 하나님을 믿으면 마음속에 양심이 있습니다. 하지만 환경의 영향은 엄청납니다. 대세를 거스르는 것은 힘들고 매우 외롭고 고통스럽습니다."

한핑자오에게 기독교는 구원의 이야기라기보다는 개인적 투쟁과 개인의 양심이었다. 그는 오직 이 목소리들을 키우고, 그것에 귀를 기울여야만 중국을 재난으로부터 보호할 수 있다고 믿었다. 정즈성이 당에 믿음을 두었을 때, 한핑자오는 신에게, 그리고 그의 말에 귀를 기울일 이들에게 귀의했다. 그들의 삶이 그들의 이야기를 만들었고, 그들의 나라에 무엇이 필요한지에 대한 확신을 가지게 했다. 정즈성은 규율이 필요하다고 확신했다. 한핑자오는 자신을 신뢰할 용기라고 생각했다. 한 사람은 현상 유지를 선택했고, 또 한 사람은 개혁을 원했다.

덩샤오핑과 시진핑의 아버지 같은 최고위층도 고민할 수밖에 없었다. 그들은 고통을 겪었고 사랑하는 사람들의 고통을 지켜보았다. 그들은 오랜 친구와 더 낫고 더 행복한 중국에 대한 꿈을 잃었다. 그들이 권력을 다시 잡았을 때 그들은 또 다른 재난을 막기 위해 최선을 다했다. 자기 자신을 위해서 그리고 대중들을 위해서, 그들은 안정을 위해 헌신했다. 그들은 다시는 독재자가 동료들, 국가와 인민들에게 포악한 일을 저지르지 않게 하겠다고 결심했다. 덩샤오핑이 죽을 때까지 지배하긴 했지만, 그들은 특히 집단지도체제를 제도화하기 위해 최선을 다했다. 지도부의 명백한 분열로 더욱 격렬해진 1989년 시위 이후에, 분열이 드러나는 것을 피하겠다는 결의는 절대적인 것이 되었다. 톈안먼 광장에 수백만 명의 젊은이들이 모인 광경이 어떤 감정을 초래했는지 상상하기 어렵지 않다. 바로 생존을 위한 냉혹한 본능, 혁명이 낳은 무자비함이다. 혁명을 위해 그들은 이미 많은 것을 희생했는데, 또 어디까지 나아갈 수 있을지에 대해 마음 깊은 곳에서 공포도 느꼈을 것이다.

당은 최고 지도자들의 임기를 5년씩 2번만 하도록 제한하면서, 누구도 그 이상은 연임할 수 없도록 하고 은퇴 연령도 정하는 불문율을 채택했다. 경범죄도 비공식적 규정에 따라 처리되었다. 비공식적인 불문율에 따라 중앙정치국원들은 부패로 숙청될 수 있지만, 최고위 인사들인 정치국 상무위원들과 그들의 가족들은 손댈 수 없다. 후원자들과 광범위한 인맥을 쌓는 이들은 살아남고 번영할 수 있다. 당은 점점 안전해지고 안정되고, 조용해지고 무뎌졌다.

오랫동안 그런 전략은 효과를 발휘했다. 중국은 번영했다. 1년에 한 번 고기를 먹던 사람들이 이제 매주 윤기 흐르는 돼지고기를 밥그릇에 담는다. 평생 자신이 사는 마을을 떠난 적 없던 사람들이 상하이, 방콕, 파리로 가서 쇼핑과 관광을 했다. 그들은 머리에 펌을 하고, 환한 색의 스웨터와 나이키를 입고, 레드 와인과 맥도널드를 맛보고, 취미 활동을 했다. 외국인들이 "베이징 모델"을 이야기하는 것은 충분히 매력적이었다. 그러나 대가가 뒤따랐다. 부패는 곳곳에 만연했다. 아이를 좋은 학교에 입학시키거나 운전면허 시험을 통과하거나 사업 거래를 성사시키거나 기소를 피하려면 현금이 필요했다. 교사에게는 수천 위안, 고위 지도자에게는 수천만 위안이 필요했다. 충칭 같은 도시들에서는 갱들이 번성했고, 그들은 매수한 관리들의 보호를 받았다. 불평등은 치솟고 있었다. 경제가 성장하고 변이할수록, 정치는 더욱 정체된 것으로 보였다.

모든 이가 그 문제들을 알고 있었다. 내가 중국에 갔을 때 그 나라를 이끌고 있었던 후진타오 주석과 원자바오 총리는 뼈대만 갖춘 복지국가를 놀라운 속도로 만들어냈다. 하지만 그것은 충분하지 않았고, 사람들은 오랫동안 감사하지도 않았다. 항상 주문처럼 안정 유지를 말했는데, 마오쩌둥이라면 그 말을 듣고 기겁을 했을 것이고, 그것은 '똑같은 것을 더 많이 하자'는 의미였기 때문에 사실상 이념이라고 할 수도 없었다. 모두가 큰 개혁이 필요하다는 것을 알았지만, 그것은 계속 미뤄졌다. 중국은 더 부자가 되고 더 커지느라 바빴다. 10여 년 동안 100개의 새 공항과 100개의 새 박물관이 생겨났다. 베이징의 지하철은 10년 만에 런던 지하철이 1세기 반 동안 확장했던 것보다 더 커졌다. 더 많은 다리와 건물, 테마파크와 고속도로, 쇼핑몰 그리고 공장, 영화관과 역들이 세워졌다. 2008년 금융위기가 닥쳤을 때 정부는 4조 위안을 쏟아부었고 세계를 구했다는 찬사를 받았다. 그렇게 초고속 발전을 떠받쳤지만, 그 결과는 고려하지 않았다. 그 결과란 바로, 절망적일 정도로 불균형한 경제, 토양과 강 그리고 사람들의 오염, 뇌물과 횡령, 부자와 빈자, 도시와 농촌 사이의 점점 커지는 격차였다. 당은 불평등에 대한 주요 지표와 '군중 사건'(群體性事件) 즉 소요 사태 통계 발표를 중단했다. 2011년이 되면 국내 치안 예산이 국방 예산을 넘을 정도로 급증했다. 그 수치는 나중에는 더욱 가파르게 오르게 되었다.

부분적으로는 정부 개입의 기준이 매우 낮게 설정되어 있었기 때문이다. 여기엔 어떤 논리가 있었다. 당은 결단코 1989년의 시위를 허용할 수 없다는 것을 이해하고 있었다. 문제가 터지기 전에 개입해야 했다. 중요한 정치 회의가 있거나 올림픽 같은 국제적 행사나 어색한 기념일이 있을 때, 공안 기구와 검열 기구들은 과잉대응에 나섰다. 티베트와 신장에서 일어난 유혈 민족 폭동, 반체제 인사에 대한 노벨평화상 수상 등 당에 대한 새로운 도전들이 있을 때마다 어려운 날짜들이 늘어나고 그에 따른 조치들이 더 많아지고 번거로워지고 황당해졌다. 베이징 사람들은 연이나 비둘기를 날리는 것이 금지되었다. 한번은 택시 회사들이 차 내부의 창문을 여는 장치를 없앴는데, 승객들이 창문을 내려 선동적인 메시지를 밖으로 뿌리지 못하게 하기 위해서였다. 활동가들과 반체제 인사들은 가택연금을 강요받고 불법적으로 갇혔고, 때로는 기괴하게도 '휴가 당했다.' 즉, 국가 요원들에 의해 관광지로 끌려갔다. 요원들은 버릇없는 아이들을 돌보는 삼촌처럼, 그들이 그곳에서 휴식하고 시설을 즐기는 것을 거부한다고 꾸짖을 수도 있다. 문명화된 겉치레와 온천 치료 제의를 이용한 억압이었다. 다른 곳에 할당된 주먹이나 소몰이 도구를 이용한 구타보다는 낫지만, 그런 일을 당한 이들 가운데 아주 일부만 그것을 진보라고 여겼다. 후진타오는 사태를 관망할 수밖에 없었다. 사실 근본적인 문제에 대한 대답이 아니었다. 두 자릿수 성장의 시대는 경제가 유지되었을 때, 그리고 인구가 많은 부분이 값싼 노동력을 제공하고, 수억 명이 빈곤에서 벗어날 기회를 가지게 될 때 일어나는 일들이었다. 그것은 중국 정부가 발견한 비밀이나, 중국 발전의 불변의 법칙이 아니었다. 그리고 중국의 심장에 난 구멍은 별장이나 전복이나 수 많은 페라리로도 채워질 수 없었다. 항상 더 많은 것을 가진 누군가가 있기 때문에 무엇을 가지고 있든 결코 만족할 수 없었다. 그것은 정의와 공동체와 가치와 의미에 굶주려 있었다. 이 모든 것들은 최고위 지도자들의 결의에 찬 단조로움으로는 채워질 수 없다. 개인적인 명성이나 카리스마가 없이, 후진타오는 권력의 반지만 붙잡고 있었다. 마오의 붉은 시대에 청년이었던 후진타오는 회색의 모호한 인물이 되기를 선택했다. 이것은 인격을 드러내지 않는 숭배(the cult of non-personality)였다.

보시라이를 들여다보자. 시진핑처럼 보시라이는 키가 크고 확신에 차 있었다. 보시라이는 매력적이었고 잘생겼으며, 자신도 그

점을 알고 있는 것처럼 보였다. 그 역시 공산당 '원로'의 아들이었다. 그의 아버지 보이보는 반역자 파벌에 속했다는 혐의로 숙청되고 고문을 당했다. 보이보의 아내는 홍위병에게 붙잡혀 있다가 죽었다. 보시라이는 몇 년 동안 갇혀 있던 잔혹한 수용소에서 풀려나서야 자신의 어머니가 맞아 죽었다는 이야기를 학교 친구들에게 전해 들었다.

마오가 사망한 뒤 복권된 보이보는 자신의 인맥을 최대한 활용해 아들이 빠르게 승진하도록 도왔다. 보시라이는 북동부 도시인 다롄의 지도자로서 해외 투자자들을 매혹시켰고, 공장을 주변 지역으로 옮기고 도심을 아름답게 가꿔서 주민들의 지지도 얻었다. 그는 아이디어가 있었고 일을 제대로 해냈으며, 다른 사람들에게 깊은 인상을 남겼다. 그는 계속 위로 올라가 상무장관으로 승진했고, 보통 노동자들의 마음을 얻는 것만큼 외국인들과의 거래에서도 능숙하다는 것을 증명했다.

당은 그만한 확신이 없었다. 문제는 보시라이의 출세 야망이 아니라 그가 눈에 띄게 과시했다는 점이었다. 시진핑은 꾸준히 인맥을 쌓았고, 최고 지도자로 지명되었을 때도 과시를 피했다. 군의 가수였던 그의 아내가 그보다도 훨씬 잘 알려져 있었다. 보시라이는 분명히 너무 서둘렀고, 너무 많은 적을 만들었다. 그는 2007년에 최고지도부인 정치국 상무위원회에 들어가지 못했다. 그의 가장 열렬한 챔피언이던 아버지가 그때 세상을 떠났다. 그의 다음 직책은 충칭을 다스리는 것이었는데, 옆길로 밀려난 인사였다. 그는 이전처럼 기업 친화적 정책을 채택하고, 키신저 등을 충칭으로 초대해 외국인들에게 구애했다. 그러면서도 그는 가진 자와 가지지 못한 자 사이에서 급속히 커지는 격차로 인해 보통 사람들의 좌절감이 커지고 있는 것을 포착했고, 개인의 주택 소유에 세금을 부과하는 방법(실제로는 효율적으로 시행되지 않았다)으로 대응했다. 좌파의 가장 영향력 있는 사상가인 왕후이(汪暉)는 결코 신마오주의자는 아니지만, 이 정책들이 어느 지역에서보다도 분배와 정의, 평등을 강조하고 있다면서, 전체적으로 신자유주의로부터의 명백한 변화라고 묘사했다.

보시라이는 또한 과거를 새로운 방식으로 끌어오고 싶어 했다. 붉은 노래를 부르고, 검은 것을 때리는[唱紅打黑] 운동이었다. 첫 번째 부분은 설명할 필요 없이 자명하다. 문화대혁명 시기에 국가를 대신해 불렸던, 마오쩌둥을 찬양하는 노래인 〈동방홍〉(東方紅) 같은 혁명가요를 대규모로 부르는 행사다. 이 운동은 "자발적"이었고, 실제로 열기도 있었지만, 당연하게도 수만 명이 참여하는 행사에 빠지는 것을 선택할 정도로 순진한 사람은 거의 없었다. 관리들은 대규모의 대중 콘서트를 열었다. 신문들은 악보들을 실었다. 라디오 방송국들은 쉬지 않고 그 곡들을 방송했다. 보시라이의 감정은 의식적으로 마오 흉내를 냈다. "어설프게 예술적인 흉내를 낼 필요가 없다…. 호사가만이 수수께끼 같은 작품을 선호한다"고 그는 선언했다. (그럴지도 모르지만, 지역 방송국들이 혁명가요 쇼를 방송하느라 연속극 방송을 중단하자 시청률은 급락했다.) 붉은 노래를 부르는 것은 중국의 병든 영혼을 치료할 "영적인 치료제"였다. 그는 마오쩌둥 어록을 주민들의 휴대전화에 문자로 발송했고, 학생들이 시골에 가서 노동하도록 명령했고, 간부들이 혁명 유적지들을 견학하도록 차에 태워 보냈다. 그와 함께 이 도시에서 많은 사람의 삶을 고통스럽게 만든 '검은' 범죄조직에 대한 단속도 진행되었다. 수천 명이 체포되어 극적인 재판을 받았고 몇 명에 대해서는 사형이 집행되었다.

충칭이 환호했고, 온 중국이 환호했다. 모든 사람이 보시라이에 대해 이야기했다. 곧 최고 지도자가 될 시진핑을 비롯해 대부분의 정치국 상무위원들이 충칭을 방문해 보시라이와 나란히 섰다(후진타오와 원자바오가 방문하지 않은 것은 눈에 띄는 예외였다). 충칭 안에서도 활기가 넘쳤다. 상점 주인들은 자신들을 공포에 떨게 했던 범죄조직으로부터 해방되었다. 한 중년의 주민이 지도자의 꿰뚫어 보는 시선과 "봄 같은 미소"를 찬양하는 노래를 녹음했다. 학자들은 '충칭 모델'에 대해 썼는데, 저렴한 공공 주택, 대규모 외국 투자, '붉은 노래를 부르고 검은 것을 때리는' 것의 이질적인 조합에 어떤 규칙이 있는지는 알기 어려웠다. 숭배자들은 보시라이를 단색조의 공산당 정치의 세계에 갑자기 나타난 색채, 시장이 주도하는 국가에 나타난 원칙으로 환영했지만, 반대자들은 그를 겉만 번지르르하고 피상적이며 악의적이라고 평가했다. 외국인들은 그를 실비오 베를루스코니, 휴이 롱(Huey Long-20세기 초 미국의 좌파 포퓰리스트 정치인), 심지어 존 F. 케네디와 비교했다. 결국 중국에서 그들은 더욱 분명한 비교 대상을 알 수 있었다. 보시라이는 마오쩌둥의 망토로 몸을 감쌌다. 누군가 그가 마오와 비슷하다고 이야기했을 때, 그는 얼굴도 붉히지 않으면서 충격을 받았다고 주장했다. 그가 너무 멀리 갔을지도 모른다는 것을 감지했을 때 그는 자신의 행동을 공공의 정신을 고취하려는, 훨씬 더 모호한 기분 전환 시도인 것처럼 새롭게 포장했다. 〈동방홍〉은 현대의 애국적인 노래로 바뀌었고, 관리들은 '붉은'이라는 단어가 단지 혁명만이 아니라, 행복, 건강, 적극성을 의미한다고 설명했다.

그 내용은 진짜 문제가 된 적이 없었다. 문화대혁명을 겪은 사람들은 그 위험을 바로 인식했다. 바로 보의 전술이다. 프로파간다는 중국인 삶의 결 속에 파고들어 있었지만, 보시라이의 자기 선전에 나타나는 뻔뻔한 나르시시즘은 그것과도 결이 좀 달랐다. 자백을 받아내기 위해 용의자들을 고문하는 것은 널리 퍼진 관행이었고, 중국 법원은 독립적이지 않았고 당의 지도 아래 있었다. 하지만 보시라이와 그 친구들이 자신들의 뜻을 건드린 이들을 표적으로 삼고, 재산을 몰수하고 재분배하는 과정에서 보인 노골적인 모습은 중국에서조차 충격적이었다. 한 변호사가 증거위조죄로 감옥에 갇힌 것을 보면서, 사람들은 주의를 기울이기 시작했다. 대규모 스펙타클 이용, 대중 감정 조작, 부자들에 대한 적대감 확산, 반대자들을 쓰러뜨리기 위한 개인적 권력 남용, 법의 포기, 공포 등에 대해서 말이다. 무엇보다도 정치 기구들의 의지를 무너뜨리기 위해 대중들을 동원했다는 점이 중요했다.

"보시라이는 실제로 문화대혁명의 방법을 사용했습니다"고 한 핑자오는 말했다. "그는 엄청난 지지를 받았습니다. 많은 사람이 여전히 문화대혁명이 옳았다고 생각하기 때문이죠."

동료들이 타격을 받은 지 한참 뒤에야, 보시라이가 적을 물리치거나 제거하는 데 대중을 이용하는 카리스마 넘치는 지도자라는 사실이 명백해졌다. 그는 정치국 상무위원회에 억지로 들어가려고 했다. 거기까지 갔다면, 왜 더 높이 올라갈 수 없단 말인가? 그때까지 최고 지도자 자리를 물려받은 이들은 현대 중국의 창시자들에 의해 뽑혔다. 시진핑은 그런 선택을 받기에는 너무 젊었던 첫 예비 지도자였다. 그의 높은 지위는 지도자들의 밀실 거래의 산물이었다. 그는 2012년 11월에 권력을 잡을 예정이었다. 일부 사람들은 그것이 확실한지 의문을 가지기 시작했다. 그리고 그때 보시라이는 극적으로 높이 올라갔던 것처럼, 극적으로 붕괴했다.

*

보시라이가 문화대혁명을 이용한 것은 기묘하게도 충칭에서 열광적인 반응을 얻었다. 문화대혁명에서 보시라이는 어머니를 잃었다. 충칭은 많은 젊은이를 잃었다. 그러나 마오주의에 대한 갈망은 완전히 소멸한 적이 없다. 사람들은 그렇게 하도록 강요된 것이 아니다. 그들은 스스로 선택했다. 그리고 마오주의가 죽었을 때, 그들은 애도했다. 그들은 함께 할 수 있는 투쟁에 소속되어 있던 것을 그리워했다. 가난한 관리들은 인민을 위해 봉사하려 애쓰던 시절을 그리워했다. 개혁으로 국유기업에서 쫓겨난 수백만 명은 그들의 직업과 돈과 확실성을 그리워했다. 중산층은 이웃보다 형편이 못하지 않다는 자신감을 그리워했다. 그들은 쇼핑몰로 바뀐 공공장소들을 그리워했다. 그들은 결정을 내리지 않아도 되었던 시절을 그리워했다. 그들은 안정감을 그리워했다. 옳고 그름의 분명함도 그리워했다. 그들은 세계가 새로워 보였고, 모든 것이 가능할 것 같았던 짧고 빛났던 순간을 그리워했다.

대다수의 경우, 슬픔은 새로운 삶의 즐거움과 균형을 이루고 있었다. 그들은 정즈성의 견해로 기울었다. 즉, 공산당 온건파들이 부와 안정을 제공해 중국을 구했다는 것이다. 그러나 다른 사람들은 도둑들이 자신들의 미래를 훔쳤다고 믿었다. 신뢰가 사라진 세상에서 사기를 당할지 모른다는 영원한 공포가 커져갔다. 마오주의자들은 덩샤오핑과 다른 개혁파들을 가장 큰 사기꾼으로 보았다. 그들이 사람들이 타고난 권리를 빼앗아, 자신의 가족과 측근들에게 나눠주었다는 것이다. 문화대혁명은 공산주의 대의의 왜곡이 아니라 정점이었다. 세상을 떠난 영원한 지도자를 그리워하는 마오주의자들은 문화대혁명을 미완의 사업으로 보았다. 그들 중 일부는 자신들이 선봉에 섰던 영광의 날들을, 빛나는 전설을 기억했다. 그중 한 그룹은 유토피아(우여우즈샹烏有之鄉)라는 이름의 서점과 웹사이트를 개설했다. 그 이름이 그들의 목적지가 결코 도달할 수 없는 곳임을 암시했더라도, 그들을 찾아오는 이들은 점점 늘었다. 일부는 모범 사회를 숭배하기 위해, 북한행 여행을 조직했다. 또 다른 이들은 학생들을 위한 농촌 공동체를 세웠다. 그들 중 많은 이들이 보시라이의 충칭 또는 그 좌파적 요소를 희망의 불빛으로 여겼다.

마오주의는 본질적으로 투쟁의 이념이고, 마오주의자들은 그 대의에 충실했다. 그들은 자신들이 우파라고 부르는 개혁파들에 지배되는 언론이 가난한 사람들의 문제와 목소리를 무시하고, 눈을 감고 있으며, 편협하다고 비난했다. 그들은 민주주의자들처럼 고통받지는 않았고, 그들 중 아무도 좋은 옛날로 돌아가자고 촉구했다는 이유로 감옥에 갇히지 않았지만, 자신들이 박해받는 소수자라고 믿었다. 그들이 다당제 선거를 요구했다면 감옥에 갇혔을 것이다. 마오주의자들은 문화대혁명을 비판하는 이들을 강하게 비난했다. 그들은 강연에서 개혁주의자들에 대해 열변을 토했다. 부드러운 말투의 80대 경제학자인 마오위스의 체포를 요구하는 청원서에 만 명이 서명했다. 마오위스가 마오 주석을 "나라를 망치고 사람들을 괴롭힌 무대 뒤의 보스"라고 묘사했다는 이유였다. 그를 폭력으로 위협한 사람들도 있었다. 유토피아(우여우즈샹)의 공동설립자인 한 교수는 감히 젊은 마오주의자들을 비웃은 80살의 "배신자"를 구타해 대서특필되었다.

개혁을 희망하는 사람 중 한 명인 한핑자오는 그들의 행동에 고개를 설레설레 저으면서도 내게 좌파들과도 이야기해야 한다고 말했다. "내가 소개해 줄 수 있어요. 저우자위와 이야기를 해보세요"라고 한핑자오는 말했다. "우리는 오늘날의 문제들에 대해 동의하지만, 그 해법에 대해서는 완전히 의견이 다릅니다. 나처럼 생각하는 사람은 매우 적고, 그처럼 생각하는 사람들이 훨씬 많습니다. 우리는 과거에는 친구였죠, 모두 문화대혁명에서 싸웠습니다. 그 때문에 우리가 여전히 계속 함께 지낼 수 있는 거죠. 그리고 나는 모든 사람이 다른 사람들의 생각에 동의하지 않을 권리가 있다고 믿기 때문이기도 하고요. 그래서 나와 생각이 다를지라도, 그 사람이 말할 권리를 지지합니다."

그러고 나서 그는 웃었다. "만약 저우자위와 그 사람들이 권력을 잡는다면, 그렇게 자비롭지는 않을 겁니다."

저우자위에 대해 처음 말해 준 사람은 한핑자오가 아니었다. "아무도 그를 희생양이라고 부를 순 없을 겁니다"라고 정즈성은 말한 적이 있다.

"그는 늘 속 좁고 편협했죠. 심지어 지금도 그는 모든 것을 부인하고 있어요." 또 다른 홍위병이 불평했다.

그리고 쓴웃음을 지으며 나에게 말해준 역사학자도 있었다. "기꺼이 말하려는 사람들이 있습니다. 말하지 않으려는 사람들도 있지요. 그리고 기꺼이 말하려 하지만, 진실을 말하지는 않는 사람들도 있죠, 저우자위처럼."

4월이었다. 한식날, 샤핑바 묘지가 홍위병 출신들과 가족들에게 마침내 문을 열었다. 1년에 한 번씩 열리는 그 모임은 봉건적 의식과 마오주의 기억의 기묘한 혼합이었다. 저우자위는 가장자리가 녹색과 주황색으로 장식된 대형 흰 화환을 가져왔다. 지난해에 그는 그곳의 벤치 위에 서서 좌파 베테랑들에게 연설하면서, 스러져간 동지들의 희생을 기릴 것을 촉구했다. 올해 그는 찻집의 좁은 공간에서 연설했다. 보시라이의 몰락 이후, 관리들은 불안해하고 있었다. 묘지 입구에는 흰 테이프가 펄럭였고, 비닐 우비를 입은 흠뻑 젖은 관리들이 접이식 테이블을 펴놓고 줄지어 앉아 있었다. 죽은 이들과의 관계가 증명된 사람만 들어갈 수 있었고, 분명 외국인은 들어갈 수 없었다. 진작부터 인터뷰가 방해받을까 봐 걱정에 잠겨 있던 나는 그곳을 건드리지 않았다.

"경찰이 당신이 근무 중인지 휴가 중인지 알고 싶어 하나요?" 그날 아침 호텔을 떠날 때 직원이 크게 소리쳤다.

아마 그 경찰들도 성묘해야 할 무덤들이 있었는지, 아무도 내게 전화를 걸지 않았다. 한핑자오와 나는 다음날 저우자위의 집 근처 식당에서 저우를 만났다. 내가 들은 것과는 달리, 저우자위는 키가 작고 겸손해 보였고, 무늬가 있는 아크릴 스웨터와 바지를 입고 있었다. 나는 그의 첫 마디에도 당황했다. "아, 당신은 영국인이군요. 대처, 그렇죠? 대처는 철의 여인 같았지만 여성스러운 친절함도 있었어요."

나는 80년대에 북부에서 자랐다. 그의 말은 내 의견과 달랐고, 후회하지 않는 마오주의자에게서 기대했던 반응도 아니었다.

내가 동의하지 않자, 그는 밀고 나갔다. "맞아요, 그녀는 위대했어요. 시대가 그녀를 부를 때 그녀는 강하게 행동했습니다. 포클랜드 전쟁에서처럼요. 정말 위대했죠! 중국 지도자들은 모든 면에서 그녀를 배워야 합니다."

'인터내셔널가'의 첫마디가 울려 퍼졌고, 그는 전화를 받으려고 말을 멈췄다. 전화를 끊고 나서 그는 곧바로 본론으로 들어갔다. "지난 30년간 위대한 문화대혁명은 소외되고 악마화되었습니다. 일반인들이 그것에 대해 들으면 나쁘고 사악한 것과 연관을 짓죠. 그리고 사람들은 사회의 발전을 개혁개방 때문이라고 여깁니다. 그들이 진실을 모르기 때문이죠. 매우 안타깝게도 문화대혁명이 실패로 돌아갔습니다. 그때 저희가 가장 두려워했던 것이 지금 최고조에 이르렀습니다."

다른 사람들은 모두 이 운동을 언급할 때 2음절 약자인 문혁(文革)을 사용했지만, 저우는 항상 전체 단어인 문화대혁명(文化大革命)을 써서 그 위대함을 보이려 했다.

"우리가 원했던 것은 중국이 자본주의에 들어가도록 놔두지 않는 것이었습니다. 우리는 부패 관리들 같은 중요한 문제들이 있었습니다. 그 목적은 나 자신을 위대하게 만들려는 것이 아니었어요. 그것은 명성이나 재산, 개인적 이익을 위한 것이 아니었어요, 그 목적은 간단했습니다. 국가와 민족을 위한 것이죠. 나라를 구하고 마오 주석을 지키기 위해서였습니다."

저우의 헌신은 순수한 감사에서 비롯되었다. 그는 마오와 당에게 모든 것을 빚졌다. 그의 아버지는 일본의 침략에 저항하는 전쟁에서 살해당했다. 어머니가 형제자매들을 먹여 살리려 필사적으로 노력했지만, 여섯 명이 어린 시절에 죽었다. 절망에 빠진 어머니는 남은 네 명의 아이들을 고아원에 보냈다. 공산주의자들이 정권을 잡자, 그의 누이들은 공산당에 입당해 좋은 자리에 올랐고, 가족들을 다시 모았다.

"초등학교부터 대학교까지, 우리 가족은 학비로 한 푼도 쓰지 않았어요. 병원에 가면 무료였어요. 집도 무료였어요. 매달 8위안의 급여도 받았죠. 그 당시엔 큰돈이었어요. 마오 주석은 가난한 사람들에게 밝은 미래를 주었습니다. 그 당시 우리는 구사회와 신사회, 장제스와 마오의 사회의 차이는 천국과 지옥 같다고 말했습니다. 현재와 마오 시대를 대조해봐도 그렇습니다. 오늘날은 구사회와 마찬가지죠. 중국은 세계 2위 경제 대국입니다. 하지만 85%의 보통 사람들은 집을 사거나 진료나 교육을 받을 여유가 없습니다. 관리들은 인민들을 국가의 주인으로 여기지 않습니다. 그들은 자신들이 주인이라고 여기죠. 그들은 부패했어요. 도덕이나 인간성 따위는 신경 쓰지 않습니다. 그들이 원하는 것은 돈이죠. 사람들은 관리들을 '사장'이라고 부릅니다. 이것은 자본주의와 마찬가지입니다!"

한핑자오는 의자에 뒤로 기대어 눈을 감은 채 손으로 머리 뒤를 받쳤다. 그는 전에 저우자위의 주장을 들은 적이 있었다.

"사장은 언제든 해고할 수 있습니다. 당신이 임금 인상을 원하면, 그들은 당신을 해고할 겁니다. 노동자들은 도살장으로 끌려간 어린 양들처럼 비참한 상태로 살아갑니다. 문화에서도 돈과 권력이 중요합니다. 그것은 전통문화가 아닙니다. 전통문화의 가장 나쁜 부분이죠. 그들은 또한 최고의 지혜인 마오 사상을 대신해, 서구 문화를 사용합니다."

저우자위의 강의 첫 부분이 거의 마무리되었다. 그는 차분해지기 시작했다.

"억압자들이 생기고 나서 억압받는 사람들이 생겼습니다. 마오 시대에는 완전히 달랐습니다."

나는 '자본주의에서는 인간이 인간을 착취하고, 공산주의에서는 거꾸로 된다'는 오래된 농담을 언급하지 않는 것이 최선이라고 판단했다. 그리고 저우가 잠시 말을 멈춘 틈을 타 주문을 했다. 식당은 가짜 대리석 벽과 플라스틱 샹들리에, 테이블 위에 깐 폴리에스터 식탁보로 사치스러운 흉내를 냈지만, 도박 금지를 경고하는 퉁명스러운 표지판으로 그 분위기를 망쳐버린, 차가운 곳이었다. 천박함과 소박함의 혼합은 보시라이가 다스리는 충칭의 축소판이었다. 내가 차위안 신구에서 보았던 다른 곳들처럼, 그곳은 버려진 것 같았다. 치솟는 회색과 흰색의 고층 건물들 주변에는 생명의 흔적이 거의 없었다. 차위안은 도시의 가장자리, 최근에야 농촌에서 도시로 편입된 불안정하고 고르지 못한 땅 위에 세워졌다. 저우는 정치적 박해 때문에 그가 옛 친구들로부터 멀리 떨어진 이곳까지 내몰렸다고 생각했다. "마치 나를 시베리아로 보낸 것 같다"고 했다. 그는 갑자기 쫓겨나기 전까지는 도시 중심가에서 계속 살았다. 그가 이곳에 온 뒤 얼마 뒤 이 집이 배정되었다. 그의 이런 생각이 편집증적으로 들릴지도 모르지만, 관리들은 활동가들이 살고 있는 집 주인들에게 종종 압박을 가했다. 내가 이미 파악한 것처럼 저우는 고개를 숙이는 타입의 사람이 아니었다.

문화대혁명이 시작되었을 때 그는 충칭대학에서 공부를 거의 끝마치던 참이었다.

"우리는 부패한 관리들과 관료주의가 존재한다는 것은 알고 있었지만, 처음에는 그들의 대표가 누구인지 몰랐습니다. 그러고 나서, 문화대혁명이 시작되었을 때, 우리는 가장 큰 자본주의자들이 누구인지 알게 되었고, 그들에 맞서 싸웠습니다" 그는 말했다. "나는 일어섰고, 마오 주석을 지키고 싶었습니다. 그리고 그것이 내가 벌어지고 있던 일들에 감히 맞섰던 이유였습니다. 그들은 노동자들의 지도를 자본주의 주구(走狗)들의 지도로 바꿔버렸습니다."

한핑자오가 "자본주의의 주구"에 대해 말했을 때, 나는 그가 인용부호로 표시한 것으로 들었다. 저우에게는 그 말은 꾸밈없는 사실을 이야기하는, 단순한 정의였다. 그는 충칭의 지도자들이 자신들로부터 관심을 돌리기 위해 하급 관리들을 부추겼다고 비난했다. 그들의 첫 번째 목표는 그 대학의 총장이었다. 그는 겸손함과 학생들과 학문에 대한 헌신으로 사랑을 받았던 베테랑 혁명가였다. 그는 종종 당의 찬사를 받은 모범 간부였다. 하지만 충칭시의 우두머리인 당서기는 그와 충돌했고, 그가 제거되기를 원했다. 대학에 파견된 공작조는 학생들이 총장을 비판하도록 강요했고,

그 뒤에는 총장을 구금했다. 그는 자살했다.

저우는 뒤이어 일어난 시위를 주도했다. 수천 명의 학생이 분노에 가득 차 행진했고, 비인간적 관료주의에 맞서는 마오의 인민을 위한 투쟁에 동참했다. 스포츠 그룹은 12대의 오토바이를 몰고 왔고, 문화 그룹은 깃발과 드럼을 가지고 왔다. 저우는 그때는 행진할 자유가 있었고, 대자보도 쓸 수 있었고, 토론도 할 수 있었다고 말했다.

"나는 두렵지 않았습니다. 왜 두려워하나요? 그토록 많은 사람이 나를 지지했습니다. 문화대혁명 덕분에 우리는 민주주의와 인권을 실현했습니다. 그것은 최하층 계급에게 무대와 연단을 제공했어요. 나 같은 평범한 학생이 지도자가 되었습니다. 모두 문화대혁명 덕분입니다."

뜻밖에도, 한핑자오는 이에 동의했다. "그것은 정말 훌륭했습니다. 우리는 이상적인 사회를 추구했어요. 당신이 믿는 것을 매우 자유롭게 선택할 수 있었습니다. 그들은 우리에게 말했죠. '인민을 믿고, 그들에게 의지하라.', '인민이 스스로 자유롭게 하라.' 나는 그 모든 것에 매우 찬성했습니다."

버림받고 소외된 사람에게, 가난한 학생에게, 살아가기 위해 몸부림치는 임시직 노동자들에게, 관료주의의 손에서 부정의로 고통받는 모든 사람에게, 문화대혁명은 사회적 지위를 요구하고 자신들의 삶의 조건을 지시하고, 그들의 목소리가 들리게 만들 기회였다. 학자들과 관리들에게 화장실 청소를 강요하는 것은 계산된 굴욕이었다. 그러나 항상 그 일을 했던 사람들은 정의 비슷한 것이라고 느끼기도 했다. 처음으로 그들은 가족들을 먹여 살리기 위한 매일매일의 싸움에 대해, 그들이 받은 부당한 대우에 대해 감히 분노할 수 있었다. 그들은 지도자들(물론 마오쩌둥 아래의 지도자들)이 마침내 그들에게 응답할 수 있는 "대 민주주의"를 믿었다. 급진적인 가능성의 이런 번영은 항상 미미했고, 곧 짧게 끝날 것이다. 그들은 마오의 말을 고스란히 믿는 실수를 저질렀다.

저우자위, 정즈성, 한핑자오를 위시한 많은 사람들은 815 여단을 결성했다. 그 영향력은 캠퍼스에서 도시의 공장들로 빠르게 퍼져나갔다. 군대는 곧 시 정부와 공작조, 그리고 한핑자오처럼 훗날 여단에서 떨어져 나가려는 일부 조직원들에 대항해 여단을 지원했다.

저우는 의심할 여지 없이 좌파의 소행으로 여겨지는 일들조차 우파의 탓으로 돌리는 데 능숙했다. 베이징에서 일어난 영국대사관 방화는? "그건 가짜 공산당이 한 짓입니다. 마오 주석은 그 배후가 아니었습니다." 충칭에서 일어난 무장투쟁은? "그것은 자본가들이었어요. 그들이 사람들 사이에 긴장을 부추기려 했습니다. 그들은 사람들이 서로 다른 파벌로 갈라지게 했어요. 처음에는 논쟁뿐이었습니다. 그다음에는 막대기 같은 것으로 싸우게 되었어요. 그리고 나서는 무기와 총과 탱크로 싸우고 있었습니다."

한 판다오디 전사는 나에게 최악의 전투들에 대해 말해 준 적이 있다. 815 여단에 패배할 상황이 되자, 수영할 수 있는 사람은 헤엄쳐 강을 건넜다. 그는 뒤에 남겨진 부상자들과 함께 붙잡혔고, 그들을 태운 트럭이 피로 흥건해질 때까지 구타당했다. 구금 상태에서 그들은 또다시 맞았다. 그는 오랜 동지인 저우를 만나게 해달라고 요구했는데, 저우는 자신의 호소를 무시하고 걸어나가 버렸다고 그는 말했다.

"나는 전혀 그런 기억이 없습니다." 내가 묻자 저우는 응수했다. "그것은 모두 소문일 뿐입니다."

"그래도, 당신은 무장투쟁에 가담했잖아요."

"아니에요. 나는 아무도 때리지 않았습니다."

많은 사람이 당신이 연루됐다고 했다. 게다가 당신은 그 때문에 감옥에 있었다는 게 아닌가요?

"그것은 모두 풍문입니다. 다른 누군가가 책을 써서 내가 무장투쟁에 책임이 있다고 했습니다. 그것도 사실이 아니에요. 그것은 오래된 원한일 뿐이에요. 나는 남에게 책임을 떠넘기지 않습니다. 나는 감옥에 15년 동안 있었어요. 나는 아무것도 두렵지 않습니다. 하지만 우리는 진실을 존중할 필요가 있습니다."

저우는 군 사령부가 자신을 좋아했고 폭력이 정점에 달했을 때 그가 폭력으로 끌려들어가는 것을 막기 위해 그를 군부대에 데리고 있었다고 말했다. 게다가, 그는 문화적 방어 분야를 담당했고, 투쟁 그룹을 담당하지 않았다고 덧붙였다. "나는 무장투쟁 현장에 갔고, 게다가 프로파간다를 통해 무장투쟁을 홍보했습니다. 하지만 그런 분위기에서는 어쩔 수 없었어요. 나는 문화대혁명의 일부가 된 사람들에게 겁내지 말고 계속 싸우라고 격려하러 갔어요. 그리고 그들은 나를 '3고(三高) 저우'라고 불렀습니다. 왜냐면 중앙 정부 회의에서 내가 연설을 했는데, 저우언라이가 '저우자위 동지는 수준이 높고, 형식이 높고, 신뢰도가 높다'고 말했기 때문입니다."

그는 갑자기 더 키가 크고 더 자신감 넘치게 보였다. 나는 전투에 대해 그를 다시 한번 압박했다.

"처음부터, 난 그게 잘못이라고 느꼈습니다!" 그는 다시 소리쳤다. "나는 그것에 대해 신물이 났습니다. 하지만 나는 반응할 수밖에 없었어요. 다른 파벌이 싸우고 있었습니다. 만약에 사람들이 당신을 때린다면, 당신은 무엇을 할까요? 다른 방법이 없었습니다. 물론 문화대혁명에 대해 후회하는 것들이 있습니다. 나는 아주 어렸습니다. 겨우 스물한 살이었어요. 물론 나는 충분히 지적으로 성숙하지도 않았습니다. 무장투쟁은 실수였고, 나는 권력자들과 싸우기 전에 권력에 있는 사람들에 대해 주의 깊게 연구하지도 않았습니다. 하지만 문화대혁명에 참여했던 것은 영광이었습니다. 내 인생을 낭비하지 않았다는 뜻입니다. 나는 가난한 환경에서 자란 아이였는데, 나라에 정말로 중요한 것들에 대해 토론할 수 있었습니다." 그들은 이상주의자들이었다. 그들은 자녀들을 외국에 보내지도 않았고, 외국에 은행 계좌도 없었다. 다른 나라 여권도 가지고 있지 않았다. 지금 관리들은 모두 그런 것들을 가지고 있다. 그들은 결코 개인적 이익을 추구하지 않았다. 그들은 인민을 위해 싸웠다. 그들의 영혼은 순수했다.

그런데 그런 비용을 치를 필요가 있었을까?

"그것이 필요했다고 말할 수는 없습니다. 문화대혁명의 30% 는 잘못이었어요. 그 30% 때문에 우리는 고통을 겪고 죽었습니다. 하지만 어떤 사회혁명이든 희생이 필요합니다. 그런 관점에서 보면, 그것은 필요했습니다. 미국 남북전쟁은 얼마나 많은 사람을 죽였습니까? 그것이 필요했나요, 아닌가요? 해방은 얼마나 많은 사람을 죽였습니까? 필요했습니까, 아닙니까?" 그의 목소리는 최고조를 향해 갔다. "파시스트들에 맞선 2차 세계대전은 또한 얼마나 많은 사람을 죽였습니까? 필요했나요? 아닌가요?"

그는 뒤로 기대앉았다. "그것은 '필요하다' 또는 '필요 없다'가 아닙니다." 그는 훈계했다. "어떤 것들은 피할 수 없습니다. 그것은 역사의 과정입니다."

*

저우의 별은 마오쩌둥의 사망과 4인방의 몰락 이후 지구로 추락했다. "류사오치와 덩샤오핑의 권력은 더 커졌습니다. 그래서 그들이 이겼습니다." 그는 말했다.

물론 류샤오치는 문화대혁명이 일어난 지 몇 년 뒤 죽었다. 감방 바닥에서 고통스러워했지만, 치료도 거부당했다. 하지만 저우에게는 이념이 모든 것을 압도했다. 죽음은 승리에 방해가 되지

216

않았고, 용서할 이유도 되지 않았다. 역사를 정복하려는 투쟁에서 한 명의 목숨 또는 천 명의 목숨은 무엇이었을까? 게다가 개혁주의자들은 수백만 명의 홍위병을 체포함으로써, 그들이 권력으로 복귀한 것을 기념했다.

수백만 명? "수만 명이었어요." 그가 무뚝뚝하게 말했다. "그것은 끔찍하고 비참한 시간이었습니다."

4인방의 장칭과 동료들은 텔레비전으로 중계된 재판을 받았다. 전국의 좌파들이 비난받았다. 저우는 반혁명행위를 했고 사람을 죽였고, 정부에 반대하는 음모를 꾸민 혐의로 기소되었다. 모두 불공정했다고 그는 말했다. 재판을 연 간부들도 대부분 문화대혁명에 가담했었다. 그들의 혐의는 어디에 있는가? 그의 범죄에 대한 증거는 어디에 있는가? 희생자들의 이름도 언급되지 않았고, 구체적인 전투도 언급되지 않았다. 재판은, 그 이후에 진행된 개혁개방처럼, 승자의 정의에 지나지 않았다. "모든 법과 법원은 가짜일 뿐이었습니다." 그는 불평했다.

엘리트 홍위병들은, 비엔 선생님의 살인자들처럼, 한 번도 법의 심판을 받을 필요가 없었다. 저우가 한 일이 정확히 무엇이든, 많은 사람이 저우보다 더 나쁜 짓을 저질렀지만 결코 대가를 치르지 않았다. 하지만 적어도 법적 절차는 있었다. 비록 장칭은 변호사를 원치 않는다고 주장했지만, 장칭의 사건은 중국에서 변호의 탄생으로도 알려져 있다. (그녀의 신랄한 감탄사와 증언은 그 재판을 쇼 재판으로 만들었다. "나는 마오의 개였다"고 한 그녀의 선언은 유명하다. "나는 그가 물라고 한 것을 물었다.") 비록 검열된 버전이기는 했지만, 그것을 텔레비전으로 중계한 것은 여러 가지 면에서 시대가 변화했음을 보여주는 방법이었다. 문화대혁명에서 피고인은 자신을 방어하거나 방어 받을 권리가 없었고, 순수하게 정치적 기구들 앞에 섰다. 이제 국가는 폭력에 대한 독점권을 다시 주장하고 있었다. 변호사들은 고객들의 무죄를 주장할 수도 없었고, 마오의 역할을 말할 수도 없다. 그들은 이 사람들을 변호하는 대가를 치를지 모른다는 진짜 공포에 시달렸다. 언제 정치적 바람이 달라질지 누가 알겠는가? 하지만 문화대혁명의 희생자들, 즉, 숙청당한 지도자들, 숙청당한 변호사들, 숙청당한 판사들은 피고인들에게 그들이 과거에 부인했던 권리들을 보장했다.

장칭처럼, 저우도 변호사를 거부하고 법정에 반항하며 싸웠다. 그는 법률적인 사항에서 판사들을 이겼고, 청중에게서 박수를 받았다고 자랑했다. 재판이 끝날 때 그는 외쳤다. "공산당 만세! 위대한 문화대혁명 만세! 조류에 맞서 수영하는 정신 만세! 사회주의가 자본주의에 승리할 것이다! 역사가 나를 무죄로 판결할 것이다!"

"내가 이 말을 했을 때 마음속에 세 가지 이미지가 있었습니다." 그는 덧붙였다. "히틀러에 의해 재판을 받았을 때의 국제공산주의 의장이었습니다. 두 번째는 체 게바라였습니다. 세 번째는 카스트로였습니다."

그의 만족감은 오래가지 못했다. 감옥에서 그는 지하에서, 어둠 속에 3년 반 동안 갇혀 있었다. 그곳에는 3명이 있었는데, 한 명은 미쳤고 다른 한 명은 죽었다. 저우는 외부세계와 접촉할 수 없었다. 편지 또는 전화, 면회, 심지어 하늘을 볼 기회도 없었다. 외로움은 배고픔과 함께 그를 집어삼켰다. 그는 당송시대의 시를 읊었고, 물론 마오쩌둥의 최근 작품들도 읊었으며 노래도 불렀다. "내가 무죄라고 믿었습니다. 그래서 나는 버틸 수 있었습니다"라고 그는 덧붙였다.

그는 노동수용소로 보내졌다. 마침내 그는 태양을 볼 수 있었고, 신선한 공기를 마시고 다른 수감자들과 대화할 수 있었다. 그들은 깊은 구덩이에서 점토를 파냈다. 각자 200개의 벽돌을 만들 충분한 양을 모았을 때만 음식이 허용되었다. 겨우내 맨발로 진흙을 발로 밟았는데, 회색 점토가 피로 붉게 변했다. 나중에 그는 수용소 공장의 기술 부서로 승진했고, 15년이 지난 뒤 풀려났다. 하지만 자유는 그가 상상했던 것보다 더 어려운 것으로 드러났다. 그의 발에는 여전히 상처가 있고, 지금도 바람이 바뀌면 그는 뼛속 깊이 고통을 느낀다. 장기간의 영양실조로 몸이 약해졌고, 만성적인 복통을 겪고 있다. 그가 체포된 뒤 결혼 생활은 파탄 났고, 지금 캐나다에 사는 아들과는 아무런 접촉도 없다. "당신은 아이가 없어요? 좋네요. 가정은 부담이에요."

더 큰 충격은 그가 마주한 새로운 세계였다. 그는 실용적인 변화를 겨우 익혔지만, 그가 사랑했던 국가의 죽음은 그를 당황스럽게 했다. 그는 그 운동의 가장 간단한 특징, 진정한 인민의 통제에 대한 가장 급진적인 이념을 꽃피웠다가 급속하게 억압된 것이 진정한 문화대혁명이라고 믿었다. 다른 어떤 것도 주의를 돌리는 것, 또는 왜곡이라고 그는 무시했다. 그의 대차대조표에 의하면, 모든 신용은 마오주의 덕분이었다. 중국의 경제 성장조차도 개혁개방 덕분이 전혀 아니었다. 그것은 기술 발전이 가져온 자연스러운 진보였다.

"중국에는 세 개의 거대한 산이 있습니다. 교육, 주택, 의료입니다. 이것은 부패한 이익집단 때문에 벌어진 문제들입니다. 이런 문제들은 문화대혁명이 일어나기 전에 박멸되었습니다. 사람들은 지금 우리가 더 나은 삶을 살고 있다고 하지만, 소수의 사람만 잘 살게 되었습니다. 정치적, 경제적, 문화적으로 그들은 억압받고 있어요. 중국의 개혁개방은 실제로는 부를 공공에서 최고 부자들에게 이전하는 과정을 증가시키는 것입니다. 주요 계급투쟁은 이제 기득권 이익집단과 이 기득권에 의해 억압받고 착취당하는 인민들 사이에 있습니다. 최하층 계급의 대표로서 오늘은 매우 나쁩니다."

그는 입을 굳게 다물었다. 이야기는 끝났다.

바람이 세차게 불었고 빗줄기가 줄지어 광장 전체를 두드렸지만, 그는 우리를 택시 타는 곳까지 배웅하겠다고 고집했다. 작별인사를 할 때 한핑자오는 저우에게 약값으로 쓰라며 현금을 찔러 주려 했지만, 저우는 거절했다. 그는 정중하게 서서 차가 출발하기를 기다렸는데, 한 손으로는 말을 듣지 않는 우산을 꼭 쥐고, 다른 한 손으로는 고통에서 벗어나려고 가슴을 두드렸다.

한핑자오는 고개를 저었는데, 이제는 친구가 아니게 된 친구가 걱정되기도 하고 어쩔 수 없는 상황에 화가 나기도 해서였다. 자유주의자들은 한때 경제 개혁이 정치적 진보를 가져올 것이라고 믿었다. 하지만 그들도 부와 권력이 깰 수 없어 보이는 동맹을 형성했다는 것을 인정했다. 억만장자들이 급증하고 있었고, 공무원들과 그 가족들의 재산도 급증하고 있었다. 한편 가장 가난한 사람들과 가장 취약한 사람들이 절실하게 필요로 한 개혁은 한 번도 힘을 얻지 못했다. 그것은 누군가의 이익을 위협했거나, 현상 변경은 너무 위험해 보였다. 하지만 한핑자오가 보기에, 과거로 돌아가려는 저우의 욕망은 모든 면에서 퇴행적이었고, 순진하고 본질적으로 개인의 삶에 따른 것, 전적으로 개인의 경험을 통해 세계를 해석하는 것이었다.

"비록 부패는 덜했지만, 실제로는 다른 유형의 부패에 불과했습니다. 문화대혁명 기간에 비난받은 많은 사람은 자본주의를 경험한 적도 없었습니다. 그들은 가난한 가정, 노동자, 농민 출신이었습니다. 우리는 가짜 적과 싸우고 있었습니다." 그는 말을 이어갔다. "좌파들에게 그것은 이상주의적 입장이 아닙니다. 개인적 입장이죠. 그들이 더 나은 삶을 산다면, 그들은 지금 정부에 동의할 겁니다. 저우의 운명은 비참했습니다. 그에게는 아무것도 없습니다."

문화대혁명은 저우 인생의 정점이었다. 그는 세상의 힘이었고,

활력 있고, 존경받고, 찬사를 받고, 두려움의 대상이기도 했다. 이 제 그는 빈곤하게 살고, 감옥에서 보낸 세월 때문에 건강이 엉망이 되었고, 오랜 적들의 자선에 의존한다. 그러나 한핑자오와 정즈성은 현재를 더 선호하고, 나름 꽤 좋은 삶을 살고 있다. 그들은 비록 저우가 그렇지 않더라도 너그럽게 굴만한 마음의 여유가 있으며 저우는 벌을 받아 마땅하지만 지금보다는 더 나은 삶을 살아야 한다는 데 동의했다. 그들은 다른 과거의 홍위병들과 함께 정기적으로 저우에게 돈을 주었다. 이 세 사람은 한때 친구이고 동지였고, 한때는 서로를 죽일 수도 있는 모진 적이었다. 요즘은 어떤 면에서는 공통점이 덜해졌다. 그들은 서로의 견해를 좋아하지 않았다. 그들은 서로를 많이 좋아하는 것 같지 않았다. 하지만 그들은 합의점을 찾았다, 관계가 필요 때문에 그늘져 있지만, 양보의 기색, 신중한 의심, 서로의 선택과 신념에 대한 상호 비(非)존중이 여전히 깔려 있었다.

개인들은 이러한 암묵적 합의에 도달할 수 있었다. 기관들은 그럴 수 없었다. 그리고 당은 정즈성들에게 의지할 수 없었는데, 문화대혁명의 영향 때문이 아니라, 안정의 보증자로서 당의 약속이 대체로 어떤 세대의 이슈였기 때문이다. 그 약속의 힘은 감소했다. 많은 사람은 그 고통을 경험하지 못했고 그것에 대해 거의 알지 못했는데, 당이 그것에 대해 언급하지 않으려 했기 때문이다. 번영도 역시 감소하는 자산이었다. 사람들은 당의 통치에 대해 더 나은 근거를 필요로 했다. 뭔가를 해야 했다.

보시라이는, 그의 반응이 얼마나 피상적이든, 뭔가 중요한 일을 하고 있는 듯했다. 그는 막대한 빚을 지고, 변덕스러운 사업에 공공의 돈을 낭비(기후에 맞지 않는 은행나무를 심는 데 15억 달러를 썼다)해가면서 동료들에게 쉽게 돈을 벌 수 있는 사업을 주었다. 그는 '그다음은?'이라는 올바른 질문에 대한 잘못된, 끔찍한 대답이었다. 하지만 그는 다음이 있어야 한다는 것, 현 상황이 지속될 수 없다는 것을 당에 보여주었다. 그는 그것을 매우 성공적으로 증명했고, 사실 그것이 그의 패배를 가져왔다. 그의 추락은 그의 출세만큼이나 대단했다. 2012년 2월 그의 오른팔인 공안국장이 근처에 있는 미국영사관에서 망명을 시도했다. 보시라이의 부하들이 아닌, 베이징 중앙 정부가 그를 데려갔다. 2주 뒤에 매년 열리는 정치 행사가 수도에서 시작되었다. 보시라이는 보통 계산된 무미건조한 행사로 치러졌을 일을 구경거리로 만들었다. 그는 자신을 비판하는 이들이 그의 가족에게 "오물을 퍼붓고 있다"고 공격했다. 그는 "고지를 차지하기 위해 이 악마들과 싸우겠다"고 했는데, 이것은 문화대혁명 시절의 시에서 인용한 구절이었다. 그는 자신을 중국인 대중의 표준을 가진 사람으로 묘사했다. "소수의 사람만 부자라면, 우리는 자본주의로 추락할 것이다. 우리는 실패했다"고 그는 말했다.

임기가 다해가고 있던 원자바오 총리도 퇴장하고 있었다. 그는 보시라이의 적으로 알려져 있었고, 일부는 그를 자유주의자라고 여겼다. 그는 자신의 마지막 기자회견을 이용해 충칭의 지도자를 비판하고 정치 개혁을 호소했다. 정치 개혁이 없으면 경제의 변화는 멈출 것이고, 사회가 직면한 새로운 문제들도 해결되지 않을 것이며 "문화대혁명 같은 정치적 비극이 다시 일어날 수 있다." 지도부가 그 시대에 대해 공식적으로 언급한 것은 매우 이례적이었다.

다음날 보시라이가 해고되었고, 순식간에 아우성이 터져 나왔다. 신마오주의자 웹사이트들은 그들의 분노를 널리 확산시키기 전에 폐쇄되었다. 그들은 보시라이를 대중의 북극성으로 떠받들어왔다. 하지만, 저우자위를 비롯한 다른 사람들은 보시라이를 기회주의자로 보았다. 몇 주 뒤 더 충격적인 일이 일어났다. 보시라이의 아내 구카이라이가 잘못된 사업 거래 때문에 닐 헤이우드라는 영국인을 살해한 혐의로 구금되었다. 이것이 공안국장이 미국 영사관에 가지고 갔던 비밀이었다. 구카이라이는 유죄 판결을 받고 감옥에 갇히게 되고, 보시라이는 재판에서 장칭의 재판을 연상시키는 반항을 새롭게 연기한 뒤에 거액의 뇌물을 받고 권력을 남용한 혐의로 감옥에 갇히게 되었다. 하지만 이번 스캔들의 폭발적인 특징은 그 체계적 뿌리를 감추고 있었다. 보시라이는 이미 표적이 되어 있었다. 베이징에서 온 수사관들은 오래전에 작업을 시작했고, 그 공안국장에게 초점을 맞췄다. 그들의 전략은 항상 부하를 무너뜨리고, 중심에 있는 사람에 불리한 사건을 만드는 것이다. 그 공안국장은 구카이라이 사건을 폭로하겠다고 위협하면서 보시라이가 자신을 보호하게 만들려 했다. 보시라이는 오히려 공안국장을 강등시켰다. 그것은 또 다른 과잉대응이었을 수도 있다. 그는 동맹을 쓰고 버릴 수 있다고 생각했다. 또는 그는 공안국장이 다른 방법으로는 살아남을 수 없으리라는 도박을 했을 수도 있다.

수사관들이 보시라이와 그의 공안국장을 체포한 채 무엇을 찾으려 했는지는 알 수 없다. 나중에 알게 된 바로는, 보시라이는 최고 지도자들에 대해 염탐을 해왔다. 어떤 사람들은, 보시라이가 자신의 미래가 위험에 처하자 쿠데타를 기도했다고 믿고 있다. 중국의 막강한 공안 책임자인 저우융캉이 보시라이와 함께 음모를 꾸몄다는 소문이 있었다. 보시라이가 사라진 며칠 뒤 온갖 루머가 무성했다. 하지만 한 가지 소문은 특히 오랫동안 계속되었는데, 문화대혁명 초기에 보시라이가 자기 아버지의 얼굴을 때려 홍위병의 환심을 샀다는 것이다. 보시라이의 옛 급우들은 그의 숭배자는 전혀 아니었지만, 나에게 그 소문은 사실이 아니라고 말했다. 사실 여부는 중요하지 않았다. 많은 아이가 생존이 전부였던 그 잔혹한 시대에 자신들의 부모를 공격했다. 보시라이의 형은 홍위병 지도자였고, 그가 다니던 학교의 학생들은 선생님들을 고문했다. "붉은 공포 만세"가 벽에 피로 휘갈겨 쓰였다. 더욱 중요한 것은 보시라이가 뺨을 때렸을 것이라고 많은 이들이 느꼈다는 점이다. 그것이 거짓이더라도 진실 같은 울림이 있었고, 너무 설득력이 있어서 의식적으로 날조된 것이 아닐 수도 있다. 결국 어른이 되었을 때 그는 자기 어머니의 목숨을 앗아간 그 운동에서 영감을 얻었다. 그것이 그를 몰락시킨 살인과 부패와 권력 남용과 야망의 거대한 늪에서 하나의 고착화된 작은 디테일이었다. 문화대혁명은 그에게 오명을 씌울 수 있는 효과적인 방법이었고, 상상력을 사로잡은 것은 그 공포뿐 아니라 모호함 때문이었다. 국가는 문화대혁명을 매우 드물게 언급했는데, 현재의 패러다임으로부터 조금만 벗어나도 재난으로 이어질 것이라는 증거로 이용했다. 1989년 시위의 "우파" 학생들 또는 홍콩의 민주화를 지지하는 시위대처럼, 준(準)마오주의자인 보시라이도 그 산물이었다. "중국이 서구 다당제 의회 민주주의 체제를 모방한다면… 곳곳에서 파벌이 생겨난 '문화대혁명'의 혼란과 혼돈의 역사가 반복될 수 있다"고 관영 신화통신은 경고했다. 그것은 그림자 속에서 힘을 끌어내는 귀신이었다. 당신이 원하거나 두려워하는 무엇이든 될 수 있었다.

*

어느 아침 베이징에 있는 집을 나서다가, 나는 밖에 있는 사자상이 풍성한 플라스틱 담쟁이덩굴을 벗어버린 것을 알아챘다. 멀리서 보면, 그 덩굴은 섬유유리로 만든 모형에 영국의 위풍당당한 집을 연상시키는 특별한 분위기를 더해주었다. 이제 그 야수는 목주위에 빨간 리본을 매고 있었는데, 나는 최근 시진핑의 사진을 떠올렸다. 그 사진에서 시진핑은 젊은 당원들에게 둘러싸인 채, 모든 어린이처럼, 목에 빨간 스카프를 매고 있었다. 그보다 일주일

쯤 전에 그는 프랑스를 방문했는데, 거기서 그는 나폴레옹의 발언으로 알려진 문장을 인용했다. "중국은 잠자는 사자다. 그것이 잠자게 놔둬라. 깨어나면 세계를 뒤흔들 것이기 때문이다." 사자가 깨어났다고 시진핑은 청중들에게 말했다. "그러나 그것은 평화롭고 우호적이며 문명화된 사자이다." 중국에 대한 그의 비전은 넓고 광활했다. 민족의 부흥, 부강이라는 주제였다. 덩샤오핑은 중국이 실력을 감추고 때를 기다리라[韜光養晦]고 했고, 후계자들은 그 공식을 지켰다. 하지만 시진핑은 세계 속에서 더 큰 야망을 가졌다. 중국은 다시 세계의 지도자가 될 것이고, 영향력을 넓힐 것이다. 그러기 위해, 비전을 더 좁히고 이데올로기에 더 집중하고, 당 중앙이 더욱 강하게 이끌어 갈 것이다. 더 단호하게 서구의 가치를 거부하고, 국내에서는 정치적 의지를 다시 확립할 것이다. 중국은 중국식 레닌주의를 강화해야만 자신을 위한 새로운 공간을 만들 수 있을 것이다.

시진핑이 억압을 향한 전환을 시작한 것이 아니다. 그것은 그가 집권하기 전에 시작되었다. 국내의 불만과 보시라이의 음모에 아랍의 봄이 더해져 그런 변화가 촉발되었을 것이다. 공산당은 시민들을 빈곤에서 구하는 것 이상으로는, 결코 시민들에게 권력을 넘겨준 적이 없었다. 그들은 성장하는 번영을 얻었고, 그 비용을 지불하려고 땀 흘리고, 가족관계에 균열이 일어나고 때로는 팔다리를 잃기도 했다. 조금씩 그들은 논쟁하고 토론할 공간을 없애버렸다. 사람들은 각자도생해야 한다는 것을 배웠다. 그들은 더 거칠고, 더 개인주의적이고, 더 자유롭게 생각하게 되었다. 당은 이것이 어떤 면에서 도움이 된다고 생각했고, 시민사회의 성장과 권리 증진에 대한 욕망을 용인했지만, 그것을 권장하지는 않았다. 인민들이 자신감을 얻을수록, 당은 더욱 불안해졌다. 세대가 달라질수록, 당-국가와 사회 사이의 계약이 침식되고 있었다.

인구의 상당수가 문화대혁명을 기억하지 못하게 되었을 때, 당이 혼란에 대한 방어벽이라는 증거로 문화대혁명을 이용하는 효과가 약해졌다. 경험은 항상 충고보다 더 설득력이 있는데, 어떤 경우에도 사람들은 계속 감사하지는 않는다. 건강보험이나 연금이 나아지면 지지하지만, 곧 부족함에 대한 불만으로 바뀐다. 그래서 경제적 번영의 전반적인 증가는 당연하게 여겨지고, 사람들은 다른 사람들은 형편이 더 좋은데 자신은 왜 그렇지 않은지 질문하게 된다. 당 일각에서는 이미 개혁을 더욱 강하게 밀고 나갈 수 있는 더욱 강력한 리더십을 요구하고 있었다. 보시라이의 사례는 이것이 변해야 할지의 문제가 아니라, 그 변화를 통제할 수 있느냐의 문제임을 보여주었다. 아마 그것이 결정적 역할을 했을 것이다. 역사는 당 지도부에게 권력은 우리 속에 가둬야 한다는 것을 가르쳐왔다.

그러나 그들은 시진핑에게 열쇠를 넘겼다. 그들은 시진핑이 전례를 깨고 보시라이의 후원자였던 공안 책임자 저우융캉을 제거하도록 허용했다. 저우융캉은 4인방의 몰락 이후 당에서 제명된 첫 정치국 상무위원이었다. 그의 전임자는 군대를 통제하기까지 몇 년을 기다려야 했지만, 시진핑은 곧바로 당과 군의 통제권을 장악했다. 몇 년 뒤, 시진핑 사상은 그의 이름과 함께 당장(당 헌법)에 명시되었는데, 이로써 그는 마오쩌둥 이후 살아 생전에 그런 명예를 누린 첫 지도자가 되었다. 곧이어 그는 합의된 문서로, 국가주석 임기 제한을 폐지했다. 시간이 지나면 그는 공산당 총서기로서 영구집권에 착수할 것이다. 당내 지위는 그의 절대권력의 진정한 원천이었다. 당 원로들은 시진핑이 이렇게 빨리, 이렇게 큰 힘을 확보할 것이라고는 예상하지 못했던 것 같다. 하지만 그들은 그에게 기회를 줬다. 시진핑은 보시라이가 아니었다. 그는 그렇게 겉만 화려하지도, 그렇게 단기적이지도 않았다. 그러나 충칭에서 벌어진 일의 이상한 메아리가 있었다. 매일 그의 권력은 더욱 대담하게 행사되었고, 더욱 요란하게 찬양되었다. 언론에서는 그의 겸손과 카리스마, 강인함을 찬양했다.

그는 마오쩌둥이 이전해 사용했던 기술의 현대화된 버전에 의존했다. 노골적인 사회 비판으로 유명했던 재벌들의 자백 역상이 공개되고, 간부들이 과오를 해명하도록 소집된 긴 자아비판 회의가 텔레비전으로 방영되었다. 관영매체는 점점 교조적으로 변했다. 이념적 순수성에 대한 요구, 중국이 세계에서 주도적 역할을 해야 한다는 요구, 인민에 대한 시진핑의 개인적이고 감정적인 호소는 모두 낯익다. 그는 대중의 암묵적 지지를 구하고 있지만, 인민의 능동적 개입은 원하지 않는다. 이것은 심지어 순수하게 정치적 관점에서도, 진정한 마오주의는 아니었다. 그는 방해받지 않는

지배를 추구했다. 그는 중국을 혼란 없이 지배하는 것을 원했다. 그는 뒤엎으려는 것이 아니라 고삐를 조이려 했다. 하지만 그는 그런 재난으로부터 당과 국가를 보호하기 위해 고안된 변화를 해체하기 시작했다. 그는 중국을 안정시키려면 권력의 약화나 통제가 아니라, 권력을 집중해 결정적인 행동을 할 수 있어야 한다고 믿고 있는 것으로 보인다. 그리고 이것은 마오주의가 남긴 상처에도 불구하고 나온 것이 아니라, 시진핑 가족이 겪은 고통과 시진핑이 시골에서 오랜 국내 망명 생활을 했다는 사실에서 도출된 교훈으로 보인다.

세상은 너희들의 것이고, 우리의 것이기도 하지만, 결국은 너희들의 것이다. 너희 청년들은 아침의 태양처럼 활력이 넘치고, 전성기를 맞이할 것이다. 희망을 너희에게 건다.

– 마오쩌둥

6장

혁명이 지루해질 수 있다고는 아무도 생각하지 못했다. 하지만 1968년 말이 되면 홍위병의 과도한 행동은 종말을 맞았다. 더는 봉건적 유물을 불태우거나 깨부수고, 부르주아 가정을 습격하는 일은 없었다. 대교류(大串連 또는 大串联, 문화대혁명 시기 홍위병들이 전국으로 가서 교류했던 것) 속에 전국을 여행하던 일은 추억에 불과하게 되었다. 골목길에서 빈둥거리는 것도 더는 재미가 없었다. 2년간의 학습과 투쟁 그리고 아무것도 할 일이 없었던 시기가 지난 뒤, 가장 열성적이었던 이들도 열정이 사그라드는 것을 느꼈다. 위샹젠과 친구들은 교육이 그리워질 줄은 생각지도 못했지만, 철도 위에서 했던 모험을 뒤로 한 채 책을 읽고 공부를 할 수 있기를 갈망했다. 학교가 복구한 한 가지 수업은 영어였다. 바로 1년 전에 홍위병들이 영국대사관을 포위하고 불태운 것을 생각하면 매우 기묘한 선택이었다. "하지만 우리가 배운 말은 이것뿐이었습니다. 마오

주석 만세! 마오 주석 만세! 마오 주석 만세!(万岁! 毛主席)"

　　대다수 사람이 문화대혁명에 대해 생각하는 바와 달리, 홍위병들의 권세는 비교적 짧은 기간이었다. 주석은 3년 운동을 계획했지만, 2년이 조금 지난 뒤 그는 혼란에 대해 짜증이 났다. 그는 이제는 쓸모없어진 홍위병들을 억압하도록 군에 명령을 내렸다. 에너지를 발산할 곳이 없어져 좌절한 10대들은 환멸에 빠진 도시 청년의 거대한 무리가 되었다. 공산주의 통치 아래서 교육은 확대되었지만, 그에 맞게 더 나은 기회가 늘어나지는 않았다. 중국 인구의 5명 중 1명이 도시에 살고 있었지만, 그들에 맞는 일자리는 없었다. 분위기는 좌절감, 원한, 광신주의, 사춘기의 태도와 게으름이 위험하게 뒤섞여 폭발할 것 같았다. 젊은이들은 훌리건주의와 한 신문이 우려했듯 "사회주의로 이어지지 않을 일들" 같은 문제를 일으키는 것 말고는 할 일이 거의 없었다.

그렇게 길고 지루했던 어느 날, 위샹젠은 지도자의 호출을 받았다. 그는 위샹젠에게 서류 뭉치를 건넸다. 그녀의 임무는 그 서류들을 친구와 동급생들에게 전달하는 것이었다.

"선택의 여지는 없었습니다. 하룻밤 사이에 일어난 일이었죠." 그녀는 말했다. "청년들에게는 네 가지 가능성이 있었습니다. 우선 군대에 입대할 수 있었는데, 그것은 영광스러운 일로 여겨졌지만 기준이 매우 엄격했습니다. 혁명가 집안 출신이거나 아버지, 할아버지, 심지어 증조부까지 모두 매우 가난한 집안 출신이어야 했습니다. 여학생의 경우 한자리에 200명이 지원했고, 남학생의 경우는 아마 수십 명 중 한 명 정도만 합격했을 거예요. 저처럼 공장에서 일할 수 있다면 매우 운이 좋았죠. 부모님과 가까이에서 도시에 머물 수 있었으니까요. 국영 공장에 들어갈 수 있다면 운수 대통한 겁니다. 대규모 국영 농업 기구인 '건설단'과 함께 헤이룽장, 네이멍구, 또는 시닝으로 갈 수도 있었죠. 그것은 그렇게 나쁜 선택은 아니었어요. 최악은 농촌으로 가는 것이었어요."

결국 그들 대부분이 가게 된 곳은 농촌이었다. 위샹젠의 학교 친구들은 빈곤한 중국 농촌을 향해 휩쓸려 간 대규모 도시 청소년들의 첫 번째 물결이었다. 그들만의 국가라도 세울 수 있을 만한 규모인 1,700만 명의 소년 소녀들이었다. 그들은 지금은 잃어버린 세대로 불린다. 하지만 당은 그 흐름을 '상산하향'(上山下鄉)으로 부르며 운동의 고상한 명분과 이 학생들이 옮겨졌던 척박한 토양을 묘사한다. 일부는 겨우 열네 살 정도였다. 많은 청년은 그전까지는 집을 떠나 하룻밤도 보낸 적이 없었다. 그들은 수백, 수천 마일 떨어진 곳, 한 세기 전으로 돌아간 듯 전기도 수돗물도 없는, 때로는 거기로 가는 도로조차 없는 곳으로 보내졌다.

위샹젠이 집집마다 다니며 안내문을 나눠주자 모든 가족이 울음을 터뜨렸다. 그 뒤 며칠, 몇 주 동안 기차역과 버스 정류장은 흐느끼는 청소년과 두려움의 울음을 삼키는 부모들로 가득 찼다. '대교류'는 모험이었다. 이것은 실제 생활이었고 한평생 지속될, 새로운 고향에 '뿌리를 내려야' 하는 일이었다. 대부분 시골에 친척이 있었기 때문에 그곳의 삶이 얼마나 가혹한지 알고 있었다. 많은 사람이 대기근으로 가족을 잃었다.

"그들은 아직 어린아이였어요. 그리고 물론 사람들은 그 삶이 힘들 것이라는 것을 알고 있었습니다. 그래서 그들은 또한 두려워했습니다. 문화대혁명 초기에 그렇게 활동적이었던 사람들은 이제 좋은 시절이 끝났다는 것을 깨닫기 시작했습니다." 위샹젠은 이렇게 말했다.

마오쩌둥의 이데올로기적 강박이 이 실용적 해결책의 동력이었다. 마르크스주의 이론은 농민을 봉건주의 유물로 여겼다. 10대 시절 농촌 출신이라는 이유로 괴롭힘을 당했던 마오는 그것을 뒤집어, 빈농을 혁명의 동력으로 삼았다. 이제 도시 젊은이들은 농촌의 복지를 위해 그들의 기술, 지식, 명민함을 활용해야 한다. 그들은 위생을 개선하고, 문맹을 퇴치하고, 미신을 퇴치하면서, 빈곤과 무지에 찌든 마을들을 앞으로 끌고 나가야 했다. 하지만 농민들의 임무는 더 심오한 무지, 즉 도시 엘리트들의 인민에 대한 무관심을 뿌리 뽑는 것이었다. 마오쩌둥은 항상 승리의 위험성에 대해 경고했다. 이제 그는 증거를 확보했다. 부르주아의 설탕 발린 총알이 공산주의자들의 영혼을 파고들었다. 국민당에 맞서 일하고 싸우고 모든 위험을 무릅썼던 간부들이 도시의 삶과 화이트칼라 노동에 유혹당했다. 그들의 자녀들은 더욱 타락했다. 투쟁보다 편안함을 추구하는 본능, 가족에 대한 이기적인 관심, 그리고 개인적 성취에 대한 욕망은 모두 그의 유산을 파괴해 버릴 것이다. 10년간의 수정주의 교육이 그들을 망쳤다. 농민들이 이 세대를 다시 단련시킬 것이다, 그들에게 아무것도 소유하지 않고 살도록, 가장 더러운 노동을 견디고 심지어 사랑하고, 대의를 위해 희생할 뿐 아니라 자신들을 지워버리도록 가르칠 것이다. 그들은 그의 혁명을 궁극적인 승리로 이끌고, 정치 체제와 마찬가지로 경제, 사회, 문화도 공산주의인 나라로 만들 것이다.

*

선전 포스터는 또 하루의 노동을 위해 들로 행진하는 이들을 보여준다. 그들은 종종 멈춰서 주름진 얼굴의 명랑한 농부에게 말을 거는데, 항상 발그레한 뺨에 순박하고 정이 많다. 면 재킷을 입은 이 잘생긴 아이들은 낫이나 괭이를 어깨에 메고 자유로운 손에는 당연히 마오 주석의 어록을 들고 있다.

그들이 내 앞에 있는 무대에 서 있었다. 그들은 제복을 입고, 마오 주석이 쓰던 모자를 쓰고, 완장을 찬 채, 〈소홍서〉를 가슴에 꼭 품고 노래를 불렀다. 트리오 중 가장 작은 한 명은 자신을 중성(中聲), 즉 중국의 목소리라고 소개했다. 가장 예민한 관리도 그가 말한 내용에 신경 쓰지 않을 테지만, 그는 내가 그의 실명을 써서는 안 된다고 했다. 연단에서 내려왔을 때, 그는 농촌으로 하방된 도시의 아이인 즈칭(知靑)이 된 것이 자신을 더욱 용감하고 강하게 만들었다고 말했다. 그것을 통해 그는 삶을 소중히 여기고 평범하고 소박한 것에도 만족하는 법을 배웠다. 그는 조국이 이룩한 발전과 그 과정에서 자신이 작은 역할을 했다는 사실을 자랑스러워했고, 중국 지도자들에게 감사했다. 그의 주위에 모인 사람들은 고개를 끄떡이고 미소를 지었으며, 서로에게 속삭였다. 그들은 충칭 즈칭(知靑) 우호회였는데, 나는 전날 우연히 공원에서 그들을 만난 적이 있었다. 그들은 출입문 옆 광장에서 춤을 추고 있었는데, 복잡한 안무에 따라 앞뒤로 움직였고, 일부는 스카프를 흔들고, 많은 이들은 구령을 외치고 있었다. 나는 그들을 방해하고 싶지 않았다. 하지만 그들은 내가 보고 있는 것을 발견하고, 멈춰서 나더러 그들의 쇼에 참여하라고 했다. 물론 그들은 더는 청년이 아니라 중년 후반의 나이였다. 하지만 멀리서 보면 그들을 10대로 착각할 수도 있다. 그들은 날씬한 몸매에 미니스커트와 하이힐을 신거나, 포니테일로 머리를 묶고 불타는 듯한 립스틱을 발랐을 뿐만 아니라, 손을 잡고, 팔을 쓰다듬고, 어깨를 주무르고, 소매를 매만지고, 가방끈을 곧게 펼 때의 동작도 소녀 같았다. 그들은 애정이 넘쳤다, 서로 놀리고 계속 사진을 찍으면서 포즈를 취했는데, 손가락을 토끼 귀 모양으로 구부리기도 했다. 무릎 위까지 올라오는 가죽 부츠를 신은 한 여자가 장난스럽게 한 남자의 귀를 비틀자, 그 남자는 비명을 질렀지만 게임처럼 보이려 했다. 클로즈업해서 보니, 그들의 옷은 색과 무늬, 화려함의 향연이었다. 레이스 드레스 위에 반짝이 장식이 달린 칼라, 끈 장식과 장미꽃이 밝은 줄무늬에 활기를 불어넣었다. 그들의 메이크업은 강렬했는데, 대담하게 눈썹을 그리고, 긴 머리를 선명한 검은색이나 샛노랑으로 염색했다.

그들은 일주일에 두세 번 만나 산을 오르기도 하고, 훠궈를 먹고, 마작을 하고, 노래를 불렀다. 함께하면 더욱 즐거웠다. 일 년에 한 번, 몇 달간의 준비 끝에 그들은 화려한 무대를 꾸몄다. 이번에 그들은 홀과 마당을 빌려 길고 정교한 프로그램을 무대에 올렸는데, 나는 그 내용을 완전히 이해하려는 시도를 포기했다. 나는 끝없이 이어지는 활동들, 단체 사진, 땅콩과 오이를 담은 접시, 노래, 사진, 춤, 사진, 입을 마비시키는 닭고기, 더 많은 노래, 더 많은 음식 그리고 물론 더 많은 사진, 여러 번 옷을 갈아입고, 계속되는 재편성과 나까지 포함된 소동에 항복해버렸다. 내가 도착했을 때, 포옹과 나를 소개하는 안내, 그리고 모두가 기립한 열렬한 환영 등 유명인 대접이 시작됐다. 이제 나는 드레스를 입은 숙녀들, 부채를 흔드는 여성들, 웃음을 띤 남성들과 진지한 남성들, 친구들 옆에서 서로 부둥켜 안기도 하고 서기도 하고 내 어깨에 팔을 걸치고 뺨을 맞댄 이들과 사진을 찍었다. 한 손이 내 어깨에 편안하게 닿길래 그쪽을 쳐다보니, 달콤한 미소와 주름진 눈매가 나를 바라보고 있었다. 구 아줌마는 옆에 선 친구들에 비해 별로 옷을 차려입지 않았다. 분홍과 검은색이 섞인 운동복 차림에 얼굴에는 화장을 하지 않고, 꾸미지 않은 긴 머리를 하고 있었다. 그녀는 계속 회상을 하고, 질문을 던지고 제안과 발언을 하고, 지나가는 친구들과 의견을 주고받고, 테이블 주변의 이 사람 저 사람들이 안아보고 있는 통통하고 온순한 3개월 된 손자를 돌보려고 잠시 말을 멈추기도 했지만, 다른 사람들에 비해 훨씬 차분한 태도였다. 이들은 그녀의 사람들이었다. 충칭에만 등록된 즈칭(知靑) 단체가 스물여섯 개나 되고 비공식 단체는 훨씬 더 많으며, 그들의 회원을 합하면 수천 명이나 된다고 그들은 나에게 말했다. 일부는 사진이나 춤 같은 취미에 특화된 단체도 있었다. 이 그룹은 다양한 관심사와 아늑하고 비공식적인 분위기에 자부심을 느끼는 제너럴리스트들이었다. 나는 이들이 수십 년 동안 헤어져 있다가 재회한 줄 알았지만, 실제로는 6년 전 채팅방에서 만난 이들이었다. 공통적이지만 공유되지 않았던 시골 생활의 경험만으로 충분했다. 그들은 같은 언어를 사용했다. 그것은 그들의 영혼의 자산이었다. 구 아줌마는 말했다. "우리는 즈칭이었다는 사실이 자랑스럽습니다. 그것은 전례 없는 일이었죠. 미래에도 이런 일은 일어나지 않을 것임을 우리는 알고 있습니다."

내가 다른 사람들과 이야기를 나누는 동안 중성의 목소리가 계속 들렸다. 그 목소리는 간간이 끼어들면서, 중국이 이토록 발전하고 있는 것이 얼마나 기쁜지를, 중국의 건국자들을 그들이 얼마나 존경하고 있는지를 상기시켰다. 나이에도 불구하고 그의 제복, 그의 질문에 무조건 순종하는 모습에서 나는 보이스카웃을 떠올렸다. 그가 말하는 동안 내 관심은 그가 여전히 손에 쥐고 있던 〈소홍서〉에 쏠렸다. 표지는 붉은 플라스틱으로 되어 있었는데, 마오쩌둥의 아저씨 같은 얼굴이 그려 있고 금색 글자로 제목이 적혀 있었지만, 책 안의 내지는 없었다.

*

믿을 수 없겠지만, 덩샤오핑이 1979년 미국을 방문했을 때 셜리 매클레인을 만난 이야기가 있다. 백악관 연회에서 그 배우는 덩샤오핑 가까이에 앉아 자신이 만났던 한 중국 과학자에 대해 이야기했다. 그 과학자는 농장 노동을 하도록 하방되었을 때 더 행복하고 생산적이었다고 말했다고 했다. 덩은 그녀의 말을 끊고 "그는 거짓말을 했다"고 말했다.

물론 덩은 문화대혁명 당시 두 차례 숙청을 당한 적이 있다. 그는 3년 동안 지방의 한 트랙터 공장에서 일했다. 죽거나 들판에서 땀 흘리는 것보다는 나았지만, 그는 그것을 낭만화할 이유가 없다고 생각했다. 덩샤오핑의 무뚝뚝함은 즈칭들의 첫 번째 회고록의 물결 속에서도 나타났다. 그 회고록들은 하방의 무의미함과 절망적인 상황을 공격했는데, 이것은 문화대혁명의 의미를 찾기 위해 고군분투했던 '상흔 문학'의 일부를 형성했다. 하지만 낡은 마을의 초라함이 멀리서 보면 그림처럼 아름답게 보일 수 있듯이, 농촌으로의 하방 생활은 기억이 희미해질수록 건전하고 심지어 삶을 긍정하는 것처럼 보이기 시작했다. 1990년대 초에 열린, 즈칭들의 사진, 회상, 기념품 전시회에 2주 동안 15만 명이 방문하면서, 비슷한 전시회와 추억을 대대적으로 유행시켰다. 여러 그룹이 농촌 마을을 찾아가는 감성적인 귀환 여행을 조직했다. 여행사들도 이것으로 돈을 벌었다. 1989년의 학살이 중국의 미래에 대한 강력한 비전을 부숴버렸고, 국유기업 구조조정으로 인한 대량 해고가 이 세대의 정체성을 의심 속으로 몰아넣었을 때 과거로의 회귀가 일어난 것은 우연이 아니다. 노스탤지어 산업은 호황을 누렸고 당은 그 잠재력을 알아차리기 시작했다. 중성의 우려에도 불구하고 노스탤지어 산업은 문화대혁명에서 유일하게 널리 논의되고 기념됐으며 지금도 기념되고 있다. 비록 당국의 감시를 종종 받기는 하지만. 농촌으로의 하방은 광신주의의 뿌리와 분리되어 신선한 공기, 동지애, 정직한 노동으로 재포장되었다. 어려웠던 시절에 대한 향수는 중국에만 있는 것이 아니다. 하지만 이것은 마치 폭탄과 대규모 민간인 사망을 언급하지 않으면서 지하철역 방공호들을 기반으로 한 '블리츠 정신'(2차 세계대전 당시 독일의 런던 대공습에 맞선 것)을 찬양하는 것과 마찬가지다.

시진핑과 그의 동료들은 그 1,700만 명 중 일부였다. 시진핑은 베이징을 떠나 북서부 산시성으로 향했고, 황토 고원에 지어진 좁고 곰팡내 나는 동굴 집에서 7년 동안 살았다. 그는 량자허에서 석탄 수레를 끌고, 거름을 나르고, 제방을 쌓고, 옥수수와 감자 농사를 지으면서 어른으로 성장했다. 그는 벼룩과 매서운 추위, 단조로운 음식, 그리고 그보다 더 단조로운 노동을 견뎌냈다. 그는 양을 치고 있을 때나 밤늦게까지 잠을 줄여가며 책을 읽었다. 2015년 그가 국가주석이 되었을 때, 그는 그곳이 자신의 인생이 시작된 곳이라고 묘사했다.

시진핑이 집권하자 량자허는 명소로 변했다. 대부분 공무원인 수많은 방문객이 그의 옛집을 시찰하러 왔고 그가 팠다는 우물을 찬양했다. 하지만 시진핑이 인터뷰와 기사에서 그 시절의 고난을 강조하기 시작한 것은 1990년대 초부터다. 시진핑이 최고 지도자가 된 뒤, 그의 책 〈시진핑, 국정운영을 말하다〉(習近平談治国理政, The Governance of China)는 33개 언어로 1,300만 부 이상 배포되었고 여전히 배포 중인데, 이 책은 그의 검소함의 미덕과 농민을 위한 사심 없는 헌신, 농민으로부터 배우는 겸손함(행간에 숨은 의미는 마오와 마찬가지라는 것이다)을 찬양했다. 그는 농민들이 이 지역을 발전시키도록 도왔고, 침식을 막기 위해 제방을 보강했다. 그는 모범적인 헌신으로 모범 청년 칭호를 받았지만, 마을 주민들을 돕기 위해 상금을 농기구 구입 비용으로 내놓았다. 심지어 지역의 당서기까지 그에게 조언을 구했다. 나약한 10대로 이곳에 왔던 시진핑은 인민을 위해 봉사할 준비가 된 사람이 되어 떠났다. "열다섯 살에 황토 고원에 도착했을 때 나는 불안에 차 있고 혼란스러웠다. 스물두 살에 황토 고원을 떠날 때 인생의 목표는 확고했고, 자신감으로 가득했다"고 그는 이후에 썼다.

그것은 상당히 창조적인 신화였다. 이 이야기는 그의 근성, 단련, 겸손함을 증언했다. 그의 봉사는 아버지의 혁명적 노력을 연상시키면서 흠잡을 데 없는 타고난 재능을 강조했고, 또한 그가 인민 중의 한 명임을 증명했다. 그는 고통을 겪었고, 그 고통을 딛고 일어섰다. 초기의 인터뷰에서 그는 놀라울 정도로 솔직했다. 하지만 시간이 지나면서 공식 버전은 베이징에서 홍위병에게 괴롭힘을 당했던 것과 같은 불편한 세부 사항은 삭제했다("특별 열차 전체에서 울지 않고 있던 사람은 저밖에 없었어요, 나는 웃고 있었어요"라고 그는 회상했다. "내가 가지 않는다면 여기서 살아남을지 죽을지 모르니, 떠나는 게 좋은 일 아닌가요?"). 영어로 발행되는 한 국영 언론은 "시골로 간 도시 소년"에 대해 오래된 우화나 리얼리티 쇼를 방불케 하는 논조로 보도했다. 이 보도는 시진핑이 불과 몇 달 만에 량자허를 떠났지만, 달리 갈 곳이 없어서 다시 돌아왔다는 사실은 언급하지 않았다. 시진핑이 그의 아버지를 우호적으로 기억해 그를 기꺼이 도와주려는 사람들이 있는 곳으로 보내진 것은 우연이 아니었다. 그들이 시진핑을 찾아온 것도 그리 놀라운 일이 아니었다. 시진핑은 그런 도움을 줄 사람을 알고 있었을 가능성이 높다. 즈칭들은 때로는 일반 농민들보다 더 나은 배급을 받기도 했다. 국영 언론은 시진핑이 어떻게 거의 백 킬로그램의 밀을 들고 운반할 수 있었는지 묘사하면서, 그가 성실히 일하고 유능하기도 한 강인한 청년으로 존경받았으며, 마을 주민들은 미래에 나라의 지도자가 될 청년이 농민들이 쉽게 어깨에 짊어지는 물통을 옮기느라 애쓰면서 내리막길에서 미끄러져 내려오던 모습을 회상한다고 보도했다.

하지만 어떻게 이야기하든, 도시와 시골, 통치자와 피지배자 사이의 격차가 너무나 빠르게 벌어지고, 부패가 그로부터 혜택을 받는 이들과 그 대가를 치르던 이들 모두에게 당연시되던 시대에 이 이야기는 강력했다. 시진핑의 이야기는 농촌의 역경을 공산주의의 승리로 바꿨고, 공산당 엘리트들이 누리는 호화로운 생활 방식을 대약진의 메아리가 느껴지는 규율로 대체했다. 그 이야기는 지도자가 투쟁이 무엇인지 이해했다는 점을 강조했고, 또 사실이기도 했다. 시진핑은 열심히 일하고 공부했고, 사람들은 그를 좋아하고 존경했던 것 같다. 시진핑이 그곳을 떠난 지 한참 뒤 중요한 직책에 올랐을 때, 그는 그곳의 오랜 친구가 수술을 받을 수 있도록 돈을 보냈다. 그의 경험은 사회 밑바닥의 가혹한 삶을 가르쳐 주었고, 젊은이들이나 서구 지도자들은 알지 못하는 본능적인 이해를 가지게 했다. 그가 가진 특권은 중요했다손 치더라도 피폐한 환경과 가혹할 정도로 고된 노동을 조금 완화해주었을 뿐이다. 그는 막힌 하수도를 뚫을 때 얼굴에 분뇨가 튀던 충격을 회상했다. 음식은 형편없었고 그마저 언제나 부족했다. 휴식은 드물고 지루하기 짝이 없었으며, 그가 이전에 당연하게 여겼던 작은 사치인 고기, 과일, 깨끗한 옷, 우정은 사라졌다. 처음 몇 달 동안 그와 마을 사람들은 서로의 말도 제대로 이해하지 못했다. 외로운 삶이었다.

*

다음번에 구 아줌마를 만나자, 그녀는 나를 포옹한 뒤 손주의 최근 사진을 보여주고는, 질문할 기회도 주지 않고 농촌에서 알고 지냈던 한 소녀에 대해 이야기하기 시작했다.

"한 소녀와 사랑에 빠진 재능 있는 학교 선생님이 있었어요. 정말 유능한 사람이었죠. 그는 어느 날 밤 그녀의 집 침대 밑에 숨어 있다가 발각되었죠. 사람들은 그를 끌고 나가 징역 8년을 선고했죠. 그에게는 아내가 있었기 때문에 간통죄였어요. 그게 일반적인 관행이었어요. 현지 남성이 즈칭과 잠자리를 하면, 사형당할 수도 있었어요. 소녀는 그가 풀려날 수 있도록 두 사람의 관계를 부인했지만, 그 교사는 관계를 결국 인정했습니다."

그 자백을 받아내기 위해 그들이 그 교사에게 어떤 일을 했을지 상상하는 것은 어렵지 않았다.

"그녀는 작년에야 겨우 그와 연락이 닿았다고 하더군요. 나는 두 사람을 모두 알아요. 그녀는 결혼한 적이 있지만 남편은 이미 세상을 떠났고, 두 사람은 처음으로 다시 만났죠. 그들은 서로의 전화번호를 알아내 몇 시간 동안이나 통화했어요. 그녀는 통화 내

내 계속 울었습니다. 그 남자는 시골을 떠나 충칭으로 이사하기로 결정했습니다. 이제 그들은 이웃에 살고 있어요. 그들이 각자의 아파트에 살고 있기는 하지만, 그녀는 그를 돌보고 있어요. 그는 지금 장애가 있으니까요. 그 남자의 아내는 여전히 시골에 살고 있어요."

황 아줌마가 끼어들었다. "그의 아내는 이해심이 많아요. 게다가 그의 연금은 한 달에 3천 위안이고 그녀는 수입이 없습니다. 그래서 그녀는 그것을 참을 수밖에 없었죠."

"그 당시에는 기본적으로 모두 중매결혼이었어요. 당신 나라에는 중매쟁이가 없죠?" 구 아줌마는 그렇게 말하고, 휴대전화를 꺼내 뒤적였다. 그녀는 여학생과 선생님의 사진을 꺼내 나에게 보여주었다. 백발이 된 두 사람은 특별해 보이지 않았고, 함께 나란히 서 있는 모습이 매우 행복해 보이지도 않았다. 구 아줌마가 그들의 불륜을 어떻게 생각했는지 잘 모르겠다. 매우 어리석은 짓? 진정한 로맨스? 나는 그녀가 왜 이 이야기를 꺼냈는지도 알 수 없었다. 우리가 걷고 이야기하는 동안 그 이야기가 계속 이어졌다.

길가에 있는 파인애플 노점이 따뜻한 봄날의 공기를 달콤하게 만들었다. 여성들은 대나무로 짠 바구니에 담겨 있는 체리와 오디를 골라 담았다. 찢어진 면 운동화에 낡은 군복을 입은 시골에서 온 이주 노동자들은 두꺼운 대나무 장대를 들고 길 가장자리의 돌 위에 쪼그리고 앉아 있었다. 그들은 이 도시의 명물인 방방(棒棒)들이었다. 그들은 대나무 장대 양쪽 끝에 균형을 맞춰 짐을 담아 어깨에 진 채 충칭의 언덕을 올라다니며 운반해주고 한 번에 10위안을 받았다. 우리가 좀 더 사치스러운 세대였다면 그곳에서 방방 한 명을 고용했을 것이다. 우리는 음식, 햇볕을 가릴 차양, 모자, 손주들에게 물려줄 물건들, 훨씬 더 많은 무용 의상, 휴대용 CD플레이어, 다른 잡동사니들을 담은 플라스틱 상자를 잔뜩 지고 있었다. 나들이를 간 날이었는데, 짐도 참가자도 너무 많아서 원정대처럼 느껴졌다. 중셩은 물건 운반을 맡고 있었지만, 그 많은 인원을 통솔할 엄두조차 내지 않았다. 그와 몇몇 남성들은 나중에 생각이 나서 초대되었을 뿐이었다. 에너지는 여성들의 무리에서 뿜어져 나왔고, 우리는 충칭대학을 향해 거리를 걸어가면서 흩어졌다 모이기를 반복했다.

우리는 교문에 들어섰다. 공휴일이었고 가족들은 야자수와 버드나무, 대나무 숲이 우거진 캠퍼스에서 피크닉을 즐기고 있었다. 우리는 수다를 떨고 여기저기를 구경하며 긴 내리막길을 따라 내려가다가 호수 위에 세워진 작은 정자에 모였다. 중셩이 연설을 했는데, 나는 구 아주머니와 이야기를 하고 있어서 제대로 듣지 않았다. 한 여성이 CD 플레이어를 켜고 옛날 노래를 선곡해 춤을 추기 시작했다. 나는 그제야 그녀를 알아보았다. 그녀는 또다시 무릎 위까지 올라오는 부츠를 신고 있었는데, 이번에는 짧고 바스락거리는 소리가 나는 검은 망사 스커트를 입고 있었다.

학생 커플들이 우리 주변에서 카드놀이를 하고 배드민턴을 치고 있었다. 농구 코트에서 땀에 흠뻑 젖은 채 나오는 젊은 남성들은 조끼를 벗고 목을 닦으며 걸었다.

"가끔은 그들이 약간 부러워요." 황 아줌마가 말했다. 우리는 청바지에 파스텔톤 티셔츠를 입고 서로를 향해 고개를 기울인 채 산책하고 있는 십대 소녀 두 명을 보고 있었다.

"우리에게는 이런 옷들이 없었어요. 파란색 또는 회색 옷뿐이 었어요. 그래서 우리 모두 이렇게 멋지게 차려입는 거죠. 그 특별 한 역사적 시기 때문에 엄청난 세대 차이가 있어요. 그것은 사회 가 만든 것이지 우리와는 관계가 없어요. 요즘 젊은이들처럼 나도 하고 싶은 게 많았어요, 대학에도 가고 싶었죠. 하지만 그런 일들 을 실현할 수는 없었어요. 나는 열여덟 살이었는데, 희망이 없다 고 느꼈어요. 우리한테는 희망이 전혀 없었죠. 한 명이 울면 모두 가 울기 시작했어요. 나는 엄마 아빠가 보고 싶었어요. 사람들은 절망에 빠졌어요. 우리는 평생을 그곳에서 살아야 한다고 생각했 어요. 우울한 일이었죠. 절망스러웠고요. 나는 시골에서 4년간 있 었어요. 저기 있는 언니는 8년 동안 있었고요. 괴로운 일들이 많 았어요."

그녀는 한 여성에게 고개를 끄덕여 인사를 했지만, 정성 들여 다듬은, 중력을 거스르는 듯한 까마귀 머리를 하고 있던 그 여성 은 그녀를 매섭게 쏘아본 뒤 멀리 가버렸다. 그녀가 털어놓은 비밀 이 무엇이든 외부인은 알 수 없었다. 황 아줌마는 신경 쓰지 않았 다. 충칭 즈칭 우호회는 온라인에서 만났고, 서로 속속들이 아는 동시에 아무것도 알지 못했다. 그들은 과거에 실제로 함께 일했던 사람들과는 거의 만나지 않았는데, 서로 너무 멀리 떨어져 살고 있었거나 시간을 맞추지 못했기 때문이었다. 실제로 너무 많은 현실적인 장애물과 그 밖에 다른 사정들이 있었다. 이 그룹은 친밀감뿐 아니라 거리감도 제공했다. 이들은 익명의 즈칭들이었다. 원하는 것은 무엇이든 이야기할 수 있다, 남편에게 말하지 못했던 것이나 자녀가 이해할 수 없는 일들에 대해서도 공개할 수 있다. 하지만 당신이 비밀을 공개할지 숨길지는 스스로 선택할 문제다. 당신이 마음먹는다면 이 친구들은 당신의 더 넓은 삶에서 일부가 될 뿐인데, 그것은 1990년대까지 주택, 여행할 권리, 결혼과 이혼에 대한 결정권까지 쥐고 있던 생산대대와 단웨이(單位)에서 인생의 대부분을 보낸 이들에게는 상상할 수도 없는 자유였다. 이 그룹의 친밀함은 그들에게 안정감을 주었다. 그것은 그들이 기억하는 소규모의 긴밀하게 연결된 공동체와 비슷했지만 반박당할 위험은 없었다. 누구도 이런 식이 아니었다거나, 당신이 그때 그런 행동을 하지 않았다고 말할 수는 없다. 당신은 당신이 말하는 그대로다. 당신이 전하는 이야기는 당신만의 것이지만 울림이 있었다. 모든 것이 당신이 기억하는 그대로였고, 그들도 모든 것을 기억하고 있었다. 그 시절은 더욱 생생해졌고, 더욱 매혹적이었으며, 더욱 당황스럽기도 했다.

남성 중 한 명이 노래를 부르기 시작하자 구 아줌마가 합류했다. 그녀의 작은 목소리는 그의 묵직한 바리톤과 대비되었다. 그들은 모두 이것을 알고 있었다. 그 길고 어두운 저녁부터, 작은 오두막의 어둠 속에 있는 등유 램프와 옷을 적시는 쓰디쓴 눈물을 떠올리게 했다. 구 아줌마의 등잔은 방 안의 관 위에 놓여 있었고, 그 희미한 불빛이 그녀의 공포를 조금이나마 덜어주었다. 시골 사람들은 죽음을 미리 준비하는 것을 좋아했지만, 그 커다란 나무 상자는 친구와 가족에게서 멀리 떨어진 이곳에서 살다가 죽도록 보내진 도시 소녀를 겁에 질리게 했다. 이곳에 오기 전에도 그녀의 삶은 쉽지 않았다. 아버지는 공장 노동자였지만 그녀가 어렸을 때 어머니가 돌아가셨고, 그녀는 집안일을 거의 도맡아 했다. 그녀는 어렸다. 너무 어린 나머지 시골에서 함께 살고 일하고 노는 새로운 삶이 흥미로울 거라고 생각하기도 했다. 하지만 충칭에서 트럭이 출발하는 순간 긴장감이 그들 모두를 압도했다. 구 아줌마와 학교 친구들은 차를 타고 이동하는 사흘 내내 토하고 울었다.

"처음에 우리는 모두 이상주의자였죠. 시골에 변화를 일으키고 싶었어요." 황 아줌마는 회상했다. 하지만 마을은 더럽고 황량했고, 뼈만 남은 앙상한 농민들은 위대한 개선에 대한 그들의 이론에 감명받지 않았다. 그들은 세상을 개조해야 한다는 요구를 받아왔다, 이제 그들은 과연 자신들이 하나라도 변화시킬 수 있는지 의심을 품기 시작했다. 격차는 엄청났다. 모두가 맹씨 또는 리씨처럼 단일 씨족으로 구성된 시골 마을에서, 도시에서 온 아이는 모든 면에서 눈에 띄었다. 처음 며칠 동안 마을 아이들은 조용히 다가와 구 아줌마의 부드럽고 창백한 손을 쓰다듬거나 긴 머리를 쓰다듬고, 그녀의 소박한 무명옷을 만져보았다. 그 옷도 그곳에서는 화려하게 보였다.

구 아줌마는 농민들로부터 진정으로 많은 것을 배우고 싶었지만, 일하면서 멍이 들고 물집이 잡혔다. 짐이 너무 무거워서 운반할 때마다 울었다. 물은 우물에서 길어서 나무통에 담아 집까지 운반해야 했다. 그들에게 주어지던 여분의 배급 식량은 가뭄으로 곧 사라졌고, 그들은 농민들과 마찬가지로 옥수수 껍질을 먹으며 생존해야 했다. 소금과 기름은 사치품이 되었다.

중성이 또 다른 대화에 끌려 들어온 것이 고맙다고 느껴졌다. 이것은 그가 회상하는 그런 내용이 아니었다. 황 아줌마는 지금 친구에 대해 이야기하고 있었다. 그 소녀는 치명적으로 아팠는데도 감기로 취급되다가 결국 죽었다. 과로와 영양실조로 약해진 나머지 많은 사람이 말라리아, 폐렴 등의 질병으로 목숨을 잃었다.

수천 명 이상이 농민이나 간부들에 의해 살해되어 '자연스럽지 않은' 죽음을 맞거나, 더 흔하게는 벌목하던 나무나 전복된 수레에 깔리는 등 작업 중 사고로 목숨을 잃었다. 프로파간다는 이러한 무의미한 희생에 몰두하면서, 아이들이 새로운 무의미한 행동을 하도록 부추겼다. 상하이의 10대였던 진쉰화는 홍수 가운데 나무 기둥을 건지려다가 죽었는데 순교자로 추모를 받았다. 우표에는 그가 파도 속에서 싱크로나이즈드 수영 선수처럼 고개를 높이 들고 팔을 올려, 지켜보는 전우들을 향해 마지막 경고를 하며 소리 치는 모습이 담겼다. 이러한 위험 속에서 즈칭들은 가족보다 더 가까운 사이가 되었다. 그들은 동지들을 보호하고, 병에 걸린 전우들을 간호하고 서로 위로하고 동정했다. 하지만 피로와 배고픔은 그들의 유대감을 무너지게도 했다. 그들은 장작을 찾으러 가야 할 때 사라져버리는 지각 없는 동료들에게 참지 못하고 화를 냈다. 그들은 새로운 세상을 헤쳐나가면서 서로의 선택을 비난했다. 그들은 아첨꾼, 사기꾼, 부모가 간부들에게 선물을 보낼 여유가 있어 그들의 길을 순탄하게 할 수 있는 이들을 알아냈다.

구 아줌마의 온화한 성격은 동급생과 이웃 모두의 마음을 얻었다. 그녀는 자식들에게 버림받은 늙은 과부의 농작물 수확을 도왔다. 아줌마와 친구들은 마을 아이들을 가르치고, 농부들을 위한 음악 공연을 열었고, 들판에서 개구리를 잡아 고기를 먹고 싶은 욕구를 채웠다. 그러나 친절한 농부들조차도 도시에서 온 청년들에 대해 점점 분노하게 되었다. 농촌 인구는 너무 많았고 생산성은 낮았다. 농부들은 더는 일손이 필요하지 않았고, 먹여 살려야 할 입이 느는 것을 싫어했다. 이 아이들은 책과 생각은 많았지만, 일이 느리고 서툴렀으며 도구나 땅에 대한 감각이 없었고 씨앗을 낭비했으며 많지 않은 작업량이나 복잡하지 않은 작업도 제대로 해내지 못하는 것처럼 보였다.

십대들은 자신을 먹여 살리는 데 필요한 노동 점수를 얻는 것조차 힘들었다. 그들은 더 숙련된 노동자들을 따라잡을 희망도 없었다. 어린이와 여성은 아무리 노동을 해도 남성보다 더 낮은 점수를 받았고, 농부들이 신경 쓰지 않고 신출내기들도 할 수 있다고 생각하는 비숙련 작업으로 재배치되면 점수가 더 내려갔다.

생계를 꾸려나가지 못하는 이들의 무능력에 실망이 커져 갔다. 그리고 이들에게 수당이 지급되자 농민들은 특별 대우에 분개했다. 아무도 농민 가족의 게으름이나 비효율성을 봐주지 않았다.

즈칭들은 너무 배가 고팠던 나머지 닭을 훔쳤다. 농민들은 즈칭들의 집에서 물건을 훔쳤다. 문화가 충돌했다. 농민들은 소녀들과 소년들이, 아무리 순수하더라도 함께 산책하는 것을 보고 충격을 받았고, 마을의 젊은이들에게 영향이 미칠까 봐 불안해했다. 연애를 부르주아의 함정으로 비난하는 마오주의자들의 청교도주의도 일부 농촌 지역의 깊은 보수주의 옆에서는 자유로워 보였다. "농촌 소년 소녀들은 연인 관계라고 해도 감히 서로의 눈을 쳐다보지 않았을 것"이라고 황 아줌마는 말했다.

하지만 순진하고 가족과 멀리 떨어져 있는 도시 여자아이들은 농민, 특히 간부들의 손쉬운 먹잇감이었다. 공포와 수치심 때문에 많은 이들이 학대를 신고하지 못했는데도, 한 해 동안 수천 건의 사례가 보도되었다. 문제가 너무 심각해서 당 중앙은 성폭력에 대해 처벌하겠다고 계속 위협했다. 종종 피해자들이 더 비난을 받았다. 그들은 관료들보다 계급 배경이 나빴기 때문이다.

악의적이거나 방해를 하려는 간부들은 즈칭을 고통스럽게 만들 너무나 많은 수단을 가지고 있었다. 배급을 거부하거나, 최악의 일을 배정하거나, 정치적인 범죄를 저질렀다고 비난하는 식이었다. 황 아줌마의 동급생 중 한 명은 열네 살 때 농촌으로 보내졌는데, 반당조직에 가입했다고 비난을 받은 뒤 감옥에서 죽었다.

말 한마디 때문에 처벌받을 수 있었다고 황 아줌마는 중얼거렸다. 그들 사이에서 유행한 '즈칭의 노래'를 작사한 소년은 위험하게 반동적인 감정을 불러일으킨다는 이유로 사형 집행유예를 선고받았다. 그 가사는 어머니와 고향, 그리고 학창시절에 대한 그리움을 불러일으켰다. 나는 그 이야기를 들으면서 중성의 공격적인 경고에 짜증을 냈던 것을 후회하기 시작했다.

즈칭 우호회는 고난과 괴로움, 잃어버린 친구들을 애도했지만, 그 고통이 이 모든 것의 진짜 요점인 것처럼 보고 있었다. 참전 용사들이 참전하기에는 너무 늦게 태어난 젊은이들에게 전쟁에 대해 이야기하는 것처럼, 그들은 회한과 때로는 경멸이나 분노, 그리고 그런 시련을 겪어냈다는 것을 믿을 수 없다는 듯, 그러나 기회를 놓칠세라 우월함을 담아 그 시대를 이야기했다. 그것은 그들을 더 용감하고 더 강하고 더 유능하게 만들었다. 돌이켜 보면, 그들은 다른 누구도 이해할 수 없고 다시는 이해하지도 않을 것을 이해했다.

보시라이가 충칭을 통치하던 시절, 그는 대학생들에게 몇 달 동안이나마 농촌으로 가서 노동하도록 명령한 적이 있었다. 지식인들은 이 칙령이 문화에 대한 마오주의적 공격을 연상시킨다며 조롱하거나 두려워했다. 구 아줌마와 친구들은 오히려 그 아이디어를 좋아했다. 도시와 농촌 사이의 격차는 날이 갈수록 커지고 있었다. 소득은 도시가 세 배나 높았고 많은 젊은이가 여행을 제외하고는 경계 너머로 발을 디뎌본 적도 없었다. 휴대폰과 아스팔트 도로가 발달한 이 시대에 시골에서 잠시 생활하는 것은 그리

힘들지 않았다. 구 아줌마는 그것이 아파트 구입부터 아이 보육까지 모든 것을 부모에게 의존하고 있는 젊은이들에게 자립을 가르칠 수 있을 것이라 생각했다. 하지만 그녀는 자신의 스타일리시한 딸이 밭에서 정신적 풍요를 찾는 것은 원하지 않았다.

나는 여전히 그녀가 이야기했던 연인들과 겹겹이 쌓인 그들의 불행에 대해 생각하고 있었다. 젊고 영리하고 고립된 남자가 한 소녀를 만나 사랑에 빠지는 것을 상상했다. 그가 마침내 대화를 하고 자신의 생각과 꿈을 공유할 수 있는 사람, 교육을 받고 흥미가 있고, 아직 수년간의 노동에 지치지도 않고, 자녀를 양육하느라 정신이 없지도 않은 누군가였다. 그리고 그 소녀는 외로웠고, 집에서 멀리 떨어진 채, 일하고 잠드는 소처럼 생활하다가, 그가 그녀를 다시 바람직하고, 가치 있고, 생각과 희망을 가진, 그리고 그것을 털어놓을 수 있는 사람으로 만들었다. 그들은 잠시나마 자신들의 삶에서 탈출한다고 생각했지만, 오히려 자신들을 가둘 우리를 만들어 버렸다. 잠깐의 열정 때문에 그는 고통을 겪었고, 가족들에게도 고통을 안겼다. 그녀는 죄책감과 수치심과 불행 속에서 살았을 것이다. 한 남자를 감옥에 보내고 그의 자식들이 아버지를 잃게 했으니. 그들이 떨어져 지낸 그 오랜 세월 동안 사랑이 정말 지속되었는지, 아니면 더 강한 무언가가 그들을 서로 다른 집에서 살면서 예의를 지키는 기묘한 관계로 다시 끌어당겨 놓은 것인지 나는 궁금했다. 죄책감이나 공모, 서로에 대한 부채감, 그들을 방해한 사람들에 대한 일종의 복수심 같은 것 말이다.

그리고 그곳에 다른 여자에게 마음을 빼앗긴 그 남자의 아내가 있었다. 질투는 사랑이 없는 곳에서도 번성할 수 있다. 그의 투옥은 그녀에게 안도감을 가져다주었을 수도 있고, 단지 분노만을 주었을 수도 있다. 어쨌든 그녀는 혼자서 아이들을 키워야만 했다. 그리고 수십 년이 지난 뒤, 그녀는 자신이 추억과 경쟁할 수는 없다는 것을 알게 되었고, 다시 버려졌다. 그것은 완벽한 비참함의 작은 세계였다.

구 아줌마는 도덕은 염두에 두지 않는 것 같았다. 그것은 벌어진 일일 뿐이었다. 아마도 그 세 명의 연금 수급자는 충분히 행복하거나, 반세기 전의 희망과 변덕의 결과 그리고 본능에 대한 추억에 따라 살고 있을 뿐일 수도 있다. 그것은 충격적이었고, 그래서 구 아줌마는 나에게 그 이야기를 해야겠다고 느꼈을 것이다. 동시에 나는 그것이 그들의 이야기일 뿐이라고 생각했다. 그녀는 그것이 특별하면서도 익숙한 일이라고 이해했다. 즈칭 가운데 누구도 그들의 과거를 떠날 수 없었다. 그들은 오랜 시골에서의 유배 생활을 도시로 가져왔고, 그들의 행복한 결말은 특정한 관점에서 봤을 때만 그렇게 보였다.

시골에서 탈출하기 위해서는 행운과 창의력, 불굴의 추진력이 필요했다. 시진핑은 1975년 베이징으로 돌아왔다. 동료들보다는 늦었지만, 아주 좋은 자리로 돌아왔다. 대학은 수업을 재개했다. 정치적인 커리큘럼이 많기는 했지만, 학문적 능력이 아닌 정치적 자격으로 학생들을 선발했다. 그의 가족의 연줄이 아마도 중요한 역할을 했을 것이고, 그는 여러 차례 거절 당한 끝에 당에 입당할 수 있었다. 다른 사람들은 더 복잡한 경로를 찾았다.

"내가 속한 생산대에는 15년 동안 군인으로 복무한 남자가 있었습니다. 정책에 따라 그런 남성들은 배우자를 데리고 도시에 정착하는 것이 허용되었죠." 구 아줌마는 회상했다. "그는 세 명의 아이와 아내가 있었지만, 내 동급생이 그를 유혹해 그는 아내와 이혼했고, 그들은 도시로 갔습니다. 그리고 얼마 지나지 않아 모든 즈칭들이 돌아갈 수 있었죠, 그래서 그녀는 후회했습니다."

황 아줌마는 나름의 딜레마에 직면했다. 농촌에서 결혼하면 집으로 돌아갈 확률이 크게 줄지만, 아줌마와 예비 남편은 잃을 게 거의 없다고 결론 내렸다. 두 사람 모두 계급적 배경이 너무 나빠서 어차피 탈출할 수 없다. 그들은 결혼했고 얼마 지나지 않아 아들이 태어났다. 1년 정도 후에 그녀의 고향에 노동자들이 필요해졌을 때, 그녀와 아들만 가야 했다. 남편이 합류하기까지는 4년이 더 걸렸다.

구 아줌마의 기회는 1977년에 찾아왔다. "학교 친구의 아버지가 탄광 회사에서 일하고 있었는데, 좋은 직장은 아니었지만 그런 기회조차도 매우 드물었죠. 그분이 내게 일자리를 주었습니다." 그녀는 설명했다. 이번에는 그녀는 웃지 않았다. "나는 인민공사 지도자들이 나를 보내주기로 동의할 거라고 생각했습니다. 나는 행동을 잘 해왔고 부모님 모두 돌아가셨으니까요. 하지만 그들은 나와 내 친구의 아버지를 피해 숨었어요. 그가 떠났을 때 그들은 나에게 말했습니다. '넌 아직 어려. 다른 남자가 너보다 더 먼저 여기에 왔고, 그의 어머니는 아직 도시에 살아있어'라고요. 그들은 그에게 그 자리를 주려고 했어요. 나는 뛰쳐나갔어요. 폭우가 내리고 있었고, 천둥과 번개가 쳤어요. 사람들은 걱정이 되어서, 모두가 나를 찾으러 나왔어요. 그때 지도자 가운데 한 친구가 나에게 말했습니다. 그래요, 내 자리는 그 다른 사내에게 갈 거라고요. 나는 너무 슬펐지만, 할 수 있는 일은 아무것도 없었어요. 그 일에 너무 많이 신경 쓸 수도 없었어요."

처음에는 도시로 돌아갈 수 있는 방법이 별로 없었다. 젊은이들은 불법으로 돌아갔지만 사소한 범죄에 연루되거나, 집으로 돌아갈 수 있도록 진료 허가를 받으려고 스스로 상처를 내기도 했다. 가정 형편이 극도로 어려우면 돌아갈 자격을 얻을 수도 있었다. 젊은이들이 농촌에서 벗어날 드문 기회인 일자리나 대학 입학 자리를 잡으려 경쟁하면서 연대는 깨졌다. 정치적 미덕도 한 가지 방법이었는데, 무엇보다도 농촌에 정착하겠다는 의지를 밝히는 것을 의미했다. 그런 위선은 그들이 더 환멸을 느끼게 했다. 간부들은 자신의 자녀를 도우려 하면서 다른 사람으로부터는 뇌물을 받고, 인민을 위해 복무하는 것은 그것으로 끝이었다. 양심은 소모품처럼 보이기 시작했다. 근면하게 노력하는 것보다는, 경쟁자를 침몰시키려는 비방과 협박이 더 나은 기회를 제공했다. 소녀들은 집으로 돌아가려면 섹스를 대가로 지불하라는 압박을 받았다.

1975년부터는 복귀율이 높아지기 시작했지만 그해에도 여전히 2백만 명 넘는 청소년이 농촌에 도착했다. 농촌의 절망은 점차 대규모 저항으로 확대되었고, 1978년이 되자 공개적인 시위로 확산되었다. 즈칭은 도시로의 귀환을 요구하면서 파업, 시위, 팸플릿 작성, 건물 점거를 시작했다. 경험은 그들을 단련시켰다. 그들은 어디로라도 가려면 싸우지 않으면 안 된다는 것을 알았다. 일부는 그냥 도망쳤다. 정부는 여전히 더 많은 청소년을 하방시키고 싶어 했지만, 압력이 너무 커졌다. 구 아줌마는 1979년 마침내 집으로 돌아왔다. 1년 후 당국은 농촌으로 보내는 계획을 폐지했지만, 거의 100만 명은 농촌에 남게 되었다.

"우리가 돌아왔을 때 도시의 생활을 회복하려는 싸움은 쉽지 않았어요." 황 아줌마가 말했다. "우리는 더는 젊지 않았어요. 교육을 많이 받지도 못했죠. 우리 중 일부는 가족이 있었고 가족을 먹여 살리면서 동시에 생존을 위한 기술, 노동 기술을 배우려 노력해야 했어요."

부당함은 쌓여갔다. 그들은 오랫동안 농촌에서 고통을 겪었고, 이제는 도시에서 할 수 있는 일이 거의 없다는 것을 깨달았다. 그들은 이상과 목표뿐 아니라 기회도 잃었다. 오랫동안 폐쇄되었던 학교가 다시 문을 열자, 입학 경쟁이 너무 치열해서 가장 뛰어나고 결단력 있는 사람만 기회를 얻었다. 학교를 졸업한 더 젊고 더 세련된 잠재적 노동자들이 등장하고 있었다. 일부 귀환자들은 임시 저숙련 일자리를 잡았다. 절망한 이들은 성매매와 범죄에 의

지했다. 다른 이들은 고난이 일으켜 세웠다는 것을 깨달았다. 그들은 기업가가 되어 경제 개혁의 기회를 포착했는데, 그런 개혁은 부분적으로는 당국이 이들에게 무언가 해줘야 한다는 필요를 느꼈기 때문에 추진되었다. (한편, 즈칭 출신 중 공무원이 된 이들은 농촌 개발을 위한 정책을 수립했다). 구 아줌마는 운이 좋은 사람 중 한 명이었다, 그녀는 자전거 공장에 취직했다. 딸은 사무직으로 일하고 있다. 그녀의 손자는 아마도 대학에 진학했을 것이다.

이들 그룹은 그들이 탈출하려고 그렇게 오랫동안 싸웠던 그곳을 곱씹는데 그렇게 오랜 시간을 들이는 것이 이상하다고 생각하지 않았다. 농촌의 비참함이 그들을 정의했다. 그것은 희생과 공동체, 이타심과 근성을 상징했다. 그들은 집, 식당에서의 저녁 식사, 립스틱, 프릴 달린 스웨터 등을 살 만큼 돈을 벌었다. 그들의 이야기는 그들과 함께 고생했던 지도자들에 의해 검증받았다. 문화대혁명의 대부분은 눈에 띄지 않도록 짓밟혀 과거의 진흙탕 깊숙이 묻혔고, 이 부분은 국가적 스토리로 승화되었다.

"젊은 시절을 그리워하지 않는 사람이 어디 있겠어요?" 내가 충칭의 우호회에 대해 이야기하자 위상젠은 이렇게 반박했다. 그녀는 그들의 애정 어린 추억이 우습다고 일축했다. 그녀의 단호한 대답은 나를 놀라게 했다. 그녀가 흠잡을 데 없는 예의를 벗어버린 때였다. 몇 달 뒤 농촌으로의 하방 때문에 여동생이 자살 직전까지 갔다고 그녀가 말했을 때, 나는 왜 그녀가 그런 말을 했었는지 더 잘 이해할 수 있었다.

"수십 년이 지났기 때문에 우리는 그 시절을 떠올릴 때 좋은 일들을 떠올리게 되죠. 당시에는 모든 것이 매우 고통스러웠습니다." 황 아줌마는 인정했다. "삶이 너무 비참해서 말로 표현할 수 없을 정도였어요. 얼마나 비참한 경험을 했는지 다른 사람에게 말할 수조차 없는 사람이 많아요. 하지만 사람들은 그 정신을 전해야 한다고 느낍니다."

농촌 하방은 이들에게 의미가 있었다. 그러나 흔히들 생각하듯, 그들의 최고의 시절을 낭비하고 그들의 시간을 훔쳐가지 않았는가?

"맞아요, 나는 그 점이 궁금해요." 그녀는 그 질문을 붙잡았다. "내가 결정할 수는 없었어요. 그것은 시간 낭비였어요. 하지만 기억을 더듬어보면, 어떤 면에서는 그 시간은 나에게 보물 같았어요. 그 경험을 후회하지 않는다고 말할 수는 없습니다. 하지만 감사하지 않는다고 말할 수도 없어요. 어쩔 수 없는 일이니까요."

그녀는 잠시 더 생각한 후 환해졌다. "가장 좋은 점은 우리가 젊었을 때 너무 많은 고난을 겪어서 나중에 겪은 고난은 아무것도 아닌 것처럼 느껴졌다는 것이에요."

그 말은 "그보다 더 힘든 일은 있을 수 없었다"는 시진핑의 결론을 생각나게 했다. 하지만 그녀의 미소가 내 마음을 풀어주었다.

우리가 매우 오랫동안 이야기를 나누고 있었기 때문에 피크닉을 즐기던 사람들과 운동선수들은 가버렸고 해가 어스름해져 가고 있었다. 우리 곁에서 부츠를 신은 여자가 요란한 음악에 맞춰 조심스럽게 스텝을 밟으면서 다시 춤을 추기 시작했다. 두꺼운 마스카라를 칠한 눈은 깜짝 놀란 듯 보였다. 망사 라라 스커트가 점점 더 높이 올라갔다. 그녀는 음악에 맞춰 한쪽 팔을 높이 올리고 내리면서 행복해 보였다. 그녀는 이따금 울부짖듯 외쳤다. "마오 주석 만세! 공산당 만세!"

중국 인민의 위대한 지도자 마오쩌둥 주석은 일반적으로는 어디에나 있지만, 어떤 특정한 곳에 있는 것은 아닙니다.

– 마오쩌둥에 대해 질문하는 외국 특파원에게 한 공무원이 한 말

7장

두 복도가 만나는 모퉁이에 설치된 거대한 거울이 교차로를 만들었다. 나는 망설였다. 갤러리는 밝고 가벼웠지만 밀실공포증을 일으켰다. 거울은 대상을 왜곡하고, 스스로의 모습을 반사해서 두 개로 만들었다. 이 혼란은 공간뿐 아니라 시간도 왜곡시켰다. 내가 여기 10분 동안 있는다면? 한 시간이라면? 사방이 온통 거울 속의 거울로 뒤덮여 반사하고 또 반사했다. 수천 개의 거울이 벽에 매달려 있고, 천장에도 설치돼 머리 위에 있었다. 물론, 마오쩌둥의 얼굴이 있는 거울도 있었고, 마오의 지시와 시가 적힌 거울은 더욱 많았다. 그들은 다리들과 매화, 인민대회당, 책, 잉크병, 항아리, 재봉틀, 셔틀콕을 보여주었다. 모범적인 오페라에 나오는 붉은 깃발과 영웅들. 끝없이 피어있는 해바라기들이 그들의 태양, 또 다른 마오를 향하고 있다. 홀로 있는 마오. 붉은 태양 앞의 마오. 더 많은 붉은 깃발들 앞의 마오. 흰 파도를 깔끔하게 가로지르는 배. "바다에서의 항해는 위대한 조타수에 의지한다." 마오쩌둥의 고향인 샤오산의 경치, 그리고 최초의 농민 소비에트를 세운 징강산의 경치. 마오쩌둥의 시와 소화할 수 없는 지시들. "위대한 프롤레타리아 문화혁명의 투쟁-비판-변혁에서 정책에 진지한 관심을 기울여야 한다." 여러 거울에 린뱌오의 말이 쓰여 있었다. 그는 길지 않은 기간 동안 후계자였다. 국방부 장관이었던 그는 마오쩌둥 개인숭배 운동을 시작하도록 도왔고, 주석은 류샤오치가 몰락한 뒤에 그를 후계자로 지명했다. 그것은 전적으로 그의 복종에 기댄, 이상한 종류의 찬사였다. 그가 한 말은 그의 우두머리에게 복종하도록 선동하는 내용뿐이었다. "마오 주석의 책을 읽고, 마오 주석의 말을 듣고, 마오 주석의 지시를 따르라!" 또는 "마오쩌둥 만세! 위대한 교사, 위대한 지도자, 위대한 사령관, 위대한 조타수!"

마오 주석 만세! 마오 주석 만세! 마오 주석 만세!

나는 이 구호 아래에서 머리 빗는 상상을 해보았다. 일부 그림은 표면에 칠해지지 않은 부분이 거의 없었다. 그들은 당신을 있는 그대로 비추려는 것이 아니라 당신이 어떤 사람이 되어야 하는지, 즉 헌신적이고, 끈기 있고, 건강하고, 애국적이고, 이념적으로 올바른 사람이 되어야 한다고 보여주려는 것이었다. 그것은 보통의 거울이 아니고, 붉은 여왕이 앨리스에게 말했듯이 "같은 장소에 머물러 있으려면 할 수 있는 한 빠르게 달려야 하는" 세상을 보는 거울이었다.

*

방향 감각을 잃은 채 나는 '붉은 시대 생필품 전시회장'을 돌아보았다. 베갯잇, 하모니카, 풀무가 있었는데 모두 마오쩌둥의 말이 적혀 있었다. 마오의 어록은 어디에나 있었다. 30센티 높이로 쌓인 에나멜 접시와 그릇더미에도 있었다. 더운 날씨에 쓰는 선풍기와 추울 때를 위한 담요에도 있었다. 수학책에는 태양 한가운데에 마오쩌둥의 이미지가 그려져 있고 그에게서 광채가 발산되고 있었다. 차 보관 상자, 과자를 담은 깡통에도 있었다. 주홍색 비닐들이 늘어서 있었는데, 마오쩌둥 어록인 〈소홍서〉가 쌓여 있었다. 마오 시대 이후에는 재생지 원료가 되기도 했지만, 아직도 많은 책이 남아 있다. 문화대혁명 기간에 10억 권이 인쇄되었고, 여전히 성경 다음으로 세계에서 두 번째로 많이 출판된 책이다. 중국학 연구자인 사이먼 레이즈(Simon Leys)는 마오 숭배가 약해진 것으로 추측되었던 1972년 중국을 방문했지만, 이렇게 언급했다. "마오쩌둥의 이미지는 모든 곳에 있었다. 가능한 모든 재료와 형식으로, 정부 건물의 앞면부터 오두막집 내부까지…. 마오쩌둥 사상, 마오의 시들은 모든 벽에 거대한 글씨로 적혀 있다. 마오쩌둥의 서예는 역사적 기념물, 호텔 방, 길모퉁이, 대합실, 공공 정원, 우체국, 동물원, 철도 차량, 학교, 수력발전 댐, 스크린, 선풍기, 일기장에 그려진 그림, 군대 막사 입구 등을 장식하고 있다. 마오 어록에서 인용한 구절들은 라디오 프로그램에 나오고, 영화 쇼, 연극, 음악당의 풍자극 공연이 시작할 때 등장한다. 마오 어록은 매일 모든 뉴스의 1면에 실린다."

그것은 가정의 기억에서도 엄청난 분량이었다. 대야, 수건, 성냥, 컵도 그의 신과 같은 지위를 실제로 보여주고 있었다. 그는 전지전능할 뿐 아니라 어디에나 존재했다. 그는 배우자만큼이나 가까웠고, 부모님을 아는 것처럼 그를 알았다. 그분, 또는 그분의 말씀은 당신의 베개 위에 있어서, 당신이 잠잘 때 밤새 당신을 따뜻하게 해줬다. 당신이 깨어났을 때, 세수하고 얼굴을 닦을 때, 차를 꿀꺽 마실 때, 담배에 불을 붙일 때. 그는 거기에 있었다. 그는 모든 행동을 인도했다.

벽에는 수영을 격려하는 마오의 발언이 쓰인 붉은 색과 흰색의 수영 튜브가 걸려 있었다. 마오쩌둥의 물 사랑은 진심이었다.

마오의 전속 사진사는 마오쩌둥이 담배를 피우면서 물 위에 떠 있는 모습을 어떻게 찍었는지를 나에게 말해주었다. 그녀가 문화대혁명에서 숙청되기 전에 찍은 사진이었다. 하지만 마오의 수영은 정치적이기도 했다. 모든 것이 정치적이었다. 그는 수영을 흐루쇼프에게 망신을 주는 효과로 이용했다. 그는 자신의 개인 수영장에서 "우호적" 정상회담을 한다면서 수영을 못하는 소련 지도자가 양쪽 팔에 구명 튜브를 끼고 수영을 하도록 강요했다. 8년 뒤 그는 이를 동료들에게도 사용했다. 1966년 몇 달 동안 대중 앞에 등장하지 않았던 마오쩌둥은 7월에 우한의 양쯔강에서 수영하면서 다시 등장했다. 그는 70대였지만, 여전히 물살과 바람과 파도를 길들일 수 있었다. 〈인민일보〉 1면은 그가 단 65분 만에 15킬로미터를 갔다고 보도했는데, 이는 오늘날 올림픽 선수들도 놀랄 만한 속력이었다. 다음 달 그는 비슷한 속도로 온 힘을 다해 문화대혁명을 시작했다. 누구도 그 상징성을 놓칠 수 없었고 감히 그럴 수도 없었다. 10년 동안 수영 선수들은 매년 7월 기념일에 붉은 깃발과 지도자의 거대한 초상화를 들고 바다로 나갔다.

나는 계속 움직였다. 똑같은 흰색 흉상이 여러 개 겹쳐져 쌓여 상자 네 개를 가득 채우고 있었다. 위샹젠은 문혁 후반기를 회상하면서, 문혁이 한창일 때 결혼한 한 공장 동료에 대해 이야기했다. 그녀는 필요한 생필품 대신 마오쩌둥 조각상만 받았다. 위샹젠이 동료의 작은 집을 방문했을 때, 마오쩌둥 조각상은 테이블 위, 침대 위에, 모든 곳에 있었다. 그것을 버리는 것은 상상할 수도 없었기 때문이다. 어느 곳에 갈 때라도 붉은 원 안에 금색 얼굴이 반짝이는, 은박지에 싸인 동전 모양 과자처럼 반짝이고 먹음직스러운, 에나멜로 된 배지를 착용했다. 배지의 겉모습은 평범했지만, 세부적으로는 기묘할 정도로 구체적이었다. 마오쩌둥의 "나의 만리장성을 돌려달라"는 모델은 1967년 사설에 대한 마오의 분노에 찬 반응이다. 마오는 이 사설이 인민해방군에 대한 공격이라고 여겼는데, 수많은 파벌 싸움으로 인한 것이었다. 수십억 개의 배지가 만들어졌으며, 이는 모든 남성, 여성, 어린이가 4~5번씩 충성을 보이기에 충분한데다 중국의 알루미늄을 모두 고갈시킬 정도였다. 한 수집가는 4만 대의 항공기를 만들 수 있을 분량으로 추정했는데, 마오쩌둥 자신도 "우리 비행기를 돌려달라"고 요구했다고 한다.

*

기묘한 점은 이 모든 것이 정상이 되었다는 것이다. 반복은 기괴한 일상을 만들어냈다. 그 일상은 그 자체로 놀랄 만한 것은 아니었지만 아침부터 밤까지 계속 반복되다 보니 곧 당연하게 여겨졌다. 의무가 현실이 되고, 현실이 의무가 되었다.

"그것은 사람들을 생각이나 감정이 없는 존재로 만들었습니다. 아무것도 생각하지 않았습니다. 시키는 대로만 했죠. 자신의 의지라는 것은 전혀 없었습니다. 생각도 전혀 없었고요." 위샹젠은 말했다. "처음에는 감히 불평할 엄두도 내지 못했죠. 그러다 점차 내면화되어 많이 생각하지도 않았습니다."

초기의 충격이 가라앉아 인민해방군이 질서를 회복하고 홍위병이 공장이나 시골로 보내졌을 때, 그 끔찍한 충돌의 희미한 떨림은 여전히 울려 퍼졌다. 새로운 풍경은 알아볼 수 없었다. 돌이켜보면 어느 정도 이해할 수 있었다. 모든 세부 사항을 종합해 이렇게 말할 수 있었다, 그래, 이런 일이 일어났고, 이것이 바로 그 이유야. 그의 질투, 그녀의 원한, 그리고 단지 편리함 때문에. 하지만 그 어떤 것으로도 설명할 수 없었다. 과거의 모든 조각을 한데 모아 정리해 보려 할 수도 있었다. 하지만 그것이 실제로 얼마나 많은 것을 알려줄까? 이것은 거꾸로 된 세계였다. 모든 것을 한 각도에서만 보았다. 낡은 관료제를 대체하기 위해 세워졌지만 여전히 인민해방군과 오래된 간부들이 지배하고 있는 정치기구인 혁명위원회가 사람들을 질식시킬 듯 통제하던 시절이었다. 하지만 발밑에서 지반이 움직여 과거에 의무였던 것이 이제는 금지되거나, 그 반대의 경우도 나타났다. 어느 쪽으로 봐도 전혀 말이 안 되는 일들이 벌어졌다. 자신이 실제로 무슨 짓을 했는지 전혀 모르면서 자백서들을 쓰고 또 썼다. 자신이 어떻게 길을 잃었는지 전혀 모른 채로 정치적 명령들을 따랐다. 새로운 규칙들은 너무 많고 너무 빨리 변했다. 한동안 낯선 사람과 대화할 때나, 일자리를 얻으려면 〈소홍서〉에서 인용해야 했다. 식료품을 사기 위해 줄을 섰을 때도 마찬가지였다. "인민을 위해 복무하시오. 동무, 부추한 근 살 수 있을까요?" 명령이 떨어지면, 새로운 운동과 규칙, 새로운 금기 사항을 익혀야 했다.

위샹젠은 운이 좋았다. 친구들이 먼 곳으로 하방되었을 때, 그녀는 공장 노동자가 되었다. 광산 차량의 부품을 조립하는 공장 노동자, '철의 여인'이 되었다. (그녀가 공장에서 수많은 상을 받았다는 사실을 알고 나는 전혀 놀라지 않았다. 그녀는 공산주의청년단의 모범 단원이었고, 레이펑 같은 모범 청년이고 3.8 여성의 날의 모범 여성이었다.) 고된 작업이었고, 긴 하루는 정치 운동으로 더욱 길어졌다. 오전 6시, 노동자들은 마오쩌둥의 초상화 앞에 모여 "만세"를 외치고 아침 정치 학습을 시작으로 신문 사설들과 상부에서 내려온 명령을 공부하고, 서로를 비판했다. 문제가 있는 배경을 가진 노동자는 힘든 업무를 받았고, 더 많은 비판 시간이 이어졌다.

"문화대혁명 당시에는 정치 운동이 끝없이 계속되었기 때문에, 끝없는 투쟁과 교육 시간이 이어졌습니다" 그녀는 말했다. "그리고 운동의 형태도 가지각색이었습니다. 때로는 같은 생산대 그룹들이었고, 때로는 공장 전체였습니다. 이 모든 끝없는 운동들은 사람들을 지치게 했습니다. 가장 중요한 것은 계급투쟁이었습니다. 생산보다 혁명이 우선이었죠. 개인적인 문제는 전혀 중요하지 않았습니다."

한두 시간의 정치가 끝나면 그들은 마침내 일을 시작했다. 점심시간에는 확성기에서 뉴스나 혁명가요, 또는 새로운 정치 기사들이 쏟아져 나왔다. 그들은 다시 일을 시작해 6시가 되어야 끝났지만, 그때는 두 시간의 교육 세션이 또다시 시작되었다. 그러고 나서 마침내 그들은 공장을 떠날 수 있었다. 하지만, 열의 때문에 또는 평판을 의식해서 그들은 계속 일했고, 때로는 더 늦게까지 일을 계속하라는 명령을 받기도 했으며, 의사가 그들이 계속할 수 있도록 도와주는 약을 주기도 했다. 위샹젠은 아주 잠깐씩만 쉬면서 2박 3일 동안 계속 일한 적도 있었다. 어느 날 저녁에는 스피커가 지직거리기도 했다. 마오 주석이 새로운 지시를 내렸기 때문이다. 교대 근무를 마치고 잠자리에 들었다가 다시 소환될 수도 있었다. 어둠 속에서 행진하며, 톈안먼까지 가는 내내 정치 연설을 듣거나, 소련대사관 밖에서 시위해야 하는 경우도 있었다. 신발을 잃어버려도 계속 걸으며 입술에는 결연한 미소를 지은 채, 맨발로, 한쪽으로 몸을 기울이고 절뚝거렸다.

*

지금 봐도 그것이 무슨 의미가 있을까? 나는 여러 갤러리에 쌓여 있는 유물들을 샅샅이 보았다. 그 유물들은 박물관 설립자가 수집한 것의 1% 정도였다. 실제 규모가 어마어마했다. 판젠촨은 문화대혁명 당시의 일기 1만 권과 거의 백만 통에 달하는 편지, 3백만 장의 사진을 수집했다.

　"수집품의 한 항목은 픽셀과 같아서, 더 많이 모을수록 이미지의 해상도가 높아집니다. 전체 그림을 더 잘 보게 됩니다." 판젠촨은 말했다. "방대한 양의 자료를 보유하고 있지만, 문혁에 대해 더 많이 읽을수록 나는 더 혼란스러워집니다. 그것은 여전히 생생하기 때문에 이 역사를 이해하려면 한 발 물러서서 멀리서 볼 필요가 있어요."

긴 진입로를 따라 운전해 올라가면서 눈에 들어온, 중국 최대 규모로 박물관들이 모여 있는 젠촨박물관단지(建川博物館聚落)는 높은 대나무 벽으로 둘러싸인 회원제 클럽처럼 보였다. 전시관들은 33헥타르에 걸쳐 펼쳐져 있었고, 금목서(오스만투스) 나무들과 작은 호수들에 둘러싸여 있었다. 작은 시냇물에서 새 두 마리가 서둘러 물을 뿌리며 목욕하고 있었다. 게시판에 붙은 사진들은 유명 인사들의 방문을 기록해 놓았다. 평범한 공무원들, 영화감독과 마오쩌둥의 손자 마오신위 등이다. 관리들은 마오신위가 "많은 업적"을 세웠기 때문에 인민해방군의 최연소 장성이 되었다고 말한다. 25개의 전시관 중 하나는 2008년 쓰촨성을 강타한 파괴적인 지진에 대한 기록들을 보여주는데, 정부의 지원을 받고 있었다. 중국을 침략한 전쟁에서 일본 병사들이 저지른 범죄 전시관을 비롯한 몇몇 전시관도 그런 지원을 받고 있었을 것이다. 다른 전시관들은 전족, 중국항공공업그룹과 중국군과 함께 일본인들에 맞서 싸웠던 미국 조종사들인 플라잉 타이거스 등을 다루고 있다. 내가 본 것 가운데 6개 전시관이 '붉은 시대'에 할애되어 있었다. 펑치안의 박물관과 달리 이 전시관들은 교훈을 주려 하지 않았다. "우리는 전시물들이 스스로 말하도록 하고 있다"고 판젠촨은 말했다.

우리는 박물관 단지의 연구센터에서 만났다. 그의 조수가 방 중앙에 있는 거대한 기둥에서 문을 열었고, 나는 희미한 조명이 켜진 나선형 계단을 내려갔다. 판젠촨은 나무 한 그루를 잘라 만든 긴 테이블의 한쪽 끝에 놓인 가죽으로 만든 의자에 앉아 있었다. 그 테이블의 모서리는 울퉁불퉁했지만 표면은 거울처럼 매끄럽게 광택이 났다. 그가 나에게 명함을 건넸을 때 에스프레소가 담긴 쟁반이 나왔다. 명함의 길이는 보통 명함보다 두 배나 길었고, 한쪽 면에는 그의 이름이 매우 큰 글씨로 인쇄되어 있었고 다른 쪽에는 같은 크기의 해서체로 적혀 있었다. 그보다는 작은 글씨로 그의 직함들이 적혀 있었다. '쓰촨성 젠촨박물관단지/큐레이터. 쓰촨성 중국인민정치협상회의/상무위원회 위원. 중국공산당 쓰촨성 위원회 및 쓰촨성 인민정부 정책자문위원회/위원. 청두시 인민정부/자문.'

펑치안과 마찬가지로 판젠촨도 한때 공무원이었다. 그의 상사는 그를 시장으로 만들려고 했지만, 판은 사업가가 더 자유롭고 보수도 더 좋다고 판단했다. 하지만 어떤 기업가도 당과 좋은 관계를 유지하지 않고는 번영할 수 없었다. 그가 박물관을 짓기 전에, 그의 재산이 최고였을 때, 판은 중국 500대 부자 중 한 명이었다. 중국의 부자들 가운데 일부는 정치적으로 타고난 권리를 부로 승화시킨 이들도 있지만, 대부분은 신흥 부자이며, 판은 그 전형적인 사례다. 그가 먹을 것이 부족해 기절했던 이야기를 했을 때, 배고픔은 그의 머릿속이 아닌 몸속에 살아 있는 기억이라는 것을 알 수 있었다. 내가 만났던 부자들은 대부분 그런 이야기를 할 때 자신의 특별한 근성과 능력으로 정상에 올랐다고 말하는 데 열심이었지만, 판은 자신의 성공을 평가절하했다. "나 때문이 아니라 개혁개방 덕분이었습니다."

그가 수집을 시작한 1966년은 마오쩌둥이 문화대혁명을 시작한 해였다. 그의 아버지는 공산주의자 참전 용사로 8년 동안 일본과 싸웠고 국민당과 3년을 더 싸웠으며, 그러고 나서는 한국전쟁에서 미국과 싸웠다. 홍위병의 공격을 받은 아버지는 당황스러웠고 혼란스럽기도 했다. 교육을 받지도 못했고 정치적으로 약삭빠르지도 않았던 그는 아홉 살짜리 아들에게 자신이 무엇을 잘못했는지 이해하는 데 도움이 될 만한 팸플릿과 기사를 모으는 일을 맡겼다. 물론 아버지가 무엇을 잘못했는지는 알 수 없었지만, 판은 수집을 시작한 뒤 결코 멈추지 않았다. 수집품을 보관할 장소를 찾는 일은 더 까다로웠다. 처음에 그는 상하이와 베이징 같은 대도시에서 공간을 구하려 했지만 관계자들이 승인을 내주도록 설득할 수 없었다. 펑치안의 박물관과 달리, 판이 무엇을 지으려 계획하는가는 문제가 아니었다. 아무도 그가 실제로 박물관을 지을 것이라고 믿지 않았다는 것이 문제였다. 중국의 부동산 붐에는 사기와 의심스러운 거래가 만연해 있었다. 부동산 백만장자가 개인 재산을 들여 박물관을 지을 거대한 부지를 찾는다면 무언가 다른 꿍꿍이가 있을 것으로 여겨졌다. 실질적인 이익이 없다면 누구도 선뜻 계약서에 서명하지 않을 것이다. 결국 그는 쓰촨성 청두에서

약 50킬로미터 떨어진 작은 마을에서 땅을 찾았다.

판은 진심이었다. 그는 2억 달러를 들여 전시관들을 세우고 그것들을 운영하는 데 매년 200만 달러씩 더 쏟아부었다. 최근에는 운영비를 마련하기 위해 주유소를 팔기도 했다. 그가 자신은 박물관의 노예라며, "사실상 역사, 문화 유물과 방문객의 노예가 되는 것"이라고 농담하듯이 말했다. 그는 딸에게 많은 것을 물려줄 계획이 없었다. 딸과 사위는 스스로 부양할 수 있었다. 그는 고급 레스토랑에 가거나 디자이너 옷도 입지 않았다. 사실 그는 사업가보다는 학생처럼 보였다. 그는 짙은 색 치노 팬츠에 체크무늬 셔츠를 입고 그 위에 빨간 글씨로 "위대한 일을 하라"고 쓰인 카키색 티셔츠를 입고 있었다. 그는 돌아서서 나에게 등을 보여주었다. '즈칭판, 주이샹 생산대대 S-1 생산대대, 르청 인민공사, 이빈현.' 명함에 적힌 많은 직함에도 불구하고 그는 여전히 시골로 하방된 10대 소년의 정체성을 가지고 있었다. 그는 영웅의 아들이자 악성분자의 아들이었고, 즈칭, 병사, 교사, 관리, 재벌이었다. 이제 그는 큐레이터이자 역사가이자 자선가였다. 55년의 세월에는 많은 것들이 있었다. 마치 그가 완전히 다른 삶들을 살았던 것처럼 들렸다. "하지만 그렇지 않습니다"라고 그는 말했다. 그것은 나무가 자라나듯 계속된 과정이었다. 흩어져 있는 이력을 그런 식으로 이해할 수 있다면, 가운데를 중심으로 나이테가 형성되듯, 뜻밖의 사건들과 갑작스러운 변화들로 가득한 중국의 역사도 어떤 식으로든 일관성 있게 정리될 수 있겠다는 생각이 들었다.

사람들이 중국의 길에 대해 이야기할 때 내가 계속 들었던 말은 '물극필반'(物極必反)이었다. 어떤 일이 극한에 이르면 그 반대 방향으로 나아갈 수밖에 없다는 뜻이다. 쓰촨성 여행을 마치고 오후 늦게 집에 도착했을 때, 주민들이 개를 데리고 아파트 단지에 있는 호수 주변 길을 따라 산책하고 있었다. 그것을 보고 있노라니 위샹젠이 문화대혁명 말기에 대해 했던 이야기가 떠올랐다. 그녀의 부모님은 적어도 어느 정도로는 복권되어, 지저분한 숙소를 나와 더 나은 건물의 아파트로 이사했는데, 방 세 개는 사용할 수 없었다. 방마다 바닥부터 천장까지 어항이 가득 쌓여 있었는데, 그 지역의 집들에서 몰수한 것들이었다. 꽃을 키우는 것은 자본주의자였다. 애완동물을 기르는 것은 부르주아적이었다. 홍위병들은 정원을 짓밟고 화분들을 압수했다. 마오쩌둥이나 더 나아가 혁명을 미화하지 않는 모든 즐거움과 기쁨은 퇴폐적이고 반동적이었다.

　　심지어 지금도 베이징에는 가족당 "개 한 마리"만을 키워야 하는 규칙이 있고 중심지에서는 동물의 키가 35cm 이하로 엄격하게 제한되었는데, 광견병으로 인한 사망에 대비해 공격적인 개를 막으려는 조치였다. 오후가 되면 이 구역에는 치와와, 테리어, 시츄들의 행렬이 등장했는데, 정확히 말하면 패션쇼 행렬 같았다, 많은 개가 행사용 복장을 입고 있었기 때문이다. 그들에게 부족한 점은 과시용 옷을 입었다는 점이다. 이 개들은 야구 부츠, 라라 스커트, 대학 스웨터, 청바지, 크리스털 장식이 달린 재킷, 스프

링 장식이 달린 머리띠, 가장자리에 털 장식을 한 후드를 착용하고 있었다. 어떤 랩독은 봄이 다가오는데도 산타 옷을 입고 있었고, 군복이나 호피 무늬 옷을 입은 개도 있었다. 우리 동네 개들은 나보다 더 크고 분명 더 화려한 옷장을 가지고 있었다. 여기서 얼마 떨어지지 않은 곳에 사는 아이들은 이 반려동물들만큼 좋고 따뜻한 옷을 입지 못했다. 중국은 미국이나 유럽보다 더 불평등할 뿐 아니라, 그 차이가 바로 옆에 나란히, 훨씬 더 갑작스럽게 드러났다.

한 극단에서 또 다른 극단으로, 그리고 나서는 무엇이 있을까. 흔히 사람들은 마오주의에서 시장으로의 전환, 그리고 전체주의 시대가 제어되지 않는 개인주의로 대체되었다고 생각했다. 하지만 이런 날들, 도금시대(gilded era), 용납할 수도 없고 지속될 수도 없는 시대의 끝에 다다른 것 같은 이야기를 점점 더 많이 들었다. 공무원들이 청렴하지는 않더라도 10년 전에는 지도자들이 수억 파운드가 아닌 수천만 파운드를 챙겼고, 20년 전에는 매일 이웃들과 이야기를 나누었으며, 40년 전에는 비록 생활은 어려웠지만 무언가 믿을 신념이 있었다고, 사람들은 안타까운 심정으로 이야기했다. 중국의 전직 최고 장성 중 한 명이 시진핑의 반부패 숙청의 와중에 체포되었을 때, 그의 저택에 보관된 전리품을 운반하기 위해 12대의 트럭이 필요했다. 그 안에는 1톤이 넘는 현금과 순금으로 된 마오쩌둥 조각상이 있었다.

빈곤은 사회주의가 아니다.

- 덩샤오핑

8장

난제춘에서는 아침 6시 15분 〈동방홍〉(東方紅)이 스피커에서 요란하게 흘러나와 넓고 텅 빈 거리에 울려 퍼지고 팔을 높이 들고 영원한 경례를 하고 있는 눈부시게 하얀 마오쩌둥 동상을 지나면서 하루가 시작되었다.

나는 마오쩌둥 탄생 120주년을 맞아 그의 유산에 대한 기사를 쓰려고 이곳에 왔다. 중국 중부 허난성에 있는 이 마을은 남아 있는 몇 안 되는 인민공사 중 하나였다. 덩샤오핑 치하에서 개혁개방이 시작되었을 때, 토지는 가족 단위로 경작할 수 있도록 분할되었다. 농민들은 이러한 변화에서 빠르게 도약했고, 일부는 변화를 선점해, 상당한 위험 부담을 감수하고 철저하게 비밀리에 사적인 계약을 맺기도 했다. 새로운 규정 아래서 많은 이들이 번영했다. 하지만 난제춘에서는 수입이 줄었고, 그들은 토지를 반환했다.

전국적으로 오두막집에서 펜트하우스에 이르기까지, 가정에서는 자본주의의 과실인 감자칩과 가짜 나이키 티셔츠, 또는 스포츠카와 샤토 라피트 와인을 즐겼다. 난제춘은 그런 향락을 능가한다고 자부했다. 노동자들은 근무 시간 전에 스마트폰을 만지작거리는 대신, 혁명 노래를 불렀다. 그들은 노동에 대한 배급을 받고, 집으로 돌아가는 길에 공공 상점에서 식료품 배급권을 사용해 물건을 샀고, 정부가 무료로 제공하는 아파트에서 살면서, 도금한 마오쩌둥 전자시계에 맞춰 생활했다. 확성기 소리가 일상 속으로 들어올 때를 빼고는 모든 곳이 섬뜩할 정도로 조용했다. 팝송도 없고 교통정체도 없고, 제자리를 벗어난 사람도 없었다. 어수선한 상점 간판과 광고도 없었고, 공산주의 구호와 그보다 더 많은 마오쩌둥 사진으로 가득한 간판들이 계속 이어져 있었다. 나는 마치 과거로 돌아간 것처럼 느꼈다. 북적거림과 활기참, 소음과 어수

선함에 대한 중국인의 열정과 반대되는 곳이었고, 그 지루함은 마치 텔레비전에서 정지 화면을 보는 것처럼 묘하게 매혹적이었으며, 질서와 깔끔함, 아무 일도 일어나지 않는 모습은 평양에 갔을 때를 떠올리게 했다. 북한 관광을 조직했던 신 마오주의자들은 난제춘도 등대처럼 여겼는데, 이것은 지금도 마오쩌둥 사상이 번영과 행복으로 향하는 길이라는 증거였다. 만약 중국의 모든 마을이 그 모범을 따랐다면 삶은 얼마나 더 행복했을까. 생활 수준은 높아졌을 것이다. 농민들은 도시로 이주해 2등 시민 취급을 받지 않았을 것이다. 프롤레타리아의 권리는 보장되었을 것이다. 빈부 사이의 엄격한 격차도 벌어지지 않았을 것이다.

하지만 난제춘의 이야기는 그렇게 간단하지 않았다. 마오쩌둥 동상은 90년대에 세워졌고, 그것을 둘러싼 마르크스, 엥겔스, 레닌, 스탈린을 묘사한 30피트짜리 그림은 그로부터 10여 년 뒤에 도착했는데, 주민들에게 영감을 주기보다는 더 많은 방문객을 끌어들이기 위한 것임이 분명했다. 국유은행들이 대출을 탕감해주었는데도, 마을의 부채가 심각하다는 보도가 있었다. 국수 공장은 일본 민간기업과 공동으로 운영했다. 많은 노동자가 마을 밖에서 생활하면서 임금을 받았지만 그 이상은 없었다. 불안할 정도의 평온함은 북문 너머로 보이는 분주한 시장을 보면 이유를 대략 알 수 있었다. 주민들은 유토피아를 벗어나 시장으로 모험을 떠났다. 공산주의는 정치적인 약속이자, 홍보를 위한 도박이었다. 마을 성벽 바로 바깥에 있는 식물원에는 중국공산당의 역사에서 중요한 순간을 담은 건물 모형이 있었지만, 허름한 유리섬유로 만든 기린과 판다가 관광객들 사이에 더 인기를 끄는 듯 보였다. 내가 방문했을 때 대규모 결혼식 촬영이 진행 중이었는데, 십여 명의 신랑신부가 니트, 파스텔색 턱시도, 무도회 드레스를 맞춰 입고 포즈를 취하고 있었다. 중국의 소비주의가 노골적으로 드러나 있었다.

해질 무렵 스피커에서는 또 다른 공산당 고전 음악이 울려 퍼지면서, 모든 청취자에게 공산주의 사회가 반드시 이뤄질 것이라고 확신시켰다. 나는 더욱 조용해진 거리를 걸어서 돌아와 호텔 레스토랑에서 푹 익힌 만두를 먹고 미지근한 맥주를 마셨다. 이 이상향에는 다른 선택지가 없었다. 한 여성이 손님에게 열쇠를 맡기지 않는 옛날 방식으로 나를 방에 들여보내 주었다. 침대에서 졸고 있는데, 전화벨이 울렸다. 내가 모르는 중국 번호였다, 이런 시간에 전화를 건 것을 보면 누군가 곤경에 처했다는 뜻 같았다.

"저 기억하세요?" 사실을 말한다면 무례해 보였지만, 어쨌든 곧바로 이렇게 말했다. "저 가오시광입니다! 급한 일이에요!"

이 시간에 전화를 했지만, 그의 쾌활한 목소리를 고려한다면 그럴 가능성은 없어 보였다. 나는 잠시 머뭇거렸다.

"가오시광! 린뱌오!"

린뱌오. 그제야 기억이 났다, 당연히. 1년쯤 전에 마오쩌둥 모방연기자들에 대한 기사를 쓸 때 만난 사람이었다. 중국에서 마오 연기를 하는 사람은 서구에서 엘비스를 흉내 내는 사람만큼 흔했다. 다양한 체격과 키의 마오쩌둥 비슷한 사람이 수십 명 있었고, 심지어 여성 마오도 있었는데, 너무나 마오와 비슷했던 나머지 그녀는 자신이 그 역할을 맡은 뒤 남편이 성관계를 중단했다고 불평하기도 했다. 그들은 텔레비전 프로그램에 나와 연기했고, 공식 행사를 빛내기도 했다. 그들은 식당을 열기도 하고, 다음에는 교도소를 방문해 직원들의 사기를 높이고 재소자들을 재교육하기도 했다. 내가 인터뷰하기로 한 사람은 라텍스로 점까지 만들어 붙이면서 완벽한 분장을 하고 수행원들과 함께 나타났다. 그의 총리인 저우언라이, 군사 영웅 주더, 1911년 중국에서 황제 통치를 종식한 혁명을 이끌어 존경받는 쑨원의 아내이자 저명한 정치가인 쑹칭링 등이 따라왔다. 놀랍게도 그 자리에는 당대의 악명 높은 반역자인 린뱌오도 동행했다. 그는 마오쩌둥이 허락할 때까지는 아무 말도 하지 않았다. 그때 나는 그의 이름이 가오시광이고 몇 년 전부터 이 인물을 흉내 내기 시작했다는 것을 알게 되었다. 나는 그의 공연을 보고 싶어서 계속 연락했지만, 그가 너무 비밀스러워서 결국 포기해버렸다. 이렇게 시간이 흐른 뒤에 그가 왜 전화를 하게 되었는지 궁금했다.

"급한 일이에요!" 그는 계속 그 말을 반복하면서, 한 달쯤 앞으로 다가온 날짜를 이야기하며 내게 시간이 있느냐고 물었다. 다른 사람들도 모두 온다고 했다. 마오쩌둥과 저우언라이, 그리고 어쩌면 장제스도. 물론 나는 기꺼이 가겠다고 대답했다. 무슨 공연인가요?

"좋아요! 내 손자의 백일잔치예요! 아침에 전화해줘요!"

나도 배역을 맡게 되겠구나 하고 깨달았다. 가오시광의 외국인 친구 역할을. 어떤 외국인이 내 중국인 친구 X의 이름을 과시하듯 들먹이는 것처럼, 어떤 중국인은 외국인과 친구가 되기보다는 외국인을 이용하는 것을 좋아한다. 내 친구 한 명은 나 대신 짜증을 내면서 가오시광이 나를 팔고 있다고 경고했다. "이제는 모든 것이 비즈니스다. 그들은 모두 무언가를 원한다"고 그녀는 말했다. 종종 기대하지 못한 친절함을 경험하기도 하지만, 나는 그녀와 다른 사람들에게서 아주 여러 번 불평을 들었다. 모두 서로를 떠밀고 있었다. 중국 사회는 항상 인맥에 의존해왔지만, 아마도 과거와 다른 점은 변화가 너무나 빨리 일어나고 있어서 사람들의 유대가 깨지기 쉽고, 원초적 요구나 탐욕이 적나라해질 수 있다는 것이다. 당신은 나를 위해 무엇을 해줄 수 있는가?

모든 감정과 모든 가식, 모든 애착이 없어져 버린 데 대해, 일부는 중국이 너무나 서둘러 자본주의로 향하면서 국유기업의 대량해고, 나이가 서른 살이라는 이유로 해고될 정도로 쉽게 처분되는 노동자들, 남들보다 앞서 더 많은 것을 가져야 한다는 긴박감을 비판했지만, 많은 이들은 그보다 과거에 벌어졌던 일들을 탓했다. 충성 선언은 아무리 진지했더라도 의미 없는 것으로 판명되었다. 가오시광과 그의 동료들은 선의의 선언을 신뢰할 이유가 없었다. 당신이 친구라면, 그것을 보여달라. 당신이 정직한 딜러라면 카드를 보여달라. 감정은 말로 하지 말고 행동으로 보여라. 그렇게 하면 진정한 관계를 맺을 수 있을지도 모른다.

게다가 나는 나만의 거래를 염두에 두고 있었다. 가오가 나를 신뢰한다면 자기가 출연하는 공연에 나를 데려갈지도 모른다는 희망이 있었다. 그리하여 이 나라의 최고 아첨꾼에서 희생양으로 전락한 린뱌오를 본다는 믿기 힘든 일에 매료되어 있었다.

*

모방연기자들은 의도적으로 키치한 모습을 보이지 않았다. 그들은 진지하게 일했고, 사우나 홍보 같은, 부적절하다고 판단되는 예약을 거절했다. 하지만 중국에서는 역사로서 허용되지 않는 일도 오락으로는 허용되었다. 중국에는 비극을 희극으로 제공하는, 문화대혁명 레스토랑이 여러 곳 있었다. 베이징의 홍색 고전 레스토랑에서는, 주홍색 화려한 장식 속에서 한쪽에 주차된 트랙터 위에서 인민복을 맞춰 입고 사진 촬영 포즈를 취하면서 완전히 연출된 결혼식도 할 수 있다. 심지어 화장실도 예외가 아니어서 세면대마다 붉은 별이 매달려 있었다. 고객들은 당 기관지처럼 인쇄된 메뉴판에서 '공산당 서기장 가지 요리'와 '즈칭 고기 구이'를 주문했다. 그들은 홍위병 옷을 입고, 윤기 나는 머리를 땋아 붉은 실로 묶은 웨이트리스를 바라보았다. 그들은 불협화음의 무대 쇼를 향해, 약간 박자에 어긋나게 깃발을 흔들었다. 그것은 '부흥의 길' 전시회를 빠르게 요약한 광고로 시작되었다. "1921년 제1차 당대회! 덩샤오핑! 올림픽! 시진핑 주석!" 그리고 나서 정력적인 신

서사이저 반주에 맞춰 전투 재연과 마오주의 노래로 돌입했다. 몇몇 무용수들이 의자 위에 올라서서 손님들이 구호를 외치도록 유도했다. "마오 주석 만세! 마오 주석 만세!"

손님들은 주로 남성들이었고, 몇 명은 술잔을 앞에 두고 있었는데, 대부분은 너무 젊어서 그 시대를 경험한 적도 없고, 이것을 그저 신기한 일로 여기고 있었다. 과거 홍위병이었던 이들은 이런 오락에 대한 흥미를 비꼬는 투로 이야기했고, 하얼빈에서 학생들이 졸업 사진을 찍으면서 고깔모자를 쓴 피해자를 심문하는 것처럼 포즈를 취한 것을 보고 격렬하게 항의했다. 분노는 놀랍지 않았다. 하지만 나는 젊은이들이 아는 것이 금지된 일들을 이해해야 한다고 생각했다.

좀 더 뒤쪽에, 한 중년 남성이 이마에 땀방울이 맺힌 채 잔을 기울이며 과거의 즐거움에 대해 생각하고 있었다. "종일 일만 하다가 여기서 노래하고 춤추는 게 정말 즐거워요. 아무 생각도 하지 않고, 그냥 긴장을 풀어요"라고 그는 털어놨다.

과거에 정말 즐거웠나요? 문화대혁명? 그는 약간 힘들어하며 집중하더니, 짧고 불편한 듯한 웃음을 지었다. "말하기 곤란해요. 당신은 아마 알 거예요." 내가 좀 더 묻기도 전에 가수가 소리를 지르기 시작했다. "이 노래를 알고 있지만 따라 부르지 않는 사람을 발견한다면, 마오쩌둥을 존중하지 않는 것입니다. 그들을 붙잡아 비판 투쟁에 보낼 겁니다!"

나는 어딘가에서 읽었던 구절을 생각했다. 노스탤지어에 대한

탑닉 또는 노스탤지어와 비슷한 무언가는 합성수지로만 만들어
졌다. 진짜 추억은 살 수 없는데, 이걸 누가 사겠는가. 하지만 이와
비슷한 것을 팔 수는 있다. 문화대혁명의 아이러니는 그 극단적인
마오주의가 사람들에게 극단적인 개인주의, 어떻게 해서든 번영하
고, 어떻게든 해서 얻은 것으로 물물교환을 하는 법을 가르쳤다
는 것이다. 이 세계에서는, 충분한 독창성만 있으면 무엇이든 거래
될 수 있었다. 심지어 린뱌오 흉내처럼 쓸모없어 보이는 것조차도.

*

가오시광이 어린 소년이었을 때, 린뱌오는 군사 영웅이자 마오쩌
둥이 선택한 후계자로 권력의 정점에 있었다. 그는 자신이 흉내 내
고 있는 남자를 이해하기 위해 전기와 역사책을 샅샅이 뒤졌다.
그는 린뱌오에게 생동감을 불어넣을 완벽한 제스쳐를 만들기 위
해 사진과 영상을 열심히 살펴보았다. 그는 목소리가 딱 맞을 때
까지 녹음을 듣고 또 들었고, 또다른 자아(alter ego)의 빠른 영상
에 맞추려고 속도를 높였다. 결국 린뱌오의 목소리에 완벽하게 적
응할 수는 없었지만, 자신의 베이징 억양 위에 린뱌오와 비슷한
구식 후베이 억양으로 음영을 넣었다. "아무도 알아차리지 못할
겁니다." 외모는 충격적일 정도로 비슷해서, 머리 모양을 바꿀 필
요조차 없었다. (두 사람 모두 머리카락이 많지는 않았지만, 농담은 아닌 것 같
았다.) 그를 알아보는 젊은이들은 거의 없었다고 그는 인정했지만,

50대가 넘은 사람들은 단번에 알아봤다. 과거 홍위병들의 모임에 가면 사람들이 그 주위에 몰려들었다. 그들과 가오가 소년이었을 때, 린뱌오는 중국의 10대 원수 중 한 명이었다. 전술적으로 매우 뛰어났던 그는 10만 달러의 현상금이 걸려 있었다고 알려져 있었는데도 대담한 게릴라전을 벌이면서 국공내전에서 살아남아 1949년 인민해방군을 이끌고 베이징으로 입성했다.

"공산당이 없었다면 신중국도 없었을 겁니다." 가오시광은 나에게 말했다. "그들은 우리가 학교에 다닐 수 있게 해주고 먹을 수 있게 해주었습니다. 린뱌오는 다음 세대를 위해 싸웠고 나는 이러한 생각을 전하고 싶습니다. 그가 우리나라에 기여한 것을 잊지 말라고요."

더욱 중요한 것은 린뱌오가 초창기부터 마오쩌둥의 확고한 지지자였다는 점이다. 린뱌오는 "마오쩌둥이 마음대로 쓸 수 있는 백지"라고 30년대 중국에 파견된 공산주의 인터내셔널 대표 오토 브라운은 지적했다. 공산당이 집권하자 린뱌오는 노력을 더욱 배가했다. 그는 "마오쩌둥에게 최고의 학생"이었고, 한때는 동지들에게 "당신이 이해하든 이해하지 못하든 마오의 지시를 이행하라"고 명령했다. 그는 마오쩌둥 숭배를 확립하기 위해 마오 본인을 제외하고는 누구보다 많은 일을 했다. 그는 군대의 정치화를 주도했다. 그는 '소홍서'(마오 주석 어록)를 출판하는 것을 주도했다. 어떤 이들에게 그는 무자비하고 야심 찬 사기꾼이었다. 어떤 이들은 그의 질병이나 건강염려증 집착을 보면서 그를 동정했다. 프로파간다를 무시하더라도, 그는 하나의 인격이라기보다는 필요에 따라 등장하는 한 무더기의 페르소나들처럼 보였다. 아마도 그에게 가장 중요한 생각은 생존이었을 것이다. "조심스럽고, 조심스럽고, 또 조심스러워야 한다"고 그는 부하에게 충고했다. 이 전략은 매우 성공적이었고, 1969년 류사오치(劉少奇)가 몰락한 뒤 그는 "마오쩌둥의 가장 가까운 전우이자 후계자"로 지명되었다. 아부는 그에게 오랫동안 도움이 되지는 않았다. 그것은 심지어 그의 운명을 결정해 버렸을지도 모른다. 누가 더 노예 같은 충성을 잘하느냐가 경쟁할 수 있는 유일한 현실적 방법이었다. 마오쩌둥은 충성 선서를 요구하면서도 또한 의심했다. 마오가 국가주석이 되어야 한다고 린뱌오가 주장했을 때 마오와 린 사이에 충돌이 벌어졌다. 일부에서는 린뱌오가 마오쩌둥이 그 자리를 자신에게 넘겨주길 바랐다고 생각했지만, 아마도 린뱌오는 마오가 주저하는 시늉을 하고 있을 뿐 자신이 이 일을 밀어붙이기를 바랐다고 생각했던 것 같다. 황제는 이미 자신이 린뱌오에게 주었던 권력에 대해 점점 더 질투하고 있었고, 린이 공식적인 자리에서는 충성스럽게 행동하지만 사적으로는 자신에게 비판적이라고 의심했을 것이다. 여기에는 파벌 사이의 음모도 한몫했는데, 린뱌오가 "코가 긴 독사"라고 했던 장칭이 남편의 의혹을 부추겼다.

1971년 9월이 되자 마오쩌둥이 자신이 얼마 전까지 의지했던 사람에게 완전히 등을 돌렸음이 분명해졌다. 린뱌오의 가족은 당황했다. 린뱌오는 아내와 아들과 함께 늦은 밤 비행기를 타고 중국을 탈출했고, 비행기는 몽골에서 추락해 탑승자 전원이 사망했다. 그의 탈출과 죽음에 대한 자세한 내용은 여전히 미스터리로 남아 있다. 주요 서류가 파기되었기 때문에, 아마도 영원히 알 수 없을 것이다. 그의 지지자 천 명 이상이 숙청당했다. "사건이 일어난 지 며칠 뒤 소문을 들었어요." 위샹젠이 나에게 말했다. "아마도 우리가 신화통신 단지 안에 살았기 때문에 사람들이 정보를 알고 있었을 겁니다. 그래서 우리는 무슨 일이 일어났는지 금방 알 수 있었죠. 마오쩌둥이 린뱌오와 점점 거리를 두어왔다는 것은 매우 분명했어요. 하지만 우리는 정말 충격을 받았습니다."

일반 대중은 무슨 일이 있었는지 알기까지 거의 1년이 더 걸렸다. 린뱌오가 사라졌기 때문에 무슨 일이 일어났다는 것은 분명했다, 곧이어 "류샤오치 유형의 인물"이라는 비난성 언급이 등장했다. 하지만 발표는 충격적이었다. 바로 당의 핵심에 있었던 린뱌오가 우파 배신자였다는 것이다. 그는 마오쩌둥을 암살하고 권력을 장악하려다 그 계획이 발각되자 도망쳤다고 했다.

지도부는 그들의 이야기를 확고히 하기 위해 능력을 발휘했다. 문서와 회의, 방송과 기사 제목들이 등장했다. "큰 반역자 린뱌오는 인민에게 영원히 저주받을 것이다! 그의 시체는 역사의 쓰레기 더미 위에 누워 있을 것이다!" 그러나 공식적 판결은 질문에 답이 되기보다는 더 많은 심오한 질문들을 불러일으켰다. 문화대혁명과 마오쩌둥에 대한 헌신으로 유명했던 린뱌오가 그가 찬양했던 모든 것을 증오하고 음모를 꾸몄다는 것이다. 그가 한 말은 믿을 수 있는 것이 하나도 없었다. 린뱌오가 애초에 진심이 아니었다면 평범한 사람들이 운동을 계속 신뢰해야 할까? 더 나쁜 것은, 그들의 전지전능한 지도자가 충격적인 오류를 저질러 배신자를 알아채지 못하고 키웠다는 것이다. 그가 분노를 표출하는 복수의 신이 아니라면 말이다.

"그것은 전환점이었어요. 그 사건 뒤에는, 정치적으로 예민한 사람들은 문혁이 더는 진행될 수 없다는 것을 이해했죠." 위상젠은 나에게 말했다, "마오 주석도 그것도 알았죠. 하지만 사람들은 대놓고 말하지 않았고, 문혁을 계속하는 척했습니다. 사람들은 서로 감시했고, 어떤 말을 했다가는 고발을 당했습니다. 아무도 감히 그것에 대해 말하지 못했습니다."

혼란 속에서도 이상주의를 지켜온 사람들, 자신이 당한 시련에 대해 스스로 책망했던 희생자들까지 묻기 시작했다, 그 모든 것이 무엇 때문이었을까? 그 모든 일은 무엇을 위한 것이었을까? 그들이 린뱌오를 좋아하거나 존경한 것은 아니었다. 당의 명령이 말이 되지 않고 스스로 모순된다는 것이었다.

마오의 죽음과 장칭의 몰락도 린뱌오의 명성을 회복하는 데 아무런 도움이 되지 않았다. 마오쩌둥의 첫 번째 후계자였다가 몰락한 류사오치는 복권되었다. 하지만 린뱌오는 또다시 잘못을 저질렀다. 다시 통제권을 가지게 된 당은 4인방과 함께 죽은 린뱌오에 대한 보여주기식 재판을 열었다. 극우파로 몰렸던 그는 이제 극좌파로 비난받았다. 편리하게도 그가 죽었기에, 그는 문혁의 불길을 부채질했다는 비난도 받을 수 있었다. 또 덜 정확하지만, 류샤오치에 대한 음모를 꾸몄다는 비난도 받을 수 있었다. 과거에는 그를 비판하는 것은 중요한 범죄의 하나로 비난받았지만, 나중에는 그는 심지어 5.16 반혁명 음모(문화대혁명 시기에 '5.16 병단'이라는 비밀조직이 혼란과 폭력 투쟁을 선동했다는 당의 입장, 1967년부터 1971년까지 '5.16' 병단 '5.16 분자 색출 작업' 등으로 350만 명이 체포된 것으로 알려짐)의 "배후 지지자"로 비난받기도 했다. 하지만, 린뱌오가 사망한 지 35년이 지난 2007년, 린의 초상화가 중국군사박물관에 등장해 다른 군대 창설자들과 나란히 걸렸다. "그전까지는 내가 린뱌오가 될 것이라고는 감히 상상도 못했을 겁니다"라고 가오는 인정했다. 그럼에도 불구하고 린뱌오 초상화 등장에 대해서는 침묵이 계속되었고, 절반의 관용은 한계가 있었다. 린뱌오 탄생 100주년이 다가오자 관리들은 "리노베이션"을 한다며 박물관의 린뱌오 초상화가 있는 전시실을 폐쇄했다. 가오가 그것이 안전하다고 생각했다고 하더라도, 왜 그가 린뱌오를 흉내 내고 싶어했는지에 대한 설명은 되지 못했다. 국가의 아버지 역할을 할 수는 있지만, 반역자 역할을 연기한다면? 내가 생각할 수 있는 가장 가까운 비유는 영국인이 오스왈드 모슬리(Oswald Mosley, 영국 파시스트 연합을 창립한 극우 정치인)를 흉내내거나, 노르웨이인이 비드쿤 크비슬링(Vidkun Quisling)을 연기하는 것이었는데, 그들조차도 린뱌오만큼 철저하게 비난받은 적은 없었다. 관리들이 가오의 공연을 예약한다는 것은 더욱 기이해 보였다.

"당신이 역사에 대해 잘 모르니까 이런 질문을 하지만 아무도 나에게 부정적 태도를 보이지 않습니다"라고 가오는 말했다. "린뱌오의 업적과 잘못을 판단한다면 업적이 다른 부분보다 더 크다고 생각합니다. 사람들은 린뱌오의 군사적 재능을 존경하기 때문에 그에게 관심이 많습니다. 공연이 끝나면 사람들은 저와 악수하고 포옹하고 사진을 찍습니다."

그러고 나서 그는 한발 물러섰다. "나는 한 사람의 성공과 실패는 다음 세대에 의해 결정된다고 생각합니다. 나는 그가 옳았는지 틀렸는지를 판단할 권한이 없다고 생각합니다. 나는 말할 수 없어요. 모든 것은 역사에 속하니까요."

하지만 역사는 생각과 주장들로 이루어진다고 나는 말했다. 당신은 많이 읽었으니 의견이 있을 거예요.

"역사는 당신이 말하는 것도, 내가 말하는 것도 아닙니다!" 분노인지 당황인지, 그의 목소리가 높아졌다. "그것은 사람들이 말하는 거예요!" 물론 그가 의미한 것은 인민이었다. "당신은 그것을 쓸 수 없고, 나도 쓸 수 없어요, 우리는 진실이 무엇인지 말할 수 없습니다. 진실에 대해서는 많은 버전이 있습니다. 어느 것이 맞을까요? 어느 것이 틀렸나요? 몽골에서 비행기가 추락한 후 사람들은 모두 린뱌오가 반역자라고 느꼈을 겁니다. 하지만 우리는 평범한 사람들이에요, 그때 나는 아주 어렸고요. 그래서 문혁 당시 무슨 일이 일어났는지 잘 몰라요. 역사는 당신이나 내가 알 수 없어요, 내가 모르는 내부 자료가 있으니까요. 나는 문혁의 진실을 모르고, 어떤 판단도 내리고 싶지 않아요."

그것은 좋은 회복이었다. 린의 삶과 죽음의 많은 부분이 미스터리로 남아 있는 것은 사실이다. 그것은 가오가 불편한 질문을 피할 수 있게 해주었다, 린은 희생양일 뿐이었는가? 그는 왜 악역 연기에 그토록 열심이었는가? 가오는 그것이 다음 세대에 붉은 문화를 전하려는 사회적 책임감 때문이었다고 말했다, 그는 자선 공연에서는 돈을 받지 않는다고 말했다. 하지만 "교통비"는 받았다고 했는데 보통은 실제 비용보다 훨씬 많은 돈이었다. 그의 일상적인 직업은 군 선전 비디오를 만드는 카메라맨이자 감독이었고, 나는 린뱌오 연기가 그가 유용한 인맥을 쌓는 데 도움이 되었으리라고 생각했다.

가오시광은 자신을 위해 일을 잘 하고 있는 것 같았다. 적어도 그는 미래를 위해 투자를 하고 있었다. 나는 백일잔치가 조촐한 가족 모임일 거라고 예상했지만, 내가 식당에 도착했을 때 결혼식처럼 성대한 대규모 행사가 진행 중이었다. 파스텔톤 배경의 무대 위에는 남자아기가 여러 의상을 갈아입고 등장했다. 붉은 유리 샹들리에 아래 값비싼 담배를 담은 접시들이 놓여 있고, 십대 소년 웨이터들이 새우와 돼지 귀 요리를 담은 접시를 쌓아 놓고 있었다. 테이블에는 등급이 있었다. 아이를 위해 소원을 빌어주는 사람이 세 명 있었다. 그러나 행사는 아기나 청바지를 입은 캐주얼한 차림으로 참석한 아기 부모에 대한 것은 아니었다, 그들은 이 행사에서 부수적이었다. 이것은 가오의 계획이었고, 이들은 가오의 손님이었다. 분명 가오가 비용을 부담했을 것이다. 이것은 명목만 빼면 모두 가오의 파티였다. 날씨가 무척 더웠는데도 그는 목까지 단추를 채운 제복을 입고 있었다. 그는 나에게 인사를 하면서 모자를 들어 올리며 다른 손으로 두피에 흐르는 땀을 닦았다.

나는 옆방에 배정되었는데, 그곳에서 마오쩌둥, 류사오치, 저우언라이, 장제스와 함께 있었다. 점심식사가 사업용인지 아니면 유흥을 위한 것인지 불확실했지만, 아마도 둘 다였을 것이다. 그들은 역할 사이를 오가며, 파티 주최자를 가오라고 불렀다가 린뱌오라고 부르기도 했다. 마오쩌둥은 체크무늬 셔츠를 입고 있었지만, 머리는 마오 주석처럼 뒤로 넘겼다. 류사오치는 수수한 중산복 차림에 비행사 선글라스와 화려한 은색 버클 벨트로 분위기를 반전시켰다. 저우언라이는 유쾌한 기분으로 우리 잔을 모두 채웠다. 장제스는 다른 사람들의 놀림에도 무표정한 얼굴로 근엄한 분위기를 연출했다, 웃는 것은 그의 페르소나와 어울리지 않는다고 그는 털어놨다. 하지만 이따금 그는 천천히 풍선을 불고는 그것을 터뜨렸다. 우리는 펄쩍 뛰었다. 재빨리 고개를 들어보면 장제스가 다시 근엄한 표정으로 돌아가기 전에 만족스러운 표정을 짓는 순간을 포착할 수 있다. 은색 정장을 입은 마술사도 있었는데, 하트의 왕 카드를 손에 감출 때처럼 부드럽게 명함들을 모으고 있었다. 가장 유용한 손님들 주위에서 분명하고 체계적으로 일하는 한 여자도 있었다. 출생부터 결혼, 죽음에 이르기까지 중국인의 삶에서 중요한 사건에는 종종 통과의례와 인맥 형성의 기회가 결합되어 있다. 부모들은 사업 개시와 자녀의 결혼식을 연계하는 것으로 알려져 있었다.

지도자들을 모방하는 연기자들이 메인 무대로 불려 나갔다, 스피커에서 당연하게 〈동방홍〉 노래가 흘러나왔고 그들은 미소를 지으며 손을 흔들었다. 장제스는 항상 하는 대사들을 줄줄 말했다. "박수치는 여러분! 대만으로 오세요! 그렇지 않은 분들은 신경 쓰지 마세요! 린뱌오는 손자가 하나 있습니다. 그것으로는 충분하지 않아요. 대만에 오면 아기를 많이 낳을 수 있어요!"

나이 든 사람들은 떠들썩하게 웃거나 미소 지었다. 젊은 사람들은 다음 차례로 마술사가 등장할 때까지 대부분 지루하거나 당황한 표정이었다. 나는 손님 중에 마오쩌둥 흉내를 내는 또 다른 사람이 있다는 것을 알아차렸다. 우리가 점심을 먹으러 방으로 돌아갔을 때 〈동방홍〉 노래가 다시 흘러나왔고, 그 두 번째 마오 모방연기자가 연설을 시작했다. 분명히 가오는 경쟁을 피하고 있었다. 그는 베이징에서 유일한 린뱌오 모방연기자였기 때문에 함께 일할 잠재적인 상관들이 많았다. 첫 번째 마오 모방연기자는 의자에 똑바로 앉아 귀를 쫑긋 세우고 다소 침울한 표정을 지었다. 누구도 안심할 수 없었다. 지난 몇 년간은 사업이 호황이었다. 공산당 창당 90주년, 그리고 마오쩌둥 탄생 120주년을 맞아 예약이 몰렸다. 올해는 그런 행사가 없고, 시진핑 주석의 근검절약과 반부패 캠페인이 누구도 예상할 수 없었을 정도로 훨씬 열정적으로 그리고 오랫동안 진행되고 있었다. 당 간부들은 더는 호화로운 행사를 열지 않았고, 국무원은 자금 지원을 끊었다. 관리들은 접대를 위한 중앙 정부의 지출이 3분의 1 이상 감소했다고 자랑했다. 사업가들도 너무 떠들썩한 행사를 경계했다. 시진핑이 공산당 역사를 강조하면서, 모방연기자를 고용하는 것은 기분 좋은 일이 아니라 잠재적인 위험으로 여겨지기 시작했다.

물론 여전히 사적인 행사가 열리기는 했다. 하지만 바이주 병이 비워지면서 여러 모방연기자가 최근 공연에서 태자당 그룹이 공연료를 주지 않았다면서 불만을 토로했다. 떠나는 손님들과 악수하는 가오만 원기왕성해 보였다. 모든 과묵함은 순간의 승리와 술의 홍수 속에 사라졌다. 내가 작별 인사를 할 때 가오는 더듬거리며 "I LOVE YOU!"라고 하더니 내 어깨를 꽉 잡았다.

*

가오시광은 다른 경우에는 영어를 말한 적이 없었기 때문에, 나는 그가 했던 말이 오해라고 생각했다. 하지만 그는 다음번 전화했을 때 중국어로도 이렇게 말했다. "워아이니! I love you!" 그는 나에게 중요한 전직 지도자들의 아들들을 소개해주겠다고 했다. 그는 그것이 나에게 유용할 것이라고 생각했다. 그가 왜 홍색 후계자들은 만나고 있는지에 대해서는 모호하게 이야기했지만, 여하튼 홍색 후계자들은 여전히 큰 영향력을 행사하고 있었다. 만남의 장소가 중의학 의원이라고 했을 때 별로 놀라지 않았다. 그와 매니나는 그곳의 치료에 대해 극찬을 하면서, 내가 할인을 받게 해주겠다고 약속하면서 친구도 데려오라고 했다. 그곳에 태자당 사람들은 보이지 않았고, 내가 그때 그리고 이후에 그 문제를 제기하면 그는 대화 주제를 바꿨다. 하지만 가오가 실망시켰는데도 나는 이상하게 점점 그가 좋아졌다. 가오가 항상 어떤 목적이 있다는 것은 분명했다. 내가 저녁 식사에 초대했더니 그는 전화를 걸어와 친구 세 명을 데려오겠다고 했다. 나는 정중하게 거절했다. 그래서 그는 혼자서 린뱌오 복장을 차려입고 왔다. "링링! 내가 링링이라고 불러도 되죠? 그렇게 부르니 더 친근하네요." 내 중국식 이름은 아링이었고, 누구도 나를 링링이라고 부르지는 않았다. 그는 내 대답을 기다리지도 않았다. "링링, 당신이 영국으로 가면 나는 어떻게 해야 하죠?" 그는 내가 곧 영국으로 돌아간다는 소식에 눈물을 닦아내는 시늉을 했다. 나는 질문할 내용이 많았고 이야기를 나누고 싶었지만, 이것은 그의 또 하나의 연기였다.

사업은 조금 나아진 듯 보였다. 그는 지방 도시에서 이주 노동자들을 위한 공연에 출연하기로 예약되어 있었다. 그는 시진핑이 군중을 대표한다고 말할 계획이었다. "나는 시진핑을 지지합니다." 그는 그런 말을 하면서 건배하자며 술잔을 들었다. "우리는 혁명 세대에게 좋은 삶, 좋은 음식과 술, 그리고 우리 인생의 좋은 것들을 빚지고 있어요."

나는 그에게 그 시대 이후에 가치관이 달라졌는지 물었다. "그건 오늘 우리가 대화하는 내용과 아무 상관이 없어요." 그가 갑자기 말했다. 나는 그래도 계속해서 많은 사람이 60년대의 가치관이 더 순수했다고 느끼고 있냐고 물었다. "글쎄요," 그는 그때는 모두가 지금보다 가난했고, 공무원의 수입이 노동자들보다 별로 많지 않았다고 인정했다. "지금은 물질주의가 사회에 만연해 있습니다. 먼저 부자가 된 사람들이 다른 사람들을 도와줄 거라고 말들 하지만, 부자들은 기본적으로 관리들의 가족들이죠. 그들은 자원을 가지고 있지만 일반 사람은 그렇지 않아요. 그것은 마치 몸에 암이 생긴 것과 같습니다. 시진핑은 종양을 잘라내는 의사입니다. 이제는 멀리 있는 농촌 마을에서도 무료 교육과 의료 서비스가 시행되고 있습니다. 이것은 개선된 점입니다. 시진핑은 호랑이들을 우리에 가두고 있어요."

시 주석의 반부패 캠페인은 인기가 있었다. 하지만 가오는 인민일보의 사설을 읽었을 수도 있다. 그런 글에서는 호랑이와 암에 대한 비유가 많이 등장했다. 나는 솔직한 대화가 이루어질 것 같지 않다는 사실을 깨닫고 체념하고 있었다. 하지만 린뱌오 사건에 대해선 다시 한번 질문을 던져볼 필요가 있겠다고 생각했다. "이 질문은 사랑스럽네요." 그는 고개를 기울여 나를 향해 미소를 지었고, 거의 요염한 동작으로 얼굴을 쓰다듬었다. "나는 1963년에 태어났고 그 사건이 일어났을 때 겨우 8살이었어요. 나는 린뱌오가 누구인지도 몰랐으니, 그때 내 반응이 어땠는지는 말할 필요도 없죠. 나는 당신 친구니까 말이 안 되는 얘기는 안 해요." 그는 나에게 그가 감탄했다고 얘기했던 것을 잊어버린 것 같았다. 그가 했던 말을 내가 이야기했지만, 그는 부인했다. 나는 그가 요즘 린뱌오를 어떻게 생각하는지 궁금했다.

"민감한 질문이네요. 하지만 린뱌오는 정치 투쟁에 희생되었다고 생각해요. 린뱌오와 그의 형제들이 없었다면 마오 주석의 업적은 불가능했을 겁니다. 마오 주석이 위험에 처했을 때 린뱌오가 구하러 왔어요. 린뱌오가 9월에 세상을 떠났을 때(나는 이보다 더 완곡한 표현이 있을까 싶었다) 마오 주석은 매우 슬퍼했고, 하룻밤 사이에 10년은 더 늙은 듯 보였어요. 저우언라이는 20분 동안 울었습니다. 마오 주석은 국가의 거대한 손실이라고 말했어요."

하지만 역사는 정의와 개방을 가져왔다. 이미 그는 린뱌오로 분장할 수 있게 되었고, 사람들은 린뱌오의 공헌을 인정하고 옳고 그름에 대해 논의하기 시작했다고 그는 말했다. 물론 옳고 그름에 대해 질문한 것은 가오 자신은 아니었다, 그는 또다시 길게 이야기하면서도 응답은 피해갔다. 그는 많은 말을 했는데, 뭔가를 이야기하는 듯했고, 농담, 사교적인 말, 요점이 없는 일화, 내 질문에 대해 답변하지 않으면서도 몸짓으로 나타내는 말들이었다. 그는 무대에서 속삭이듯 목소리를 낮췄다. 그는 세계의 우정에 대해 테이블 저쪽에서 열변을 토했다. "흰 피부이든, 검은 피부이든, 금발이든, 검은 머리든, (그의 머리를 가리키며) 대머리이든 우리는 모두 인간입니다." 나는 끼어들려다 말았지만, 그의 전화에서 국가인 〈의용군 행진곡〉이 울려 퍼지자 그는 말을 멈췄다. 발신자의 목소리는 들리지 않았지만, 그의 목소리는 알아들을 수 있었다. "I Love you, 워아이니." 그는 이렇게 말하고 전화를 끊었다.

그는 나에게 휴대폰을 건네 새로운 홈 화면을 보여줬다. 그보다 열 살 정도 나이가 많아 보이는 한 여성과 함께 푹신한 소파에 앉아 있는 그의 사진이었다. 그 여성은 수수한 옷차림에 올림머리를 하고 있었다. "린더우더우야."

그 9월의 밤, 린뱌오 가족이 서둘러 비행기에 탑승했을 때, 그의 딸은 함께 가기를 거부했다. 린더우더우는 대신 당에 전화를 걸어 그들을 고발하면서, 어머니와 오빠가 아버지에게 그렇게 하도록 강요했다고 비난했다. 그 뒤 그녀는 공개적으로는 그 사건에 대해 한마디도 하지 않았다. 하지만 몇 주 전 혁명가들의 자녀들이 가끔 모이는 모임에서, 그녀는 뜻밖에도 "역사적 사실에 대해 더 존중할 것"을 요청했다. 그녀는 당의 내러티브를 준수하라는 시진핑의 요구를 지지하고 있었는지도 모른다. 당의 내러티브를 고수하거나 재검토를 요청했을 수도 있지만, 아버지에 대한 판결을 재검토해 달라고 요청한 것일 수도 있다. 그 어느 때보다도 모호함이 유용했다.

가오는 저우언라이 모방연기자의 소개를 받았고, 그녀를 만나는 것이 린뱌오를 더 잘 이해하는 데 도움이 되기를 바랐다고 했다. 그는 곧바로 이렇게 덧붙이기는 했다. "린더우더우를 만나든 안 만나든 린뱌오를 연기하는 데 아무런 영향은 없습니다." 그들은 비밀 클럽에서 저녁을 먹었는데, 그녀는 그를 20초 동안이나 쳐다봤다. "그러더니 그녀는 나를 껴안았어요." 그는 그것을 받아 들였다. "우리 둘 다 매우 감정적이었어요. 가족 간의 저녁식사처럼 느껴졌어요. 린더우더우가 아버지를 그리워하는 것이 매우 자연스러운 일이라는 것을 알기를 바랐어요."

그것은 정말 멋진 장면이었다. 베이징은 어떤 면에서는 작은 도시였고 역사에서 가장 끔찍했던 일들이 지금으로부터 너무 가까워서, 예상치 못한 순간에 역사에 발을 디디게 되는 곳이었다. 하지만 나는 어쩌면 쓸데없는 생각이 들었다. 린은 그리 드문 성은 아니었다. 나는 그녀의 사진을 내가 다시 사진으로 찍을 수 있는지 물었다. 내가 아는 학자 중 한 명이 내 의문을 해결해 줄 수 있을 것이라고 확신했다.

"맞아, 바로 그녀야." 내가 그 사진을 보여주자 역사가는 곧바로 말했다. 하지만 그는 전화기를 돌려주지는 않았다.

"분명 그녀인가요?" 그는 여전히 사진을 꼼꼼히 살펴보고 있었다.

"맞아요, 하지만 이 남성은 린뱌오와 많이 닮지는 않은 것 같네요. 눈썹 모양도 맞지 않고요."

*

가오시꽝에게 작별 인사를 한 지 얼마 뒤에, 나는 매연이 자욱한 협궤 증기기관 열차를 타고 쓰촨의 가파른 언덕을 올라 이제는 인적도 드문 바거우라는 작은 마을로 향했다. 기차에 탄 동료 승객들은 낡은 밀짚 바구니에 식료품을 담아 등에 짊어진 몇몇 주민들, 그리고 모자를 쓴 관광객 몇 명뿐이었다. 도착하자마자 관광객들은 사진을 찍으러 선로 건너편으로 달려가 마오쩌둥 주석의 벽화 앞에서 포즈를 취했다. 벽화는 원본이지만 새롭게 단장되어 있었다. 조타수의 얼굴은 크리스마스 막대 사탕처럼 빨간색과 흰색으로 반짝였고, 아래에는 밝은 해바라기 장식이 놓여 있었다. 이 마을은 문화대혁명 시절의 낡은 구호로 뒤덮여 있어, 사회주의 시절의 향수를 좋아하는 이들을 끌어당기고 있다고 들었지만, 나는 두 세계 사이에 끼어 있는 버려진 장소를 좋아하고, 쓰촨의 푸른 계곡을 사랑하고, 바거우의 증기 기관차는 희귀하고, 좋은 뉴스가 될 것 같아서 이곳을 찾아왔다. 그 기차는 여전히 운행 중이었고, 지역 주민들은 이 기차를 타고 채소를 시장으로 가져가거나 마을에 사는 친구들을 만나러 갔다. 몇 년 전에는 관광버스도 추가해, 주민들을 위해 기차를 계속 운행하기에 충분한 수입을 올렸다. 과거와 현재가 조화를 이루고 있었다.

난제춘과 마찬가지로 바거우도 역사를 활용하려고 노력했다. 하지만 난제춘은 실제로는 현대 세계의 일부이지만 과거를 흉내 내고 있었고, 바거우는 아직 현대 세계를 따라잡지 못했다. 바거우의 고요함은 모범 인민공사의 강요된 고요함이 아니라, 실제로 사람들이 이곳을 버리고 떠났기 때문이었다. 산업 도시가 들어서기에 적합한 장소는 결코 아니었다. 내륙으로 깊이 들어가 논과 대나무 숲을 지나 언덕 위 높은 곳에 있었다. 하지만 이곳에 묻혀 있는 석탄은 버리기에 너무 아까웠다. 마오쩌둥이 대약진 운동을 시작했을 때 간부들은 무연탄을 외부로 수출할 더 나은 방법을 찾기로 결정했다. 수많은 노동자가 맨손으로 선로를 자르고 건설했다. 새벽부터 시작해 밤이 될 때까지 땅을 파헤쳤다. 그들은 노동 때문에 깡말랐지만, 마을은 번성했다. 점점 많은 광부가 도착했고, 그들과 결혼할 여성들이 왔고, 상점, 극장, 병원, 학교도 생겼다. 60년대에는 이곳에서 만 명이 살았다. 그러고 나서 1980년대에 석탄이 고갈되었다.

거대한 기계들이 녹슬기 시작했다. 산업은 한때에 불과했고, 사람들도 마찬가지였다. 자연이 다시 이곳을 정복하고 있었다. 묘목들이 지붕 틈새를 뚫고 올라오고 내 손바닥만한 나비가 빈 거리를 날아다녔다. 가느다란 덩굴에 매달린 거대한 조롱박이 마치 착시현상처럼 보였다. 이곳에 남은 몇 안 되는 가게 중 하나인, 청소가 필요해 보이는 작은 국수 가게에서 나는 80대 여성 옆에 있는 의자를 발견했다. 그녀는 이 마을과 이곳 노동자들이 자랑스런 발전을 시작하기 직전에 남편과 함께 이곳에 왔다. 아무도 광부와 결혼해 산골에서 살기를 원하지 않았다. 지금도 산골에서 태어난 여성들은 도로와 학교와 의사가 있는 마을 아래로 내려가 결혼한다. 하지만, 당과 기차는 이 마을을 변화시켰다. 노동자로서 사는 것이 좋았던 시절이었다. 노동자가 되는 것은 옳았다. 임금은 올랐고, 더 많은 여성이 왔고, 기차는 리본과 책과 담요를 가져왔고, 시장 거리에는 돼지고기가 걸려 있었다. 그녀와 이야기를 하다 보니, 지금 그들이 공산주의를 찬양하는 것만이 아니라, 과거 그 시절에 그들에게 공산주의가 무슨 의미였는지에 대해 생각하게 되었다. 그것은 상황이 훨씬 단순했던 시절, 그들이 승리하고 있던 시절이었고, 정확하게 계산한다면 지금도 그들이 이길 수 있는 삶의 방식을 의미했다. 기근에도 불구하고 공산당이 집권한 뒤 수명은 거의 두 배로 늘어났다. 문자 해독률이 급격히 올랐다. 여성들은 새로운 권리와 자유를 얻었다.

이제 큰길에서 유일한 생명의 흔적은 창틀에 앉아 있는 게으른 고양이 한 마리와 흙을 이리저리 파헤치는 닭 한 마리가 전부였다. 병원은 문을 닫았다. 관리인 가족은 노동자 극장 구석에서 야영하고 있었다. 공기에선 곰팡내가 나고 탁했다. 길 건너편에는 광장이 내려다보이는 웅장한 야외무대에 다시 페인트가 칠해졌고, 그 뒤에서는 마오쩌둥의 초상화가 미소 짓고 있었지만, 그곳에는 셀카를 찍는 관광객들만 있었다. 나는 옆에 앉은 할머니에게 이 무대가 옛날에 모범 오페라를 공연하는 데 사용되었느냐고 물었다.

"그리고 투쟁하는 사람들이 있었지. 투쟁 시간은 끔찍했어요, 그들은 사람들에게 끓는 물을 부었어요."

그리고 그들은 지주와 흑오류(출신성분이 나쁜 이들)들을 표적으로 삼았다고 나는 말했다.

그녀는 내 말을 끊었다. "여기에 지주는 없었어요. 우리는 모두 노동자였어요. 권력을 잡으려는 노동자들 사이에 내분이 벌어졌어요."

파벌 투쟁, 그리고 나서는?

"사람들이 서로에게 야만적으로 굴었어요." 그녀는 말했다. "그게 전부예요."

비극은 고대에 속한다고 그는 생각했다. 사생활과 사랑과 우정이
여전히 남아 있던 시대이니까.

- 조지 오웰

9장

"그들은 어머니를 트럭에 태워 나무로 된 다리를 건너왔어요. 트럭이 여기서 멈췄죠." 그 변호사가 울퉁불퉁한 길의 한쪽에서 손짓했다.

"그리고 그들은 그녀를 여기서 쐈어요." 그는 다른 쪽을 가리켰다. "그 판자들이 모두 쌓여 있던 아래, 그녀가 처형된 움푹 팬 장소가 있었죠."

윤곽이 남아 있다고 해도 우리는 상상해야 했다. 나무판과 곤봉, 창틀과 기와가 가득 실린 수백 개의 화물 운반대가 우리 주위에 쌓여 있다. 굴삭기 한 대가 도로변에 주차되어 있는데, 앞 유리에 '임대용' 표지판이 붙어 있다. 다른 모든 장비는 작동 중이었다.

장홍빙의 정확하고 까다롭기까지 한 이야기는 건설 현장의 덜컹거리는 소리와 시끄러운 경적 소리, 그리고 농부들이 짐 운반용으로 쓰는 전동 세발자전거의 칙칙거리는 소리 때문에 방해받았다. 차갑고 흐린 3월의 어느 날이었다.

"여기는 전부 농촌이었죠. 밭뿐이었어요." 장홍빙은 말했다. 도시의 무질서한 확장이 그곳들을 이미 다 삼켜버렸다. 그의 집에서 이곳까지 운전해 오는 동안 낮은 콘크리트 건물 상점, 중국 어디에서나 볼 수 있는 더러운 흰 타일로 지은 집들이 줄지어 있는 것을 볼 수 있었다. 모든 마을과 도시는 전진하고 있었다. 믿을 수 없을 정도로 엄청나고 멈출 수 없을 것 같은 부동산 붐은 도시 외곽 지역들을 건설 공사 현장으로 뒤덮었다. 장은 우리를 좁은 입구로 불렀고 우리는 어둑어둑한 내부로 들어가서 도미노처럼 쌓여 있는 문들 주변을 둘러보았다. 큰 수탉이 버려진 콘크리트 관 주위의 쓰레기와 돌무더기들을 헤집고 있었다. 나는 우리가 빠져나가야 한다고 생각하며 출구를 찾았다. 하지만 장은 멈춰서 빈 담뱃갑과 음료수 캔을 던져버리고, 붉은 돌 주변을 치웠다. 나는 그

9장

제야 거기에 플라스틱 조화 화환이 놓여 있고, 팡중모우라는 이름, 그리고 순교자라는 비문을 볼 수 있었다. 그는 엎드리기 시작했다. "어머니! 불효자가 왔어요! 어머니!" 근처에서 들리는 톱질하는 소리와 망치질 소리가 그의 통곡에 끼어들었다.

중국 전역에서 공식적으로 인정된 문화대혁명 유적지는 한 곳뿐이다. 충칭 샤핑바에 있는 홍위병 묘지인데 나는 그곳에 가 본 적이 있다. 하지만 장훙빙은 중국 동부 안후이성의 작은 마을에 있는 어머니의 무덤을 문화유적 규정에 따라 보호해 달라고 호소하고 있었다. 팡중모우는 문화대혁명의 박해가 좀 더 질서 있는 단계로 접어들었던, 1970년에 반혁명분자로 처형되었다가 10년이 지난 뒤 무죄 판결을 받았다. 4인방이 몰락한 뒤 집단 사면 복권이 이뤄지던 때였다. 그녀의 아들은 기억해야 할 필요에 대해, 박물관을 지어야 한다는 바진(巴金)의 호소에 대해 이야기했고, 또 다른 재앙을 막기 위해 대중이 과거에 일어난 일을 직시해야 한다고 말해왔다. 이제 쓰레기 더미 가운데 선 나는 그가 해온 운동이 얼마나 시급한지 이해했다. 흙더미 뒤에는 이미 붉은 벽돌로 만든 벽이 세워지고 있었다. 보호 조치를 취하지 않으면 이 현장은 몇 달 안에 사라져버릴 것이다. 팡중모우는 위험한 인물이라며 살해 당했지만, 이제 그녀는 그저 불편한 인물일 뿐이었다.

지금 상황의 민감성이 없더라도, 당국이 이 건물터를 기념물로 지정하는 것은 상상조차 하기 어렵다. 팡중모의 죽음은 수많은 죽음 중 하나였다. 그녀의 죽음은 한 가지 이유에서 두드러진다,

그녀를 고발한 사람이 바로 그녀의 남편과 10대 아들 장홍빙이었다는 점이다.

*

전날 밤 우리는 7시간 넘게 앉아 장홍빙의 이야기를 들었다. 한때는 그의 상사였지만 지금은 그냥 조수처럼 보이는, 가족들의 친구가 우리 옆에 조용히 앉아 있었다. 그는 장홍빙보다 열 살 또는 스무 살 정도 많아 보였다. 왕 선생은 헐렁하고 구식인 파란색 마오쩌둥 정장을 입고 이빨을 드러낸 채 웃었다. 그는 지시에 따라 의자를 정리하고, 뜨거운 물을 가져왔으며, 이미 잘 알고 있는 이야기를 들으며 고개를 끄덕였다. 이야기는 장의 가장 오래된 기억으로 시작되었다. 어느 폭풍우가 치던 밤, 낡은 나무통에 가족들의 옷을 담아 빨던 어머니가 겁에 질린 아이들을 한자리에 모아 노래를 불러주며 달랬다. 밖에서는 폭우가 지붕 위로 퍼붓고, 천둥소리가 작은 집 주위에 울려 퍼졌다.

장이 이야기를 끝냈을 때, 나는 다락방의 추위 속에 나무 의자 위에 앉아 있느라 몸이 뻣뻣해졌다. 어머니가 마오 주석을 공격한 뒤, 그가 어떻게 어머니를 비난했는지, 그가 어떻게 그 노란 빨래통을 움켜쥐고 어머니를 때리겠다고 위협했는지, 엄마가 지도자에 반대하면 자신이 어머니의 머리를 박살내겠다고 고함치던 것을 그가 회상하는 동안 하늘은 어두워졌다. 그의 첫 기억은 가족의 사랑에 대한 것이었지만, 이번에는 투쟁과 적대 계급의 의도에 대한 이야기로 가득했다.

그가 우리에게 유물로 가득한 낡은 가방을 보여주었다. 홍위병 완장, 어머니의 블라우스에선 나온 천 조각, 지금은 녹슬어버린 어머니가 사용했던 에나멜 그릇, 더 행복했던 시절의 가족사진들 속에서 흰 셔츠 위에 마오 재킷을 입은 어머니는 얼굴이 넓고, 강인하고, 진지해 보였다. 방 곳곳에는 종이 더미가 가득 쌓여 있고, 그는 방이 어수선해서 미안하다고 했다. 그는 사진과 서류들을 찾느라 그 종이 더미를 뒤적였지만, 그의 이야기는 완벽하게 질서정연했다.

"내가 어머니에게 한 짓은 짐승보다 못했어요." 그는 이야기를 마무리하며 말했다. "최근에 어머니가 떠나는 꿈을 꿨습니다. 어머니가 어디로 갔는지 몰랐어요. 갑자기 어머니가 나타났습니다. 나는 어머니의 손을 잡으려 했어요. 어머니가 떠날까 봐 너무 무서웠거든요. '엄마, 다시는 날 떠나지 마세요. 정말 미안해. 내가 잘못했어. 내가 실수했어요.' 나는 말했어요. '엄마, 우리 집은 엄마 없이는 살 수 없어요.' 하지만 엄마는 아무 말도 하지 않으셨어요. 그리고 사라졌어요."

그의 눈시울이 붉어졌다. 이제 그는 흐느끼고 있었다.

"이런 꿈을 계속해서 꾸고 있어요." 그는 눈물을 닦으며 덧붙였다. "나는 종종 어머니를 그리워하고 꿈속에서 어머니를 자주 만납니다." 그리고 잠시 말을 멈췄다. "꿈속에서 어머니는 나에게 한 번도 말을 하지 않았어요."

나는 그가 면죄부를 구하려 했는지, 아니면 내가 그를 비난하려 했는지 궁금했다. 그는 어머니를 죽게 했지만, 이제 어머니의 기억을 살려내고, 과거의 배신을 뒤집으려는 충실한 마음을 가지고 있다. 아마도 어머니의 말 없는 꾸짖음이 그가 스스로 자책할 필요를 덜어주었는지도 모른다. 그의 사연이 공포스럽다는 것은 부인할 수 없다. 그래도 나는 울지 않은 채, 어색하게, 조용히 그의 고백을 들여다보고 있었다.

*

장홍빙의 어머니와 아버지는 중국을 완전히 삼켜버린 정치의 이른 희생자였다. 그들은 군대의 의료팀에서 이상적인 젊은 동지로서 사랑에 빠졌다. 하지만 그의 어머니는 다른 사람과 결혼하기로 되어 있었고, 그 남자의 가족은 장홍빙의 할아버지를 공격했다. 그들은 인맥을 이용해 할아버지가 지주, 폭력배, 국민당의 스파이로 선언되도록 날조했다고 장은 말했다. 장은 할아버지에 대한 서류 사본과 먼지를 뒤집어쓴 지방 역사 기록을 뒤적여 발언의 근거를 보여주었다. 그 날조는 할아버지의 처형으로 이어졌다.

장은 이 불길한 시작에 대해 아무것도 모르고 자랐다. 그의 가족은 안후이성에서만 수백만 명을 죽게 만든 대기근 와중에도 "화목하고 행복하며 따뜻했다"고 그는 주장했다. 그 시기에 그의 가족들은 나뭇잎을 먹었고, 남동생은 먹을 것이 있는 친척에게 보냈다. 하지만 문화대혁명이 시작되자, 오래된 균열이 벌어지기 시작했다. 가족이 소속된 단웨이(单位)는 그의 할머니가 지주의 미망인이기 때문에, 단웨이가 제공한 아파트를 떠나야 한다고 명령했다. 그의 어머니는 할머니가 근처에 머무를 수 있기를 희망했지만, 아버지는 할머니가 명령에 따라 시골로 돌아가야 한다고 주장하면서 장의 할머니가 도시에서 떠날 때까지 가족들의 집에서 나가서 지냈다. 아이들은 문화대혁명의 전개에 너무나 흥분한 나머지, 벌어지고 있는 사건에 별로 신경 쓰지 않았다. 장의 부모님은 오랫동안 활동한 당원이었고, 이제 아이들이 깃발을 높이 들 차례였다. 그들은 이미 틈만 나면 마오 주석의 어록을 공부했고, 위대한 대의를 위해 "녹슬지 않는 나사"가 되는 것이 유일한 소원이었던 모범 병사 레이펑을 배우겠다고 다짐했다. 당의 선전에 따르면, 레이펑은 이타심을 가지고 기회가 날 때마다 양말을 꿰매고, 삽으로 거름을 운반했다. 그들도 자신들이 할 수 있는 작은 방법으로 사회주의를 건설하기 위해 소소한 일들을 했다. 그들은 건설 노동자들을 도와 벽돌을 옮겼다. 기차역에서 의자와 테이블을 청소했다. 문화대혁명이 시작되자 그들은 노력을 두 배로 늘리기 시작했다. 과거는 죽었고 봉건적인 방식은 끝났다. "당연히 나는 그것이 대단하다고 생각했습니다."

장은 마오쩌둥과 쑹빈빈의 만남에 대해 듣고 나서 자신의 이름도 바꿨다. 원래 이름은 '철의 남자'라는 뜻의 티에푸(鐵夫)였는데, 이제 홍빙(紅兵) 즉 '붉은 병사'가 되었다. 이 열풍은 동네 전체로 퍼져 여자아이들은 이제 스스로를 "붉은 청년"이라 불렀고, 남자아이들은 "동방의 수호자"(東 또는 '동방'은 마오쩌둥을 상징한다)로 칭했다. 장홍빙의 두 살 위 누이는 다이훙(代紅) 즉 '붉은 세대'가 되었다. 그는 누이의 일기장을 내놓았다. 그것은 이 시기의 십대들이 얼마나 어렸는지를 깨닫게 한다. 그들은 길에서 토끼 한 마리를 발견했는데, 인민을 위해 복무하기 위해! 토끼의 주인을 찾아주기로 했다고, 그녀는 써놓았다. 그 임무 때문에 지친 그들은 포기하고 싶었지만 마오 주석의 말들이 그들을 자극했다. 그들은 버텨내야만 했다. 그리고 결국, 그들은 성공했다.

공책에 쓰인 아이 같은 글은 곧 끝났고, 아버지가 쓴 딱딱하고 깔끔한 글씨가 대신 등장했다. "그녀는 죽었다." 장은 말했다. 16살의 다이훙은 마오를 볼 수 있고, 자신의 역할을 할 기회를 갖게 되었다는 데 흥분한 채 베이징에서 열린 집회에 참석하러 갔다. 하지만 그녀는 여행 도중 수막염에 걸렸고, 대교류에서 병을 얻어 사망한 많은 이들 가운데 한 명이 되었다. 팡은 아마도 큰 충격을 받고 분노했을 것이다. 문화대혁명은 이미 그녀의 어머니를 멀리 데려갔고, 이제 그녀의 딸은 영원히 떠나버렸다. 그 운동에 대한 열정적인 지지는 이제 내키지 않는 의구심으로 변했다고 장은 말했다. 몇 달 뒤 장홍빙의 아버지는 자본주의의 길을 걷는 주자파(走資派)로 지목되어 공격을 받게 되었다. 그는 바보 같은 모자를 쓰고 그의 죄상을 적은 나무판을 목에 건 채 강제로 행진해야 했다. 장은 의심의 여지 없이, 자신의 아버지를 공격하는 투쟁에 동참해, 아버지를 비난하는 대자보를 들어야 한다고 생각했다. 어머니는 주저했다. 그녀가 호명되자, 그녀는 무릎 꿇은 남편 옆에 서서 요구받은 대로 그를 비난했다. 하지만 군중들이 남편을 공격하려고 몰려들자, 그녀는 그를 보호하려고 애썼지만 소용이 없었다. 군중의 공격이 끝났을 때, 40대였던 장위에성은 노인처럼 몸이 굽었다. 소변이 붉게 변했고, 걸을 수도 없었다. 부부가 팔짱을 낀 채 천천히 집으로 향하는 모습은 아들이 기억 속에서 부모가 처음으로 서로의 애정을 육체적으로 보여준 신호였다. 그전까지 아들은 아버지가 우는 모습을 본 적이 없었다. 그 이후 계속된 비판대회에 대비해 팡은 남편의 옷 속에 솜을 넣어 꿰매주었지만, 그 어떤 것도 불의에 의한 고통을 줄여줄 수는 없었다. "혁명에 뛰어들었을 때 열네 살이었지. 팔과 다리에 일본군의 총탄도 맞았지. 이렇게 끝나게 될 줄은 생각도 못했어." 아버지는 가족들에게 말했다.

다음 해가 되자 어머니가 고통을 겪었다. 그녀의 아버지가 과거에 지주이자 스파이로 몰렸던 일 때문에 재난이 닥쳤다. 그녀는 근무하던 병원에 구금되어 여러 번 심문을 당하고, 화장실을 청소해야 했다. 조사는 여러 해에 걸쳐 계속되었다. 1970년 말이 되자, 간부들은 상황을 완화해 그녀가 집에서 잠을 잘 수 있게 되었다고 했다. 하지만 그녀는 이 끝없는 불확실성에서 벗어날 결정을 원했다. "그녀와 가족들에게 일어난 모든 일은 문화대혁명을 의심하게 만들었다. 그녀는 문화대혁명에 혐오감을 느꼈다"고 장훙빙은 말했다. 그는 여전히 어머니의 사건에 어떻게 연루되었는지 설명하지 않았다. 내가 묻자, 처음에 그는 주저했다.

　어느 늦은 저녁이었다. 친구들이 돌아갔고, 어머니는 빨래를 하고 있었다. 어머니는 마오 주석에 대해 신랄한 비유를 했다. 장홍빙은 어머니가 마오쩌둥 사상을 악의적으로 공격하고 모욕했다고 비난했다. 논쟁이 격화되자, 어머니는 더는 조심스럽게 말하지 않았다. 어머니는 류샤오치 사건이 재논의되어야 한다고 말했다. 그녀는 "그들이 류샤오치를 뭐라고 욕하든 실제로는 마오 주석이 반역자, 스파이, 도둑이다"라고 말했다. "공산당은 깃발을 바꿨다. 과거에는 소련이 우리에게 우호적이었지만 지금은 알바니아를 제외하면, 우리는 마르크스-레닌주의를 신봉하는 다른 국가들을 모두 비난하고 있다. 다른 나라들이 우리를 비난하는 게 아니라, 중국이 비난하고 있다." 그녀는 말했다. "왜 마오 주석은 개인숭배를 만들어냈나? 그의 이미지가 어디에나 있다."

　"나는 그녀에게 이렇게 경고했습니다. '당신이 친애하는 마오 주석에 반대한다면 나는 개 같은 머리를 부숴버릴 거야…' 거기에 노란 빨래통이 있었고, 나는 그것으로 엄마의 머리를 부수겠다는 뜻이었습니다." 장홍빙은 말했다.

　"나는 그때 그것이 내 엄마가 아니고, 인간도 아니라고 느꼈습니다. 그녀는 갑자기 괴물이 되었어요. 그녀는 계급의 적이 되어, 피 묻은 입을 벌렸습니다. 아버지는 이렇게 말했습니다. '팡중모우, 내가 당신에게 말하는데, 지금부터 우리 가족은 반혁명분자의 입장을 고집하는 당신과 관계를 끊는다. 당신은 적이고, 우리는 당신에 맞서 투쟁할 것이다. 당신이 방금 내뱉은 독을, 당신은 적어 두어야 한다.' 그러자, 어머니는 말했습니다. '그건 쉽다. 나는 5분 안에 끝낼 수 있다. 나는 과감하게 말하고, 과감하게 쓰고, 과감하게 행동할 것'이라고요." 장훙빙과 아버지는 그녀를 고발하러 갔다. 그들이 돌아왔을 때, 그녀는 사실상 유서와도 같은 편지를 다 써두고 있었다. 마오 주석은 모든 공식 직책에서 해임되어야 하고, 그가 숙청한 고위 지도자들을 석방하고 복권시켜야 한다고, 그 편지는 요구하고 있었다.

"아버지는 '당신은 묻히게 될 거야'라고 했습니다. 어머니는 '이 편지는 총살되어야 할 사람은 내가 아니라 마오쩌둥임을 보여준다. 묻혀야 할 사람은 내가 아니라 마오쩌둥이다'라고 대답했습니다."

장은 부들부들 떨면서 이를 갈던 어머니, 집마다 걸려 있던 마오쩌둥의 초상화를 찢으며 아버지와 싸우던 어머니의 모습을 기억했다. 그녀는 침실에 들어가 문을 잠그고, 마오쩌둥의 사진과 동상, 시들을 불태우려 했다.

그녀의 남편은 억지로 들어가려 하면서 "반혁명분자를 때려잡아라!"라고 울부짖었다.

"나는 그렇게는 할 수 없다고 느꼈어요. 그녀는 내 어머니이니까." 장은 말했다. "나는 그녀의 머리를 내려치지 않았지만, 등을 두 번 때렸어요." 그는 공안들이 도착한 상황을 묘사했다. 어떻게 한 명이 어머니의 다리를 아래에서 걷어차서 넘어뜨렸는지, 그들이 어떻게 그녀를 밧줄로 묶었는지, 그들이 그녀의 다리를 질질 끌고 갈 때 어머니의 어깨가 부러지는 소리가 어떠했는지. "그녀는 아무 수치심도 느끼지 않는 것처럼 고개를 꼿꼿이 들고 걸어나갔어요." 그는 지금 자신이 하는 설명의 많은 부분을 서류에서 읽어 왔다고 했다. 회고록인가요? "아니요." 그가 대답했다. 그것은 그날 싸움이 벌어진 뒤 그의 아버지가 쓴 공식 보고서였다. 그의 어머니는 두 달도 안 되어 처형되었다.

어머니를 고발할 때 그는 어떤 의혹도 느끼지 않았을까?

"전혀 의심하지 않았어요. 어머니가 아니라 괴물이었으니까요."

어머니에게 무슨 일이 일어날지 그는 알고 있었을까?

"알고 있었습니다. 규정에 따르면, 그것이 죽음을 의미한다는 것을 이해하고 있었어요."

마을의 벽마다 포스터들이 붙어 있었고, 이런저런 범죄로 사람들에게 사형이 선고되었다고 알리고 있었다. "그리고 포스터에 빨간색으로 표시된 것은 그들이 모두 죽었다는 뜻이었죠."

왕 선생이 처음으로 끼어들어서, 나는 놀랐다. "사방에 포스터가 붙어 있는 것을 볼 수 있었죠. 사망 표시도 많았어요." 장은 그를 바라보았고 왕은 침묵했다. 장이 다시 이야기를 시작했다. "그래서 나는 한 점 의혹도 없이, 어머니가 집에서 한 말 때문에 이런 처벌을 받게 될 것을 알고 있었죠. 나는 어머니가 처형될 것을 알았습니다."

그가 사형을 요청했을까?

그는 헛기침을 하고 노트에 손을 뻗었다. 그는 다시 헛기침을 했다. "나는 이런 경우에 그녀가 처형될 것을 알았습니다. 그래서 내 보고서에 '반혁명분자 팡중모우를 처단하라! 팡중모우를 쏴버려라!'라고 썼습니다."

어머니를 비판하기 위해 열린 마지막 공개 집회에서 그는 어머니를 한 번 더 만났다. 그날 어머니는 숨졌다. 그녀는 무대 위에 있었다. 무릎을 꿇고, 목에는 팻말이 걸려 있었다. 거기엔 '현대의 반혁명주의자 팡중모우'라고 써 있었다. 그녀는 무릎으로 그 팻말을 밀어내려고 하는 듯 보였다. 한 병사가 그녀의 고개를 강제로 누르면서, 범죄를 자백하라고 명령했지만, 병사가 손을 떼자마자 어머니는 고개를 들었다. 그러고 나서 그들은 어머니를 트럭에 태웠다. 장홍빙도 그의 아버지도 처형장에 가지 않았다. 처형장에서 어머니는 아는 얼굴을 찾는 듯 두 눈으로 군중들을 훑어보았다고, 한 지인이 나중에 그들에게 말해주었다.

그들은 그녀의 주검도 수습하지 않았다. 주검을 수습할 수가 없었다고 장은 말했다. 나는 이런 상황에서 친지들이 사망자와 거리를 두려고 했다는 것을 알고 있었다. 어머니는 처형장 근처에 묻혔지만, 공무원들이 그곳에 다리를 건설하기로 결정했을 때, 그녀의 주검은 파헤쳐져 다른 곳에 묻혔다. "어머니는 무릎까지 올라오는 흰 양말을 신고 손목에 끈을 감고 있었기 때문에, 그들이 알아볼 수 있었습니다." 장은 말했다. 아마 우리 마음은 우리를 보호하는 기묘한 방법을 가지고 있기 때문에, 이런 사소한 디테일이 가장 잔인하고 역겹게 보인다. 아무도 원치 않은 이 여성은 거듭 방해를 받아야 했고, 사랑하는 친지가 아닌, 양말을 알아본 간부들에 의해서 신원이 확인되었다.

*

"자식이 부모를 비판한 것은 우리 집에만 국한되었던 것이 아닙니다. 온 나라에서 그런 일이 벌어지고 있었습니다." 장은 나에게 말했다.

친지들은 사악한 자들과 그들 사이에 "선을 그어" 결백을 증명하도록 명령을 받았다. 배우자들은 연루되지 않기 위해 이혼을 요구했고, 심지어 남편이나 아내에 대한 고발을 주도하기도 했다. 아이들은 투쟁 집회에서 무대에 올라 부모를 비난했다. 가족관계는 뒤틀렸고, 본질적으로 의심스러운 것으로 묘사되었다. 한 지방 성장의 딸은 아버지를 이념적 범죄뿐만 아니라 근친상간으로 고발하도록 강요당했다. 소련과 나치 독일에도 가족관계보다 정치적 의무를 우선시하는 어린이 영웅들이 있었다. 하지만 중국에서는 가족의 유대가 사람들을 훨씬 더 단단히 결속시키고 있었다. 효에 대한 유교 윤리가 2천 년 동안 이어져 왔기 때문이다. 아이들은 모범적인 아들, 즉 부모를 지키기 위해 맨손으로 호랑이를 목 졸라 죽인 아들의 이야기, 아버지의 장례식 비용을 마련하기 위해 노예로 팔려간 아들의 이야기를 배웠다. 가부장과 자녀, 남성과 여성 친지 간의 가족관계는 반복적으로 이야기되고, 통치자와 피통치자 사이의 유대를 강화시켰다. 가족은 순종과 존중, 자비로운 통치와 사랑의 의무라는 보편적 패턴의 한 블록이며, 사회의 축소판이었다.

마오주의는 이 모든 것을 뒤집어 놓았다. 권위적인 아버지를 혐오했던 마오쩌둥에게 가족관계는 단순한 약점이 아니라, 개인적 유대를 정치적 의무보다 우선시하는 퇴폐적 경향의 증거일 뿐이었고, 자신과는 무관한 것이었다. 그는 모범을 보였다. 그의 두 번째 부인은 그를 포기하는 것을 거부했기 때문에 국민당에 의해 처형당했다. 하지만 그는 당시 이미 그녀를 버리고 재혼한 상태였다. 세 번째 부인은 두 아이를 낳았지만, 그들이 도망쳐야 했을 때 아기들을 다른 사람들에게 맡겼다. 아기들은 다시는 부모를 볼 수 없었다. 전쟁의 무자비함은 권력의 비인간성으로 이어졌다. 어른들이 방해받지 않고 일하고 혁명의 과제를 추진할 수 있도록 어린 아이들은 기숙 보육원에 보냈다. 부모가 노동 수용소로 보내지면, 아이들은 사실상 고아가 되었다. 교육받은 청년들은 몇 년씩 농촌으로 추방되었다. 하지만 가족들은 의도적으로 분열되기도 했다. 유교 사원을 부수는 것은 쉬웠지만, 유교 윤리를 완전히 뿌리 뽑는 것은 훨씬 어려웠다. 모범적인 효에 대한 이야기를 금지하는 것은 시작에 불과했다. 중국에서 유교를 파괴하는 것은 가족의 유대라는 벽돌을 부수어 가루로 만드는 것을 의미했다.

이를 대체할 수 있는 명백하고 의도된 것이 있었다. 모범 병사

레이펑이 쓴 것으로 알려진 문집의 제목은 "해방 뒤 나는 가정을 가지게 되었다. 나의 어머니는 당이었다"이다. 실은 그는 고아였다. 그러나 다른 많은 사람, 심지어 가족이 온전한 사람조차도, 당이 그들을 형성하고, 양육하고, 훈육하고, 심지어는 이름을 붙여주었다. 나는 공산당이 도착하기 전에는 너무 가난하고 여자라서 이름도 가지지 못했던 사람들도 만났다. 그들은 과거에 대한 향수가 없었다. 그 시절에 가부장적 결정은 현명하고 친절하기도 했지만, 또한 자주 폭압적이었고 변덕스러웠다. 공산주의자들은 강제 결혼을 금지해 어떤 이들을 해방했다. 일부 청소년들은 반항이라는 단순한 행동에 흥분했다. 하지만 마오쩌둥은 물론 과거의 제한을 똑같이 엄격한 다른 제한으로 대체했다. 그가 자신의 권력을 공고히 하기 위해 관료주의를 타파하려 했던 것처럼, 가족 간의 유대를 끊어내 인민들이 더욱 강하게 자신에게 충성하도록 하려 했다.

지금도 중국 당-국가는 표적이 된 이들을 고립시키고, 친밀한 사람들이 이들과 선을 긋도록 하는 데 의존한다. 반체제 인사들의 가족은 처벌받고, 아이들은 등교할 때 폭력배들의 미행을 당하거나 소학교(초등학교)에서 완전히 쫓겨나기도 한다. 부모와 형제자매는 상사의 압박을 받는다. 노벨평화상 수상자인 고 류샤오보(劉曉波)의 처남은 매형이 투옥되었을 때 이들 부부를 지원했는데, 갑자기 사기 혐의로 유죄 판결을 받았다. 결혼 생활이 깨지고 다른 관계가 무너지는 것은 놀라운 일이 아니다. 하지만 마오쩌둥 통치 시기에 이러한 수법은 흔한 일이었고 그 압박은 훨씬 더 컸다. 정치적 연극의 시대, 비판은 대단한 구경거리였다. 심지어 가족들조차도 범죄자를 모든 이성과 용서를 넘어선 나쁜 사람으로 간주하고, 그들이 저지른 잘못의 악행을 확대하는 모습을 보여주었다. 무엇보다도, 그들은 사랑의 평범한 유대감이 사소하고 심지어 저속하며, 대의와 지도자에 대한 충성심과는 대조적으로 쉽게 무너질 수 있다는 것을 보여주었다. 사회의 모든 부분, 심지어 가족에까지 미치는 전체주의의 영향력은 공포스럽다. 하지만 진정으로 무서운 것은 그것이 주체의 모든 부분, 영혼과 정신과 심장 등 보이지 않는 부분까지 확장된다는 점이다. 그것은 단지 사람의 외면적인 생활(직업, 결혼 상대, 언행)과 당신의 신념뿐만 아니라 감정까지도 통제하려고 한다. 장훙빙의 말이 맞다. 그것은 배신의 시대, 공포와 맹목적 숭배, 청춘의 분노, 결혼 생활의 괴로움, 자기 보호에 의해 타오른 정치적 선택의 시대였다. 내가 놀란 것은 얼마나 많은 이들이 굳건히 버텼는지였다.

장훙빙이 어머니를 비난하던 그 무렵, 위샹젠은 공장에 있다가 집으로 오라는 연락을 받았다. 또 다른 운동이 절정으로 치달았고, 그녀의 부모는 몇 달 동안 압박을 받고 있었다. 동료들에게 친절하기로 유명한 그녀의 아버지는 젊은 직원들에 의해 약간의 보호를 받고 있었다. 그녀의 어머니는 업무는 모범적이었지만, 무뚝뚝한 태도로 다른 직원들의 반감을 샀다. 설상가상으로 그녀는 혁명적 간부인 부모에게서 태어났다고 주장해, 자신의 경력을 위조했다는 비난을 받았다. 그녀의 아버지는 공산당 상부의 명령에 따라 국민당에 위장잠입해 활동했었다. 하지만 문화대혁명이 시작되자 고위 장교가 된 그의 성공은 잊혔지만, 그의 짧은 국민당 입당의 오점은 남았다. 그는 양떼를 치도록 황허 근처 황무지로 보내졌다. 위샹젠의 어머니는 두 사람 사이에 "선을 긋지 않았다"는 혐의를 받았다. 이제 그녀의 박해자들은 그녀의 가족이 스스로 선을 긋고, 아버지에게 등을 돌리기를 거부한 그녀와 관계를 단절하라고 명령했다.

위가 집에 도착했을 때, 군중이 부모님의 아파트를 가득 메우고 통로까지 나와 있었다. 열일곱 살 소녀는 두려움에 떨면서 서 있는 여동생을 위로하려고 구호를 외치는 군중 사이를 뚫고 지나갔다. 그녀의 아버지는 강제로 모임의 앞줄로 끌려나왔다. 당의 전술에 정통한 그는 자신의 혐의를 신중하게 준비했다. 그는 아내가 혁명 청년으로서 너무 자만했다고 말했다. 그녀는 겨우 11살의 어린 나이에 대의에 동참했기 때문에 이념적으로 자신을 개조하는 데 충분한 관심을 기울이지 못했다. 그녀는 동지들을 대할 때 너무 솔직하고 거리낌 없는 태도를 보여서 그들을 화나게 했다. 게다가 그는 그녀의 잘못에 대한 책임이 자신에게 있다고 덧붙였다. 그녀를 바로잡기 위해 충분히 노력하지 않았다고 했다. 그것은 완벽하게 조율된 연극이었다. 그의 결점을 한탄하고, 그녀의 당에 대한 오랜 헌신을 강조하면서, 청중에게 그녀가 개인적 원한 때문에 비난을 당하게 되었다는 것을 일깨웠다. 다음은 위샹젠 차례였다. 그녀는 어머니와 관계를 끊으라고 요구하는 추악한 얼굴들을 바라보았다. 그녀는 할 말을 곰곰이 따져보며 이야기를 시작했다. "어머니는 우리가 어린아이였을 때부터 당과 국가를 사랑하라고 가르쳤습니다. 그녀는 우리에게 흠잡을 데 없는 모범입니다…"

위샹젠은 회의가 혼란 속에 끝났고, 각본과 달라졌기 때문에 중단되었다고 말했다. 그녀는 어쨌든 심각한 타격 없이 벗어났다. 하지만 많은 이들이 충성심에 대한 대가를 치렀고, 어떤 사람들은 목숨을 대가로 치렀다. 아내가 암 치료를 거부당했을 때 작가인 바진은 아내를 억지로 떠나보내지 않은 자신을 자책했다. "그녀가 (내) '냄새 나는 아내'가 아니었다면 그녀는 살 수 있었을 텐데…. 내가 그녀를 죽였다." 그렇다. 한 중국 역사학자가 내게 말했듯 많은 아이가 홍위병에 의해 강제로 부모를 배신했다. 하지만 장처럼 강압을 받지 않고도 어머니나 아버지를 고발한 것은? 정말로 정말로 드문 일이었다.

*

장홍빙과 그의 아버지는 팡중모우를 고발할 이유가 많았다. 이웃이 엿듣고 그들까지 신고할지도 모른다는 두려움. 팡의 무모함으로 인해 가족이 위험해질 것이라는 공포. 그녀가 잃어버린 사람들에 대한 슬퍼하면서, 살아남은 가족에 대해서는 부주의한 것에 대한 분노. 자발적인 것은 아니더라도 그녀가 가정을 포기한 데 대한 원망. 하지만 장은 유일하게 중요한 질문인 "왜"에는 관여하기를 원치 않았다. 그는 내가 쓴 모든 형식의 질문에 단 하나의 단호한 대답을 가지고 있었다.

그날 밤 다락방 사무실에서 그는 우리에게 50년도 더 전에 배운 노래를 불러줬다. 마오 주석이 자신의 아버지와 어머니보다 더 사랑스럽다는 내용이었다. "내가 사회, 가족, 학교로부터 받은 모든 교육, 이 노래는 그것을 대표하는 정수였습니다. 내가 어머니가 총살당하도록 보낼 수 있었던 이유는 내가 그런 교육을 받았기 때문입니다. 이런 교육, 이런 생각은 보시라이가 홍보했었던 것 같은 홍색가요를 통해 설명하거나 증명할 수 있습니다. 특히 이 노래입니다."

장은 자신의 배신으로 인해 떠받들어졌다. 그의 마을에서는 그를 기념하는 전시회를 열었다. 그는 기념회에 전시되었던 만화 같은 삽화를 보여주었다. 그가 어머니를 비난하는 모습을 그린 연필 스케치, 그리고 마지막 프레임에서 어머니가 총에 맞았을 때 입에서 피가 뿜어져 나오는 모습이 그려져 있었다. 그 기묘한 이미지가 그의 어머니의 사진 옆에 나란히 놓여 있었다. 모두 최근 몇 년 동안 지인들로부터 모은 것이다. 어머니가 불명예스러운 일을 당한 뒤, 그와 그의 아버지는 가족사진을 불태웠다. 그들은 둘 사이에 선을 그었을 뿐 아니라, 그녀를 완전히 지워버렸다. 그녀는 그들의 삶뿐만 아니라 과거에서도 사라졌다.

팡중모우 사건을 다시 시작하려 한 것은 장홍빙의 삼촌이었다. 팡메이카이는 "누나에 대해 이야기할 때마다 울고 싶어져요"라며 마치 사과하듯 이야기를 시작했다.

그는 자신보다 22년 먼저 태어난 누나보다는 조카와 더 나이가 비슷했다. 어렸을 때 그는 누나를 두 번째 어머니처럼 생각하는 것처럼 따랐다. 십대 때 그는 다른 사람을 공정하고 존중하는 태도로 대하라는 누나의 훈계를 받아들였다. 청년이 된 후에도 그는 누나를 "생각하고 말하고 실천하는 용감한 여성"으로 존경했다.

그는 문화대혁명을 돌아보면 어떤 열정도 떠오르지 않았다, 단지 이 사람 저 사람을 비난하는 대자보들을 보았을 때 누나가 어떻게 조롱했는지, 어떤 사람들은 항상 다른 사람들을 괴롭힌다고 그녀가 코웃음쳤던 것을 기억했다. 겁에 질린 그는 그녀에게 목숨이 위험하다고 경고하면서 침묵을 지키라고 간청했다. 그녀는 두렵지 않다고 말했다.

"장홍빙과 그의 아버지는 붉은 사상이 철두철미했고, 그녀를 단속하려 했다"고 말하면서 그는 조카를 이름으로 호칭했다. 이 모든 것들이 모여 그녀를 폭발하게 만들었다고 그는 생각했다. 아들의 광신은 그녀가 마오를 공격한 결과가 아니라 원인이었다. 그는 장홍빙과 그의 아버지가 누나를 신고했을 때 분노했지만 무기력했다. "내가 할 수 있는 일은 아무것도 없었습니다. 나는 그녀를 만나고 싶었지만 허용되지 않았을 겁니다. 나는 그녀를 만나러 갔다가 이 사건에 연루될까 봐 겁이 났습니다. 그 당시 상황이 그랬거든요. 그들은 원하는 누구든 죽일 수 있었습니다."

하지만 1979년에 문화대혁명 사건들에 대한 재조사와 재판결(平反)이 시작되면서, 팡은 부정의를 부분적으로나마 바로잡을 수 있는 기회를 발견했다. 그는 누이의 누명을 벗길 수 있을 증거를 수집하기 시작했다. 그는 지역 법원에 누이의 사건에 대한 소송을 제기하고, 베이징의 중앙 정부에 편지를 썼고, 장과 그의 아버지에게 자신의 항소를 지지해달라고 설득했다. 그녀는 얼마 지나지 않아 누명을 벗었고 가족은 그녀의 묘비를 세웠다.

*

형제들과 아들들, 성인들과 청소년들은 서로 다른 관계와 관점을 가지고 있었다. 하지만 그것은 나에게 문제가 되지 않았다. 나의 의구심은 장의 눈물 그리고 나 자신은 눈물이 나지 않는다는 것과 함께 시작되었다, 우리가 무덤 옆에 섰고, 비디오카메라가 돌아가자 그가 엎드리기 시작했다. 내 의구심은 더욱 커졌다. "어머니! 〈가디언〉 기자를 데리고 어머니를 보러 왔어요."

나는 그가 자신까지도 청중으로 놓고 이야기하고 있는지도 모른다고 생각했다. 그가 변호사로 일하고 있었기 때문인지도 모른다. 아마도 그가 신문사에서 일한 적이 있다는 사실 때문일 수도 있다. 아마도 그가 그 이야기를 자신에게 수없이 반복했기 때문일 수도 있다. 하지만 장의 이야기는 이례적으로 일관성과 완성도가 높았다. 사실 그는 어떤 기자가 이야기를 구성해, 사실들을 엮어 만족스럽고 의미 있는 전체로 짜낸 것 같은 방식으로 자신의 사연을 말했다. 그것은 세련되고 깔끔했으며, 빨래통으로 시작해 빨래통으로 끝나는 방식까지 완벽한 포물선을 그리고 있었고, 자신의 꿈에 대한 절절한 결말 부분까지 갖추고 있었다. 사건의 팩트에 대한 진실은 많은 문서로 입증되어 부인할 수 없었다. 아니면 단지 그가 나 대신 나의 일을 하려 했다는 사실이 불편했을 뿐일까? 그는 불만스러울 정도로, 우리가 원한다고 그가 생각하고 있는 것들을 주려고 결심하고 있었고("어머니! 〈가디언〉 기자를 데리고 왔어요!") 중요한 질문에는 그만큼 단호하게 대답을 거부했다. 그는 나에게 많은 사실과 문서를 주었고, 많은 눈물을 보였다. 하지만 내가 몇 번을 물어봐도 그는 자신의 인생을 규정지은 결정에 대해, "그것은 내 어머니가 아니었어요. 끔찍한 얼굴을 한 악마였어요"라고만 했다.

그는 자신의 꿈과 기억을 그만큼 단단히 움켜쥐고 있었다. 거기에는 어떤 혼란도 허용되지 않았다. 적어도 언론인들과 역사가들에게, 사실(fact)은 신성하고 신성해야만 하지만 사실이 진실(truth)의 전부는 아니다. 우리가 어떤 사실을 선택하고 어떻게 이해하고, 그것을 어떻게 엮어내는지도 중요하다. 우리는 기억을 복원이라고 생각하지만 사실 기억은 창조하는 행위다. 우리가 성장하고 변화하는 과정에서 기억도 성장하고 변화한다. 우리가 너무 자주 반복하면, 진실은 비현실적인 어떤 것으로 굳어질 수 있다. 우리가 무의식적으로 그렇게 하기 때문일 수도 있고, 우리가 너무 주의를 기울이고 있기 때문일 수도 있다. 말하는 이의 일관성은 우리를 안심시키지만, 그 자체가 일종의 거짓일 수 있다. 장의 기억은 둔감해진 것처럼 느껴진다.

그의 죄는 용서받을 수 없었다. 그것은 자연의 법칙을 위반했다. 그는 그런 비극이 되풀이되는 것을 막고 싶었다. 그는 몹쓸 불효자였다. 그는 나에게 이 모든 것을 이야기했지만, 그는 그 이야기에서 자신을 제거해버렸다. 그 이야기 안에서 그는 사랑하고 두려워하고 의심하는 인간으로 존재하는 것이 아니라, 입력, 규칙, 출력이라는 마오주의자의 알고리즘으로 존재했다. 나는 마오에 대한 그의 열정과 그것을 보여주려는 열정을 의심하지 않았다. 내가 만난 많은 이가 그 열정을 공유하고 있었다. 나는 그것이 설명의 끝이 아니라 시작일 뿐이라고 느꼈다. 그는 자신을 탓하고 "양심을 지킨" 사람들에게 사과했지만, 자신의 행동을 선택의 문제로 여길 여유도 없었고 그것을 견딜 수도 없었다. 그는 자세한 설명은 하지 않은 채, 자신이 겪은 심리적 고통, 우울증, 자살 시도를 언급했다. 그가 말하지 않은 것, 말하지 않으려 하는 것이 그가 말한 것보다 더 중요해 보이기 시작했다.

"어머니, 아버지 그리고 나는 모두 문화대혁명에 삼켜져 버렸어요." 그는 마치 세 사람 사이에 차이가 없다는 듯이 말했다. "사회는 사회의 책임을 져야 하고, 가족은 가족의 책임을 져야 합니다. 특히 그 책임에는 어머니의 책임도 있습니다. 어머니는 한 사람으로서 독립적인 사고를 해야만 한다는 것을 우리에게 말해주지 않았으니까요. 어머니도 책임을 져야 합니다." 반혁명적 사고를 했다는 혐의에 대해 무죄 판결을 받은 팡중모우는 이제 그녀를 공격했던 아들에 의해, 그녀를 죽게 만든 좌파의 과잉에 대해서 책임을 지라는 요구를 받고 있었다.

*

그는 조용한 아내가 차린 풍성한 저녁 식사를 하기 위해 이야기를 잠시 멈췄다. 그들의 깔끔한 집은 이곳에서 유일하게 깨끗한 장소인 것 같았다. 나는 그들이 어떻게 먼지를 막고 있는지 궁금했다. 나는 공장 지역의 지저분함과 시골의 진흙에 익숙해져 있었다, 변소와 돼지우리가 함께 있는 농부의 집에서 편안하게 잠을 잔 적도 있다. 하지만 이 마을은 가 본 곳 중 가장 더러운 곳처럼 느껴졌다. 이것은 마을의 먼지와 거름 때문이 아니라, 인위적이고 불결한 무언가가 내 손에 기름을 묻히고 바닥에 검은 발자국을 남기는 것 같았다. 거리에는 비닐봉지가 나부끼고 있었다. 모든 것이 오염된 것처럼 느껴졌다. 그것은 전환기의 먼지와 쓰레기였다, 도시의 화려함을 열망하지만 아직은 그 표준에 미치지 못했고, 경작지들은 이미 벽돌과 타일과 플라스틱 아래 깊이 묻혀 있었다. 내가 묵는 호텔은 분명 이 도시에서 최고의 호텔이었지만, 내가 경험한 최악의 호텔 중 하나였다. 때 묻고 불결한 3층짜리 건물에 제대로 켜지는 조명이 거의 없고, 끈적끈적한 카펫과 형언할 수 없는 상태의 욕실이 있었다. 버킹엄 팰리스 호텔이라는 영어 이름이 붙어 있었다. 다음날 아침, 나는 사복 경찰이 옆방에 배치되어 있었다는 것을 알고 거의 안도할 지경이었다. 나는 장훙빙의 집으로 돌아가는 첫 번째 사거리에서 그를 놓쳤다.

장은 이 들떠 있고 야심 가득한 지역의 진정한 아들로 보였다. 안후이는 이주민의 땅이었다. 어머니들은 자신의 갓난아기를 남겨두고 낯선 이의 아이들을 돌보기 위해 떠나갔다. 아버지들은 몇 달 또는 몇 년 동안 만나지 못하는 아내들에게 임금을 송금했다. 가족관계는 전화와 메시지로 유지되었다. 많은 이들이 줄어들고, 뒤틀리고, 죽어간 것은 어쩌면 놀랄 일이 아니다. 많은 이들은 중국이 시장으로 전환해, 가족보다 돈을 우선시하는 세대를 만들어내고 가족을 갈라놓았다고 비난한다. 하지만 대다수 사람은 멀리 있는 부를 자녀의 미래에 대한 유일한 보장으로 여긴다. 그들은 자본주의 붐에 이끌려 전국 곳곳으로 향했지만, 마오가 만든 계획 경제의 유산인 후커우(户口) 제도 때문에 가족들과 헤어져 지내야 했다. 후커우 제도는 도시로 온 이주민들이 도시에서 태어난 주민들과 같은 서비스를 받지 못하게 했다. 남겨진 아이[留守兒童]들의 비극은 중국의 가족들이 당-국가의 권위주의적 충동과 마오주의의 해체 또는 붕괴 사이에서 고통받는 현실을 전형적으로 보여준다.

당은 가족의 일상을 통제하려는 욕망을 포기한 적이 없다. 이제 당은 유교적 이상을 포함해 한때 분쇄해버리려 했던 것들을 일정 정도 재구성하려 시도하고 있다. 시진핑은 가족을 "사회의 세포"라고 부르면서, 가족이 국가의 발전과 진보, 사회적 화합의 기초가 된다고 말한다. 시진핑 시대 초기에 프로파간다는 시진핑을 삼촌 또는 큰아버지라는 뜻의 "시다다(習大大)"로 호칭했다. 춘제(음력 설)에는 방송에서 시진핑이 어머니와 손을 잡고 산책하는 모습을 내보내면서, 자녀들이 부모님을 찾아뵙도록 재촉한다.

"중국은 훌륭한 가족 문화를 증진해야 한다." 중국공산당 정치국위원들은 가족의 가치를 홍보하는 데 모범적인 역할을 해야 한다. 혁명의 영웅들은 대의를 위해 아내와 아이들을 희생시켰지만, 이제 관리들은 가족을 소홀히 하면 안 된다는 요구를 받는다. 마오는 아마 여기에 동의하지 않을 것이다. 하지만 마오쩌둥은 인간의 무한한 변화 가능성에 대한 믿음과 더욱 크고 웅대한 임무에 봉사함으로써 그 가치를 판단할 필요성을 인정했다.

당-국가는 고령화하는 인구가 아직 미성숙한 복지 시스템에 점점 더 큰 기대를 거는 데서 오는 압박에 대응할 무기가 부족하다. 한 자녀 정책의 강압은 이제 더 많은 자녀를 낳으라는 압력으로 바뀌었다. 가족의 정을 불러일으키려는 평범한 시도의 이면에는 실용적인 본능이 숨어 있다. (새로운 모범 효도 목록에서는 효자가 부모님을 구하려고 호랑이 목을 조르는 대신, 부모님에게 인터넷 사용법을 가르치는 것이 포함되었다.) 실은 냉소적일 정도로 실용적이다. 여성의 출생이 급격히 하락하고 미혼 남성이 과도하게 많은 상황에서, 국가 산하의 페미니스트 단체인 중화전국부녀연합회는 젊은 여성들이 학업을 계속하는 대신 결혼을 하도록 장려하는 데 열성적이다. 여성의 권리는 남성을 만족시키기 위해 적용된다. 효에 대한 믿음은 사회복지뿐 아니라 사회 안정의 보증이기도 하다. 이 안 어딘가에는 철학을 파괴함으로써 일어난 피해에 대한 초보적이지만 깊은 깨달음이 있다. 즉, 아무것도 믿지 않는 사람들은 잘못된 이상을 믿는 사람들보다 더 위험하다는 것이다.

예측할 수 없는 격동의 시대에, 사람들은 장훙빙과 마찬가지로 잔해 속에서 무언가를 붙잡아 살아남는 법을 배웠다. 그리고 그는 훌륭하게 해냈다. 두 사람이 저녁 식사를 하며 우정에 대해 이야기하는 동안 겸허한 태도의 왕 선생은 더욱 겸손해졌다. 왕 선생은 70년대 초에 두 사람이 일했던 공장에서 장훙빙의 상사였다. 유행이 지난 그의 인민복은 오래전에 은퇴한 노동자들이 입거나, 요즘에는 농민들이나 노동자들이나 입는 복장이었다. 장은 그의 스승을 떠난 뒤 오래전에 그런 낡은 복장을 버렸다.

문화대혁명이 끝나고, 한 세대의 젊은이들이 한해의 대학 입학 정원을 두고 경쟁했던 치열한 대학 입시에서 장훙빙은 여러 번 실패했다. 결국 그는 기술학교에 들어가 놓쳐버린 수업을 보충했고, 마침내 대학에 진학했다. 그가 변호사 자격증을 딴 것은

1990년이었다. 14년, 나는 계산했다. 나는 능력을 자신감으로 떠받치고 있는 그의 뻣뻣한 태도를 더 잘 이해할 수 있었다. 그의 트라우마에 가득 찬 과거는 말할 것도 없고, 시골의 궁벽한 지역 출신에 연줄도 부족하고, 교육 시스템을 삼켜버린 혼란, 그의 나이와 경쟁 등 모든 역경에도 불구하고, 그는 변호사가 되었다. 갈망뿐 아니라 강인함도 필요했다. 나는 그의 어머니라면 아들을 어떻게 키웠을지 궁금했다. 어느 시대에나 어떤 사람은 적응하고 번성하는 반면 다른 사람은 고군분투하다 밑으로 떨어지거나 시류에 휩쓸려 떠내려가기도 한다. 장의 여행 가방과 책과 서류 더미에도 불구하고, 그는 모든 것을 잃는 것을 두려워하지 않았다. 그가 더는 잃을 것이 뭐가 있겠는가? 그보다는 그는 갇히는 것을 두려워했다. 그가 그런 두려움을 느끼는 것은 그다지 놀랍지 않고, 지금 회상해보면 더욱 잘 이해하게 된다.

그곳을 방문하고 몇 주가 흐른 뒤, 매일 밤 침대에 누워 날이 저물면 내 마음은 고요해지기 시작했고, 홀로 누워 있는 장흥빙의 어머니의 이미지가 먼 곳에서 떠올라 나를 사로잡았다. 흙 속에 있는 그녀의 외로운 몸, 평화롭게 썩지도 못한 시신에 대한 생각이 매번 부끄러웠다. 몇 년이 지난 지금도 그 생각은 가끔 나를 놀라게 한다. 그것은 추억 같기도 하고 꿈 같기도 하다. 내 마음이 만들어낸 장면이라는 것을 알지만 나 역시 죄인인 것처럼 거부할 수 없이 집요하게 다가온다. 그것은 내가 한번 들었을 뿐인 이야기이지만, 그 이야기를 해준 사람보다 그녀가 훨씬 진짜로 보인다.

그들은 그녀를 기억하고 싶어 하지 않았지만, 그들은 그녀를 쉽게 할 수도 없었다. 그녀는 뒤에 남겨지지 않을 것이다.

이것은 사건의 끝이 아니라 시작에 불과하다. 먹으로 쓴 거짓말은 피로 쓴 사실을 덮을 수 없다. 피로 진 빚은 피로 갚아야 한다. 늦게 갚을수록, 이자는 높아진다!

- 루쉰

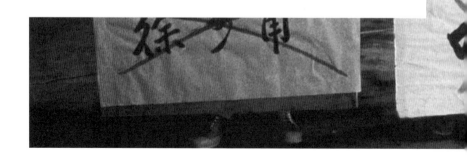

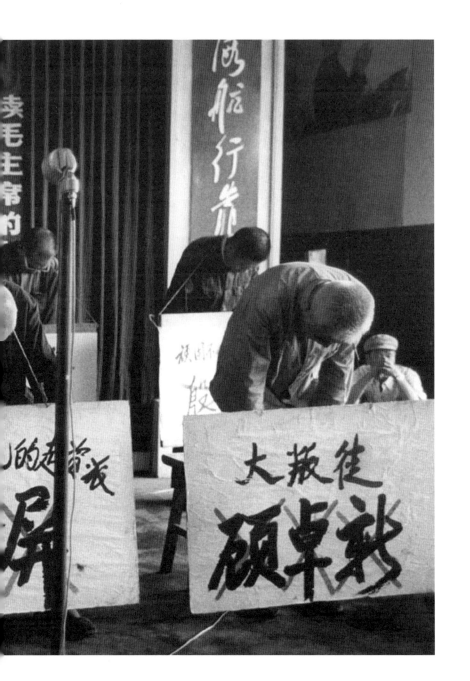

10장

장홍빙을 만나러 갔다 온 지 얼마 뒤, 한 소설가를 만나 커피를 마셨다. 그녀가 그 시대, 그리고 그 시대와 최근 벌어지는 일들의 유사함에 대해 관심을 가지고 있다고 들었다. 우리는 그녀의 작품과 오래전에 일어난 사건들이 그 작품들에 어떤 영향을 주었는지에 대해 이야기했다. 그녀는 자신이 문화대혁명을 어떻게 이해하고 있는지에 대해 짧게 이야기했고, 나는 이야기를 좀 더 명확히 하려고 말을 끊었다. 어떤 이들은 문혁이란 용어를 홍위병들이 폭력 행위를 한 초기 몇 년에 국한해서 사용하기도 했고, 다른 이들은 증오의 10년 전체를 의미하는 것으로 지칭했다. 그녀는 문화대혁명이 언제 끝났다고 믿을까?

"지난 4월요." 그녀는 대답했다. 나는 그녀가 내 질문을 오해했는지, 아니면 내가 그녀의 대답을 오해했는지 알 수 없었다. 내가 혼란스러워하는 것을 보고 그녀는 설명했다. "지금도 여전히 홍위병들과 싸우고 있었던 아버지가 지난 4월 돌아가실 때까지 우리는 벗어날 수 없었어요. 홍위병들은 17일 동안 아버지가 잠을 못 자게 했고, 아버지의 뇌는 혼란에 빠졌어요. 그래서 그의 생각은 문화대혁명에서 멈춰버렸어요."

그녀의 대답은 나를 압도했다. 위샹젠을 처음 만났을 때부터, 나는 그 과거가 모든 생존자와 함께 걸어가고 있음을 알게 되었다고 생각한다. 친구들은 가족의 비밀과 긴장 주위에서 배회하며, 그 원인을 응시한다. 내가 만난 몇몇 사람들의 분노와 불안정 속에서, 그리고 다른 이들의 분열된 기억 속에서 그것을 느꼈다. 트라우마는 권력이 언어, 기억, 가족 안으로 뚫고 들어가는 구멍을 만들어낸다. 하지만 실제로는 그것은 모든 곳에 존재하면서, 사람들을 삼켜버리고 지치게 만드는 고통이었다. 그것은 위를 부식시키고, 산성의, 무자비한, 또는 마비될 정도로 날카로운 경련 속에서 찾아왔다. 찌르는 듯한 두통은 눈물을 흘리게 하고 분노하게 했다. 눈을 감아도 잠은 오지 않거나 표류하거나 졸다가 휙 깨어나, 땀에 젖고, 춥고 덥고 추운 곳에 누워 있다. 그들은 기진맥진해진 회색의 세계에서 너덜너덜해진 채 살았다. 그들은 양약과 중국 전통 약품, 온라인에서 구한 알약들, 친구들이 권한 약들을 먹어보았다. 그것은 궤양이 아니었다. 암이나 편두통도 아니었다. 그들은 다시 의사에게 가서 혀를 검사하고 맥박을 쟀고, 피를 뽑고, 엑스레이를 찍고, 처방전을 작성하고, 주사를 맞고, 어깨를 으쓱하고, 전문가에게 전화했다. 결국 그 일들을 반복하면서, 그들은 또 다른 병원의 진료실에서 분노하고 경계하고 있는 자신의 모습을 발견했다. 그들의 대답은 간결했다. 의심스럽다. 사실과 불만의 작고 단단한 구슬들이 꿰어지지 않아 정리하기 힘들었다. 대부분은 약을 원할 뿐이었다.

아이들과 손자들이 왔다. 때때로 그들도 같은 질병, 날카로운 통증, 설명할 수 없는 무기력증을 앓는다. 때때로 그들은 다른 문제를 이야기하면서, 자신이 스트레스를 받고 우울하고 불안하지만 이유를 알 수 없다고 말했다. 지난해 한 학생이 있었다. 성실한 청년이고 약간 조용했지만, 반 친구들과도 충분히 사이가 좋았다. 그의 성적은 항상 높았고, 행동도 흠잡을 데가 없었다. 그런데 어느 날 그가 어떻게 교사를 죽이려 했는지에 대해 매우 상세한 내용을 온라인에 올렸다. 그가 어떻게 기숙사 방에서 깨어나 사악할 정도로 날카로운 칼을 들었는지, 어떻게 방으로 들어가 그의 교사를 보았고, 어떻게 교사에게 끓는 차를 부었는지…. 이 글은 계속 이어졌고 대학 당국은 이 글을 읽은 뒤 정신 건강 담당자를 불렀고, 그는 전문가들의 도움을 청했고, 전문가들은 정신분석가에게 갔다.

아무도 그 불쾌하게 생생한 언어들과 이 유쾌하고 눈에 띄지 않는 소년을 일치시킬 수 없었다. 그의 부모님은 관계가 좋았고 아들과도 잘 지냈다. 그들은 아들의 문제에 대해 들었을 때 대학으로 달려갔고, 아들이 치료를 받는 동안 어머니가 같이 살 수 있도록 아파트도 빌렸다. 그의 아버지는 거의 침묵을 지키면서도 지원했다. 몇 주가 걸려, 소년의 아버지가 오랫동안 깊은 우울증을 겪으며 살아왔다는 것이 드러났는데, 이것은 정신분석가에게뿐 아니라 가족에게도 충격이었다. 아들의 일생 내내, 아버지는 같은 교훈을 계속 강조해 가르쳤다. 거리를 유지하라, 경계를 늦추지 마라, 아무도 믿지 마라, 절대로 화난 모습을 남에게 보이지 마라. 그는 그 메시지를 계속 반복해 보냈지만, 아들에게 한 번도 그 이유를 말한 적이 없었다. 그는 자신의 아버지가 홍위병에게 살해당하는 것을 지켜보았다. 그는 그 고통과 공포, 분노를 거의 반세기 동안 억눌렀지만, 그 기억은 그를 배신하고 그의 아이를 배신했다.

그의 가족들 외에도 수많은 가족이 과거를 숨겼다. 어떤 사람들은 자신의 고통을 그것을 목격한 남편이나 아내와도 이야기하지 않았다. 다른 사람들은 형제자매에게 어린 시절에 상처를 준 사건을 잊으라고 말했다. 때로는 정신병적 사건에 겁을 먹거나 이상한 집착에 불안해하면서, 성인이 된 아들딸들이 부모를 정신과 의사에게 데려왔다. 더 흔한 일은, 치료법을 찾을 수 없는 신체적 질병 때문에 환자들이 병원에 왔다. 그들은 언어가 상상할 수 없는 결과를 초래할 수 있으며 아무리 미약하더라도 겉으로 드러나는 조화를 깨뜨리면 안 된다는 것을 알았다. 아무리 비싼 대가를 치르더라도 침묵이 안전이었다. 50년 전으로 거슬러 올라가는 비참함은 끝없이 계속되었다. 트라우마는 희생자들이 죽어도 사라지지 않았다. 그것은 이미 그들의 아이들, 그 아이들의 아이들에게 복제되었다. 암세포처럼 성숙하지 못하고 번식하기만 하면서, 기괴한 불멸의 돌연변이를 일으켰다.

생존자들과의 작업에 대해 기꺼이 이야기하려는 전문가는 거의 없었다. 일부는 아무것도 공개하지 않았고, 일부는 서양인 동료들과 익명으로 작업했다. 나에게 이야기를 해준 이들은 신원을 밝히지 않는다는 조건으로만 이야기했고, 그들 중 일부는 너무 많은 내용을 생략해서, 나는 몇 번의 만남 뒤 답변에 대한 희망을 포기했다. 나는 상하이에서 열린 국제 심리치료 컨퍼런스에서 양 박사라고 부르는 남성을 만났다. 유럽인들은 값비싼 리넨 정장을 입고 디자이너 안경을 쓰고 있어서, 그들의 차이에도 불구하고 같은 계급에 속한다는 것을 알 수 있다. 중국인들은 은행원처럼 또는 체육 교사처럼, 또는 예술가처럼 입기도 했다. 그들은 하나의 직업으로 통합되지 않았다. 그들은 클라인이나 라캉에 대한 언급에 고개를 끄덕였고, 훈련을 받고 전문 용어를 알고 있었다. 하지만 그들이 말할 때 과거의 사건들을 이야기하고 농담을 하기도 했으며, '카섹시스'(cathexis, 심적 에너지가 어떤 대상에 집중되는 것)와 '의존성'(anaclitic) 같은 용어들뿐 아니라 '사랑'이나 '만족' 같은 단어도 종종 사용했다. 그들은 자신과 다른 사람들을 치유하려는 시도에 대해 부끄러워하지 않고 반어적이지도 않았다. 그들의 감정과 목표의 혼란스러움을 인식하더라도, 진정성에 대해 부끄러워하지 않았다.

"나는 사람들을 고문하는 사람들을 충분히 보았습니다. 나는 그렇게 되고 싶지 않았어요. 행복과 기쁨을 주고 싶었습니다"라고 양 박사는 말했다. 그는 담뱃갑에서 담배 한 개비를 꺼내며 웃었다. "이것도 문화대혁명의 결과입니다. 부모님은 우리를 돌볼 시간이 없었고, 그래서 우리는 나쁜 습관을 배웠습니다. 이것은 스트레스를 풀 수 있는 몇 안 되는 방법 중 하나였습니다. 모두가 전쟁 중인 국가에서, 매우 적대적인 환경에서 살았습니다. 원초적인 본능과 욕구가 활성화되었습니다."

그는 담배 연기를 빨아들이고, 그 연기가 나에게서 멀리 날아가도록 정중하게 고개를 돌렸다. 그는 그가 다루는 주제인 투쟁, 증오, 처형과는 상충되는, 편안한 태도와 다부진 체격의 남성이었다. 그는 자신이 목격한 '소위' 자아비판 모임에 대해 이야기했다. 2만 명이 광장에 모여, 혁명위원회가 사형 선고를 내리기를 기다리는 공개 판결이었다. 구타가 이어졌다. 언제든 당신을 함정에 빠뜨릴 수 있는 정치적 조류와 운동이었다. 문화대혁명을 정의한 것은 폭력보다는 불안정이었다.

"모두가 휩쓸렸고, 모두가 불안했습니다. 그것은 제로섬 게임이었고, 뒤집어질 수 있었습니다. 이 그룹 사람들이 성공했고 우월했습니다. 하지만 그것이 열등한 지위로 바뀌고 모두 뒤집힐 수 있었습니다. 그들은 간부들이었고 권력을 잡았지만, 그 권력은 하룻밤 사이에 사라지고 가족들은 상상도 할 수 없었던 식으로 삶이 완전히 뒤집히는 것을 경험했습니다. 사람들은 안정적이고 영구적이며 성공적인 지위를 유지할 수 없었습니다." 다른 재난에서는 피해자와 가해자 사이의 경계가 훨씬 분명했다. 인종이나 관습에 의해서가 아니라 마음속에서 무슨 생각을 하고 있을 것이라는 추정에 따라 표적이 정해질 때, 오늘 옳았던 것이 내일은 그른 것이 될 때, 파괴의 수단이 대중의 참여였을 때, 결백 같은 확신은 불가능했다.

사람들은 어떻게 이 세월을 견뎌냈을까? 그때 어떤 이들은 참을 수 없는 학대를 견디는 법을 이미 배웠다. ("우리가 계속 가는 한, 우리는 괜찮을 거야." 작가 바진과 그의 아내는 서로에게 말하곤 했지만, 결국은 그렇지 않았다.) 일부는 전통적인 신념과 철학으로 스스로 위로하려 했지만, 그런 것들은 금지되어 있었기에 비밀리에 할 수밖에 없었다. 유머도 다른 사람이 없는 데서만 가능했다. (농담은 농담이 아니었다. 유머는 비례와 부조화에 대한 감각에 의존하기 때문에, 본질적으로 마오주의 열광에 대한 거부가 되고, 최악의 경우에는 사형에 해당하는 중범죄가 된다.) 자아비판은 그들이 잠재적으로 통제할 수 있다는 환상을 주지만, 그들은 이 재난이 자신들에게 닥쳐오도록 무언가를 했다. 정신병은 그 자체로 일종의 보호장치였다. 마음이 더는 현실을 견딜 수 없게 되었을 때, 정신이 사람보다 먼저 부서졌다. 다른 사람들은 정신병을 겪지 않은 채, 스스로 목숨을 끊었다.

"두 번째로 정의되는 특징은 그 이후에 벌어진 일"이라고 그 심리치료사는 말을 이어갔다. 2차 세계대전이 끝났을 때, 일본 점령군은 추방되었다. 적은 사라졌다. 공산당이 국민당을 물리쳤을 때 200만 명이 대만으로 도망쳤다. 하지만 문화대혁명 이후에는, 마치 아무 일도 없었던 것처럼, 모두가 서로 어울려 살아가야 했다. 그들은 그 자리에 남아 있었다. "같은 나라에서, 같은 직장에서, 심지어 같은 가정에서."

중국 문화는 오랫동안 관계의 그물망으로 존재해왔다. 가족의 위계는 제국의 질서를 반영하기도 했고, 그 질서의 일부를 형성하기도 했다. 한 인간이 된다는 것은 조상들과 후손들을 잇는 연결고리가 되는 것이었고, 시간을 종적으로, 사회를 수직적으로 관통하는 더욱 큰 체제에 묶여 있다. "길은 나 자신에서 가족으로, 가족에서 국가로, 국가에서 전체 세계로 이어진다"고 사회학자 페이샤오퉁은 썼다. 알 수 없고 속박되어 있지 않은 인물보다 사회에 더 위협적인 것은 없었다. 18세기에는 '영혼 도둑질'에 대한 공포가 중국을 휩쓸었고, 마법사로 의심받는 사람들을 폭도들이 공격했다. 역사학자 필립 쿤이 묘사한 것처럼 이것은 마오주의 히스테리와도 유사한 현상이었다. 그러나 그들에게는 "방랑자, 이방인,

뿌리 없는 사람들, 출신이 불분명하고, 목적도 불분명한 사람들, 사회적 관계가 부족한 사람들, 통제 밖의 사람들"이라는 의심이 따라붙었다.

문화대혁명은 낯선 사람보다 더 무서운 것이 있다는 것을 보여주었다. 바로 가까운 사람이었다. 사람을 안다는 것은 더 이상 신뢰가 아니라 의심의 핵심이었다. 주변 사람, 당신을 가장 잘 아는 사람이 해악을 끼칠 가장 강력한 힘을 가지고 있었다. 혼란 직후 몇 년 동안 "사람들은 기차에서 낯선 사람에게 자신이 본 것에 대해 말할 수는 있었지만, 동료에게는 절대로 말하지 않았습니다"라고 양 박사는 말했다. 그리고 도덕성 자체가 배신당했다. 전통 유교 관념에는 특정한 유형의 인간관계를 초월하는 윤리적 개념이 없다고 페이샤오퉁은 썼다. 옆에 있는 사람을 믿을 수 없게 되자 신뢰 자체가 파괴되었다.

"혁명에서 살아남은 것은 행운이었을까, 아니면 불운이었을까? 지금도, 그 질문에 대한 답을 안다고 말할 수 없다"라고, 수십 년이 흐른 뒤에 한 피해자는 썼다.

*

1950년대와 60년대의 정치 운동은 그 자체로 일종의 질병, 도취감과 조증이 공개적인 투쟁 그리고 나서 억압과 우울로 이어지는 순환으로 볼 수 있다. 이제 국가는, 시민들과 마찬가지로 무언가 잘못되었다는 것을 알았지만, 무엇이 또는 왜 잘못되었는지는 알지 못했다. 여전히 똑같은 무감각과 격변이 벌어지고 있다. 한때 시진핑을 가르치기도 했던, 저명한 지식인 쑨리핑은 사회에 대한 가장 큰 위협은 사회 혼란이 아니라 사회의 부패, 즉 도덕과 정의감의 상실이라고 경고했다. 친구들은 문화대혁명 동안 사람들이 어떤 대가를 치르고라도 살아남는 법을 배웠고, 무관심이 자기방어의 형태가 되었으며, 분출한 분노에는 재갈을 물렸을 뿐이라고 비난했다. "그 운동은 인간의 본성을 파괴했다"고 옌자치와 가오가오는 그들이 쓴 역사서인 〈격동의 십년〉(Turbulent Decade)에서 밝혔다. 다른 이들은 이 운동이 사람들에게 오직 돈만 중요하다고 깨닫게 해, 의도치 않게 탐욕스러운 자본주의가 태어나게 했다고 비난했다. 신문의 페이지를 넘기며 위기를 세어본다. 두 살 아이가 트럭에 치여 길 위에서 죽어가고 있는 동안 열여덟 명이 그 옆을 걸어 지나갔다. 한 유치원 원장이 경쟁자를 중상모략하려고 요구르트에 독극물을 넣어 아이들이 목숨을 잃었다. 학교에서 칼부림 공격이 잇따랐다. 남성들이 가스를 가득 실은 트랙터를 몰고 사무실들로 돌진했다. 한 노인이 문화대혁명 시기에 집에서 만든 수류탄으로 버스를 폭파하려고 시도했는데, 보복 공격이었다고 한다. 바로 전 운행에서 운전자는 버스 정류장 5미터 앞에서 멈춰섰다. 수류탄은 버스 아래로 굴러갔지만 폭발하지 않았다. 수류탄의 기능은 이미 오래전에 사라졌다. 분노만 계속 타오르고 있었다. "제가 너무 성급했어요." 그 남성이 법정에서 말했다. 내가 이 사건을 이야기하자, 한 정신분석가는 고개를 저었다. "이건 완전히 환상이죠. 맞죠? 그 환상은 문화대혁명에서 현실이 되었죠. 모든 병사는 자신이 적을 죽이고 있다고 생각합니다. 그들은 더 나은 세상을 원합니다. 소위 더 나은 세상의 끝에 뭐가 있는지 모르더라도요."

우리는 그의 직장 근처 카페에서 창가 테이블에 앉아 있었다. "나는 햇살을 좋아합니다. 따뜻함이 좋아요." 천 박사는 양 박사보다 젊었다, 문화대혁명을 기억하기엔 너무 젊었다. 그리고 그의 가족은 문화대혁명에서 거의 상처를 입지 않았다. 그는 주로 그의 도움을 받으려 하는, 희생자들의 아이들과 함께 일했는데, 그런 이들이 많아서 그는 그들의 트라우마를 매우 예외적인 것이 아닌 평범한 것으로 여겼다. 그러나 그는 그 아이들의 부모 중 일부와도 함께 일했고, 그들이 살아있다는 것만으로도 그들을 점점 더 존경하게 되었다. 그들이 견뎌냈다는 것에 대해서도.

"트라우마에서 살아남은 사람들이 더 건강하다고 말할 수는 없습니다." 그는 경고했다. "아니죠. 두 마리의 개를 생각해보세요. 한 마리는 강하고 공격적이고, 다른 하나는 순종적입니다. 그들을 정복하고 싶어 하는 가혹한 환경을 만나면, 싸우러 가는 개는 죽고, 복종하는 개는 살아남습니다. 어느 쪽이 더 건강할까요? 정신분석학적 관점에서 보면 싸우기 원했던 개가 더 건강했을 겁니다. 그래서 어쩌면 트라우마가 되는 사회적 운동의 생존자들의 정신 건강 수준은 더 낮을 겁니다. 그것은 트라우마와 관련이 있을 뿐 아니라 그 이전의 역사와도 관련이 있습니다. 모든 사람은 각자의 스토리가 있지만, 그들은 다른 사람들에게 말할 기회가 없죠. 그들이 가해자이든 진짜 희생자이든, 그들은 우리가 모르는 희생자가 되었습니다. 대다수 사람과 정부의 태도는 그것을 잊어버리라는 거죠. 페이지가 바뀌었으니, 다시는 그것을 읽지 말라는 거죠. 삶은 계속됩니다. 그것은 동양적인 삶의 방식이기도 하죠."

중국인들은 그것을 '쓰디쓴 고통을 맛보다'(吃苦)라고 표현한다. 괴로워하고 견디는 것이다. 이는 인생의 필수 요소이자 일종의 미덕이며, 직업 공고에서 요구되고, 무일푼에서 큰 성공을 거둔 재계 거물들의 이야기에서 언급되기도 한다. 그것은 끈질기게 계속해내는 힘에서, 회복 탄력성에 대한 자부심을 표현한다. 그러나 그것은 무력감, 비극적인 운명론을 상징하기도 했다. 그것은 모든 것을 빼앗긴 후 남은 유일한 것이었다, 선택의 여지가 없는 사람들의 선택이었다. 노인들은 그것을 고단하고 고통스러운 삶과 상실을 담아내는 데 사용했다. 젊은이들은 미국인처럼, 자신의 운명을 통제할 수 있고, 모든 것이 결정된 것은 아니라고 생각할 만큼 순진했다. '쓰디쓴 고통을 맛보는 것'은 무의미하고 패배주의적으로 들린다. 젊은이들은 달콤함을 기대했고, 그들에게 과일과 사탕을 먹인 부모는 그들이 굴복하게 될까 봐, 쉬운 삶이 그들을 나약하게 만들고, 그들이 생존이 아니라 성취를 희망하고, 편안하게 임금을 쓰고 꿈을 공유하는 것에 대해, 어떤 삶이 닥치든 상관없다고 생각하는 데 대해 걱정할 수밖에 없었다. 중국의 변화는 너무나 심오하고 갑작스러웠기 때문에 20년의 격차는 한 세기 이상의 거대한 격차로 보였다. 그들은 다른 삶을 살았고 다른 언어를 사용했다. 많은 기성세대에게는 말을 하는 것 자체가 위험했다.

그래서 심리치료는 의심의 대상이었다. 지크문트 프로이트의 작품 중 일부는 그가 살아있던 동시대에 중국어로 출판되었고 그 번역자가 프로이트와 잠시 교류하기도 했지만, 심리치료는 중국에는 새로운 것이었다. 마오쩌둥은 문화대혁명이 시작된 해에 심리학을 금지했다. 심리학은 부르주아 사이비 과학으로 "10분의 9는 쓸모없고, 10분의 1은 왜곡이었다". 그 학문을 박멸하겠다는 서약은 심리학자를 공격하고, 책을 불태우는 것을 의미했다. 정신의학은 허용되었지만 고도로 의료화된 모델이었다. 지금도 13억 인구의 나라에 정신과 의사는 2만 명에 불과하다. 심리치료는 2013년까지 법으로 인정되지 않았다. 이 시기가 되자, 심리치료는 이미 중국의 '마니아' 중 하나가 되었고, 많은 팬과 팔로워를 확보했다. 상하이에서 열린 회의는 국제 보건 당국의 화환으로 장식되어 있었지만, 아마추어에게도 열려 있었고 컨벤션 같은 느낌이었다. 참가자 대부분은 애호가였고, 세션이 끝나면 연사들과 셀카를 찍기 위해 달려오는 사람들도 있었다. 이 나라는 부를 넘어선 목적을 찾고 있었다. 사람들은 현대 생활의 물질주의에 만족하지 못하고 때로는 반항했다. 번영은 원초적인 물질적 욕구에 대한 답을 제공했지만, 정신적으로는 또 다른 트라우마를 증명했다. 가치의 전도는 과거에 겪었던 고통의 무의미함을 더욱 강조했다. 그 모든 것이 이것을 위한 것이었나? 역사가 그 대상을 비웃고 있었다. 경제적으로 더 많은 것을 얻을수록, 더 많은 사람은 본질적인 것을 상실했다고 더욱 확신하게 되었다. 문화대혁명 시기 즈칭(知青)이었던 저우자위 같은 이들은 실제의 또는 상상된 사회주의 과거에 의지했다. 다른 이들은 자신의 내면을 들여다보았다. 현재 중국에는 공식적으로 인정받는 기관과 지하 가정 교회를 포함해 약 1억 명의 기독교인이 있다. 더 많은 사람은 불교에 귀의하거나 되돌아갔는데, 종종 좀 더 화려한 형태의 불교에 귀의했다. 부유한 도시의 기복주의자들이 선한 업을 쌓겠다며 뱀을 방생하면서 마을들이 위협을 받았다. 이상하고 모호한 종교적 숭배가 마을들을 장악했다. 일부는 19세기의 선조들처럼 무정부적이고 위협적인 분위기도 풍겼다. 사람들은 의미를 갈망했다.

심리치료는 대안을 약속했다. 공산주의와 마찬가지로, 그것은 미래를 위한 투표였다. 그것은 진리의 독점을 주장하지 않았다. 공산주의가 더 큰 대의를 위해 개인을 재창조하려 했다면 심리치료사에게는 재창조 그 자체가 목적이었다. 하지만 그것도 요구가 있었다. 상하이회의에 온 많은 청중과 연사들에게, 이 학문은 중국 문화와 근본적으로 모순되는 것처럼 보였다. 중국 문화는 감정에 대해 이야기하지 않는다. 부모님에게 "고맙다"거나 "사랑한다"고 말하지 않는다. 그런 고백은 의혹을 불러일으킬 수 있다. 사랑은 침대에 여분의 담요를 놓아드리고, 그릇에 가장 맛있는 음식을 떠드리고, 어머니에게 영양제를 보내드리는 것이다. 동시에 중국의 당-국가와 공식 문화는 끊임없이 의미를 정의하고 가두려고 했다. 언어는 의미가 가득하기 때문에 반드시 통제되어야 한다.

하지만 이런 경향과 함께 광범위하고 암시적인 전통도 이어졌다. "도라고 말할 수 있는 것은 진정한 도가 아니고, 이름을 붙일 수 있는 이름은 진정한 이름이 아니다"라고 도가의 가장 유명한 경전인 〈도덕경〉은 말한다. 암묵적이고, 인식되지 않으며, 말해지지 않는 것이야말로 정말 중요한 것일 수 있다. 분명하게 말해지는 것에서가 아니라, 말해지지 않는 것에서 진리를 찾으라. "진흙은 그릇으로 빚어지지만, 그릇의 쓰임새는 그 여백에 달려 있습니다." 중국인 환자에게는 심리치료는 그 무엇보다 힘들지만, 연애의 대상이 될 수 있다. 초기 단계에서 심리치료가 제공하는 편안함은, 이야기하는 것만으로는 바람이 충족될 수 없고, 자신의 주변 사람들과의 관계를 뒤흔들어야 한다는 것을 이해하기 시작하면서, 불안과 두려움, 그리고 외로움으로 바뀔 수 있다. 조화로운 관계를 유지하는 것은 중국인의 사회생활에서 가장 기본적인 원칙이라고 천 박사는 말했다. "때때로 나는 우리가 더 많은 혼란과 사회적 갈등을 겪고 있다고 느낍니다. 그 때문에 우리가 조화에 더 많은 관심을 기울이는 것이죠."

가족 내의 불안정은 가족 밖에서 더욱 큰 불안정함으로 이어질 수 있다. 심리치료는 처음에는 권위주의적인 꿈처럼 보였다. 그것은 중국의 집단적 트라우마를 마치 개인의 질병처럼, 환자에 의해 그리고 환자를 위해 해결해야 하는 것으로 취급했기 때문이다. 공개적인 다툼이나 정치적 청원에서 벌어진 갈등을 치료실의 프라이버시 속에서 다뤘다. 하지만 문화대혁명의 경험은 대부분 금기로 남아 있었기 때문에, 단지 사실을 확인하는 것도 위험으로 가득 차 있었다. 환자의 가족뿐만 아니라 더 넓은 지역사회도 그것을 부정할 것이다. 과거와 현재를 연결하는 것 자체가 잠재적으로 민감한 문제였다. 경험을 통합하는 것은 수수께끼와도 같았다. 그 일이 일어나게 한 추동력이 무엇인지 알지 못한다면, 무슨 일이 일어났고 그것이 무엇을 의미하는지 이해할 수 없었다. 그런데 많은 경우 그 추동력은 트라우마 자체와는 전혀 무관했다. 홍위병들이 가지고 있던 동기의 복잡성은 그들이 저지른 범죄의 극악무도함보다는 덜 중요했다.

그 상처는 중국 사회의 심장부, 그리고 중국인들의 영혼을 관통하고 있었다. 문화대혁명은 국가적 트라우마이고, 개인적 트라우마들이 모인 덩어리이며, 집단적 의미와 그 모든 상실과 모욕을 모두 관통해 가며 해결해야 할 공동의 시도를 요구하는 집단적 트라우마를 입힌 사건이다. 가혹한 진실은 고통과 분열을 일으킬 수 있다. 하지만 반쪽짜리 진실도 마찬가지다. 정직한 심판이 없다면 치유는 불가능하지만, 그것은 오늘날 중국에서는 허용되지 않으며, 많은 시민도 거기에 귀 기울이려 하지 않을 것이다. "'트라우마 과정'은 단어의 일상적 의미에서의 역사적 진실에 대한 것이 아니다"라고 중국학 연구자인 수전 베이겔린 슈비드르직(Susanne Weigelin-Schwiedrzik)은 썼다. "그것은 사람들이 관련된 집단의 대다수와 공유할 수 있는 '트라우마 대처법'을 발견하기 위해 애쓰면서 사회를 건설해가는 과정이다."

상하이 컨퍼런스에 한 세션이 있었는데, 국가적 이야기의 맥락에서 개인의 고통을 탐색하는 내용이었고, 나는 거기에 특히 꼭 참석하고 싶었다. 나뿐만이 아니었던 듯, 회의장은 꽉 차 있었는데, 진행자가 "최근 200년 동안 중국의 역사는 트라우마의 역사를 의미한다"고 단도직입적으로 이야기할 때, 공기는 이미 약간 식상해져 있었다.

심리치료사들은 대다수 생존자가 문화대혁명을 겪기 전에 이미 트라우마에 시달리고 있었다는 사실을 발견했다. 그 운동 기간에 가족 구성원들이 서로에게 등을 돌린 악의는 분명히 그 이전의 불행하고 학대하는 관계에 원인이 있었다. 그러나 가정 내의 병적인 현상은 중국을 휩쓸었던 일련의 재앙과도, 이집트를 휩쓴 전염병과도 얽혀 있다. 불안정과 폭력은 일탈적 현상이 아닌 필연으로 보이게 되었다. 위대한 문명이 해체되는 과정에서 전쟁, 기근과 정치적 숙청이 가정과 정신을 파괴했다. 과거의 영광을 되찾으려는 열망이 이러한 재난 가운데 일부를 촉발했다.

수많은 목숨을 앗아간 태평천국의 난, 외세의 침략, 국가의 붕괴는 군벌들의 할거, 일본의 침략, 대약진…, 등으로 이어졌고, 중국이 재난의 정점에 도달하기까지, 국가가 마침내 평안을 찾게 될 것처럼 보일 때마다 새로운 잔해가 그 이전의 잔해 위에 쌓였다. 그리고 그 재난이 끝났을 때도 트라우마는 그 재난에서 벗어나야 할 세대 안으로 들어가 영속화했다. 프로이트는 자신을 마음의 고

고학자라고 생각했는데, 마음의 흔적을 쫓아서 그것으로부터 상실해 버린 것과 그것이 의미하는 것을 재구성하고, "환자의 정신을 한겹 한겹 들추면서, 가장 깊은 곳, 가장 소중한 보물에 도달하려 했다". 하지만 프로이트의 후예들은 폐허 위에 세워진 폐허를 발굴하고 있다.

홀로코스트의 여파 속에서 임상의들은 많은 어린 환자들이 홀로코스트 생존자의 자녀라는 사실을 발견했다. 희생자의 자손은 스트레스를 주는 경험을 한 뒤에 외상 후 스트레스를 겪을 가능성이 더 높았고, 그 영향도 더 오래 지속된다. 전문가들은 세대 간에 이어지는 트라우마와 부모가 한 번도 이야기한 적도 없는데도 부모의 영향으로 자녀들이 진짜로 매우 생생하게 느끼는 고통과의 관계인 '포스트 메모리'에 대한 이론을 개발하기 시작했다. 이미 3대에까지 영향을 주고 있다는 증거가 있다.

상하이 컨퍼런스에서 발표자들은 스스로에 대해 공격적으로 변한 부모, 자녀와 거의 관계를 맺지 못하거나 자녀의 요구를 인식하지 못하고, 자신의 깊은 트라우마를 치유하기 위해 무의식적으로 자녀에게 의존하는 어머니, 자신의 아이를 살해당한 어머니로 여기거나, 자신들이 겪은 무자비함을 자녀에게 가한 아버지에 대해 이야기했다. 발표자들은 부모가 제대로 대처하지 못하고, 아무것도 하지 않거나 비난하고, 또는 아이들을 모든 것으로부터 차단하려 했기 때문에 부모와의 관계에서 배워야 할 자신감과 자존감을 갖기 어려워진 아이들에 대해 이야기했다.

하지만 아이들이 경험을 통해 세계는 안전하지 않고 이해되지 않는다는 인식을 가지게 되었을 때, 어떻게 하면 이 아이들이 세상에 대한 자신감을 발전시키고, 세상을 이해하도록 도울 수 있을까. 외부인이 보기에 과잉보호로 보이는 것, 아이들에게 숨 막히고 혹독하게 느껴지는 것은 부모들에게는 현명하고 꼭 필요한 주의였다.

희생자들의 적대감과 취약성은 홀로코스트 이후에 대한 연구를 방해했다. 중국에서는 정치적 금기도 이 주제를 차단해버렸다. 이 컨퍼런스의 발표자는 모두 외국인이었다. 청중은 모두 중국인이었다. 청중은 메모를 하고 화면의 사진을 찍었다. 거기에는 긴박감과 전문가들이라면 반드시 알아챌 명백하게 불편한 느낌이 있었다. 그리고 그들은 유럽 역사의 무게를 끌어들여 주제를 설명하고 긴장을 완화했다. 한 발표자는 사람들이 트라우마를 준 사건, 특히 문화대혁명에 대해 점점 더 많이 이야기할 필요가 있다고 말했다. 그들은 자신과 가족에게 무슨 일이 일어났는지 이해하려고 노력하는 환자들이 점점 늘어나는 것을 보았다. 그의 눈에서 나는 그의 의구심을 알아챘다. 그는 연결고리를 만들고 있는가? 그는 조심스럽게 덧붙였다, "독일에서는 사람들, 특히 유대인들이 겪은 2차 세계대전의 끔찍한 현실에 기꺼이 직면하기까지 오랜 시간이 걸렸습니다. 사람들이 망각을 원했기 때문에 오랫동안 침묵만이 있었습니다."

내 옆에 있던 젊은 여성이 자리를 옮겼다. "왜 그들은 계속 우리에게 그것을 떠올리게 하려는 거지?" 그녀는 그가 다음에 문화대혁명을 언급하자 화가 난 듯 낮은 목소리로 말했다. 그녀가 무엇 때문에 화가 났는지는 분명히 알 수 없었다. 그 요점이 너무 뻔해서 그가 가르치려 한다고 느끼는 것인지, 외국인이 그녀 나라의 더러운 치부를 조사하는 것이 적절치 않다고 생각한 것인지, 그녀가 이 세미나에 왔고, 거기에 어떤 내용이 있을지 분명 알고 있었겠지만, 그녀는 그 문제에 대해 생각하는 것을 전혀 원치 않았다.

어떤 일들은 그것을 분명하게 볼 때 더욱 나쁘다. 사람들은 그 주제를 길들이고 냉정하고 중립적으로 다루기를 원했다. 하지만 그것은 너무 밀도가 높아서 당신 주위를 조여오고, 너무 넓어서 벗어날 수도 없다. 그것은 나름의 세밀한 특징을 가지고 있다. 그것이 정말로 무엇을 의미하는지 안다면, 아마도 결코 그 모험에 뛰어들지 않을 것이다.

*

멍 박사는 트라우마 세션의 그 여성과 동갑내기였다. 빛나는 긴 머리의 30대 초반이었다. 그녀는 침착하고 우아했고, 나는 그렇지 않았다. 나는 30분 동안 카페를 찾느라 여기저기를 헤맸는데, 결국 카페를 찾고 보니 내가 원래 출발한 지점에서 20야드 떨어진 곳이었다. 나는 사과했고, 그녀는 이야기를 시작했다. 그녀는 자신이 주제를 선택했다고 생각했지만, 어쩌면 그 주제가 그녀를 선택했을지도 모른다. 그녀는 문화대혁명과 어떤 개인적 관계도 없다고 알고 있었다. 그녀의 작업이 진행되면서, 그 운동이 얼마나 깊고 광범위하게 진행되었는지 알게 되면서, 그녀는 부모님께 물어봐야겠다고 생각했다.

"그때가 되어서야 우리 가족에게 무슨 일이 일어났다는 것을 알았습니다." 그녀는 미소를 지었다. "왜 이 주제를 선택했는지 이해했습니다. 나는 가족을 위해 뭔가를 해야 했어요. 아마도 나 자신을 위해서도요. 나는 문화대혁명이 여기 있었다는 것을 깨달았어요." 그녀는 한 손가락으로 테이블을 가리켰다. "그리고 나는 여기 있었어요." 그녀는 다른 곳을 가리켰다. "나는 돌아서 갈 수 없습니다. 가로질러 가야 합니다."

멍 박사의 부모는 이 주제에 대해 알지도 못했고, 관심도 없었다. 딸이 그 주제를 선택했다는 것을 몰랐기 때문이다. 트라우마는 첫 세대와 두 번째 세대를 모두 억누르고 소진시켰다. 그들은 그 안에서 존재했고, 그 안에는 자신 외에는 아무도 없었다. 그들에게, 다른 사람은 없었다. 다른 것도 없었다. 세 번째 세대도 영향을 받았다. "하지만 우리는 무언가 할 수 있습니다. 우리는 삶에서 트라우마의 영향 외에도 다른 것들을 가지고 있어요. 우리는 트라우마의 밖에 있어요. 나와 내 세대에게 그것은 역사입니다. 나는 제 삶을 가지고 있어요." 그녀는 국화차를 섬세하게 한 모금 마시고 잠시 카페 창밖을 바라보았는데, 갑자기 수줍어하는 듯 보였다. 그녀는 자신의 직업이 좋은 일을 하고 있다고 생각했지만,

어떻게 그들 모두는 확신할 수 있을까? "전 그냥… 망설여져요. 특히 나이가 많은 사람들에 대해서요. 젊은 사람들에게는 대화가 좋지만, 과연 대화가 그들에게도 좋을지는 모르겠어요. 그들에게는 그 문제를 다룰 시간이 없습니다. 당신에게 질문이 하나 있어요. 내가 의미하는 것을 당신이 이해할지는 모르겠지만…" 그녀는 종이 냅킨을 펼쳐서 서로 맞물려 있는 바퀴를 그렸다. "인간에게 트라우마의 의미는 무엇일까요? 언제나 상황은 이렇기 때문에 트라우마가 있다고 말할 수 있어요. 영구 운동 기계." 그녀는 연필로 그림을 찔렀다. "돌고 또 돌고 또 돌면 또 다른 세대가 시작됩니다. 하지만 트라우마가 인간을 계속 움직이게 하고 발전하게 한다고도 말할 수 있죠." 나는 깜짝 놀랐다. 트라우마는 내가 만났던 많은 사람을 방해하고 덮어버렸다. 하지만 그녀는 종 전체가 앞으로 나아갈 길을 더듬고 있다는 일종의 다윈주의적 개념을 가지고 있었다. 도덕적 관점에서 보면 당연히 인간은 책임을 져야 한다. 하지만 만약 이 고통과 인내가 인간이 한꺼번에 발전하여 더 나아지고, 더 행복해지고, 더 강해질 수 있는 자연스러운 과정의 일부라면, 그녀의 모든 노력은 어떤 면에서는 무의미할 수도 있다. "적어도 이런 의미에서는 우리는 아무것도 할 필요가 없고, 자연의 코스를 따라가기만 하면 될까요?" 그녀는 의심스러운 눈으로 나를 바라보았다. 그녀는 진심으로 대답을 원했다.

며칠 뒤 베이징으로 돌아와서 멍 박사를 떠올렸다. 사무실에서 집으로 곧바로 가지 않고, 르탄공원의 문에 이끌려, 공원 가운데 있는 작은 정자에 올라갔다. 내 주변의 녹색과 황금색의 작은 땅은 고층빌딩으로 둘러싸여 있었다. 저 위에는 독수리 모양의 점 하나가 하늘에 매달려 있었고, 마지막 햇살 아래서 근처의 한 노인이 띄우고 있는 연의 실을 알아볼 수 있었다. 해가 지기 전에 사진을 찍는 커플들도 있었고, 아이들이 내가 서 있는 곳 아래의 바위를 기어오르며 장난치고 있었다. 더 내려간 곳에선, 한 남자가 솜씨는 그다지 훌륭하지 않았지만 열심히 색소폰을 연습하고 있었다. 나란히 소소한 행복과 개인적인 즐거움을 추구하고 있는 순간이었다. 2천만 명의 도시에서는 매우 사소한 일들이었고, 자동차 매연과 소음으로 가득 찬 이 대도시에서 거의 이례적인 일이었고, 잔해의 규모에 비해서도 아주 작은 것들이었다. 아마도 그것은 단지 겉치장에 불과했지만, 적어도 겉치장은 있었다. 중국은 날것 그대로의 고통과 욕구의 땅, 중요한 것들에 대해서는 제대로 이야기할 수 없기 때문에, 이해할 수 없는 충동에 의해 움직이는 땅이었다. 그럼에도 그 인내에 대해 일종의 경외감을 느꼈다. 사람들이 연을 날리고, 음악을 연주하고, 웃고, 사랑하고, 심지어 신뢰할 수까지 있다는 것은 일종의 기적이었다. 아버지의 살인을 지켜본 한 남자가 자상하고 세심한 부모가 될 수 있었다. 구타당해 거의 죽을 뻔한 남자가 삶에 대한 갈망을 품을 수 있었다. 찢겼던 국가가 휴식하고 놀 수 있었다. 삶은 계속되었다.

그동안 심리치료사들은 국가의 노래 아래에서 그들이 들었던 속삭임들을 모으고 있었다. 그들은 이 자료로 무엇을 해야 할지는 알지 못했고, 그것을 구해야 한다는 것만 알았다. 그들은 화자들과 함께 그 이야기들이 죽어버리기 전에, 수집가인 그들 자신도 떠나기 전에, 이야기를 구출하려고 서둘렀다. 치유하고 돕기 위해 오랫동안 훈련했던 사람들은 패배를 인정하고 있었다. 그들은 진실을 다시 묻기 위해 진실을 발굴했다. 고고학자들은 그들의 보물을 다시 지하에 숨겼다. 하지만 이러한 현실주의 속에서도 심오하고 비이성적이며 심지어 급진적인 낙관주의가 계속되었다. 언젠가는 이 땅이 그렇게 위험하지 않게 될지도 모른다. 언젠가 이 타임캡슐은 발굴될 것이다. "백 년 뒤에, 어떤 낯선 사람이 발견하겠지. 누군가는 돌아갈 것이다."

나는 생각했다. 희망이란 본래 있다고도 할 수 없고 없다고도 할 수 없다. 그것은 마치 땅 위의 길과 같다. 땅 위에 본래부터 길이 있었던 것이 아니다. 다니는 사람이 많아지면 그것이 곧 길이 되는 것이다.

– 루쉰

11장

2015년 새해가 밝았다. 나는 새로운 시작을 좋아했다. 그리고 붐비는 기차역의 소란스러움, 수천만 명이 쏟아지듯 집으로 향하는 초조한 안도감과 기대를 사랑했다. 텅 빈 도시에서 친구들과 팝스타와 무도회 가운, 슬랩스틱과 공산당 교리가 뒤섞인 기묘한 조합인 TV 갈라쇼(매년 춘제를 맞아 CCTV에서 방송하는 '춘제완후이'[春节晚쇼])를 곁눈질로 보면서 축제를 즐겼다. 무엇보다도 나는 불꽃놀이를 좋아했다. 처음 춘제를 맞이했을 때는 거의 잠을 잘 수 없었다. 28층에서 밤하늘을 수놓는 불꽃놀이를 볼 수 있었는데 밤새도록 불꽃은 붉은색과 황금색, 초록색으로 피어났다. 이웃들이 발사한 불꽃놀이 로켓이 방을 흔들었다. 그것은 귀를 먹먹하게 하고 매혹적이며 영광스러웠다. 그 후 며칠 동안 나는 폭죽을 피해 거리 가장자리로 조심스럽게 다녔다. 하지만 해가 갈수록 불꽃놀이는 점점 더 조용해졌고, 내 폐와 고막은 감사했고 베이징의 부상자 집계는 줄어들었지만, 나는 활기차고 시끄럽고 화려하고 거의 길들여지지 않은 베이징이 그리웠다. 역대 가장 조용한 새해였기 때문에 마치 도시 전체가 봄이 오는 것을 의심하는 것 같았다. 곧 떠날 예정이었다.

2008년, 나는 끊임없이 재창조되고 있던 세계에 도착했다. 그곳은 가능성으로 가득 찬 곳이었다. 나는 시장이나 인터넷, 또는 역사의 진보를 통해 전면적인 개혁이 마법처럼 이루어질 것이라고는 믿지 않았다. 하지만 나는 감탄과 놀라움으로 사람들이 스스로 공간을 지워가는 것을 지켜보았다. 7년 동안 물질적 발전은 더욱 아찔해졌다. 더 많은 돈, 더 많은 사람, 더 많은 자동차, 더 많은 고층빌딩이 등장했다, 매주 4명의 억만장자가 새로 탄생했다. 더 많은 항구와 도로와 철도가 생겨났다. 박물관도 빠르게 늘어났다. 더 많은 비행기와 군함, 오랫동안 기다려온 항공모함도 생겼다. 중국은 더는 때를 기다리고만 있지 않았다. 중국은 남중국해의 영유권 분쟁 지역에 인공섬을 건설해 군사화했고, 지부티에 해군 기지를 건설하고, 스리랑카의 항구를 99년 동안 임차하고, 유럽, 중앙아시아, 아프리카까지 아우르는 인프라 건설을 위한 일대일로 이니셔티브를 확대해 나갔다. 지구도 중국의 야망을 구속할 수 없었다. 중국의 우주선은 우주비행사를 하늘로 실어 날랐다. 하지만 나에게는 마치 중국이 축소되고 있는 것처럼 느껴졌다. 설명하기 어렵지만, 부정할 수 없이 더욱 빽빽하고 질식할 것 같아졌다. 내가 관심을 가졌던 소란스럽고 불붙기 쉬운 곳은 조용해졌다. 그 국가는 훨씬 자신만만하고 호전적으로 변했지만, 인민들은 더 불안해 보였다. 더 많은 인권운동가가 감옥으로 사라졌고, 반체제 인사들을 변호했던 변호사들은 공격의 표적이 되었으며 곧이어 변호사들도 붙잡혀 갔다. 관리들과 이야기하는 것은 언제나 어려웠지만, 이제는 다른 사람들도 점점 경계심을 보였다. 내 전화를 받는 이들이 점점 적어졌고, 어떤 연락처는 연락이 닿지 않게 되거나 너무 조심스럽게 말해서 그들의 발언은 독자들이 해독할 수 없을 만큼 수수께끼처럼 들릴 지경이었다. 낯선 사람들이 나에게 자유롭게 말을 거는 일도 줄어들었고, 외국인에 대한 의심은, 없었던 적이 없지만, 다시 꿈틀거렸다. 인플레이션에 대한 이야기를 듣기 위해 시장에 들렀을 때, 한 상인이 배추 가격을 묻는 내 질문에 화를 냈다. 그는 "만약 당신에게 말하면, 우리는 외국 스파이가 될 겁니다"라고 매우 진지하게 대답했다.

억압적인 방향으로의 전환은 시진핑의 집권 이전에 시작되었지만, 시진핑은 엄청난 수준의 통제를 가하며 지난 수십 년 동안 너무나 고통스럽게 쟁취된 자유를 축소했다. 시진핑은 또한 이전까지 거의 아무도 가능하다고 생각할 수 없었던 방식으로 개인 권력을 강화했다. 문화대혁명이 일어난 지 50주년이 되던 2016년, 시진핑은 중국공산당의 핵심으로 칭송받았고, 모든 사람이 명백히 알게 된 것을 굳건히 했다. 바로 동심원들 안에서 그의 권위 집중, 그의 당 장악, 국가에 대한 당의 장악, 세계 속에서 중국의 힘이었다. 그의 전임자들이었던 테크노크라트 '붉은 엔지니어들'의 집단지도체제는 끝났다. 정치 권력의 안정화, 정기적인 지도자 교체도 무너질 것이다. 2022년에 그는 규범을 깨는 3연임을 시작하고 후계자도 지정하지 않으면서 무기한 통치에 들어갔다. 그보다 4년 전 그가 국가주석 임기 제한을 폐지했을 때, 관영언론은 그가 종신집권 통치자라는 의미는 아니라고 했다. 그러나 그들은 이번 세기 중반까지는 중국에 '일관된' 리더십이 필요하다는 전문가들의 말을 인용했다. 그때가 되면 시진핑은 96세가 될 것이다. 마오쩌둥은 82세에 사망했다.

작은 마을에서는 스피커에서 당의 프로파간다가 다시 울려 퍼졌다. 다른 마을에서는 관리들이 기독교인들에게 예수의 포스터를 시진핑의 초상화로 바꾸라고 요구했다. 시 주석은 당에 대한 충성심을 단순한 신념이 아닌 신앙으로 묘사해왔기 때문에 종교적 혼합이 완전히 어색한 것은 아니었다. 시진핑은 강력하면서도 든든하고, 멀리 있는 권위적 존재이지만, 동시에 온화한 미소를 띤 친절한 존재이기도 하다. 그는 마오쩌둥 이후 누구보다 인민의 감정을 끌어내는 방법, 인민에게 이야기를 전달하고, 목적을 부여하는 방법을 잘 이해하고 있다. 당의 선전은 시진핑을 인민의 영수이자 조타수라고 호칭해 왔다. 이런 호칭들은 오직 마오에게만 붙일 수 있었던 것들이다. 이 메시지는 연설과 노래, 뉴스, 그리고 당 간행물에 가득하다. "그것은 평생, 평생이어야 한다." 이것은 보통 인민들이 말하는 것의 핵심이다. 시다다(習大大) 같은 사람이 되어라. 시진핑은 선구자이다. 결혼하고 싶다면 시진핑 같은 사람과 결혼하자. 시진핑은 당, 군대, 인민 전체의 진심 어린 사랑과 존경을 받고 있다. 그는 우리 부모와 같다. 시주석, 인민 마음의 총서기.

문화대혁명의 메아리가 점점 더 크게 울려 퍼진다. 중국은 다시 한번 세계의 패권을 주장하고 있다. 국내에서는 어떤 권력자도 숙청에서 안전하지 않다. 재벌들과 당 고위 인사들이 낙마했다. 친구들 사이의 대화가 다시 단속되고, 반체제 인사들과 마찬가지로 사업가들도 소셜 미디어의 사적인 대화 때문에 호출당한다. 명백한 반대뿐 아니라 보통의 지적인 토론에 대해서도 불관용이 확산되었다. 소수자와 그들의 문화에 대한 의구심이 커지고, 이웃에 대한 밀고가 권장된다. 과거에는 거의 용인되던 지하 교회(중국공산당 산하 조직에 등록되지 않은 독립 교회)가 문을 닫고 교인들은 해산되고, 목회자들은 체포되었다. 심지어 파업에 나선 노동자들을 도우려 했던 마르크스주의자 학생들도 구금되었다. 대학생들은 정치적 제한을 넘었다는 이유로 강사를 고발한다. 피해자 가운데는 문화대혁명을 연구한 역사학자도 있다. 그녀는 사무실 문에 비난 글이 가득 붙어 있는 것을 발견했고, 그것은 기묘하게도 문화대혁명의 대자보를 연상시켰다. 얼마 지나지 않아 그녀는 해외로 이주했다.

중국인 그리고 서양 친구들이 유럽, 미국, 그리고 아시아 각지로 떠나고 있다. 홍콩은 한때 안식처였다. 그러나 반환 이후 홍콩에 약속되었던 자유는 무너졌고 철저히 짓밟혔다. 전례 없는 시위에 대한 무자비한 대응 앞에서 홍콩 주민 4명 중 1명이 거리로 나서 제한된 자치를 지키려 했지만 헛된 시도가 되고 말았다. 당국은 평화로운 시위를 벌인 활동가들을 선동죄로 기소했고, 경찰은 언론사를 급습해 자산을 동결하고 직원들을 체포했다. 교사, 대학강사, 변호사, 판사들은 중국 당국에 가까운 언론들로부터 공격의 표적이 되었다. 신장(新疆)의 상황은 훨씬 더 심각하다. 거의 모두가 위구르인 또는 다른 이슬람교도 소수민족인 백만 명의 "신뢰할 수 없는" 주민들이 수용소에 수용되었다. 그들은 "교육을 통한 변화"를 위한 직업 훈련 센터라고 하지만, 철조망과 관제탑을 보면 그것의 실체가 무엇인지 보인다. 즉 기소나 재판도 없이 사람들을 가두는 감옥이다. 수감자의 자녀 중 일부는 사실상의 고아원으로 보내진다. 여성들은 강제 불임 수술과 성폭력을 고발한다. 모스크와 다른 문화 유적지들이 파괴되고 있다. 이는 "문화대혁명 이후 중국에서 볼 수 없었던 범위와 규모의" 학대라고 한 인권단체는 경고한다. 이 수용소들은 해외에 가족이 있거나, 종교적 구절을 암송했다는 죄로 사람들을 가두는 이 시대의 외양간(문화대혁명 시기에 지식인들을 가뒀던 외양간牛棚을 의미)이다. 국영 텔레비전은 이들을 "학생"으로 부르면서, 자신의 잘못을 깨달은 데 감사하는 수감자들을 보여준다. (신장 위구르 자치구 정부 소재지 우루무치의 교육국은 이곳의 "교사"들을 인간 영혼의 엔지니어라고 표현하는데, 이 용어는 스탈린이 최초로 사용했고, 최근에는 시진핑이 훨씬 더 많이 사용하고 있다. 인민의 마음과 정신을 개조하려는 마오의 위대한 운동을 떠올리게 하는 말이다.) 수용소가 폐쇄되면, 그 자리에는 구금 시설과 새로운 감옥이 생겨난다. 수용소의 창살 밖에서도, 신장은 대규모 생체 데이터 수집과 안면 인식 시스템으로 이루어진 디지털 수용소다. 가족들의 신상 정보가 담긴 QR 코드가 각 가정의 문에 부착되고, 가정 내부의 일상 생활까지 감시하기 위해 간부들이 주민들과 함께 생활한다.

*

사실 시진핑은 마오쩌둥의 절반에 불과하다. 시진핑이 자신이 가진 원숭이의 혼에 대해 자랑하는 모습을 그리는 것은 불가능하다. (도널드 트럼프는 혼란과 불화를 좋아하고 대중의 본능적 무의식과 소통하는 능력을 가지고 있다는 점에서, 오히려 더욱 마오주의 지도자 면모를 가지고 있다.) 1989년 톈안먼 광장의 시위대가 진압되기 직전, 시진핑은 자신이 관할하던 지역의 부하들에게 이렇게 말했다, "문화대혁명이야말로 '대 민주'의 표현이 아니었던가? 이런 종류의 '대 민주'는 과학과 법치를 따르지 않고, 미신과 어리석음을 따르며, 그 결과는 대규모 혼란이다." 여러 면에서 그는 마치 문화대혁명의 영향을 뿌리 뽑고, 질서와 규율의 오래된 시스템을 양성하려 노력해온 듯 보인다. 시진핑 주석은 공자의 생가를 방문해 "당이 물려받은" 전통문화의 진흥을 촉구했다. 사실, 그의 생각은 (마오쩌둥과 마찬가지로) 매우 위계적 철학인 법가에 더 많이 의존하고 있는 것으로 보인다. 법가는 인간의 가장 나쁜 면에 주목해, 덕에 의해서는 제대로 구속되지 않으며 엄격한 법과 무거운 처벌을 통해 통치할 수 있다고 여긴다. 시진핑은 영감을 얻기 위해 과거를 바라보며, 중국공산당이 5천 년 전까지 거슬러 올라간다고 주장하는 중국식 행위, 사고, 복종의 구조에 통치의 뿌리를 두고 있다. 그는 이런 구조가 과거의 것만이 아니라 현재에도 존재하며, 반드시 그렇게 해야 할 의무라고 여긴다. 그리고 그는 그것을 실행할 새롭고 효율적인 수단을 찾기 위해 미래에 시선을 두었다. 당-국가가 결코 포기한 적이 없는 도구, 즉 개개인의 삶을 들여다보거나, 친구나 가족을 통해 압박을 가하는 능력은 21세기에 맞게 업그레이드되었다. 이제 당-국가는 당신이 친구에게 무슨 이야기를 쓰는지 감시하기 위해 편지봉투를 열어볼 필요가 없다. 이웃 할머니들의 감시는 여전히 유용하지만, 당신이 누구를 만났는지 그들이 고발하도록 할 필요도 없다. 정보 수집과 처리는 점점 더 쉽고 경제적으로 되었다. 안면 인식 기술을 사용하면 경찰관이 미행하지 않고도 개인들을 추적할 수 있다. '사회 신용 시스템'은 지출과 대출에 대한 신용 평가처럼, 사람들의 공공 행동에 대해 평가 점수를 부여한다. '가짜 뉴스'를 공유하고, 교통 규칙을 위반하면 기차표를 예매하거나 아파트를 임대하거나 자동차를 구입하는 데 어려움을 겪을 수 있다.

새로운 관계 네트워크는 디지털이지만, 그것은 한때 중국인들을 한 장소에 묶어두던 관계망을 떠올리게 하면서, 신뢰의 모조품을 만들어냈는데, 이것은 실체가 거의 존재하지 않는 사회에서 많은 이들에게 매력적으로 느껴졌다. 이제는 아무도 노 홍위병의 지주를 잡아들이기 위해 경찰을 파견할 필요도 없을 것이다. 알고리듬이 알아서 작동할 테니까. 공무원들이 무슨 일을 했는지는, 그들이 당신에게 알리기를 원할 때만 깨닫게 될 것이다. 수도의 거리에서 생활은 깔끔하고 반듯해졌다. 수십 년 동안 깨진 채로 있던 창문과 부서진 문을 수리하기 위해 팀들이 골목 안으로 행진해들어간다. 콘크리트가 과거의 지층을 지워버리고 깨끗한 벽이 뻗어나간다. 내가 베이징의 모습이라고 느꼈던 지저분하고 어수선한 모습은 모두 사라졌다. 프로파간다 포스터가 도시 곳곳에 붙어 있는데, 한 가지 메시지가 그 모든 것을 대변한다. '공산당은 훌륭하다-인민은 행복하다'는 것이다.

일부, 아마도 많은 이들, 대다수가 그럴 것이다. 2008년의 금융 붕괴, 트럼프의 부상, 그리고 이후 코로나 팬데믹 초기 단계를 보면서, 왜 중국 사람들이 서방의 선출된 지도자들을 부러워하지 않는지를 이해하는 것은 어려운 일이 아니다. 그러나 시진핑은 과시적인 엘리트들을 향해 끓어오르는 분노를 비롯한 강력한 불만의 정서를 이용해왔다(한번은 내가 방금 애스턴 마틴 자동차가 아우디와 충돌한 현장을 지나가고 있었는데, 한 노인이 이렇게 중얼거리는 소리가 들렸다. "부자들이 그냥 죽어버렸으면 좋겠다."). 부패에 대한 공격은 이전 지도자들이 형식적으로 했던 시도를 훨씬 넘어섰다. 비록 유력 정치 가문들에 대해서는 손을 대지 않고 있다는 것이 눈에 띄기는 하지만, 이 반부패 운동은 신 마오주의자들의 경계를 훨씬 넘어서 사회 전반에서 지지를 받고 있다. 적절한 시기에, 시진핑은 '공동 부유'를 약속하고, 대기업들이 이익의 상당 부분을 기부하도록 압력을 가할 것이다. 치솟는 불평등에 대처하겠다는 약속은 분명 매력적이다. 그러나 저렴한 주택, 보육, 부동산 보유세 등 더 야심찬 측면은 경제가 둔화되자 조용히 보류되고 있는 것으로 보인다. 재분배를 향한 지향이 어디까지 가게 될지는 불분명하다. 중국에서 삶의 모든 측면에 대한 국가의 통제력이 커지고 있는 것처럼, 경제에 대해서도 국가의 통제력이 커지고 있는 것은 확실하다.

하지만 시진핑이 마오쩌둥이 아닌 것처럼, 그의 인민도 마오쩌둥 시기의 인민이 아니다. "문화대혁명 기간에 마오쩌둥은 8억 중국인을 통제하는 하나의 두뇌였지만, 지금은 적어도 중국인의 절반은 자기 생각을 가지고 있다"고 철학자이자 인권운동가인 쉬여우위(徐友漁)는 보고 있다. 은밀하게 불만의 희미한 웅성거림이 존재한다. 어떤 학자가 통렬한 에세이를 발표하면 은밀하지만 빠르게 확산된다. "당의 언론은 새로운 개인숭배를 만들기 위해 대단한 노력을 기울이고 있다. 그 과정에서 전 세계에 중국을 현대의 전체주의 이미지로 전달하고 있다···. 우리는 개인숭배에 의해 그토록 파멸적인 상황을 겪었던 중국과 같은 거대한 나라가 어떻게 이 새로운 개인숭배에 대해 전혀 저항하지 않는지 질문을 던져야 한다." 하지만 지은이는 일주일간 구금된 후 직장에서 해고되고 베이징을 떠날 수 없게 되고, 공적 공간은 어느 때보다도 제한되고 있다. 처음에는 종교, 학계, 법률, 시민사회, 소수자 같은 익숙한 영역이 탄압을 받았지만, 곧이어 마오쩌둥 시대 이후 당의 개입이 점차 감소했던 사회와 문화의 영역들로 탄압이 확대되어, 기업가부터 연예인까지 모든 이들을 대상으로 하게 되었다.

중국 관영언론은 문화대혁명 50주년을 다루지 않았다. 하지만 다음날인 5월 17일에 당 기관지 〈인민일보〉에 사설 한 편이 실렸다. 이 글을 좀 더 안전하고 용인할 수 있도록 만들기 위해 24시간이 걸린 것인데, 선전기구의 지침은 비밀이지만, 그 뒤에 숨어 있는 생각은 종종 뻔히 드러나 보였고, 비틀린 논리에서도 완전히 부적절했다. 이 사설은 물론 박해, 투쟁 시기, 살인과 같은 자세한 사항은 다루지도 않았고 한마디도 언급하지 않았다. 마치 (9.11 동시 테러 다음날인) 9월 12일자 신문에 실린 쌍둥이 빌딩 붕괴에 대한 기사에서, 사망자나 심지어 비행기에 대해 언급조차 하지 않은 것과 같았다. 이 운동은 "우리나라 발전 역사에서 중대한 굴곡"이라고 묘사하고, 당이 오류에 대해 엄중한 태도를 취했다고 설명했다. "첫 번째는 그것을 인정하는 것이다. 두 번째는 정확한 분석이다. 세 번째는 단호한 수정이다. 이것은 실수와 당의 성공적인 경험을 통합해 역사의 귀중한 교과서가 된다."

이런 의미에서는 시련이란 존재하지 않았다. 재난을 흡수하고 해석하는 과정에서 당은 미래를 향한 길을 따라 국가가 나아가게 했고, 역사는 언제나 전진해 왔다. 이 간결하고 오해의 소지가 있는 서술조차도 그 자체로 중국이 운명을 향해 나아가도록 밀어붙이고 있다. 중국공산당이 실제로 무엇을 용인했는지는 완전히 불분명한 채로 남아 있다.

그 50주년 기념일 바로 직전에 한 친구가 산터우에 있는 펑치안 박물관의 사진을 보여줬는데, 알아보는 데 한참이 걸렸다. 유명한 문화대혁명 희생자들의 동상은 비계와 철판에 갇혀 있었다. 나중에 이 동상들에는 시멘트가 발라졌다. 프로파간다 깃발들이 건물 전체를 뒤덮어, 이번에는 기념관이 되돌릴 수 없이 폐쇄된 것처럼 보였다. 칙칙한 추모 벽에는 화려한 붉은색 포스터가 붙어 있었다. 큰 황금색 글씨로 과거를 덮는 영광스러운 미래에 대한 시진핑의 약속인 중국몽(中國夢)이라고 쓰여 있다. 그 무렵, 위샹젠의 블로그는 블로그를 포스팅하는 네 개의 플랫폼에서 모두 사라졌다. 그녀는 더는 자신의 젊은 시절에 대해 글을 쓰지 않는다. 작곡가 왕시린은 재혼해 독일로 이주했다. 화가 쉬웨이신은 중국의 최근 과거에서 정치적으로 덜 복잡한 시기인, 개혁개방과 관련된 인물들의 초상화 작업을 하고 있다. 우리가 생각했던 것보다 그 시간은 짧았다.

2021년 시진핑은 중국공산당 창당 100주년을 맞아 중국공산당이 "역사와 인민의 선택을 받았다"고 선언했다. 외교관들과 관영언론도 같은 주제를 암송한다. 중화민족의 위대한 부흥이 "되돌릴 수 없는 역사적 과정"에 진입했다는 것이다. 그러나 시진핑의 비전은 새로운 위험과 늘어가는 적대감에 둘러싸인 영광에 대한 것이며, 어느 때보다도 경계심을 가져야만 한다. 시진핑은 "역사에서 배움으로써 강대국이 흥망성쇠하는 이유를 이해할 수 있다"고 말했다. 그가 말하는 역사는 다른 역사를 지워버림으로써 번성한다. 사회학자 미셸 보닌(Michel Bonnin)은 중국의 비공식 기억은 "작은 섬들이 주위를 둘러싼 광활한 공식적 망각의 바다에 의해 위협받는 군도"라고 표현했다. 공산당 창당 100주년이 되는 해에 그 물결이 다시 솟구쳤다. 당국은 역사 허무주의 행위를 고발하는 인터넷 사이트와 핫라인을 개설했고, 중국 인터넷 규제 당국은 곧바로 역사에 대한 "해로운" 주장을 담고 있는 2백만 건 넘는 게시물의 삭제를 감독했다고 홍보했다. 당의 공식 역사는 문화대혁명에 대한 서술을 극적으로 축소했고, 1981년에 내린 비판적 평가에 대한 언급을 지워버렸다. 1인 통치에 대한 덩샤오핑의 경고는 역사 교과서에서 사라졌다. 중국의 순교자와 영웅을 비방하는 것은 범죄 행위가 되었고, 이와 관련해 여러 명이 체포되어 기소되었으며 최소 한번은 유죄 판결을 받았다. 2021년이 끝나갈 무렵, 젊은 마오주의자 다섯 명이 덩샤오핑과 다른 개혁파 지도자들을 공격하는 글을 유포시켰다는 또 다른 혐의로 투옥되었다.

이 무렵, 시진핑은 중국공산당 당대회에서 당의 지난 100년 동안의 주요 업적과 역사적 경험에 대한 결의안을 통과시키는 것을 주관했다. 그는 중국공산당 100년 역사에서 이러한 결의안을 통과시킨 세 번째 지도자가 되었다. 마오쩌둥은 1945년에 자신의 지배를 공고하게 하고 반대파들의 패배를 분명히 하기 위해 그런 결의를 통과시켰다. 덩샤오핑은 1981년 자신의 지위를 강화하면서, 문화대혁명을 부정하고, 동시에 당이 생존하면서 새로운 노선으로 나갈 수 있도록 역사결의를 통과시켰다. 시진핑은 자신을 마오, 덩과 같은 반열에 올려 그들처럼 당의 내러티브를 통제하고, 당의 필연적인 후계자로서 당이 상징하는 모든 것을 통제하기 위해 역사결의를 통과시켰다. 마오의 통치 아래서 '중국은 일어섰다'고, 우리는 듣고 있다. 덩샤오핑 통치 아래서 중국은 부유해졌다. 시진핑 통치 아래서 중국은 강해지고 있다. 시진핑은 단순히 중국 사명의 수호자일 뿐 아니라, 어떤 의미에서는 중국이 가고 있는 여정의 정점이다. 3차 역사결의 문서는 무엇보다도 "시진핑 동지의 핵심 지위를 결연하게 옹호해야 한다"고 명시하고 있다. 시진핑을 비판하는 것은 어느 때보다 위험해졌다. 그를 비판하는 것은 공산당 자체를 비판하는 것이다.

문화대혁명의 유산은 어느 때보다 유의미하고 분명하다. 만약에 내가 이 책 작업을 지금 시작했다면 이 책은 쓰이지 못했을 것이다. 효용성과 수용성 사이에는, 실제로 반비례 관계가 있다, 그 시대의 교훈을 지극히 중요하게 만드는 것은 그것이 허용되지 못하게 만드는 것이기도 하다. 그것이 비정상적인 것처럼 느껴질 때,

또는 마오주의의 끝에서 완전히 멈췄다고 느꼈을 때가 더 안전했다. 하지만 이제 소학교(초등학교) 아이들은 시진핑의 모습이 표지에 그려진 책을 들고 다니며, 앉아서 시진핑 사상을 공부하고, "시진핑 할아버지는 항상 우리를 돌보고, 우리가 사회주의의 훌륭한 건설자이자 계승자가 되기를 바란다"고 배우고 있다. 그래서 이 이야기는 다른 시대에 속한다. 문화대혁명이 일어났던 그 10년이 아니라, 일부이더라도, 사람들이 문화대혁명을 공유할 공간을 찾았을 때이다.

나는 이제 지구 반 바퀴 떨어진 런던에 돌아와 또 다른 낯선 나라에 적응하는 중이다. 중국에서 처음 돌아왔을 때, 히드로 공항에서 차를 타고 오면서 무척 놀랐다. 갑자기 모든 집들이 얼마나 기묘하게 보이는지, 마치 떠나 있던 1년 동안 집들이 줄어든 것 같았다. 내 눈에 고국이 얼마나 깔끔하고 하찮게 보이던지. 이제 풍경 자체가 바뀌었고, 나를 놀라게 한 것은 그 변화만이 아니라 나의 갑작스러운 인식이었다. 제국과 노예제도에 대한 싸움이 만들어지고, 깃발이 높이 걸리고, 판사들과 전문가들은 비난을 받는다. 분열은 결과가 아니라 목적이고, 이것은 도구로 이용된다. 나는 이것을 안다, 깨닫는다. 즉 나는 이 언어를 안다. 누가 우리의 적인가? 누가 우리의 친구인가? 마오가 생각한 것처럼, 이것은 가장 중요한 질문이다. 팬데믹이 우리의 삶을 뒤흔들었을 때, 진심으로 놀라지 않았다. 나는 우리가 사는 세상이 견고하다고 생각했던 친구들의 충격에 거의 분노했고, 최악의 일이 일어나지 않을 것이라고 믿지 않는다. 하지만 내 마음속에는, 희망이라고 부르고 싶지만 단지 오해일 수도 있는, 일어나기를 기다리고 있는 재난들에 영향받지 않는 삶에서 자라난 안일함일지도 모르는, 오래된 본능이 있다. 인내심과 강인함으로 더 나은 날을 맞이할 수 있다는 믿음.

내가 글을 쓰고 있을 때 내 벽에는 문화대혁명의 또 다른 이미지가 걸려 있다. 요즘에는 구하기 힘든 원본인데, 그 이유는 요즘 이것이 점점 더 민감한 주제가 되고 있고, 상업적 가치도 높아졌기 때문이다. 이것은 사회주의 리얼리즘 스타일로 그려진 매끈하고 전문적인 포스터이다. 소련에서 안드레이 시냐프스키는 이러한 작품에 대해 "반은 고전주의, 반은 예술이고, 너무 사회주의적이지도 않고, 전혀 사실적이지도 않다"고 평가했다. 이 부드럽고 모호하고 몽환적인 이미지는 우아하고 유쾌한 디너파티 느낌의 문화대혁명이다. 아래에 인쇄된 글자들은 이 글을 읽는 이들이 혁명을 위해 건강을 유지하라고 지시한다. 하지만 이는 명령이라기보다는 호소처럼 보인다. 그 그림은 우유나 비누, 스포츠웨어를 파는 데 쓰일 수도 있을 것 같다. 말 그대로 장미빛으로 물든, 연분홍과 바닐라, 복숭아가 어우러진 녹은 아이스크림 같은 하늘 아래 보이지 않는 미래를 향해 달리는 아이들의 꿈 같은 이미지다. 그들은 경쾌한 주홍색과 보라색 스웨터 위에 빨간 완장을 차고 있다. 아이들의 눈은 수평선에 고정되어 있다.

이 이미지가 불러일으키는 낙관주의, 더 밝은 공산주의의 새벽에 대한 믿음은 오래전에 죽어버렸다. 붉은 8월(紅八月, 1966년 8월 문화대혁명 초기 과정에서 홍위병들이 베이징에서 저지른 학살과 잔혹행위들)의 잔혹함, 린뱌오의 극적인 최후가 보여준 혼돈과 모순, 침체되고 정체된 문혁의 후반기 이후에 말이다. 이 그림은 거대한 거짓말, 심지어 혐오스러운 거짓말이지만 의도치 않게 진실을 말하고 있다. 밑부분에 날짜가 적혀 있다. 1975년. 문화대혁명의 끝은 아직 1년 넘게 남아 있었다. 마오쩌둥이 1976년 9월 사망하고, 4인방이 축출된 뒤에야 끝났다. 그렇지만 이 무렵이 되면 속박은 조금 느슨해졌다. 최악의 상황은 끝났다. 그림 속에서 달리고 있는 이들은 젊다. 아마도 13살쯤 되었을 것이다. 화가가 그린 그림 속의 위샹젠과 같은 나이이다. 그들은 그때 다른 세상을 알지 못했다. 하지만 나는 그들이 지평선 바로 너머에 무언가가 있다는 것을 느끼고 있다고 상상하는 것을 좋아한다. 그들은 그것이 무엇인지, 왜 그것이 중요한지 모르지만, 그것이 거기 존재하고 거기에 도달해야 한다는 것만은 알고 있다. 그들은 이제 성인이 되었을 것이고 자녀가 있고, 아마 손자 손녀도 있을 것이다. 여기서 그들은 젊음과 움직임, 그들의 몸 속을 흐르는 에너지 안에 그대로 멈춰 있다. 기쁨과 자유가 팔다리에서 솟구친다. 힘찬 다리가 그들을 끝없이 앞으로 나아가게 한다.

그들 중 누구도 뒤돌아보지 않는다.

자료들

이 책 전반에 걸쳐 나는 로드릭 맥파커와 마이클 쇤할스의 〈마오의 마지막 혁명〉(Mao's Last Revolution, 2006)을 참고했다. 이 책은 문화대혁명에 대한 권위 있는 해석이며, 특히 공산당 최고위층에서 벌어진 일을 이해하는 데 도움이 된다. 좀 더 간략한 책을 원하는 독자들은, 리처드 커트 크라우스의 〈문화대혁명: 아주 짧은 소개〉(The Cultural Revolution: A Very Short Introduction, 2012)는 그 제목에 걸맞게 아주 좋은 입문서이면서 많은 내용을 압축적으로 담고 있다. 프랑크 디쾨터의 〈문화대혁명: 인민의 역사, 1962~1976〉(The Cultural Revolution: A People's History 1962~1976, 2016)는 더 길지만 매우 가독성이 높은 분석을 제공한다. 양지성의 〈세상이 뒤집어졌을 때〉(The World Turned Upside Down, 2021)이 출판되었을 때 나는 이 책을 다 끝낸 상태였지만, 책을 수정하는 과정에서 양지성의 분석과 놀라운 디테일로부터 도움을 받을 수 있었다. 알렉산더 V. 판초프와 스티븐 I. 레빈의 〈마오의 진짜 이야기〉(Mao: The Real Story)도 도움이 되었다. 〈붉은 뉴스 병사〉(Red-Color News Soldier, 2003)에서 리전성은 이 시대에 대한 놀라운 창을 제공한다. 이 책은 문화대혁명 시기에 당 기관지의 사진기자로 있으면서 그가 찍은 사진 모음집이다. 마지막으로, 찰스 퍼니호우의 〈빛의 조각: 기억의 새로운 과학이 우리가 과거에 대해 하는 이야기들을 어떻게 조명하는가〉(Pieces of Light: How the New Science of Memory Illuminates the Stories We Tell About Our Pasts, 2013)는 기억의 과학에 대해 접근하기 매우 좋은 입문서이다.

각 장의 첫 부분에 소개한 인용문의 출처는 다음과 같다.

5쪽과 71쪽(2장 인용문): From Nietzsche's On the Use and Abuse of History for Life, from Ian C. Johnston's translation, by permission of Richer Resources Publications, 2010.

42쪽(1장 인용문): Translation by permission of Frederick C. Teiwes and Warren Sun.

108쪽(3장 인용문): From Without the Freedom to Remember, There Can Be No Freedom to Forget, by permission of Chang Ping, translation by permission of Louisa Chiang.

142쪽(4장 인용문): Excerpt from Theodor W. Adorno, Marginalien zu Mahler, in: ders., Gesammelte Schriften in 20 Bänden – Band 18: Musikalische Schriften V © Suhrkamp Verlag, Frankfurt am Main, 1984. All rights reserved by and controlled through Suhrkamp Verlag, Berlin. Translation by Susan H. Gillespie from Essays on Music (2002) by permission of University of California Press.

주석

서문

10 〈To stand out was not an advantage In What Really Matters: Living a Moral Life Amidst Uncertainty and Danger〉(2006)에서 Arthur Kleinman은 문화대혁명에서 희생된 의사의 말을 인용한다. "중국에서 생존하려면 타인에게 아무것도 드러내지 말아야 한다…. 당신의 공적인 자아를 저녁식사에 오르는 밥처럼 만들어라. 싱겁고 눈에 잘 띄지 않게, 주변의 냄새를 맡지만 자신의 맛은 내지 않아야 한다."

19 **당에 대한 마오의 통제력은… 대약진 운동으로 인해 약화된 상태였다** Yang Jisheng의 〈Tombstone〉(2008) 과 Frank Dikötter의 Mao's Great Famine(2010. 한국어판은 프랑크 디쾨터 〈마오의 대기근〉 열린책들)을 참조하라.

20 **다싱구에서는 일가족이 모두 살해당했다** Yang Su의 〈Collective Killings in Rural China During the Cultural Revolution〉(2011), Tan Hecheng가 쓴 통렬한 〈The Killing Wind: A Chinese County's Descent Into Madness During the Cultural Revolution 〉(2017) 그리고 Song Yongyi의 〈Chronology of Mass Killings During the Chinese Cultural Revolution〉(1966~1976)을 참조하라. Online Encyclopedia of MassViolence https://www.sciencespo.fr/mass-violence-war-massacre-resistance/en/document/chronology-mass-killings-during-chinese-cultural-revolution-1966-1976.html.

21 **'조반파' 홍위병의 두 번째 물결이 형성되었다** 홍위병에 대한 Andrew Walder의 상세한 연구인 〈Fractured Rebellion: The Beijing Red Guard Movement〉(2009)는 조반파 그룹들이 사회적 자본이 적은 이들로 구성되었다는 통념을 뒤집고, 그 과정이 훨씬 복잡하고 예측하기 어려웠음을 보여준다.

22 **"문화나 혁명과 아무런 관련이 없는 광기"** 문화대혁명의 결과로 인한 중국-북한 관계 악화에 대한 소련 대사관의 보고서 https://digitalarchive.wilsoncenter.org/document/114570, 존스홉킨스대학 국제관계학과의 James Person 박사가 회의에서 제시한 프레젠테이션에서 인용함.

23 **60년대 후반에 음모로 지목된 사건의 '사악한' 측면은** 〈Mao's Last Revolution〉을 볼 것.

24 **"모두 육체적으로는 강인한 몸이지만"** 루쉰 〈외침〉 서문에서 인용. Preface to Outcry, Lu Xun, in Jottings Under Lamplight, edited by Eileen J. Cheng and Kirk A. Denton(2017).

24 **"중국의 이기주의 문제는…"** 〈From the Soil: The Foundations of Chinese Society〉 by Fei Xiaotong, with introduction and epilogue by Gary G. Hamilton and Wang Zheng(1992).

25 **"우리 사회는 윤리적으로 텅 비었다"** Ji Xianli의 〈The Cowshed: Memories of the Chinese Cultural Revolution〉(2016)은 이 시대에 대한 강력하고 통찰력 있는 개인적 경험에 기반한 내용을 담고 있다.

28 **대다수의 경우 이 운동은 없었던 일처럼 존재했고** Susanne Weigelin-Schwiedrzik는 문화대혁명에 대한 논쟁을 "어디서나 그리고 아무 곳에서도 없는 것이 동시에"라고 묘사했다. 'Coping with the Cultural Revolution: Contesting Interpretations', Political Science, 1 September 2008.

29 **중국 최초의 동성애자 미인대회** 아마도 예상할 수 있겠지만, 대회가 시작하기 한 시간 전에 경찰이 이 행사를 막았다.

30 **한 생존자는 나에게 자신의 대장정 경험을 들려주기도 했다** 저자가 Liu Tianyou와 한 인터뷰, 대장정의 퇴각에 대해 더 알고 싶으면 Sun Shuyun의 〈The Long March〉(2006)를 볼 것.

30 **한 팔순 노인은… 모두가 농담하고 장난을 쳤다고 회상했다** 저자의 Sidney Rittenberg와의 인터뷰. 〈Sixty years on: veterans of Chairman Mao's China remember〉, Guardian, 30 September 2009과 그의 훌륭한 회고록인 〈The Man Who Stayed Behind〉, co-authored by Amanda Bennett, 1993)을 볼 것.

30 **한 여성 사진작가는… 이야기했다** 저자와 마오의 전속 사진가였던 Hou Bo와의 인터뷰. 'Sixty years on: veterans of Chairman Mao's China Remember'를 볼 것.

30 **마오쩌둥의 비서의 딸** 저자와 Hu Muying의 인터뷰.

30 **마오쩌둥의 아내 장칭을 변호하도록 임명되었던 변호사** 저자와 Zhang Sizhi의 인터뷰.

32 **그 급진주의는 틀림없이… 기여했다** Guobin Yang in The Red Guard Generation and Political Activism in China(2016)를 볼 것.

33 **"현재에 폭력적으로 침입해…"** Elena Cherepanov, Understanding the Transgenerational Legacy of Totalitarian Regimes(2020).

34 **중국 내에서 놀랄 만큼 훌륭한 연구가** 내가 읽은 회고록과 역사서들—문화대혁명은 Nien Cheng의 〈Life and Death in Shanghai〉(1986) 그리고 Ji Xianlin'의 놀랄만큼 솔직하고 더욱 성찰적인 〈The Cowshed〉(중국에서 1998년에 처음으로 출판되었다) 같은 회고록을 통해 가장 잘 알려져 있을 것이다. 내가 이 주제에 대해 좀 더 많은 책을 읽기 시작하면서, 나는 (문혁 직후의) 바진이나 (좀 더 최근에) 쉬여우위 같은 학자들의 작품이 그 시대에 대해 훨씬 더 넓게 탐색했다는 것을 알게 되었다. 내가 이 책을 쓰고 있는 동안 케임브리지대학 출판사는 〈Red Shadows: Memories and Legacies of the Chinese Cultural Revolution〉, edited by Patricia M. Thornton, Peidong Sun and Chris Berry(2017)를 출판했는데 이 책은 옷을 고르기부터 즈칭까지 다양한 주제에 대한 에세이에서 그 운동의 장기 지속적인 영향을 탐색하고 있다.

35 **하지만 온라인이나 더욱 대담한 출판물에서** 예를 들면 'Former Red Guard breaks silence on murder', Bo Gu, NBC, 27 September 2011 등을 볼 것.

35 **심지어 영어로 발행되는 관영 언론조차** 예를 들면, 'Xu Xing rejects mainstream fame in quest for truth', Liang Chen, Global Times, 11 April 2014을 볼 것.

38 **"우리에게 현재 필요한 것은"** Fei Xiaotong, From the Soil.

39 **몇 달 뒤에는 '역사적 허무주의'를 공격했다** 'China takes aim at Western ideas', Chris Buckley, New York Times, 19 August 2013.

39 **"국가의 과거를 모욕하지 마라"** 'We won't allow Britain's history to be cancelled', Oliver Dowden, Daily Telegraph, 15 May 2021.

40 **우리가 기꺼이 받아들이는 것, 그리고 우리가 기꺼이 하려는 것** 이것을 가장 잘 보여준 것은 의원인 고 존 루이스가 사후에 출판된 에세이 'Together, you can redeem the soul of our nation', New York Times, 30 July 2020: 'Democracy is not a state. It is an act'이다.

1장

이 서술은 주로 내가 위상젠과 한 인터뷰에 근거하고 있다. 나는 때로는 그녀의 블로그 포스팅에서도 인용했다. 다른 전직 홍위병들과 그들 가족의 회상도 그 시대를 그려내는 데 도움을 주었다.

48 **"중국은 그 자체로 텅 빈 종이와 같고"** Mao, 'Introducing a Cooperative', 15 Apri 1958.

48 **공산당의 승리와 이 분열된 국가를** Tony Saich의 새 책 〈From Rebel to Ruler: One Hundred Years of the Chinese Communist Party〉(2021)은 13명의 젊은 중국인 남성이 시작한 작고 비밀스러운 모임이, 100년 뒤, 거대한 조직이 다스리는 슈퍼파워가 되는 특별한 부상에 대해 다루고 있다.

48 **환영할 일이었고, 놀라움의 연속이었다** 분명 국민당 지도층분만 아니라 많은 이가 공산당의 승리에 대해 불안해했다. (예를 들면 국공내전 기간에 공산당은 창춘 등의 도시를 포위해, 주민들이 굶주림 때문에 항복하도록 했다.) 프랑크 디쾨터는 〈The Tragedy of Liberation: A History of the Chinese Revolution, 1945~57〉(2013. 한국어판은 〈해방의 비극〉)에서 1951년까지 어린아이들을 포함해 200만 명 가까운 사람이 정치적인 이유로 살해되었다고 추산한다. 그럼에도 불구하고, 당을 지지하지 않는 사람들까지도, 중국의 전망에 대해 진정한 열정이 있었고, 많은 지식인이 해외에서 돌아와 기여했지만, 반우파투쟁과 문화대혁명에서 고통을 당했다(그들 중 가장 저명한 한 명인 경제학자이자 언어학자 저우유광은 나에게 **"역사가 우리를 오도했다"**고 말했다).

49 **1958년에 마오쩌둥은 대약진운동을 시작했는데** Yang Jisheng의 〈Tombstone〉과

Frank Dikötter의 〈Mao's Great Famine〉을 볼 것.

50 **"우리의 후임자로 훈련되어"** 5.16 통지, 〈Mao's Last Revolution〉에서 인용.

50 **"호랑이의 기운이 더 우세해지고 있다"** The Cultural Revolution at the Margins: Chinese Socialism in Crisis by Wu Yiching (2014).

55 **마오 주석을 숭배하는 것은 선택이 아니라 필수였다** 마오에 대한 개인숭배의 유사 종교적 측면은 잘 기록되어 있다. Daniel Leese는 〈Mao Cult〉: Rhetoric and Ritual in China's Cultural Revolution(2011)에서 사람들은 "무한한 숭배"를 하도록 요구받았다고 썼다. 일부 마을에서는 마오에 대한 사당도 있었다.

55 **"영혼의 원자폭탄"** 이 표현은 〈인민해방군보〉 사설에 처음 등장했고, 이후에는 린뱌오와 다른 지도자들이 사용했다. 〈Mao Cult〉를 볼 것.

57 **소녀들은 … 돌아다녔다** 혁명의 색깔인 빨간색은 신호등에서 정지가 아닌 진보를 의미해야 한다는 요구를 저우언라이가 거부함으로써 교통 혼란은 겨우 모면했다. 하지만 양지성은 〈The World Turned Upside Down〉에서 교통경찰은 곤봉 대신 〈마오 주석 어록〉(소홍서)를 들고 다니라는 명령을 받았다고 썼다. 마오 사상이 길을 보여줄 것이라는 것이 이유였다.

59 **그때 공격 대상이 되었던 사람들** Yan Jiaqid와 Gao Gao 공저, 〈Turbulent Decade〉(1996)를 볼 것.

60 **"혁명은 수필을 쓰거나"** 〈소홍서〉로 알려진 〈마오 주석 어록〉(1966).

64 **당 중앙은 이것을 멈춰야 했다** 무료 여행과 무임승차는 1966년에 끝났다. 하지만 대교류를 끝내라는 공식 명령은 훨씬 뒤에 나왔다.

2장

이 장의 많은 상세한 내용은 Paul Clark의 〈The Chinese Cultural Revolution: A History〉(2008)에서 인용했다. 이 책은 문화대혁명에 대한 나의 인식을 바꿨고, 명백한 단점에도 불구하고 이 시기의 예술을 진지하게 받아들일 수 있는 설득력 있는 사례를 제시했다. 〈Art in Turmoil: The Chinese Cultural Revolution, 1966-76〉, edited by Richard King (2010)도 큰 도움이 된다. 왕시린과 인터뷰한 뒤, 나는 랴오이우(Liao Yiwu)가 〈The Corpse Walker: Real-Life Stories, China From the Bottom Up〉(2008, 한국어판은

〈저 낮은 중국〉〉에서 그의 인생에 대해 매우 감동적인 글을 썼다는 것을 알게 되었다.

74 **상하이 출판사에서 간행된 연극 평론** 〈Mao's Last Revolution〉을 볼 것.

75 **"괴짜와 괴물"들에게** Important Documents on the Great Proletarian Cultural Revolution in China(1970).

75 **젊은 피아니스트였던 구성잉** 훌륭하고 저명한 젊은 피아니스트인 딩쯔린(Ding Zilin)은 에세이 'Three People Deeply Imprinted on My Memory', 8 April 2001: www.hrichina.org/en/content/4665에서 그녀의 학교 친구인 구성잉의 삶과 죽음에 대해서 썼다.

76 **"우리는 46,000명을 묻었다"** 마오쩌둥이 1958년 제8차 공산당 중앙위원회 2차 전원회의에서 한 발언

77 **"동시에 필요한 것은 '문화 군대'인데"** Talks at the Yenan Forum on Literature and Art, Mao Tse-tung, Foreign Languages Press (1967, fourth edition).

78 **"사실 예술을 위한 예술 같은 것은 없다"** Talks at the Yan'an Forum, 1942, in Quotations from Chairman Mao Tse-tung.

93 **그의 아내 장칭** Ross Terrill의 〈The White-Boned Demon: A Biography of Madame Mao Zedong〉(1984, 한국어판은 〈장칭-정치적 마녀의 초상〉)을 볼 것.

94 **"중국 예술의 정원에는"** Ba Jin, Random Thoughts, translated by Geremie R. Barmé(1984).

97 **리더룬은 클래식 음악의 재건을 위해 헌신했다** Rhapsody in Red: How Western Classical Music Became Chinese by Sheila Melvin and Jindong Cai(2004)를 참조할 것.

99 **"잘못된 것을 바로잡으려면 적당한 한계를 넘어서야 한다"** 가오는 1920년대 후난성 농민 운동에 대한 마오쩌둥의 유명한 말을 짓궂게 인용했는데, 그 자체로 과도하게 행동하지 말라는 중국의 옛 구절을 거부한 것이다.

99 **"세상과 단절된 채 고유한 것이 되기를 강요받았다"** 저자와 음악학 교수인 University of South Florida의 John Robison과의 인터뷰. 그는 이후에 Wang Xilin, Human Suffering, and Compositional Trends in Contemporary China(2021)을 출판했다.

103 **우주 저편의 서구에서는 트위기와** 하지만 Julia Lovell이 Maoism: A Global History(2019)에서 쓴 것처럼, 역설적이게도 마오쩌둥주의는 "성실한 반제국주의뿐만 아니라 청년의 반란"을 상징하는 이 시대 서구의 반체제 문화에서 매우 인기가 있는 것으로 증명되었다.

106 **"건설적이고 긍정적인 메시지를 전달해야 한다"** 당시 중국공산당 중앙위원회의 선전부를 이끌고 있던 류치바오의 말, 2014년 9월 14일 신화통신에서 인용.

3장

112 **드물게 파란 하늘이 펼쳐진 날** 요즘은 그렇게 드물지 않다. 베이징의 대기질은 극적으로 개선되었다.

112 **길 건너편에는 마오쩌둥의 초상화가 걸려 있다** 마오가 처음으로 이런 존경을 받은 것은 아니었다. 쑨원이 숨진 뒤 그의 초상화가 걸렸고, 후에 장제스의 초상화가 걸려 있었다(1945년부터 1949년까지) 그 시대의 톈안먼 사진들은 지금 보면 매우 당혹스럽다. 1953년에는 스탈린의 죽음을 기리기 위해 하루 동안 마오의 초상화는 스탈린 초상화로 대체되었다. 그 이후에는 항상 마오가 걸려 있었다.

112 **가로 4.5미터, 세로 6미터** 'Reclusive painter keeps Mao spirit alive on Tiananmen', Haze Fan and Maxim Duncan, Reuters, 30 June 2011.

114 **마오쩌둥은 이 위치를 점령하고 변화시켰다** Wu Hung의 Remaking Beijing: Tiananmen Square and the Creation of a Political Space(2005)는 베이징의 정치적 지형과 마오 초상화의 역사에 대한 도움이 되는 설명을 제공한다.

114 **쌍둥이 건물로 지어진 중국혁명박물관과 중국역사박물관** 'The Red Line: Creating a Museum of the Chinese Revolution' by Chang-tai Hung, The China Quarterly, no. 184, December 2005를 볼 것

115 **중국은 2000년대 후반에 이 박물관을 재건축하면서** 'At China's grand new museum, history toes party line', Ian Johnson, New York Times, 3 April 2011; 'From Mao to Modern', Aric Chen, Architectural Record, 15 February 2012.

115 **외국인들은… 유혈 진압을 이 광장과 연관짓는다** 이 유혈진압에 대한 목격자들의 증언을 보려면 'Who Died in Beijing, and Why' by Robin Munro, The Nation, 11 June 1990을 볼 것. 학생 희생자들이 국제적 주목을 받았지만, 베이징에서 숨진 많은 희생자는

운동에 동참했고 시위대를 보호하려 했던, 또는 무슨 일이 벌어지는 보러 나왔던 베이징 주민들이었다. 시위 운동과 학살의 유산에 대해 더 많이 알려면, The People's Republic of Amnesia by Louisa Lim(2014)은 그 사건을 지우려는 당의 노력에 초점을 맞추고 있다.

116 **1989년 이후 중국공산당은** Zheng Wang의 Never Forget National Humiliation: Historical Memory in Chinese Politics and Foreign Relations(2012)은 애국 교육 강화에 대해 설명하고 그 원인을 탐색한다.

117 **시진핑이 집권한 뒤 첫 번째 공식 일정** 'Xi Jinping pledges "great renewal of Chinese nation"', Wu Gang and Yan Shuang, Global Times, 30 November 2012.

119~120 **내가 중국에 도착한 지 얼마 되지 않아** 그 지진과 여파에 대한 상세한 내용은 당시 내가 취재한 내용을 기반으로 썼다.

121 **1년도 지나기 전에… 응급 뇌수술을 받았다** 아이웨이웨이와 다른 자원봉사자들이 구금되었을 때, 아이웨이웨이는 학생들의 죽음에 대해 조사했던 탄쮀런의 재판에 참석하려 하고 있었다.

122 **대중에게서 대체로 상당한 지지를 받고 있다고 해도** 명백한 이유 때문에 중국에서 여론의 분위기를 측정하는 것은 쉽지 않다. 이런 태도에 대한 가장 독립적인 조사는 하버드 대학교의 Ash Center for Democratic Governance and Innovation이 2003년부터 2016년까지 실시한 조사였는데, 이 내용은 'Understanding CCP Resilience: Surveying Chinese Public Opinion Through Time' by Edward Cunningham, Tony Saich and Jesse Turiel(July 2020)로 정리되어 있다. https://ash.harvard.edu/files/ash/files/final_policy_brief_7.6.2020.pdf. 저자들은 중앙 정부에 대한 만족도가 지방 공무원에 대해서보다 훨씬 높다는 사실을 발견했다. 2016년까지 베이징 중앙 정부에 대한 만족도는 93.1%를 기록했는데, 이는 일반인들 사이에 만연한 냉소주의를 경험한 사람이라면 누구나 놀랄 만한 수치다. 연구진은 이렇게 결론을 내렸다. "국가의 검열과 선전이 만연하지만, 우리 조사에 따르면 정부 성과에 대한 시민의 인식은 개인의 물질적 복지에 대한 실질적이고 측정 가능한 변화에 가장 크게 반응한다. 하지만 이는 만족도와 지지를 지속적으로 강화해야 한다는 것을 의미한다. 물론 모든 검열과 선전이 없다면 어떤 지지가 있을지는 알 수 없다."

123 **검열관이 웹사이트나 소셜미디어에서** 프로파간다 명령들은 비밀스럽고 구두로 전달되지만, China Digital Times (https://chinadigitaltimes.net)는 검열을 추적하는 데 훌륭한 작업을 하고 있다.

124 **"중국인에게 역사는 종교"** 'In China, "History Is a Religion"', Zheng Wang, The Diplomat, 16 June 2014.

124 **역사를 기록으로 보지 않고** 당의 역사적 비전을 발전시키기 위해 시진핑이 설립한 중국역사과학원의 가오샹 원장은 이렇게 썼다. "역사 연구자들은 시간과 흐름의 차가운 시선의 관찰자가 되어서는 안 된다." 'China Repackages Its History in Support of Xi's National Vision', Chun Han Wong and Keith Zhai, Wall Street Journal, 15 June 2021를 참조할 것.

125 **기원전 1세기의 위대한 역사가** 사마천의 〈사기〉에는 진의 야심 찬 환관에 대한 글이 나온다. 'Pointing at a Deer and Calling It a Horse', Victor Mair, Language Log, 30 August 2020: www.languagelog. ldc.upenn.edu.

126 **'천하의 대세는 분열된 지 오래면…'** Luo Guanzhong, Romance of the Three Kingdoms (fourteenth century); translation Moss Roberts(1991, 나관중 〈삼국지〉).

126 **반일 감정이 진짜라는 것은 의심할 여지가 없었다** 가장 잘 알려진 내용은 매우 폭력적인 〈The Rape of Nanking: The Forgotten Holocaust of World War II〉 by Iris Chang (1997)인데, 이것은 그 참혹한 사건이 국제적 관심을 받게 되는 데 일조했다.

126 **비평가들은 … 위선을 지적한다** 작가이자 역사가인 예융례는 일본이 중국 침공 역사를 지우려는 것은 "교과서 문제"로 비판받았다면서, "중국도 실제로는 자신의 교과서 문제가 있다…. 문화대혁명은 중국에서 일어났지만, 문화대혁명에 대한 연구는 해외에서 일어났다!" Ye Yonglie, 'Textbook Problem'(2006), translated by Joel Martinsen for Danwei.

127 **다수의 영국인은 제국을 수치보다는 자부심의 원천으로 여기며** 2014년에 실시된 YouGov 설문조사에 따르면 59%는 제국을 자부심의 원천으로, 19%는 수치심의 원천으로 여겼으나 2020년에는 32%만이 자부심의 원천으로 여겼고 나머지는 수치심보다는 "잘 모르겠다"로 돌아섰다. 'How Unique Are British Attitudes to Empire?' on www.yougov.co.uk, 11 March 2020. 영국의 시민 통치 역사에 대한 더 솔직한 평가는 David Olusoga's Black and British: A Forgotten History(2016)와 Howard W. French's revelatory Born in Blackness: Africa, Africans, and the Making of the Modern World, 1471 to the Second World War(2021)를 볼 것

127 **어린 시절 우리는… 노예제 폐지에 대해 더 많이 배웠고** Eric Williams는 "영국 역사가들은 마치 영국이 흑인 노예제도를 폐지하는 만족감만을 위해 흑인 노예제도를 도입한

것처럼 썼다"고 말하기도 했다.

130 **많은 회고록과 소설이 홍수처럼 쏟아져 나와 트라우마와 억압을 드러냈고 예를 들면**
Mao's Harvest: Voices from China's New Generation, edited by Helen F. Siu and
Zelda Stern(1983)를 참조할 것

130 **"지금부터 장기간에 걸쳐"** Guobin Yang, The Red Guard Generation and
Political Activism in China.

130 **2000년, 참회한 홍위병 출신 역사가 쑹융이는** '"Enemy of the people" historian
Song Yongyi gives as good as he gets', Verna Yu, South China Morning Post, 19
February 2013.

130 **"역사가… 얼마나 행운인가" "너희 아버지는 죽었다"** obituary of Liu Shaoqi's
widow, Wang Guangmei, John Gittings, Guardian, 20 October 2006에서 인용함

130 **나중에 시진핑은 그를… 칭송했다** 'Xi salutes late leader Liu Shaoqi's high spirit',
An Baijie, China Daily, 24 November 2018.

131 **"과거를 정리하는 목적은"** China's Cultural Revolution, 1966–1969, edited by
Michael Schoenhals (1996)을 볼 것.

135 **관리였던 펑치안은… 사망자 명단에 올랐다가** 펑치안의 이야기에 대한 자세한 내용
은 박물관 자원봉사자와의 인터뷰에 따른 것이다. 그는 나에게 그 박물관과 그들의 경험,
오랫동안 그들이 겪은 압박에 대해 약간의 구체적 내용을 친절하게 이야기해주었다. 다
음의 기사들도 참조했다. 'Cultural Revolution memories under threat', Peh Shing
Huei, Straits Times, 12 December 2011; 'China's Cultural Revolution museum a
well-kept secret', Mark MacKinnon, Globe and Mail, 22 July 2010; 'China's first
Cultural Revolution museum exposes Mao's war on "bourgeois culture"', Clifford
Coonan, Independent, 21 February 2006; 'Chinese museum looks back in
candor', Edward Cody, Washington Post, 3 June 2005; 'Museum keeps Cultural
Revolution memories alive', Zhou Yan, Lai Yuchen and Chen Ji, Xinhua, 2 August
2013.

135 **작가 바진은** 'A Museum of the "Cultural Revolution"', Ba Jin, 15 June 1986.
http://www.cnd.org/cr/english/articles/bajin.htm.을 볼 것

141 **9호 문건** 번역문을 아래서 볼 수 있다. www.chinafile.com/document-9-

chinafile-translation.

143 **얼마 뒤, 연구자들은… 알아차렸다** 'Denying Historians: China's Archives Increasingly Off-Bounds', Maura Cunningham, Wall Street Journal, 18 August 2014. 당국은 역사 저널의 글들도 삭제했다. 'China rewrites history with new censorship drive', Ben Bland, Financial Times, 4 September 2017.

143 **백 개가 넘는 소셜미디어 계정이… 폐쇄되었다** 'Your public account is history', David Bandurski, China Media Project, 21 January 2015.

143 **산터우에서 펑치안은 추모식을 취소했다** 'Enforced Silence at China's Cultural Revolution Museum', Felicia Sonmez, AFP, 15 August 2014. 중국의 선택적 기억과 정부의 검열 수용, 역사 다시쓰기에 대한 구체적 내용은 Yan Lianke, 'On China's state-sponsored amnesia', New York Times, 1 April 2013를 볼 것. 이 소설가는 "계속해서 우리는 기억상실증에 익숙해졌고, 질문하는 사람들을 의심한다"고 썼다.('Gradually we become accustomed to amnesia and we question people who ask questions.') Chan Koonchung의 디스토피아적 소설인 〈The Fat Years〉(2009)는 중국의 집단적 기억상실증에 대한 강력한 탐색이다.

4장

비엔중원의 살해는 문화대혁명의 가장 악명 높은 사건 중 하나다. 나의 서술은 주로 후제(Hu Jie)의 뛰어난 다큐멘터리인 Though I Am Gone (2006)을 기반으로 했는데 이 작품은 비엔의 남편 왕징야오와의 긴 인터뷰를 중심으로 하고 있다. (후제는 일련의 놀라운 역사 다큐멘터리를 제작했으며, 그의 작품은 필립 판의 2008년 책 〈Out of Mao's Shadow〉(한국어판 〈마오의 제국〉)에서 자세히 다뤄져 있다.) 또한 쑹빈빈과 그녀의 친구들이 〈기억〉에 쓴 이야기, 쑹빈빈 친구들과의 인터뷰와 그들의 조사, 그리고 왕유친의 연구도 참고했다. 이 글을 쓸 당시 왕유친 교수는 새 책 〈Victims of the Cultural Revolution: Testimonies of a Tragedy〉(2023)를 완성하고 있었다.

161 **그녀가 사과했다** Zhu Liudi and Zhang Han, Beijing News, 13 January 2014. 영어로된 보도로는 'Bowed and remorseful, former red guard recalls teacher's death', Chris Buckley, New York Times, 13 January 2014.

161 **그러나 세월이 흐르면서… 사람들이 나타났다** 'Red Guards Apologize Forty-four Years Later', Southern Weekend, 4 November 2010.

162 **시간이 흐른 뒤 그는 자신의 디지털 잡지 〈기억〉을 창간했다** 〈기억〉은 그 시대를 연구하는 또 다른 역사가인 He Shu와 공동으로 창간했다. 〈기억〉에 대한 더 자세한 내용은 'China's Brave Underground Journal', Ian Johnson, New York Review of Books, 4 December 2014 참조.

167 **"나쁜 사람이 좋은 사람을 때리면, 좋은 사람이 영광을 얻는다"** Fractured Rebellion: The Beijing Red Guard Movement by Andrew G. Walder, Harvard University Press (2009).

168 **쑹은 너무 겁에 질려서 더 과감하게 개입하지 못했다** 쑹이 학교에서 한 연설에 기초해 2014년 〈기억〉에 쓴 글

182 **쑹빈빈의 친구들은 남아프리카공화국의 '진실과 화해 위원회'를⋯ 이야기했다** Country of My Skull by Antjie Krog (1998) and A Human Being Died That Night by Pumla Gobodo-Madikizela(2003)를 볼 것. 'Trauma and Transitional Justice in Divided Societies' by Judy Barsalou, United States Institute of Peace special report 135 (2005)와 'Reconciliation After Violent Conflict: A Handbook', edited by David Bloomfield, Teresa Barnes and Luc Huyse, a report by the International Institute for Democracy and Electoral Assistance(2003)도 유용하다.

183 **기억하는 데 반평생을 보낸 왕징야오는** The Red Guard Generation and Political Activism in China의 결론에서 나는 왕징야오와 비엔중원의 딸이 즈칭의 역사와 관련한 행사를 하는 데 대한 Guobin Yang'의 감동적인 서술을 읽었다. "조용한 용기로 역사와 기억을 보존하고 이해하려는 프로젝트"('a project of preserving and understanding history and memory with a silent bravery').

5장

문화대혁명 기간에 충칭에서 일어난 일에 대한 내 서술은 대부분 그곳에 있는 여러 명의 전 홍위병들, 역사학자 허수(He Shu)를 비롯해 그 시대를 살았던 다른 사람들과의 인터뷰를 기초로 했다. 나는 이 책을 끝마친 뒤 Guobin Yang의 The Red Guard Generation and Political Activism in China을 발견했는데, 좀 더 일찍 이 책을 읽었으면 좋았을 거라고 생각했다. 그는 이 도시에서 벌어진 매우 복잡한 사건들을 풀어내는 용감한 일을 했다. Xujun Eberlein은 www.xujuneberlein.com에서 충칭에서 성장한 그녀의 경험을 생생하게 썼다. 보시라이에 대한 자세한 내용의 많은 부분은 그 당시 내 취재에 근거했다. 그의 경력과 그의 몰락을 가져온 스캔들에 대해서는 The Bo Xilai Scandal: Power, Death and

Politics in China by Jamil Anderlini(2012)와 Carrie Gracie'의 장문의 BBC 기사인e 'Murder in the Lucky Holiday Hotel', www.bbc.co.uk/news/resources/idt-sh/Murder_lucky_hotel, 17 March 2017를 볼 것. 중국공산당에 대해 더 많은 것이 알고 싶으면 Richard McGregor's 〈The Party: The Secret World of China's Communist Rulers〉(2010 한국어판 〈중국 공산당의 비밀〉)과 위에서 언급한 Tony Saich의 From Rebel to Ruler를 볼 것. 이 책을 끝내고 얼마 뒤 뒤늦게 발견한 또 한 권의 책은 Jude Blanchette의 〈China's New Red Guards: The Return of Radicalism and the Rebirth of Mao Zedong〉(2019)인데 마오주의 부활의 전체적 양상을 훌륭하게 보여준다.

189 **500명이 넘는 희생자** 'Red Guards cemetery reveals scars yet to heal', Peng Yining, China Daily, 8 April 2010. 필립 판의 〈Out of Mao's Shadow〉(〈마오의 제국〉)도 사핑바 묘지를 다루고 있다.

195 **'5.16 음모'** Yan Jiaqi와 Gao Gao 공저 Turbulent Decade에 따르면 너무나 많은 이들이 그 사건으로 트격을 받아서, 이런 말이 흔해졌다. "집집마다 5.16 음모(조직원)가 있다. 친지가 아니면 분명 친구 중에는 있다."

197 **덩샤오핑이 죽을 때까지 지배하긴 했지만** Ezra F. Vogel의 〈Deng Xiaoping and the Transformation of China〉(2011 한국어판 〈덩샤오핑 평전〉)은 덩샤오핑의 생애 후반과 그의 일에 대한 철저한 조사를 담고 있다.

197 **톈안먼 광장에… 어렵지 않다** 1989년 젊은 시위대는 분명하게 홍위병과의 비교를 거부했다.

201 **보시라이는… 잔혹한 수용소에서 풀려나서야** 문화대혁명 시기 보시라이의 경험에 대해서는 'Children of Mao's wrath vie for Power in China', Chris Buckley, Reuters, 22 June 2012를 참조.

203 **학자들은 '충칭 모델'에 대해 썼는데** 'The Chongqing Model One Decade On', Yueran Zhang, Made in China Journal, vol. 6, issue 1 (January 2021).

204 **문화대혁명을 겪은 사람들은 그 위험을 이미 인식했다** 'The Maoist Revival and the Conservative Turn in Chinese Politics', Willy Lam, China Perspectives, no. 2012/2는 보시라이 등의 전략을 논하면서, 날카로운 통찰을 덧붙였다. "보시라이의 몰락에도 불구하고, 마오주의 규칙을 복원시킨 많은 부분은 시진핑 시대에도고 계속될 가능성이 상당히 높다."

210 **"지난 30년간 위대한 문화대혁명은 소외되고 악마화되었습니다"** Mobo Gao's The

Battle for China's Past: Mao and the Cultural Revolution(2008)은 그 운동을 열정적으로 옹호하면서, 중국 사회 밑바닥에 있던 사람들의 해방이었다고 주장한다. Dongping Han의 작업도 비슷한 분야를 다루고 있다. 'Impact of the Cultural Revolution on Rural Education and Economic Development: The Case of Jimo County', Modern China, vol. 27, no. 1 (January 2001)는 교육 개혁은 긍정적인 면이 있었고, 농촌 지역에서 교육이 대폭 확대되었다고 주장한다.

214 **버림받고 소외된 사람에게** Proletarian Power: Shanghai in the Cultural Revolution by Elizabeth J. Perry and Li Xun(1997)는 노동자들이 문화대혁명의 기회를 잡은 방법에 대한 중요한 연구인데, "문화대혁명의 진정으로 놀라운 점은 위에서부터 강요된 억압적인 정치적 분위기보다는 아래로부터 폭발한 조직적인 대중의 다양한 반응이었다"고 주장했다. The Cultural Revolution at the Margins: Chinese Socialism in Crisis by Yiching Wu(2014)는 그 시대의 진정으로 급진적인 순간과 그 억압에 대한 흥미로운 탐구를 통해 파괴적인 운동 내부의 가능성에 대해 훨씬 더 잘 이해할 수 있게 해주었다.

220 **장칭의 사건은 중국에서 변호의 탄생으로도 알려져 있다** 'The Creation of Defence in China', Judith Bout, Books & Ideas, 17 December 2012, https://booksandideas.net/The-Creation-of-Defence-in-China.html, 그리고 나와 장칭의 변호사로 지명되었던 장쓰즈(장칭은 그의 변호를 거부했지만)의 인터뷰를 참조

222 **중국의 경제 성장조차도 개혁개방 덕분이 전혀 아니었다** 사실 오늘날 문화대혁명이 중국 경제에 기여한 바에 대한 한층 정교한 논의가 이루어지고 있다. The Chinese Cultural Revolution Reconsidered: Beyond Purge and Holocaust, edited by Kamyee Law (2003)에서 Mark Lupher는 덩샤오핑의 개혁이 "문화대혁명에 대한 반작용이 아니라 그 이전 10년 동안 일어난 변화의 결과"였으며 그것이 권력을 재구성했다고 주장한다. 같은 책에서 Christine Wong은 문화대혁명이 가져온 농촌 산업화가 이후 향진기업의 급속한 성장으로 이어졌다고 주장한다.

226 **"문화대혁명 같은 정치적 비극이 다시 일어날 수도 있다"** 원자바오의 발언에 대한 반응에 대해 더 많이 알려면 'In China, political past, present and future collide', David Bandurski, China Media Project, 19 March 2012 참조.

6장

나는 이 장의 상세한 내용과 그 시대에 대한 이해를 높이는 관점에 대해, 영국에서 2013년

첫 출판된, Michel Bonnin의 종합적인 작업인 The Lost Generation: The Rustication of China's Educated Youth(1968-1980)에 많은 빚을 지고 있다(특히 "사회주의로 이어지지 않는 것"에 대한 신문 경고에 대해). 내가 충칭에서 한 인터뷰 외에 다른 지역의 옛 즈칭과 (그들의 가족들)도 이 장에 도움을 주었다.

244 믿을 수 없게 들리겠지만, 덩샤오핑이 1979년 미국을 방문했을 때 이 일화를 밝힌 취재원은 매클레인이다. From the Center of the Earth: The Search for the Truth about China by Richard Bernstein (1982).

245 1990년대 초에 열린⋯ 전시회 'China's Zhiqing Generation: Nostalgia, Identity, and Cultural Resistance in the 1990s', Guobin Yang, Modern China, vol. 29, no. 3 (July 2003).

246 그는 량자허에서⋯ 어른으로 성장했다 'Tracing the myth of a Chinese leader to its roots', Edward Wong, New York Times, 16 February 2011.

246 시진핑이⋯ 그 시절의 고난을 강조하기 시작한 것은 시진핑이 최고 지도자로 승진하면서 그의 경험에 대한 2004년 인터뷰가 널리 회자되었다. 'Flea Bites and Wading in Sewage: Xi Jinping's Account of Working Among Peasants Goes Viral', Zhuang Pinghui, South China Morning Post, 12 June 2014.

247 "열다섯 살에 황토 고원에 도착했을 때" 'The Creation Myth of Xi Jinping', John Garnaut, Foreign Policy, 19 October 2012.

247 "특별 열차 전체에서" 'Communist Party History and Xi's Learned (and Unlearned) Lessons', Joseph Torigian, China Perspectives, no. 2018/1-2.

254 그들은 모두 이것을 알고 있었다 'Music, Memory and Nostalgia: Collective Memories of Cultural Revolution Songs in Contemporary China', Lei X. Ouyang, The China Review, vol. 5, no. 2 (fall 2005)은 그 시대에 사랑받은 음악이 여전히 기억되는 것에 대해 조사했다.

257 일부 농촌 지역의 깊은 보수주의 하지만 다른 경우에는 도시인들이 농부들 사이의 적나라한 성적인 대화에 충격을 받기도 했다.

263 1978년이 되자 공개적인 시위로 확산되었다 '"We Want to Go Home!" The Great Petition of the Zhiqing, Xishuangbanna, Yunnan, 1978-1979', Bin Yang, The China Quarterly, no. 198 (June 2009)을 참조할 것.

7장

Daniel Leese의 〈Mao Cult〉는 개인숭배와 그 발전에 대한 매혹적인 설명을 담고 있는데, 이 장을 쓰는 데 특히 도움이 되었다.

272 **"같은 장소에 머물러 있으려면 할 수 있는 한 빠르게 달려야 하는"** Lewis Carroll, 〈Through the Looking-Glass〉(1871, 한국어판 〈거울나라의 앨리스〉).

273 **"마오쩌둥의 이미지는 모든 곳에 있었다"** Simon Leys, Chinese Shadows (1977).

274 **마오의 전속 사진사는… 나에게 말해주었다** His perso 작가와 Hou Bo의 인터뷰

275 **수십억 개의 배지가 만들어졌으며** 'Badges of Chairman Mao Zedong' by Bill Bishop at wp.sinocism.com. Clint Twist's maozhang.net website는 현란할 정도로 많은 종류의 디자인을 보여준다.

280 **중국의 부자들… 대부분은 신흥 부자이며** 하지만 최근 연구에 따르면 마오쩌둥의 모든 노력에도 불구하고 혁명 이전 엘리트의 후손들은 평균보다 훨씬 더 나은 성공을 거둔 것으로 나타났다. 'The Grandchildren of China's Pre-revolutionary Elite are Unusually Rich', The Economist, 9 June 2022, https://www.economist.com/graphic-detail/2022/06/09/the-grandchildren-of-chinas-pre-revolutionary-elite-are-unusually-rich.

284 **중국의 전직 최고 장성 중 한 명이… 체포되었을 때** 'PLA General "Profited from Military Housing Projects, Land Deals"', Wang Heyan, Caixin Global, 15 January 2014.

8장

The Tragedy of Lin Biao: Riding the Tiger During the Cultural Revolution by Frederick C. Teiwes and Warren Sun(1996)과 그들의 책인 The End of the Maoist Era: Chinese Politics During the Twilight of the Cultural Revolution, 1972–1976 (2007)가 도움을 주었다. The Culture of Power: The Lin Biao Incident in the Cultural Revolution by Qiu Jin(1999)는 그 사건에 대한 내부자의 시각을 보여준다. 지은이는 린뱌오와 가까운 공군 사령관이었고, 린뱌오가 죽은 뒤 숙청되었던 Wu Faxian의 딸인데, 이 책은 아버지 Wu Faxian의 출판되지 않은 회고록과 전직 고위 장성들, 그 가족들과의 인터뷰를 기반으로 하고 있다.

295 **하얼빈에서 학생들이** 'Outcry as Chinese students recreate Red Guard persecution for yearbook photos', Anne Yi, South China Morning Post, 20 June 2014.

297 **어떤 이들은… 그를 동정했다** 마오의 개인 의사였던 Li Zhisui는 린뱌오가 건강염려증(hypochondria)을 앓았다고 생각했다. Li Zhisui, The Private Life of Chairman Mao(1994).

298 **린뱌오는 아내와 아들과 함께** 린뱌오의 가족은 아들 린리궈가 마오쩌둥의 기차를 방해하여 암살을 시도하는 아마추어 같은 시도를 했지만, 기차의 노선이 변경되자 겁에 질렸다. 린리궈는 가족들이 광저우로 도망쳐 그곳에서 쿠데타를 일으킬 수 있기를 희망했지만, 결국 소련으로 망명을 시도한 것으로 보인다.

299 **문서와 회의, 방송과 기사 제목들이 등장했다** 〈Mao Cult〉에서, Daniel Leese는 새로운 내러티브가 만들어지기 전에 어떻게 린뱌오가 지워져야 했는지에 주목한다. 수백 개의 작품에서 린뱌오가 지워지고, 당국은 부하들에게 이미지와 새겨진 글에서 린뱌오의 이미지를 긁어내거나 잘라내거나 페인트를 칠하거나 풀칠을 하도록 명령했다. 린뱌오 공격은 기묘한 '비림비공'(批林批孔) 운동으로 이어졌는데, 죽었고 실각한 지도자 린뱌오를 고대의 철학자에 비유했다. 그것은 결국은 저우언라이 총리에 대한 공격이기도 했는데, 지금도 그렇고 그 시대의 많은 보통 사람에게도 이해할 수 없는 일이었던 것으로 보인다.

301 **린의 초상화가 중국군사박물관에… 걸렸다** Lin's portrait was added to the Chinese Military Museum 'Lin Biao regains his place in army history', Xinhua, 17 July 2007.

310 **그녀는 뜻밖에도… 요청했다** '"Mao Plot" general's daughter "calls for historical reckoning"', AFP, 6 November 2014.

9장

325 **하지만 그녀는 여행 도중 수막염에 걸렸고** Frank Dikötter는 The Cultural Revolution: A People's History에서 대교류로 인한 전염병으로 거의 16만명이 사망했다고 했다.

331 **한 지방 성장의 딸은… 강요당했다** Li Zhensheng의 Red-Color News Soldier를 볼 것.

332 **중국에서 유교를 파괴하는 것** 중국의 사회적, 경제적 변화는 너무 커서 개인 생활의 변화는 종종 간과되어 왔다. 중국에 대해 내가 가장 좋아하는 책 중 하나는 Yunxiang Yan의 뛰어난 책인 Private Life under Socialism: Love, Intimacy, and Family Change in a Chinese Village, 1949-1999 (2003)인데, 이 책은 소가족의 부상, 그들 가족 내에서의 개인주의의 부상, 부모-가족의 수직적 관계에서 아내와 남편의 수평적 관계로의 변화를 탐구한다(페미니스트들은 그가 가족 내 결혼한 여성의 권력을 과장하고 있다고 주장하기도 한다).

333 **모범 병사 레이펑이 쓴 것으로 알려진 문집** 일부에선 레이펑이라는 인물이 실제로 존재했을 가능성이 있다고 하지만, 그가 이른 나이에 죽은 뒤에 발견되었다고 하는 마오쩌둥에 대한 헌신의 선언과 이타적인 행적에 대한 세부사항으로 가득 찬 긴 일기를 포함한 광범위한 이야기에 대해서는 오랫동안 의문이 제기되어 왔다. 특히 그가 스물두 살에 사망하기 전에 이 겸손한 군인을 촬영한 전문 사진의 양이 많았기 때문에 더욱 그렇다. 최근에는 탈정치화된 선한 사마리아인과 약간 키치한 인물의 중간 정도로 여겨지고 있다.

336 **"그녀가 (내) '냄새 나는 아내'가 아니었다면"** Ba Jin, Random Thoughts.

336 **한 중국 역사학자가 내게 말했듯** 저자와 Yin Hongbiao의 인터뷰.

337 **어머니가 불명예스러운 일을 당한 뒤, 그와 그의 아버지는 가족사진을 불태웠다** 이것은 드문 일이 아니었다. 장이머우 감독의 2014년 영화 〈집으로 가는 길〉에는 우파인 아버지의 이미지를 없애려고 사진을 자르는 장면이 나온다.

343 **마오가 만든 계획 경제의 유산인 후커우 제도** 점진적이고 단편적인 개혁이 있었지만, 중국 당국은 인구 이동을 줄이고 슬럼가 개발을 방지하며 더 치열한 양질의 서비스 경쟁을 원하지 않는 도시 중산층을 괴롭히지 않으려는 등 다양한 이유로 이 제도를 폐기해야 한다는 거듭된 요구를 무시해 왔다. 후커우 제도에 대해 더 알려면 'Is China Abolishing the Hukou System?' by Kam Wing Chan and Will Buckingham, The China Quarterly, no. 195 (September 2008)을 볼 것. 도시와 농촌 거주자, 도시에서 태어난 사람과 도시로 이주한 사람 사이의 격차, 가족 분리와 해체, 그들을 제대로 돌볼 수 없는 친척에게 맡겨진 3,000만 명 이상의 류수아동이 행동과 교육 문제를 겪고, 괴롭힘과 학대에 취약해지는 등 그 대가는 심각하다. 어린이 3명 중 1명은 장기간 부모 없이 생활한 경험이 있다. 'China raises a generation of "left-behind" children', April Ma, CNN, 5 February 2014, and 'The plight of China's "leftbehind" children', The Economist, 8 April 2021을 볼 것.

345 **여성의 출생이 급격히 하락하고** 태아 초음파와 성 선택적 낙태(불법이지만 남아 선호로 인해 널리 시행되고 있음)로 인해 여아 100명당 남아 120명이 태어났지만, 최근에는 그 격차가 110명으로 좁혀졌다. 2011년 한 전문가는 향후 20년 동안 3,000만~5,000만 명의 남성이 아내를 찾지 못할 것이며, 이는 영국의 모든 남성이 독신으로 남는 것과 같을 것이라고 예측했다. 당국과 일부 전문가들은 이로 인한 사회 불안 가능성에 대해 우려하고 있다.

345 **국가 산하의 페미니스트 단체인 중화전국부녀연합회는… 열성적이다** Leta Hong Fincher의 Leftover Women(2014)은 당국의 전통적 성 역할 홍보와 성 불평등의 다른 측면들에 대한 놀랍고 영향력 있는 설명을 담고 있다.

10장

Elena Cherepanov의 Understanding the Transgenerational Legacy of Totalitarian Regimes는 이런 통찰을 준다는 점에서 특히 도움이 되었다. Gabriele Schwab의 Haunting Legacies(2010)는 폭력적 유산이 이어지는 것에 대한 사료 깊고 도전적인 서술이다. Tomas Plänkers가 편집한 Landscapes of the Chinese Soul: The Enduring Presence of the Cultural Revolution(2014)는 생존자들과 그 자녀들과의 정신분석학적 인터뷰 모음이다.

Oslo Metropolitan University의 Sverre Varvin 명예교수는 친절하게도 트라우마에 대한 그의 전문지식을 공유해주었다. 그는 Psychoanalysis in China(2014)의 공동저자이다.

350 **한 소설가를 만나 커피를 마셨다** 작가 Tang Min과 저자의 인터뷰.

356 **"우리가 계속 가는 한, 우리는 괜찮을 거야"** Ba Jin, Random Thoughts.

357 **"길은 자신에서 가족으로… 이어진다"** Fei Xiaotong, From the Soil.

358 **"방랑자, 이방인, 뿌리 없는 사람들…"** Philip A. Kuhn, 〈Soulstealers: The Chinese Sorcery Scare of 1768〉(1990, 한국어판 〈영혼을 훔치는 사람들〉).

358 **"혁명에서 살아남은 것은 행운이었을까, 아니면 불운이었을까?"** Ji Xianlin, The Cowshed.

362 **"10분의 9는 쓸모없고, 10분의 1은 왜곡이었다"** Psychology in Contemporary China by L. B. Brown (2013)을 볼 것

363 **이 나라는 부를 넘어선 목적을 찾고 있었다** Arthur Kleinman, Yunxiang Yan, Jing

Jun, Sing Lee, Everett Zhang, Pan Tianshu, Wu Fei and Guo Jinhua이 쓴 Deep China(2011)은 다음과 같이 설득력 있게 설명한다. "도덕적 맥락과 중국인의 인격에 나타난 핵심적 변화"는 경제적 전환의 강력함에 가려져 있었고, "과거에는 중국인 개인의 자아 정체성은 미리 정해진 사회적 관계에 따라 정의되었다. 마오쩌둥 시대 이후의 개혁이 일어난 시대가 되어서야 개인은 자신의 정체성을 추구하고 구축할 수 있는 사회적 조건을 찾게 되었다"

363 **현재 중국에는… 약 1억 명의 기독교인이 있다** Ian Johnson의 The Souls of China: The Return of Religion after Mao (2017)는 중국의 종교와 종교 부흥의 원인에 대한 탁월한 연구이다.

364 **하지만 이러한 경향과 함께 광범위하고 암시적인 전통도 이어졌다** 이런 통찰에 대해 Richard Wu 박사가 상하이의 컨퍼런스에서 발표한 내용에서 도움을 받았다.

364 **"도라고 말할 수 있는 것은 진정한 도가… 아니다"** The Tao Te Ching, translated by James Legge (1891), Oxford University Press.

366 **"'트라우마 과정'은… 역사적 진실에 대한 것이 아니다"** Susanne Weigelin-Schwiedrzik, 'Coping with the Cultural Revolution: Contesting Interpretations'.

366 **중국을 휩쓸었던 일련의 재앙** Yu Hua의 소설 〈To Live〉(2003, 한국어판 위화 〈인생〉)는 지속되는 트라우마와 그로 인한 황폐함을 생생하고 끔찍하게 묘사한다.

367 **"환자의 정신을 한겹 한겹 들추면서"** 'My Recollections of Sigmund Freud' by the Wolf-Man in The Wolf-Man and Sigmund Freud, edited by Muriel Gardiner(1971).

368 **상하이 컨퍼런스에서 발표자들은… 이야기했다** the discussion of a father-son relationship in the wake of the movement in 'The Cultural Revolution: A Traumatic Chinese Experience and Subsequent Transgenerational Transmission – Some Thoughts About Inter-Cultural Interpretation' by Friedrich Markert, International Journal of Applied Psychoanalytic Studies, vol. 8, issue 3(2011)을 볼 것.

11장
379 **'붉은 엔지니어들'의 집단지도체제** Joel Andreas (2009)의 Rise of the Red

Engineers는 중국 테크노크라트의 출현과 마오쩌둥이 문화대혁명 당시 교육받은 엘리트들과 농민 혁명가들을 공격한 것이 어떻게 그들을 강력한 새로운 계급으로 융합시켰는지를 살핀다.

379 **그러나 그들은… 전문가들의 말을 인용했다** 흥미롭게도, 문제가 된 기사는 이제는 글로벌 타임스 홈페이지에서 사라졌다.

380 **과거에는 거의 용인되던 지하 교회** 왕이 목사에 대한 국가전복 선동 혐의 재판을 볼 것. 'China sentences Wang Yi, Christian pastor, to 9 years in prison', Ian Johnson and Paul Mozur, New York Times, 30 December 2019.

381 **도우려 했던 마르크스주의자 학생들도** 'Inside China's crackdown on young Marxists', Yuan Yang, Financial Times, 13 February 2019.

381 **대학생들은… 강사를 고발한다** 쑨페이둥의 경험은 'Spied on. Fired. Publicly shamed. China's crackdown on professors reminds many of Mao era', Alice Su, Los Angeles Times, 27 June 2020에 설명되어 있다.

381 **홍콩은 한때 안식처였다** 홍콩 시위와 뒤이은 탄압에 대해서는 ity on the Edge: Hong Kong Under Chinese Rule by Ho-fung Hung(2022), Indelible City: Dispossession and Defiance in Hong Kong by Louisa Lim(2022), 그리고 The Impossible City: A Hong Kong Memoir by Karen Cheung(2022)을 볼 것.

381 **백만 명의 "신뢰할 수 없는" 주민들** residents 'Up to one million detained in China's mass "re-education" drive', Amnesty International, September 2018. (그 숫자가 훨씬 많다고 보는 사람들도 있다)

381 **수감자의 자녀 중 일부는** 'Uighur children fall victim to China anti-terror drive', Emily Feng, Financial Times, 10 July 2018.

381 **여성들은 강제 불임 수술을 고발한다** Women report forced sterilisations 'China cuts Uighur births with IUDs, abortion, sterilization', Associated Press, 29 June 2020.

381 **모스크와 다른 문화 유적지들이 파괴되고 있다** 'Thousands of Xinjiang mosques destroyed or damaged', Helen Davidson, Guardian, 25 September 2020.

381 **"문화대혁명 이후 중국에서 볼 수 없었던 범위와 규모의"** '"Eradicating Ideological

Viruses": China's Campaign of Repression Against Xinjiang's Muslims', Human Rights Watch, 9 September 2018.

382 **우루무치의 교육국은 이곳의 "교사"들을** 'In China's crackdown on Muslims, children have not been spared', Amy Qin, New York Times, 28 December 2019.

382~383 **"문화대혁명이야말로 '대 민주'의 표현이 아니었던가?"** 'Communist Party History and Xi's Learned (and Unlearned) Lessons', Joseph Torigian, China Perspectives, no. 2018/1-2.

383 **사실, 그의 생각은… 법가에 더 많이 의존하고 있는 것으로 보인다** 법가에 대한 설명은 Chinese Thought: From Confucius to Cook Ding by Roel Sterckx (2019)를 볼 것.

384 **일부, 아마도 많은 이들** The research of the Ash Center at Harvard University, mentioned above.

385 **시진핑은 '공동 부유'를 약속하고** Ryan Hass, 'Assessing China's "common prosperity" campaign', Brookings, 9 September 2021.

385 **"문화대혁명 기간에 마오쩌둥은 8억 중국인을 통제하는 하나의 두뇌였지만"** 쉬여 우위와의 인터뷰 "The Worst Is Yet to Come"', by Cao Yaxue, China Change, 31 October 2018.

385 **불만의 희미한 웅성거림 당내 반응에 대해 더 알려면** Xi Jinping: The Backlash by Richard McGregor (2019)를 볼 것.

385 **"당의 언론은… 대단한 노력을 기울이고 있다"** 'Imminent Fears, Immediate Hopes' by Xu Zhangrun, translated by Geremie R. Barmé, China Heritage, 1 August 2018.

386 **다음날인 5월 17일에 당 기관지 〈인민일보〉에 사설 한 편이 실렸다** 'Excerpt from People's Daily on the Cultural Revolution', New York Times, 18 May 2016.

388 **"작은 섬들이 주위를 둘러싼 광활한 공식적 망각의 바다에 의해 위협받는 군도"** Michel Bonnin, 'The Threatened History and Collective Memory of the Cultural Revolution's Lost Generation', China Perspectives, no. 2007/4.

388 **당의 공식 역사** 'Party All the Time: The CCP in Comparative and Historical Perspective', Patricia Thornton, The China Quarterly, no. 248 (November 2021).

388 **중국의 순교자와 영웅을 비방하는 것은 범죄 행위가 되었고** 'Shutting down historical debate, China makes it a crime to mock heroes', Steven Lee Myers, New York Times, 2 November 2021.

388 **2021년이 끝나갈 무렵, 젊은 마오주의자 다섯 명이** 'Five Mao fanatics jailed over articles "smearing former Chinese leaders"', Guo Rui and William Cheng, South China Morning Post, 11 January 2022, https://www.scmp.com/news/china/politics/article/3162988/five-mao-fanatics-jailed-over articles-smearing-former-chinese.

390 **"시진핑 할아버지는⋯"** 'Xi Jinping Thought, for children', The Economist, 2 September 2021.

391 **"반은 고전주의, 반은 예술이고"** Andrei Sinyavsky, 'On Socialist Realism'(1961), translated by George Dennis, www.dissentmagazine.org.

감사의 말

내가 중국과 그 밖의 다른 곳에서 지내는 동안 이토록 많은 이들의 도움이 없었다면 〈기억의 장례〉를 쓸 수 없었을 것이다. 이 책은 그 시대를 살았던 사람들과 수없이 많은 시간 동안 인터뷰한 결과물이며, 시간과 통찰을 아낌없이 내어주고 나를 신뢰해주고 자신들의 이야기를 나눠준 모든 이들에게 빚을 지고 있다. 특히 이 주제의 민감성을 고려할 때, 나는 책임감을 느끼고 있고 그들에게 정당한 일을 했기를 희망한다.

많은 사람과 여러 번 인터뷰했기 때문에 명확함을 위해, 그리고 반복되거나 불필요한 세부 사항으로 독자를 지루하게 하지 않기 위해 대화 내용을 압축했지만, 당연히 인용문이 문맥에서 벗어나지 않도록 주의했다. 즈칭(知靑)과 심리치료에 관한 두 장에서는, 인터뷰 대상자의 요청에 따라 이름과 사소하지만 신원을 파악하게 할 가능성이 있는 세부사항을 변경했다.

내가 대화한 사람들 가운데 일부의 서면 증언도 참고했다. 책에서 직접 인용하지는 않았지만 귀중한 경험과 지식을 제공한 많은 사람과의 인터뷰와 대화는 매우 귀중했고, 이 책을 완성케 했다. 나는 이 시대에 대한 풍부한 학문적 연구를 활용했는데, 이 연구의 상당 부분은 용기 있는 중국의 연구자들에 의해 수행되었고, 그들은 거의 보상이나 인정을 받지 못하면서도 그런 일을 했다.

더 많은 것을 알고 싶다면, 책 마지막의 주석에 열거한 매력적인 책과 논문들을 살펴볼 것을 권한다. 이 모든 자료는 무슨 일이 일어났는지, 사람들이 어떻게 거기서 살아남았는지, 그리고 오늘날 사람들이 그것을 어떻게 이해하려고 시도하고 있는지를 설명한다.

*

이 길을 걷게 해준 빌 비숍과 캐롤 초우에게 감사한다. 그들과의 대화는 내가 이 길을 걷게 해주었고, 그들이 없었다면 이 책을 결코 쓰지 않았을 것이다. 빌의 뉴스레터인 〈시노시즘〉(Sinocism)은 중국을 관심 있게 지켜보는 사람이라면 반드시 읽어야 필수적인 글들이다.

이 책을 위한 조사에 도움을 준 모든 이들에게 감사한다. 중국 안팎의 학자와 분석가들의 전문 지식은 중국과 문화대혁명에 대한 나의 이해를 풍부하게 해주었다.

내가 가디언 특파원으로서 중국에서 했던 취재는 뉴스 어시스턴트들의 헌신과 기술이 없었다면 불가능했을 것이다. 그들의 일은 벅차고 어렵지만 과소평가되고 있다. 특히 나는 천스, 세실리황, 루나 린에게 큰 빚을 지고 있다. 그들의 지식과 통찰력, 그리고 그들의 나라에 대한 사랑은 나에게 엄청나게 많은 것을 가르쳐 주었고, 그들의 유머와 우정은 우리가 지루한 여행들과 기묘한 만남을 견딜 수 있게 해주었다.

내가 중국으로 가기 전과 도착한 이후에, 중국에 대해 잘 모르던 신참에게 관대함을 베풀어준 쏜수원, 내가 아는 사람 중 가장 책을 많이 읽는 사람이며, 오랜 시간 동안 함께 커피를 마시며 대화를 나눈 핑커, 조언을 해 준 조 러스비, 도전 의식을 북돋아준 위샤오둥, 중국에서 지내는 7년 동안 가장 흥미로운 대화를 나눈 A, 우정과 환대를 베풀어준 이름을 다 말하지 못할 모든 이들에게도 감사한다. 베이징의 동료들에게도 감사한다. 특히 루시 혼비, 캐리 그레이시, 타이라 뎀스터, 킴 젠슨, 페 싱 후에이(Peh Shing Huei), 게이디 엡스타인, 레오 루이스, 코미노 타무라(기자단의 명예회원), 롭 슈미츠, 윌리엄 완, 조 쿡, 마리아 야쿱, 나가 먼체티는 항상 솔직하고 한결같이 지지해 주었다. 나는 두 가지 모두에 대해 감사한다. 인내의 모델인 에이미 샤피로는 내가 필요할 때마다 격려를 아끼지 않았다. 레이첼 코프와 로선스 리, JJ 그리고 셰필드에서 선양까지 함께 한 친구인 매트 스미스에게도 감사한다.

나는 훌륭한 선생님들과 함께 공부할 수 있어서 운이 좋았는데, 특히 조지 빌리, 클레어 원햄, 팀 셰이크스비, 그레이엄 맥캔(니체의 〈인생을 위한 역사의 이용과 남용〉[On the Use and Abuse of History for Life]을 처음 소개해 준 분), 그리고 늘 참을성 있는 쑹 선생님과 장 선생님에게 감사한다.

나를 채용하고, 편집하고, 도전 의식을 가지게 하고, 격려하고, 영감을 준 가디언의 전현직 동료에게도 감사한다. 특히 캐서린 비너, 앨런 러스브리저, 레베카 앨리슨, 아디트야 차크라보르티, 비크람 도드, 엠마 그레엄-해리슨, 조셉 하커, 샬롯 히긴스, 마틴 호지슨, 릴리 쿠오, 라에카 프라스드, 랜딥 러메쉬, 마크 라이스-옥슬리, 주디스 소얼(정신분석의 전문지식으로 큰 도움을 주었다) 존 와츠, 마이클 화이트, 제이미 윌슨에게 감사한다.

친절하게도 이 책의 일부를 읽어준 친구들에게도 특별한 감사를 표한다. 물론 모든 오류와 누락은 전적으로 내 책임이다.

이 책에 대한 캐롤리나 서튼의 신뢰와 명쾌한 조언이 없었다면 이 모든 것이 불가능했을 것이다. 내가 편집자 로라 하산과 함께 일하게 되어 운이 좋았다고 모두가 말했는데, 그 말은 정말 옳다.

소피 포르타스, 조쉬 스미스, 제스 킴, 애 오웬, 한나 노우레스, 그리고 페이버(Faber) 출판사의 모든 직원들의 지원, 실비아 크롬튼의 성실한 편집에도 고마움을 전한다. 티나 베넷과 사려 깊은 편집을 해준 톰 메이어, 그리고 W. W. 노턴의 모든 사람에게도 깊은 감사를 표한다.

나의 특별한 부모님은 항상 변함없는 사랑과 지지의 원천이 되어 주셨다. 홀리와 알룬도 마찬가지다. 내 인생의 가장 큰 행운 중 하나는 그들과 함께 한다는 것이다. 또 다른 하나는 부모님이 스튜어트, 앤, 아리안느, 로리, 자라, 아이버를 나의 가족으로 맞게 해주셨다는 것이다.

페 안(Pe Ann)과 펄, 티엄(Thiam) 차리사, 엘리자베스, 애디의 환대와 사랑에도 감사한다. 마지막으로 나에게 그토록 많은 기쁨을 가져다준 잔(Zan)에게, 단 충(Dan Chung)이 나에게 가르쳐준 모든 것과 우리의 모든 모험에 감사한다. 그들이 있어서 모든 것이 더 좋았다.

옮긴이의 말

한 중국인 친구의 이야기가 잊히지 않는다.

상하이 출신인 그의 이모는 문화대혁명(문혁) 시기 열렬한 홍위병이었다. 당이 도시 청년들을 농촌으로 보내 노동을 하도록 한 상산하향(上山下鄉) 운동 물결에 따라 멀고 먼 신장위구르자치구로 가게 되었다. 이모와 동료 홍위병들은 사흘 동안 기차를 타고 가면서 마오쩌둥 어록과 문혁의 구호를 열렬하게 외치며 흥분했다. 신장에 도착해 다시 사흘 동안 트럭을 타야 했다. 황량한 도로를 달리는 동안 아무도 더는 입을 열지 않았다. 그렇게 도착한 시골에서 이들을 다시 사흘간 달구지를 타고 더욱 궁핍한 오지로 가야 했다. 일행은 사흘 내내 울었다. 이렇게 도착한 오지의 열악한 환경에서 이모는 12년을 산 뒤 간신히 상하이로 돌아올 수 있었다. 함께 갔던 일행 중 많은 이들은 결코 돌아오지 못했다고 한다.

이야기를 들은 뒤, 그에게 물었다. 너는 중국 지도자 중에 누구를 제일 존경해? "당연히 마오(쩌둥)지!"

조금 기묘하지만, 중국인들의 삶 곳곳에 이런 이야기들이 있다. 조금만 깊이 들어가면 어디에나 문혁이 있다. 베이징에서 중국어를 가르치던 선생님은 문혁 얘기를 꺼냈고 삼촌이 할아버지를 고발했던 이야기를 하다가 눈물을 흘렸다. 학자부터 기업인, 거리의 노동자들까지 누구와 이야기를 해도 결국은 문혁과 관련된 가족사가 등장했다. 불평등과 부패에 상처 입고 분노한 사람들은 마오쩌둥과 문화대혁명 시기를 그리워했다.

*

이 책은 영국 〈가디언〉의 베이징 특파원이었던 타냐 브레니건이 2023년 런던에서 출판한 〈Red Memory-Living, Remembering and Forgetting China's Cultural Revolution〉을 한국어로 옮긴 것이다. 문혁은 1976년 끝났지만, 지금도 문혁을 제대로 살피지 않고는 중국을 제대로 이해할 수 없다. 그동안 문혁의 역사, 그 복잡한 진행 과정과 정치적 여파, 그 시기에 사람들이 겪은 고통, 홍위병들이 지식인들을 학대했던 일들을 고발하는 책들은 한국에도 여럿 소개되었다. 이 책은 '현재형 문혁' 즉 지금도 문혁이 중국 정치, 사회, 사람들의 마음 속에서 진행 중이고, 그것이 중국의 현재에 깊은 영향을 미치고 있음을 보여준다는 점에서 이전의 책들과 다르다. "문화대혁명이 중국에 어떤 영향을 미쳤는지뿐 아니라, 여전히 어떻게 중국을 만들어 내고 있는지도 이해하고 싶었다"고 지은이는 썼다.

지은이는 2008~2016년까지 특파원으로서 중국에서 만난 인물들을 취재해, 문혁의 기억과 상처가 중국과 중국인들에게 얼마나 깊이 남아 있고, 현재를 어떻게 바꾸고 있는지를 생생하게 보여준다. 이 책의 인물들은 여전히 저마다의 '문혁'을 살고 있다.

문혁의 고통 속에서 자살한 학자 저우쓰멍과 얼굴도 보지 못한 아버지의 주검을 찾으려 하는 그의 딸 캐롤 초우가 있다. 은퇴한 언론인 위샹젠은 이 책의 주인공 같은 인물인데, 소극적으로나마 홍위병에 동참했던 과거의 기억을 다시 붙잡아 이해하고 반성하기 위해 블로그에 그 시대의 경험을 기록했다. 사회주의 혁명에 대한 이상과 희망에 가득 차 있었지만 계속 진실을 표현하려고 하다가 죽음 직전까지 갈 정도로 짓밟혔던 음악가 왕시린은 최근에도 당국의 의뢰를 받고 쓴 작품이 자신의 정치적 발언을 이유로 금지되자 "문혁이 여전히 계속되고 있다"는 것을 깨닫는다. 중국 공산당의 영도 아래 중화민족이 외세 침략의 '굴욕의 세기'를 극복하고 번영하고 있다는 국가박물관의 전시와 다른, 문혁의 기억을 보존하려는 작은 박물관을 세운 펑치안의 이야기도 있다. 문혁 초기 '붉은 8월'로 불린 광기 속에서 홍위병 제자들에게 고문당하다 살해된 교사 비엔중윈의 남편인 역사학자 왕징야오는 아내의 비극적 죽음을 기록하고 잊지 않기 위해 평생을 노력했다. 비엔중윈의 제자인 왕유친은 수십년 동안 문혁 희생자들의 명단과 사연을 발굴하고 기록하는 작업을 해왔다. 문혁 시기 당에 의해 강제로 농촌으로 보내졌던 즈칭(지식청년 知靑)들은 이제 노년이 되어 친목 모임을 결성해 함께 시간을 보내는데, 그 시기를 끔찍하고 고통스럽게 기억하는 동시에 강한 향수를 느낀다. 문혁 시대를 그대로 재연한 식당과 행사에서 마오쩌둥, 린뱌오, 저우언라이 역할을 맡는 모방연기자들도 이 책의 주인공이다.

그 시절을 어떻게 제대로 기억하고 반성할 것인가는 결국 가장 어려운 질문이다. 16살에 어머니를 고발해 죽게 했고 지금은 변호사가 된 장훙빙은 어머니에 죄책감을 가지고 있지만, 결국 자신도 어머니와 마찬가지로 문혁의 희생자였다며 '자신의 좌파 사상을 제대로 바로잡지 않은' 어머니에게 책임을 떠넘기기까지 한다. 톈안먼 광장에서 마오쩌둥의 소매에 홍위병 완장을 채워주면서 문혁을 상징하는 인물이 된 쑹빈빈은 2014년 공개적으로 문혁 시기에 고통을 겪은 스승들에게 사과해 주목받았지만 자신도 '희생자'라고 여긴다. 그가 자신의 역할에 대해 얼마나 인정하고 반성하는지는 모호하다.

이처럼 현재 중국 정치와 사람들의 마음속에서 문혁의 영향은 다양한 형태로 '진행형'이다. 중국 현대사에서 벌어진 다른 비극과 달리, 문혁은 당시 중국 사회의 모든 분야, 모든 계층이 어떤 식으로든 참여하고 연루되었다. 문혁 시기의 복잡한 국면 속에서 가해자와 피해자가 계속 뒤바뀌고, 가족들끼리도 서로를 고발해야 자신이 안전할 수 있었다. 그런 기억은 중국 사회에 신뢰의 위기를 남겼다. 그 트라우마는 서로를 믿지 못하고 "윤리적으로 공허"한 사회를 남겼다고 많은 이들이 이야기한다.

특히, 시진핑 시대 중국의 변화를 이해하는 데 문혁은 핵심적인 키워드이다. 시진핑 주석과 현재 중국 지도부의 주요 인물들이 모두 문혁 시기에 성장기를 보냈다. 문혁이 시작되기 전 이미 성인이 되었던 이전 지도자들과 달리, 시진핑 주석과 현재 중국 지도자들에게는 문혁의 경험이 세계관을 형성했다.

시진핑 주석 스스로가 문혁의 경험을 자신의 가장 중요한 정체성으로 홍보해왔다. 문혁 시기에 10대를 보낸 시진핑이 시골에서 농민들과 함께 고된 노동을 하면서 당과 인민을 위한 지도자로 성장했다는 신화적 영웅의 이미지를 강조한다. 부총리였던 아버지 시중쉰이 숙청을 당했고 가족들이 어려움을 겪었지만, 그 과정에서 나약한 '도련님'이었던 시진핑이 여러 고난을 이겨내고 인민의 지도자로 단련되었다는 것이다. 하지만, 시진핑의 아버지 시중쉰이 문혁이 일어나기 훨씬 전인 1962년에 이미 숙청을 당해 문혁의 공격에서는 조금 비켜서 있었고, 시진핑이 문혁 후반기에 '노동자, 농민 추천 입학'으로 칭화대에 진학하는 등 문혁의 수혜자인 측면도 있다는 지적도 있다.

첸리췬 전 베이징대 교수는 시진핑이 집권하기 직전인 2011년 12월에 쓴 글에서 시진핑을 비롯해 문혁 시기에 홍위병으로 활동했던 고위층 자녀들(홍얼다이紅二代)이 중국 지도부가 되는 상황에 대해 이렇게 경고했다. "이들 가운데 작은 마오쩌둥이 적지 않은

데, 가장 경계해야 할 점은 문혁의 잔혹한 투쟁 중에 형성된, 목적을 위해서 무슨 수단이든 쓸 수 있다는 관념이며 거기서 나온 제왕적 기질과 폭력적인 기질이다." 또, 이들이 문혁 시기부터 "부모는 정권을 잡았고 아들은 권력을 이어받아 대대로 전한다. 천하는 우리들의 것이다" 같은 구호를 외쳤던 특권의식을 강하게 가지고 있다는 점에서 중국을 위험한 길로 이끌 수 있다고 우려했다.

2012년 말 시진핑 집권 이후 중국의 변화는 그 경고가 정확했음을 보여준다. 시진핑에게 권력이 집중되고, 종신집권을 향해 나아가고 개인숭배의 징후가 곳곳에서 나타났다. 시진핑을 비롯해 중국 고위 지도자들의 자손들인 '훙얼다이'의 권력이 강화되었다. 평범한 가정 출신으로 능력과 경쟁만으로 최고위직에 오른 전문가 관료들이었던 '공청단' 등 다른 세력들은 철저히 무력화되었고, 시진핑 주석의 잘못을 지적하고 견제할 세력은 존재하지 않게 되었다.

문혁의 또 다른 영향은, 많은 중국인이 정치 참여를 위험하고 거리를 두어야 할 것으로 여기는 탈정치화의 근원이 되었다는 점이다. 중국공산당 지도부는 문혁과 같은 혼란을 피하기 위해, 인민들이 아래로부터 무엇인가를 요구하도록 놔둬서는 안 된다는 두려움을 강화해왔다. 많은 보통의 중국인들도 스스로 국가와 사회의 변화를 요구하는 정치적 행위를 극도로 위험하게 여긴다.

이 책에서도, 충칭의 홍위병으로 수많은 죽음을 목격했던 정즈성은 문혁의 시대를 "혼란"으로 기억한다. 그는 "톈안먼 광장의 사건과 관련해서, 저는 실제로 아들에게 편지를 썼습니다. 그 애가 대학에 다니고 있었으니까요. 제가 그런 혼란을 과거에 경험했기 때문에, 그 애가 거기 가담하도록 놔두지 않았습니다"라고 말했다.

1989년에 일어난 톈안먼 시위에 대해 중국공산당 지도부가 인민해방군 투입과 발포 명령을 내리게 된 것은 덩샤오핑 등 원로들이 학생과 시민 시위대를 20년 전 문혁 시기의 홍위병과 마찬가지로 위험하게 여겼기 때문이었다.

이런 흐름은 시진핑 시대에 더욱 강화되었다. 마오쩌둥이 문혁에서 대중을 동원하고 당 관료제를 우회하여 급진주의로 치달은 것과 달리, 문혁의 '혼란'을 경계하는 시진핑은 공산당 조직과 중국 사회 곳곳에 대한 통제를 극도로 강화했다. 시진핑이 마오쩌둥의 이미지를 빌려 자신에게 권력을 집중시키고, 문혁의 향수를 이용해 개인과 사회를 철저히 통제하는 상황은 지금의 중국이 문혁의 시대로 되돌아가고 있다는 기시감을 느끼게 한다. 하지만, 시진핑은 중국공산당의 조직과 통제력을 강화하고 지도자의 명령이 일사불란하게 집행되는 규율과 추진력을 강조하면서 아래로부터 대중들이 자발적으로 조직을 만들고 목소리를 내는 것을 완전히 차단한다. 마오쩌둥이 아래로부터 대중을 동원해 공산당 조직을 뒤흔들었던 문혁과는 거리가 있다. 시진핑은 문혁의 일부 요소를 이용하지만, 대중의 자발적 공간을 철저히 감시하고 통제한다.

이 책의 오리지널 부제가 '문혁을 살고, 기억하고, 망각하기'인 것처럼 당이 주도하는 집단적 기억상실증과 역사에 대한 조작도 중요한 요소이다.

시진핑 시대 들어 시진핑을 중심으로 하는 중국공산당의 무오류가 강조되면서, 문혁에 대한 기억과 반성은 어려워졌다. 공산당의 어두운 역사에 대해 언급하는 것은 '역사 허무주의'로 처벌 대상이다. 이 책에 등장하는 인물들이 열었던 문혁에 대한 블로그는 이제 폐쇄되었고 문혁 박물관은 문을 닫아야 했다. 권력이 문혁의 기억을 독점하고, 아래로부터의 자발적인 반성과 성찰, 변화를 위한 움직임을 차단하며, 애국주의 속에 개인들을 녹이려 한다.

매리 갤러거(Mary Gallagher) 미시간대 교수는 〈포린 어페어스〉(2023 7, 8월호)에 쓴 이 책의 서평에서 주인공들이 문혁을 회고할 때 "처음에는 선동자로, 나중에는 적극적인 가해자로 폭력에 가담한 국가와 그 역할은 거의 프레임에 들어가지 않는다"는 점을 지적한다. "많은 사람이 문혁을 홍위병이 당 지지자들을 공포에 떨게 했던 시기로 기억한다. 하지만 그 10년의 절반 이상 동안 당이 인민을 공포에 떨게 했다는 사실을 아는 사람은 거의 없다. 가장 큰 유혈 사태는 학생과 노동자가 서로를 공격할 때가 아니라 당이 계엄령을 선포하고 자체적인 공포 통치를 시행한 후반기에 일어났다는 것은 이제 알려져 있다. 문화대혁명 기간 중 100만 명에서 150만 명에 이르는 사망자 중 절반 이상이 이 후기에 발생했다." 갤러거 교수는 이 책에서 어머니를 고발해 죽게 했던 장훙빙이 어머니가 처형당한 책임을 어머니 탓으로 돌리면서도, 공산당의 책임에 대해서는 전혀 언급하지 않는다는 점을 지적했다. 이제 중국 역사 교과서에서 문혁은 제대로 언급되지 않으며, 권력의 목적에 맞게 역사와 기억은 재조립되며 망각이 강요된다. 이렇게 중국 역사에서 '말할 수 없는 것들'의 목록은 계속 길어지고 있다. 반우파투쟁, 문화대혁명, 천안문, '제로 코로나'의 경험까지.

*

역자도 이 책의 지은이 타냐 브레니건과 거의 비슷한 시기에 베이징 특파원으로 중국을 취재했다. 2000년대 중반부터 2015년 무렵까지 중국 사회에서는 과거를 성찰하고 현재와 미래를 바꾸려는 진지한 고민과 용감한 노력이 활발했다. 그런 목소리와 노력은 지금은 숨죽이고 지하로 들어가 밖에서 보이지 않지만, 중국을 더 나은 방향으로 이끌 변화의 동력으로 계속 남아 있다고 생각한다. 이 책에 등장하는 많은 인물도 그런 이들이다. 이 책이 권력자들이 아닌, 다양한 개인들의 인생과 기억, 노력으로 문혁을 재구성하고 중국의 현재를 그려냈다는 점이 반가웠다. 지은이는 꼼꼼한 인터뷰와 취재를 바탕으로, 인물들의 상황과 감정을 섬세하게 묘사하면서 그들이 살아온 인생과 역사의 장면 속으로 독자들을 데려가 함께 느끼고 고민하게 한다.

권력자들이 과거에 대한 망각을 강요하고 역사를 왜곡하려는 움직임이 중국에서만 벌어지는 것은 아니다. 세계 곳곳에서 과거에 대한 위대한 향수와 애국주의를 강조하면서, 다른 진영을 공격하려는 문화 전쟁이 벌어지고 권력이 이를 이용하는 시대다. 한국에서도 독립운동과 건국을 둘러싼 이념전쟁이 벌어지고, 미국도 노예제 등을 둘러싼 역사전쟁이 진행 중이며, 푸틴은 위대한 러시아 제국의 부활을 위해 우크라이나를 침공했다. 이 책을 읽는 독자들이 주인공들과 함께 중국의 역사와 현재를 깊이 이해하는 동시에, '위대한 민족과 역사'를 내건 우경화와 팽창주의를 부추기고 분노를 부채질하면서, 불평등과 권력자들의 문제로부터 눈을 돌리게 하려는 세계 곳곳의 위험한 흐름도 함께 읽어내기를 기대한다.

문화대혁명 이후의 나날들

기억의 장례

1판 1쇄   2024년 6월 15일
ISBN   979-11-92667-54-6 (03910)

저자   타냐 브레니건
번역   박민희
편집   김효진
교정   황진규
제작   재영 P&B
디자인   우주상자
펴낸곳   마르코폴로
등록   제2021-000005호
주소   세종시 다솜1로9
이메일   laissez@gmail.com
페이스북 www.facebook.com/marco.polo.livre